普通高等教育"十三五"规划教材

经管华信 创优 系列

高等院校电子商务专业本科规划教材

中国电子商务协会移动商务专家咨询委员会推荐

中国信息经济学会电子商务专业委员会推荐

U0662067

Mobile Commerce

移动商务

主 编　秦成德　段　杨

副主编　曹媛媛　张　莉

电子工业出版社

Publishing House of Electronics Industry

北京·BEIJING

内 容 简 介

移动商务已成为电子商务的崭新业态，引领着数字经济的发展。在"互联网+"的国家发展战略指导下，本书从全新的视角，本着理论和实际密切结合的原则，阐述了移动商务的各种基本问题，着重探讨了移动商务的应用，使读者对移动商务的前景有了清晰认知。

本书根据国家"十三五"规划的要求，制订了"移动商务教程"新课程教材写作大纲。作者力图提供一本理论深入、内容充实、材料新颖、范围宽广、叙述简洁、条理清晰，适合教学的移动电子商务入门的教材。本书不但适合电子商务、国际贸易等专业本科生或研究生使用，也可供从事移动电子商务实务或有关科学研究工作的人员，以及一切对这个新领域有兴趣的人士阅读。

未经许可，不得以任何方式复制或抄袭本书的部分或全部内容。
版权所有，侵权必究。

图书在版编目（CIP）数据

移动商务 / 秦成德，段杨主编. —北京：电子工业出版社，2017.8
（华信经管创优系列）

ISBN 978-7-121-31714-9

Ⅰ. ①移… Ⅱ. ①秦… ②段… Ⅲ. ①电子商务—高等学校—教材 Ⅳ. ①F713.36

中国版本图书馆 CIP 数据核字（2017）第 121007 号

策划编辑：王志宇
责任编辑：裴 杰
印　　刷：北京虎彩文化传播有限公司
装　　订：北京虎彩文化传播有限公司
出版发行：电子工业出版社
　　　　　北京市海淀区万寿路 173 信箱　邮编　100036
开　　本：787×1 092　1/16　印张：22　字数：567 千字　插页：1
版　　次：2017 年 8 月第 1 版
印　　次：2025 年 1 月第 10 次印刷
定　　价：45.00 元

凡所购买电子工业出版社图书有缺损问题，请向购买书店调换。若书店售缺，请与本社发行部联系，联系及邮购电话：（010）88254888，88258888。

质量投诉请发邮件至 zlts@phei.com.cn，盗版侵权举报请发邮件至 dbqq@phei.com.cn。

本书咨询联系方式：（010）88254523，wangzy@phei.com.cn。

前言 PREFACE

移动商务正渗透进各个行业，移动服务的应用也在世界范围内蓬勃发展，显现出巨大潜力。伴随 4G 和 5G 时代的到来，移动互联网应用越来越丰富，并逐步倾向于智能化、个性化、商业化，应用聚合，灵活实用，平台承载政务、行业、民生的各类应用；聚合各类资源，适应业务营销快速变化，支持业务多种安排、多元组织方式；支持城市区域间自动、自由切换应用；全面覆盖政务、公共事业、交通、医疗、教育、娱乐、金融、旅游、生活就业、消费购物等多类应用。

移动商务已成为电子商务专业的必修课程，为电子商务专业学生提供一本深入浅出的移动商务教材是当务之急。本书对移动商务的原理和应用进行了全面和系统的阐述。本书共 12 章，主要介绍了移动商务的内涵、技术、价值链与商务模式、移动支付、移动安全、移动平台、移动开发、移动终端、移动营销、移动管理、移动服务和移动应用等问题。

参加本书编写工作的主要是西安邮电大学电子商务教研室和西南科技大学电子商务教研室的一线教师，以及西京学院危小波老师和海南大学林志阳老师。本书第 1、2 章由秦成德、段杨、林志阳、张莉编写，第 3 章由曹媛媛编写，第 4 章由秦成德、黎海波编写，第 5~7 章分别由黎海波、曾静、李宇翔编写，管玉娟编写了第 8 章，第 9 章由张成芬编写，第 10 章由危小波编写，第 11 章由段杨、秦成德编写，第 12 章由秦成德编写，最后由秦成德完成统稿。本书配套电子课件等教辅资源，读者可登录华信教育资源网免费注册下载。

在本书写作的过程中，教育部电子商务专业教学指导委员会各位教授、中国电子商务协会各位领导给予了热情的关怀和指导；中国信息经济学会电子商务专业委员会各位同仁也为本书提供了许多有益的指导和建议；电子工业出版社王志宇等编辑为本书出版做出了杰出的贡献；本书还得到了西南科技大学教务处教材出版基金资助的支持。作者在此一并致谢。

移动电子商务是一个日新月异的领域，许多问题尚在发展和探讨之中，本书的不当之处，恳请专家及读者批评指正。

秦成德

西安邮电大学　**教授**

中国信息经济学会　**常务理事**

中国电子金融产业联盟　**副秘书长**

中国电子商务协会移动商务专家委员会　**秘书长**

目 录
CONTENTS

第 1 章 移动商务概论

学习目标

- 熟悉移动电子商务的基础知识
- 理解移动电子商务与传统电子商务的区别
- 理解移动商务的技术支撑及其社会作用
- 掌握移动商务的发展过程
- 掌握我国移动商务的应用状况与环境
- 了解发展我国移动商务的对策

案例导入

美国迎来移动商务时代

美国福里斯特研究公司副总裁兼首席分析师朱莉·阿斯克 1 月 13 日表示，2014 年零售商在移动端的销售额达到 1 000 亿美元。美国将迎来移动商务时代。

阿斯克当天在美国全国零售商联合会第 104 届年度大会上对新华社记者说，美国零售业将近一半的客户流量来自于手机、平板计算机等移动设备，消费者越来越倾向于可以随时随地获取想要的任何商品。21%的美国消费者有上述需求。预计几年之后，将有 50%的消费者希望能够"即时购物"。"这是美国零售业面临的最大挑战之一，也是零售商不得不在移动端布局的原因。"阿斯克说。

美国牛仔裤品牌"真实信仰"副总裁约翰·黑曾也表示，公司有 65%~75%的客户流量来自手机网页，目前移动电子商务是公司最重要的经营方向。黑曾认为，手机网页要符合顾客的使用习惯，不能为了做而做。阿斯克也表示，不少美国零售商并没有根据移动端的特点和用户习惯来经营移动电商。调查显示，62%的美国零售商认为移动电子商务只是传统电子商务的"手机版本"，简单地把计算机网页上的内容照搬到手机网页上。而 65%的零售商对移动端页面过度建设。

福里斯特研究公司的调查显示，四分之一的美国消费者希望零售商的手机网页或应用能够根据自己所处的环境发生变化，随时捕捉自己的需求，特别是基于地理位置的需求变化。阿斯克表示，这就需要零售商建立自己的生态系统，除了自有的网站和应用外，还要和社交媒体、地图等第三方应用合作。

在阿斯克看来，移动电商的发展趋势不可阻挡。如果美国的传统零售商现在不行动起来，付出的代价将是巨大的。"一个零售商如果在 2010 年开展移动电子商务，它可能只需要投入几十万美元。但如果从 2015 年才开始布局移动端，那么它要投入上千倍的成本、花上几年的时间才能赶上竞争对手。"

1. 结合案例分析，相比传统电信市场下的用户需求，移动互联网用户的需求有何显著特点？

2. 分析移动运营商可采纳的运营模式，并对未来移动运营商的发展提出策略建议。

近 3 年来，我国移动互联网市场继续蓬勃发展，总市场规模突破千亿元大关。2014 年中国移动互联网市场规模为 2 134.8 亿元，同比增长 115.5%，为 2011 年市场规模的 7 倍多。2015 年有超半数的手机网民曾在移动端购物。移动电商成交额首超 PC 端，移动端将成为电子商务主要的交易渠道。数据显示，截至 2015 年年底，中国移动购物用户规模达到 3.64 亿人，2016 年移动购物用户规模达到 4.6 亿人，2016 年跨境进口零售电商市场规模达 686.4 亿元，中国电子商务研究中心发布的《2016 年度中国电子商务市场数据监测报告》显示，2016 年中国电子商务交易额 22.97 万亿元，同比增长 25.5%，其中，B2B 市场交易规模 16.7 万亿元，网络零售市场交易规模 5.3 万亿元，生活服务 O2O 交易规模 9 700 亿元。预计到 2018 年中国移动电商用户规模将接近 5 亿。

一方面，智能手机和其他移动智能终端的普及和应用，奠定了移动互联网的硬件基础；另一方面，移动互联网所衍生出的互联网金融、交通旅行、在线教育的应用服务越发完善，并加速推向市场，成为市场规模快速增长的主要原因。在近 10 年的发展中，以淘宝为代表的电子商务发展已经超过美国主流电子商务平台交易量的总额，实现了我国以零售业为代表的消费互联网发展的逆袭。当前，我国互联网的发展正从消费互联网转向企业互联网。据麦肯锡预计，2013 年到 2025 年间，互联网在中国 GDP 增长中的贡献可望达到 7%～22%。消费电子、汽车、化工、金融服务、房地产、医疗卫生这六大产业产值超过中国 GDP 的 1/4，移动互联网将通过互联互通、数字化、智能化，对六大产业融合起到关键性引领作用。

1.1 移动商务的概念、内涵与特点

移动商务（Mobile Business，MB）或（Mobile-Commerce，MC），也称移动电子商务。从网络视角也可称无线电子商务（Wireless Business，WB），是在无线平台上实现的电子商务。从互联网电子商务的角度看，移动电子商务是电子商务的一个新的分支，但是从应用角度来看，它的发展是对有线电子商务的整合与扩展，是电子商务发展的新形态，是传统电子商务的升华和蜕变，是超越和覆盖传统电子商务的一种新的电子服务。

1.1.1 移动商务的概念

移动电子商务是通过手机、PDA（个人数字助理）等移动通信设备与因特网有机结合进行的电子商务活动，它是无线通信技术和电子商务技术的有机统一体。移动电子商务因其灵活、简单和方便等优势，已经成为电子商务发展的新方向。移动通信技术和其他技术的完美组合创造了移动电子商务，但真正推动市场发展的却是服务。移动电子商务能提供的服务有：PIM（个人信息服务）、银行业务、交易、购物、基于位置的服务（LBS）、娱

乐等。

移动商务似乎是电子商务的一个分支，但是从应用角度来看，它的发展是对互联网电子商务的整合与发展，是电子商务发展的新形态。移动商务将传统的商务和已经发展起来的，但是分散的电子商务整合起来，将各种业务流程从有线向无线转移和完善，是一种新的突破。

移动商务就是利用手机、PDA 及掌上计算机等无线终端进行的 B2B、B2C 或 C2C 的电子商务。移动商务使人们可以在任何时间、任何地点进行各种商贸活动，它涵盖了因特网、移动通信技术、短距离通信技术及其他信息处理技术，实现人们随时随地线上线下的购物与交易、商务活动、金融活动和其他相关服务活动。因此，移动电子商务从本质上说归属于电子商务，它依靠通信技术推动其产生和形成，是适应市场发展与变化而出现的新商务模式。与传统的电子商务相比，移动电子商务在位置相关性、紧急性和随时随地访问 3 个方面具有优势，可以更充分地实现移动商务独特的价值。移动商务还涉及从"供"到"需"的社会生产的各个环节。移动商务一方面可以在信息共享下降低经营成本；另一方面还可以加速资金周转从而从整体上加快企业的市场适应能力，提高企业的管理服务水平。移动商务是未来经济发展的大势所趋。

随着移动互联网的快速发展，出现了通过移动终端进行的电子商务形式——移动电子商务。移动设备通常隶属于个人，可以为其所有者随时随地提供信息，商家可以通过移动电子商务将市场目标定位到个人，而传统的基于互联网连接的电子商务只能将市场细分到一个小群体，如一个家庭或一台计算机。从这一点来说，移动电子商务是电子商务发展的高级形式。

世界第一家网上书店 Amazon 在 1995 年开业，被看作电子商务的起点，标志着人类开始使用互联网从事经济活动。伴随着移动增值业务的发展和商业的驱动，移动设备的功能不再只局限于记录电话信息、短信息、游戏、MP3、收发 E-mail 和浏览网页等功能，而是把市场和技术推广到金融和商业的各个应用领域。从而给移动通信业务带来了新的商机——移动商务。

移动商务可定义为依靠移动通信技术进行的商业和金融交易。移动商务并不局限于使用移动电话进行交易，还包括其他一些移动设备，如 PDA、移动计算机等终端。

移动商务的发展需要依靠制度和技术创新，是企业运作理念和商业模式的新变革。不能把移动商务看作将互联网上的服务内容进行拼凑，简单地搬到移动网络上。要使移动商务带来真正的商业机会，就必须采用优良的商业策略，充分发挥移动设备的时间敏感性、位置敏感性，以及如何提供方便快捷的交易和查询服务。例如，移动用户可以利用手机动态收取股票或飞机票价格到达一定价位的提示信息，以决定是否通过移动设备购买股票或飞机票。

同时，我们需要用新的眼光来审视传统的 B2B 和 B2C 商业模式。由于移动电话、PDA 是移动商务的主要通信工具，移动商务发展会向 P2P（Person to Person）的商务模式转变。

有些人认为移动商务只是电子商务的简单扩展，有些读物甚至将移动商务直接译为"移动电子商务"。这些人的观点是：移动商务和电子商务的差异仅在于访问终端和通信网络，移动商务是电子商务的一种扩展、一个子集或者一个分支。移动商务主要通过移动网络进行通信，电子商务活动则主要通过有线网络进行，除此之外两者没有什么两样。

也有人认为，移动商务的主要卖点是随时随地访问互联网和进行 Web 浏览，只要将最重要的两个元素：移动通信和互联网捆绑在一起，在某个国家成功的移动商务模式应用到世界上其他地区一样能够取得成功，事实并非如此。

移动商务是指通过手机、个人数字助理（PDA）和掌上计算机等手持移动终端进行的商务活动。与传统通过计算机平台开展的电子商务相比，拥有更为广泛的用户基础，因此具有更为广阔的市场前景。2017 年 8 月 4 日，中国互联网络信息中心（CNNIC）在京发布第 40 次《中国互联网络发展状况统计报告》（以下简称《报告》）。截至 2017 年 6 月，中国网民规模达到 7.51 亿，占全球网民总数的 1/5。同时我国互联网普及率为 54.3%，超过全球平均水平 4.6 个百分点。据预测，不远的将来，更多的电子商务交易将通过移动通信设备来完成，更大量的数据业务通过移动通信设备来传输。利用移动终端，能够获得营销和销售信息、接收订货信息、做出购买决策、支付款项、获得服务或产品，最后接受所需的客户支持。

随着互联网的迅猛发展，基于互联网的电子商务已经成为一种重要的商业模式。近年来，互联网与移动通信出现了进一步走向融合的趋势，这不仅使互联网以无线方式得以延伸，也使移动通信的业务功能大大扩充。与此同时，融入移动通信技术的电子商务也萌发无限的商机，移动商务可以真正使任何人在任何时间、任何地点得到整个网络的信息和服务。

总之，移动商务是指利用移动通信设备与因特网有机结合，在任何地方、任何时间进行电子商务活动。移动商务正在成为世界经济正常运作的基础之一。移动商务已经不是一种时髦，而是一种生存和职业需求。

移动商务的出现是对有线电子商务的整合与发展，即将传统的商务和已经发展起来但分散的电子商务整合起来，将各种业务流程从有线网络向无线网络转移。移动商务作为一种新型的电子商务方式，利用了移动无线网络的诸多优点，相对于传统的"有线电子商务"有着明显的优势，是对传统电子商务的有益补充。

现在，移动商务尽管存在巨大的潜在市场，但还有不少问题亟待解决。例如，如何保证它的安全性，使用户账号、密码等合法信息不受侵犯，使支付和商品配送等过程绝对安全可靠；如何开发能满足各阶层用户需要的有吸引力的个性化服务项目；以及如何使系统变得十分易于操作等。

1.1.2　移动商务的内涵

1. 移动商务是人类社会发展的需求

人类社会发展的总趋势是由技术经济的低级状态向着高级状态转变的。从人类技术发展历史看，以往的各种技术已经把人类社会的物质文明提高到了一个相当高的程度。但是，以往的技术发明和创造主要是针对开发和利用自然界的物质、能源资源的，而自然界的物质、能源资源是有限的，许多是不可再生的。以计算机为代表的电子信息技术的发明创造和利用，主要是针对人的知识获取、智力延伸，它是对自然界信息、人类社会信息进行采集、储存、加工、处理、分发、传输等的工具。在它的帮助下，当代人类可以很好地继承前人的经验、教训和智慧，大大扩充人类知识，从而走出一条内涵式、集约化发展的社会物质文化之路。所以，当今社会技术的代表应当是电子信息技术，它是开发和利用信息资源（充分共享、再生、整合、产生新的信息）的有效工具。

按照马克思的观点，人类社会的划分标志不是看社会能生产什么，而是看社会拿什么来生产，即生产工具的制造和利用既是人类区别于其他动物的标志，又是人类社会各发展阶段的标志。从这个角度认识，今天的社会应该被称为电子信息社会或信息时代。在信息时代里，信息技术的广泛应用已经渗透到人类社会、经济的各个领域。在全球经济一体化的今天，各个国家的商务实体需要随时随地在全球范围内进行采购、订货、生产、配送、交易、结算等一系列的经济活动，所有的商流、信息流、资金流、物流等贸易要素都在全球范围内流动，因而商务活动主体也要具备流动性。在这种情况下，用电子商务方式来获取这些流动的信息已不能满足人们的要求，这就使得移动商务在此基础上发展起来。现在，美国、西欧、日本等发达国家和地区在移动商务的研究和利用已初具规模，而新兴的发展中国家这几年也开始注重移动商务的开发利用，否则，难以摆脱在经济上对发达国家的依赖。

2. 移动商务的关键是人的知识和技能

首先，移动商务是一个社会性的系统，而社会系统的中心是人；其次，移动商务系统实际上是由围绕商品交易的各方面代表和各方面利益的人所组成的关系网；最后，在移动商务活动中，虽然十分强调工具的作用，但归根到底起关键作用的仍然是人，因为工具的发明、制造、应用和效果的实现都是靠人来完成的。所以，强调人在移动商务中的决定作用是必然的。也正因为人是移动商务的主宰者，进而有必要考察什么样的人才是合格的。很显然，移动商务是 Internet 技术、移动信息技术和商务活动的有机结合，所以能够掌握移动商务理论与技术的人才必然是掌握 Internet 技术、现代化移动信息技术和商务理论与实务的复合型人才。而一个国家或地区能否培养出大批这样的复合型人才，就成为该国、该地区发展电子商务的最关键因素。

3. 移动商务的工具是系列化、系统化、高效稳定的电子工具

从广义来讲，移动商务重点强调主体的移动性。商务信息是客观存在的，并且具有很强的流动性，所有的商流、信息流、资金流、物流等贸易要素都在全球范围内流动，因而商务活动的主体也要具备流动性，只要人们能够随时随地进行商务活动，就可以称为移动商务。这里的移动商务工具不但包括适用于 Internet 的手机、笔记本计算机、PDA 等，也包括电子商务工具，如在外面人们可以使用上网，回到家里或公司仍可以用 PC 上网。可以看出，广义的移动商务所应用的商务工具具有广泛性，它保证的是人的移动性。而这里所研究的是狭义的移动商务，即具有很强的时代烙印的高效率、低成本、高效益、高安全性的移动商务。因而，重点研究的移动电子工具就不是泛泛而谈的一般性的电子工具，而是能跟上信息时代发展步伐的系列化、系统化的移动电子工具。从系列化来讲，强调的移动电子工具应包括商品的需求咨询、商品订货、商品买卖、商品配送、货款结算、商品售后服务等，伴随着商品生产、流通、分配、交换、消费甚至再生产的全过程的移动通信工具，如移动电话、笔记本计算机、PDA、商务通等，这些移动商务工具可以完成电子商务的所有商务程序，而且更具高效率、低成本的特性。从系统化来讲，商品的需求、生产、交换要构成一个有机的整体，形成一个庞大的系统，同时，为了防止"市场失灵"，还要将政府对商品生产、交换的调控引入该系统，而达到此目的的移动电子工具主要有移动局域网（MLAN）、移动城市网（MCAN）和移动广域网（MWAN）。而它必然是将移动通信网、计算机网络和信息网结合，实现纵横结合、宏微结合、反应灵敏、安全可靠、跨越空间的移动电子网络，以利于大到国家间小到零售商与顾客间的方便、可靠的移动商务活动。

5

1.1.3　移动商务的特点

与传统电子商务相比，移动商务具有许多优点。例如，移动交易不受时间和地点的限制，移动交易效率高，大大节省了客户交易的时间，而且移动终端的身份固定，能够向用户提供个性化移动交易服务，并可以提供与位置相关的交易服务。移动商务将用户和商家紧密联系起来，而且这种联系将不受 PC 或连接线的限制，使电子商务走向了个人。通过移动电子商务，用户可随时随地获取所需的服务、应用、信息和娱乐。他们可以在自己方便的时候，使用智能手机或 PDA 查找、选择及购买商品和服务。采购可以即时完成，商业决策也可实施。服务付费可通过多种方式进行，可直接转入银行、用户电话账单或者实时地在专用预付账户上借记，以满足不同需求。通过个人移动设备来进行可靠的电子交易的能力被视为移动因特网业务的一个重要方面。

移动商务具有以下十大特点。

（1）全天候服务。移动交易不受时间和地点的限制，移动商务因而具有无所不在的特点，移动终端，如手机便于人们携带，可随时与人们相伴。这将使得用户更有效地利用空余时间间隙来从事商业活动。移动用户可在旅行途中利用可上网的移动设备来从事商业交互活动，如商务洽谈、下订单等，这已经成为电子商务发展的新方向。移动商务市场从长远看具有超越传统电子商务规模的潜力，这是因为移动电子商务具有一些无可匹敌的优势，因为只有移动电子商务才能在任何地方、任何时间，真正解决交易的问题。

（2）个性化。移动终端的身份固定，能够向用户提供个性化移动交易服务。移动电子商务的主要特点是灵活、简单、方便。例如，跟传统媒介类似的、开展具有个性化的短信息服务活动，要依赖于包含大量活跃客户和潜在客户信息的数据库。数据库通常包含了客户的个人信息，如喜爱的体育活动、喜欢听的歌曲、生日信息、社会地位、收入状况、前期购买行为等。它能完全根据消费者的个性化需求和喜好定制，设备的选择及提供服务与信息的方式完全由用户自己控制。

（3）精准性。由于移动电话具有比微型计算机更高的贯穿力，因此移动商务的生产者可以更好地发挥主动性，为不同顾客提供精准化的服务。利用无线服务提供商提供的人口统计信息和基于移动用户当前位置的信息，商家营销可以通过具有精准化的短信息服务活动进行更有针对性的广告宣传，从而满足客户的需求。要提供精准化服务，其内容传送模式的关键之处在于准确的个人信息，如用户的前期交易或偏好、与交互的时间及地点相关的当前选择。促进一位用户进行在线预订餐厅的也可能是一个移动引导地图或吃饭前的一件事，所有这些都基于用户的前期行为。然而，精准化将意味着用户暴露自己的偏好及行为。如果对他们自己有利，用户是十分愿意向公司提供个人信息的。

（4）安全性。尊重消费者隐私是移动商务的优势，由于移动电话具有内置的 ID，在增加交易安全性的同时，也增加了消费者对隐私保护问题的关注。为了防止宣传活动在第一声手机铃声响起之前就被搞砸，商家必须强调保护消费者的隐私，要有配套的、详尽的自愿选择加入邮件列表计划。同时，为了发送定制化的信息，商家需要收集数据，这也会涉及消费者的隐私问题。因此，商家要在实现个性化和尊重消费者隐私之间进行权衡。因此，公司要明确强迫顾客接受与对顾客有用之间的界限。定制化战略可用于缓解移动交易中对安全及隐私问题的担忧，如消费者可以通过改变安全及隐私的设定来满足他们的个人需求。

（5）定位性。位置敏感的服务可以充分体现出移动商务的特有价值，移动商务可以提

供与位置相关的交易服务。以定位为中心不仅使移动电话可到任一处，GPS 也可以识别电话的所在地，从而为用户提供相应的个性化服务。知道因特网用户的地理位置，给移动商务带来有线电子商务无可比拟的优势。利用这项技术，移动商务提供商将能够更好地与一特定地理位置上的用户进行信息的交互，将是今后移动商务领域比较有前途的产业化方向。当然，有的服务位置敏感，但是时间不紧迫，如旅游景点移动广告、自我定位服务等。这些移动商务的服务内容，根据其所处的环境不同，也都能体现出移动商务的价值，也是具有发展潜力的领域。

（6）快速性。确保可靠的传送速度，从因特网诞生开始，数据包的传送速度就成为一个关键因素。随着用户的增加，传送速度变得更为重要。在移动通信中，对于需额外交费的服务，传送速度必须是可靠的。假如用户通过固定线路可以定制的服务比通过移动网络更快捷、方便，那么移动应用的存在也就无优势可言。在不久的将来，会存在一定程度的网络专业化，视频点播或网上冲浪将通过固定网络，而地区交通信息或交通新闻的发送将会成为移动网络的业务。由于效率高，可大大节省客户交易的时间。

（7）便利性。人们在接入电子商务活动时，不再受时间及地理位置的限制。然而，移动商务的接入方式更具便利性，使人们免受日常烦琐事务的困扰。例如，消费者在排队或陷于交通阻塞时，可以进行网上娱乐或通过移动商务来处理一些日常事务。消费者的舒适体验将带来生活质量的提高。移动服务的便利性使顾客更忠诚。因此，移动商务中的通信设施是传送便利的关键应用。使用的简单性是交易模式的关键成功要素。为了使消费者享受更方便快捷的服务，体验移动交易的魅力，移动服务提供商可从以下方面努力：提供友好的用户界面，只设定肯定及否定选项；为顾客自动地提供无处不在的计费交易服务；在出售机器、票务、汽车时，利用小额支付技术；提供实时的无处不在的在线拍卖活动；为移动游戏、娱乐等找零钱；在任何时间、任何地点提供实时交易的便利性。

（8）可识别性。与 PC 的匿名接入不同地是，移动电话利用内置的 ID 来支持安全交易。移动设备通常由单独的个体使用，这使得商家基于个体的目标营销更易实现。通过 GPS 技术，服务提供商可以十分准确地识别用户。随着时间和地理位置的变更而进行语言、视频的变换，移动提供了为不同的细分市场发送个性化信息的机会。

（9）应急性。应急性是指面对突发事件如自然灾害、重特大事故、环境公害及人为破坏等所需的应急管理、指挥、救援等。实践证明，移动通信和移动电子商务在我国紧急公共卫生事件、地震、冰雪、紧急社会事件中都发挥了巨大作用，对完善的应急组织管理指挥、强有力的应急工程救援保障、综合协调备灾的保障供应等是必需的。

（10）广泛性。《报告》显示，截至 2017 年 6 月，我国手机网民规模达 7.24 亿，较 2016 年年底增加 2 830 万人。网民中使用手机上网的比例由 2016 年年底的 95.1%提升至 96.3%，手机上网比例持续提升。移动互联网主导地位强化。电子商务的用户大部分是那些教育和收入水平较高，较早拥有个人计算机的人；相比之下，移动商务的用户有许多是那些从未拥有过个人计算机，收入处于中低层次，经常处于移动工作状态的人群。

移动电话的使用让电子商务的开展摆脱了地理位置的限制，使商家对用户的服务无处不在。在预先定位的基础上，广告商可以选择用户感兴趣的或能满足用户当前需要的信息，确保消费者所接收的就是他所想要的。通过对广告的成功定位，广告商可以获得较高的广告阅读率。同时，商家可以通过基于地理位置的服务产生或巩固虚拟社区，以满足客户进行社交、与人沟通的需求。

总之，移动商务具有许多传统基于 Internet 的电子商务所不具备的特有属性，其中最主要的是十大特性：个性化、安全性、便利性、定位性、应急性、全天候服务等。各类服务当能充分体现出以上十大特性时，移动商务服务更能体现出它特有的价值。

1.1.4 4G 移动商务

移动因特网应用和无线数据通信技术的发展，为移动电子商务的发展奠定了坚实的基础。移动商务作为新兴的商务模式，既潜藏着巨大的经济增长实力，又代表最新技术的应用，因此在设计时，应该坚持高起点、高要求，既保证规范达到目前应用的先进性和有效性，又要保证其可操作性和可扩展性。有了新技术的支撑，移动商务作为一种新型的电子商务方式，利用了移动无线网络的诸多优点，相对于传统的"有线"电子商务有着明显的优势，是对传统电子商务的有益补充。尽管目前移动商务的开展还存在很多问题，但随着它的发展和飞快的普及，一定会成为未来电子商务的主战场。

1. 4G 移动商务

随着互联网技术和移动电子技术的高速推进，移动商务在刺激消费中发挥着重要作用，移动商务日趋渗入到人们的生活中，移动电子商务实现了人们随时消费室内购物的强烈需求，提高了人们消费的便利性、空间选择性和随时购物的可行性，为人们的消费需求提供了技术基础，从而刺激了消费、扩大了内需、促进了经济结构转型升级，我们可以在信息技术的升级中感受到它带给我们和国家社会的重要作用：随着信息技术的不断优化升级，从起初的移动互联网、物联网、云计算等商务应用到远程教育、网络社区、电子商务、游戏娱乐等个性化多维虚拟现实平台，信息消费正在不断兴起，在信息化的稳步推进过程中，信息消费正在快速增长。我国移动通信技术已经经历了 2G 和 3G 的时代，迎来 4G 和 5G 时代，电子商务平台在现代经济中发挥着越来越重要的作用。

《报告》）显示，截至 2017 年 6 月，我国网民规模已经达到 7.51 亿，我国手机网民规模达 7.24 亿，手机作为第一上网终端的地位更加稳固。这说明中国具有强大的潜在需求客户群，发展空间巨大。面对商机和利润的诱惑，在当前高度竞争的经济环境中，我们唯有主动地、更多地开发差异性产品来满足客户需求、为客户提供人性化服务，才能在全球化的网络经济时代有一席之地。然而，移动电子商务作为新兴产业还存在许多问题，如当前的比特币被盗、网上银行资金被盗等诸多案例暗示着手机终端操作系统、支付平台还存在很大的安全隐患，移动网络不稳定、商业低效率价格竞争等问题也日益凸显。可以看到，移动电子商务当前的发展领域主要集中在图片下载、铃声、游戏、娱乐和查询等，而移动商务更大的潜在价值还未得到开发和挖掘。

随着近些年来移动商务的迅速发展，人们传统的生活方式得到了极大改变，人们各项活动的便利程度得到提高，便利与效率越来越成为人们关注的焦点。从最初的短信、语音到如今的视频聊天、微信、购物、嘀嘀打车、网络直播、分享经济、农村电商等，再到莱特币、比特币电子货币的出现及迅速发展，都在象征性地告诉我们，中国更深入地进入网络时代了。移动通信经历了蜂窝模拟系统到如今 2G、3G 的迅速发展及现在 4G 的商用。技术、终端和业务相互促进，共同推动移动通信产业发展。因此要想更加深刻地了解当前 4G 移动电子商务环境，更需要了解当前移动电子商务的演进和各阶段的发展。

2．4G 的内涵

针对各种不同业务的接入系统，4G 系统通过多媒体接入连接到核心网中，其中作为核心网的 IP 技术可以使用户实现在 3G、4G、WLAN 及固定网间无缝漫游。从 4G 网络结构来看，4G 网络可分为物理网络层、中间环境层、应用网络层 3 层结构。

第四代移动通信系统主要由 TD-LTE 和 FDD-LTE 两大阵营组成，截至 2014 年 1 月 15 日，全球已有 263 张 LTE 商用网络遍布于 97 个国家。全球 144 个国家的 508 家运营商正在对 LTE 技术进行投资，全球 21 个国家和地区已有 28 张 LTE TDD 商用网络，其中 13 家运营商的网络为 FDD/TDD 兼容模式。4G 真正开启了移动宽带的到来，随着网络不断的完善、智能终端的快速普及，客户流量需求得到极大的释放，户均流量出现井喷式增长。Verizon 4G 用户月均流量达 2 GB，是国内 3G 用户户均流量的近 14 倍，4G 时代流量收入将逐步超过语音收入，成为运营商收入的主体。国际市场已于 2011 年启动了 TD-LTE 的应用，我国于 2013 年 12 月 4 日发布 4G 牌照，我国的三大电信运营商同时获得了 4G 运营的牌照，且都是中国自主知识产权的 TDD 制式。

3．4G 移动商务的意义

随着互联网的应用和普及，人们越来越感觉地球范围之小，其中传统电子商务也被越来越广泛地应用。随着科技的高速发展，处于不同地域的人们希望能够随时随地进行交流，移动电子商务应运而生，移动电子商务是通信网、IT 技术、互联网及手持终端技术融合的产物。

作为一种整合的电子商务，移动商务实现了电子商务和无线通信网络的融合。作为一种全新的数字商务活动，移动商务可以说是电子商务的一种延伸和扩展，更加便捷和普及。移动商务使无线终端设备和服务的价格越来越低，而其给人们带来的好处和便利使移动商务得到广泛应用，是我们网络经济时代新的利润增长点。每一种商务模式的出现都对经济产生了巨大的推动作用，对改变人们的生活起到了关键作用，如 O2O、微信营销模式、移动支付等。

从目前来看，世界上最大的移动商务市场在中国，中国具有更多的商业机会和客户资源。因此，有必要针对移动商务的相关理论进行认识和学习，从而为移动商务的深入发展做出一份努力。

随着移动商务的不断发展，移动商务在无线通信技术和终端设备上的成本和费用正在呈现逐渐下降的态势，人们一方面使用台式计算机访问互联网；另一方面也逐渐将互联网络接入移动设备。近年来，政府为了推动互联网的发展，相继从政策、资金、人才等方面进行扶持，这也促使我国手机网民在近年迅速增长。基于此，我们以移动商务为主体，通过认识其工作流程来看移动电子商务的演进变化和研究成果，为移动商务的进一步发展提供理论上的指导和借鉴。

1.2　移动商务的发展过程

移动商务的兴起并非偶然。移动通信技术的成熟和广泛商业化为移动商务提供了通信技术基础，而功能强大、价格便宜的移动通信终端的普及为移动商务提供了有利的发展条件。现代交通工具日益发达，市场竞争与经济全球化使得人员流动性不断增加，人们必然产生移动通信的需求。移动商务的发展不但有利于更加充分地发挥互联网的潜力，它还提供了许多新的服务内容。这些因素都是移动商务兴起和迅猛发展的动因。

1.2.1 移动商务兴起的原因

移动商务的基础是移动通信网络，最早的无线电通信网络于 20 世纪 80 年代出现在北欧的斯堪的纳维亚半岛上。虽然已经有很长的历史，但是移动网络的大规模普及则是近年来才发生的事情。然而，全球移动通信市场在启动以后发展非常迅速，根据国际电信联盟（ITU）统计，2004 年全球手机用户总数已近 15 亿，相当于世界人口的 1/4。和其他通信网络用户相比，手机用户的增长速度不仅大大超过了固定电话的增长速度，而且还超过了互联网使用者的增长速度。2008 年，我国移动用户总数达到 6 亿，约占中国人口的 1/2。中国互联网络信息中心(CNNIC)《第 30 次中国互联网络发展状况统计报告》显示，截至 2012 年 6 月底，中国网民数量达到 5.38 亿，其中最引人注目的是，手机网民规模达到 3.88 亿，手机首次超越台式计算机成为第一大上网终端。第 40 次《报告》显示，截至 2017 年 6 月，中国网民规模达到 7.51 亿，占全球网民总数的 1/5。我国手机网民规模达 7.24 亿，较 2016 年年底增加 2 830 万人，手机上网比例持续提升。未来手机市场前景依然看好。从全球范围来看，目前北欧和亚太地区是移动商务比较发达的地区，人类已经进入移动商务时代。移动商务的驱动因素如下。

1. 社会经济发展对移动商务需求的驱动

今天人类社会生活和经济生活对于移动通信有着强烈的需求，移动商务的迅速发展也就成为这种技术供给和社会需求相吻合情况下的必然结果。

一方面，经济的全球化使国家之间、地区之间商务活动的频率大大增加。以中国为例，已经有越来越多的外国企业在中国设立分部，成立研发中心或者办事处。据统计，2005 年财富全球 500 强企业中已经有近 300 家企业在北京开展业务或设立办事处，其中近 200 家企业在北京拥有投资项目。其他未开展实质性经营活动的"500 强企业"，也会选择在中国设立代表处，作为进入中国的窗口。对于中国国内的企业而言，它们一方面与国外沟通和业务、商贸方面往来的机会大大增加，另外一方面也会在国内的许多大中城市设立办事处和销售网络。由于运营的范围是全国运作甚至全球运作，原材料、产成品的物流活动控制变得非常重要。又由于竞争的加剧，企业对于物流的要求不再是简单的抵达时间的要求，而是对于物流快速和准确的综合要求。自然而然地，在途货物跟踪、定位、管理的需求都逐渐被提出，而移动定位、移动通信技术为满足这种需求提供了技术手段。

另一方面，由于社会政治、经济、文化生活的需要，我国近年来社会人员的流动性不断增加，企业经营范围的扩大也增加了工作人员的流动性。为满足人员流动性的要求，中国近年来在交通基础设施建设方面进行了大量的投资，人们现在可以选择多种更为经济的交通方式，给人们的差旅和出行提供了很大的方便。因此，当有更多的人在更多的时间处于移动状态时，移动通信的需求自然就产生了。

移动商务是基于 Evernet 理念的应用，使随时随地进行商务及秘密通信成为可能。尽管传统的通信覆盖了社会的各个层面，然而在不久的将来，市场细分和顾客细分将不断增长。而移动通信界面的个性化设计为用户简化了服务与信息的接入，从而满足了社会

发展的需要。

2．移动通信技术进步的推动

我们不仅经历了比固定线路质量更好的语音传输，同时也将把移动接入 Internet 和其他基于协议的服务与应用中。第三代网络实现了带宽的激增，蓝牙技术使个性化的带宽分配极为高效，多媒体网络的融合使各种通信十分便利。

在移动通信网络普及以前，人们之间的远程通信主要通过电报、电话、传真等手段来实现。计算机和互联网的出现是人们沟通和通信方式的一次重要变革。通过计算机和网络，人们可以方便地访问丰富的互联网资源，而网络带宽的不断增加则提高了网络用户的访问速度，增加了网页浏览的乐趣。互联网的普及也随之产生了电子商务等新型的商务模式。但是，无论是电报、电话、传真，还是互联网，由于通信工具不能随身携带，用户在通信时始终受到物理条件的限制。

移动通信技术的出现无疑是人类沟通手段的一次突破，它基本上取消了时间和空间的限制条件。只要你拥有一个通信终端，无论你在何时、身处何地，都可以和任何人进行联系。因此，移动通信是人类通信发展史上一个巨大的进步。但是，要实现随时随地沟通的梦想，还需要移动通信网络的普及。没有覆盖广泛的通信网络，移动通信仍然只能是少数地区、少数人的专利，而无法进入普通人的生活。幸运的是，目前世界范围内的通信网络都已经比较普及。在欧洲地区，由于开放的电信市场和统一的通信标准 GSM，欧洲大陆的手机用户可以漫游到任何一个地方。中国的移动通信网络的覆盖目前也已经非常广泛。根据中国移动通信公司公布的数据，全球通网络已经覆盖全国所有地（市）和 98%以上的县（市），实现了高话务区域的立体覆盖及主要交通干线的连续覆盖，并且与中国电信、中国联通和中国网通等运营公司实现了互联互通，甚至可以和包括美国、日本、韩国在内的世界五大洲 141 个国家和地区的 220 个移动通信运营商之间进行国际漫游。当然，移动通信网络除了手机网络外，还有适合于中、短距离高带宽通信的 WiFi、WiMax 等。在良好的网络基础设施条件下，随时随地的沟通已经不再是梦想，移动通信已经成为现实。

移动网络提供了通信的基础设施，而移动通信终端的普及则为移动商务提供了与用户的接口。如果没有大量的、便宜的手机终端，移动商务就没有最重要的用户基础，商务活动自然也就无法进行。过去的 10 年中，手机已经从少数人佩带的奢侈品变成大众生活必需品和时尚的标志。移动终端也包括个人数字助理（PDA）、车载 GPS 等，这些移动终端都达到了不同的普及程度。手机价格下降和性能提高促进了用户数量的飞速增长。根据 UMTS 论坛的预测报告，到 2020 年世界移动通信普及率将达到 39%。覆盖良好的网络和大量的用户群为移动商务的发展奠定了重要的技术基础和市场保证。

3．移动通信网络与互联网融合的直接结果

如果说移动通信技术和用户需求的结合促进了移动商务的发展，那么移动网络与互联网的融合则起到了催化剂的作用。这种催化作用一方面延伸了互联网的覆盖范围，同时也为移动网络的发展准备了可借鉴的经验，并准备了丰富的内容基础。

通过互联网获取信息内容已经为越来越多的用户所接受，然而对于大多数经常移动的用户而言，由于不能随时接入互联网，在信息获取方面还会存在不方便的问题。移动网络是无处不在的，用户一旦接入到移动网络，就有机会连接到广阔的互联网，并获得丰富的信息资源。也可以说，移动网络连接了网络与用户间"最后一公里的距离"，互联网的作

用也因此被扩大到了更加广阔的物理空间。WAP 和基于包交换的蜂窝网络技术本质上都是为了实现互联网与移动网络的互联和融合。相信随着更高带宽的 3G、4G 乃至更高速度的移动网络技术 5G 等的商业化，用户会获得更佳的使用感受，而电子商务与移动商务的发展也将显现出一种互相促进的效果。

移动商务的一些应用实际上也是借鉴了互联网的某些应用内容。例如，短消息模仿了互联网上应用最为成功的电子邮件系统；彩信功能相当于互联网邮件系统中增加附件的功能；移动门户应用实际上借鉴了电子商务门户网站的应用模式。此外，互联网还为移动商务的发展准备了丰富的信息资源。今天，人们已经把历史上遗留下来的大量信息资源进行了电子化，而新出现的信息和资料也大都有电子版本。由于这些丰富的信息内容已经被电子化，因此移动商务发展时就能够利用这些信息内容。因此，已经逐渐成熟的电子商务实际上为移动商务的发展提供了良好的基础。

良好的外部网络环境、引人注目的内容、低廉的成本、合理的移动服务价格及其他因素正在潜移默化地推动市场的增长。鉴于 UMTS 服务在价格、网络容量及传送速度上的优势，在一定程度上，固定线路连接正在被移动连接所替代。同时，人们也期望移动电话供应商低额定价法的采用能够产生更强的替代作用。基于这些驱动因素，移动环境有望成为下一代的市场，吸引全球各个领域的人们都参与其中。对于我国，移动商务更有发展的理由。

（1）社会化大生产和市场经济及全球经济一体化的发展，需要电子商务尤其是不受地点和时间、不受气候和环境限制的移动电子商务。

（2）中国经济持续稳定增长，人民收入水平提高，使安装移动电话有了一定的物质基础。

（3）我国政府的扶植政策，使移动电子商务迅速发展成为可能。

（4）复杂的自然地理环境和多发的自然灾害使我国发展移动电子商务比发展有线的电子商务更有意义。我国地域辽阔，地质条件复杂，2/3 为山地、丘陵和高原，在这样的地区，尤其在人员稀少的地方，架设有线线路和铺设光缆成本高、组网难，形成规模经营更难。而这些地区经济正在启动，资源有待开发，产品需要外销，因而移动电子商务比较适用。

此外，蜂窝移动技术的不断进步，以及手机功能和风格的不断多样化、有线电子商务面临的困难都是促进我国移动电子商务发展的原因。

总结以上几个方面的内容，可以得到这样的结论：移动商务是适应 21 世纪人类工作、生活模式和企业运作需求的新型通信和商务模式，由于网络和终端技术的发展，由于电子商务的影响力和奠定的良好基础，移动商务的兴起是必然的。

1.2.2 移动商务的现状

1. 移动商务在各国的应用情况

在国际上，各国在引进各种创新的移动商务服务平台之后，移动商务业务飞速增长，尤其是在日本和韩国。根据 Arc 集团的报告，亚太地区是移动电子商务业务增长的主要市场，该地区 25% 的数据业务通过移动通信设备来传输。移动商务发展最活跃的地区是

欧洲。作为全球发展最快的国家，芬兰的移动电子商务在 20 多年前就已经普及了网上购物、银行支付等业务。截至目前，芬兰依然对移动技术和电子商务关注及研发和应用，它也成为全球该行业的开拓者。相比于芬兰，瑞典更强调国家整体的商务运行能力，将主要精力放在技术和管理上。其中，Skype 软件就是最好的证明，Skype 出现之前，人们已经熟知了聊天通信软件，但融合以往话音通信软件和 IC 卡等方式的长处是它最大的特点。它使用的通信技术依旧是采用 P2P 的技术，它采用"全球索引"的技术查找通信的用户，在通话时不需要重新配置传统的通信路由便可以实现计算机、移动电话等多种通话终端之间的对接。

另外，英国、法国等其他欧洲地区，移动电子商务也得到迅速发展。广泛的移动通信网络覆盖使欧洲可以更好地发展移动电子商务。欧洲研发的 WCDMA 技术在引入 HSDPA 技术后下载速率可以达到 14 Mbit/s，其稳定的宽带速率让欧洲的电信业较好地满足了用户的多样化服务需求。在美国、日本及其他发达国家，移动商务也取得巨大发展。作为亚洲互联网移动接入服务的领头羊，韩国和日本以其高速的通信网络为支撑成为了全球 IT 业务中的佼佼者，通信市场也已进入成熟发展阶段。同时，其在移动电子商务的发展中注重移动增值服务的培育和发展，使得移动电子商务更好地为用户的日常生活服务，也是其高速发展的关键因素。

在我国，随着计算机、互联网及电信技术的发展和不断融合，移动电子商务为手持产品创造了巨大的市场空间。现在，更多的服务供应商推出更多的移动：Internet 内容和服务，如即时信息、工程设计、分配、物流、医疗保健、销售自动化、市场营销/CRM、任意位置的电子邮件、基于位置的宣传等。

根据研究机构的报告指出，全球移动支付市场正处于蓬勃发展阶段，亚洲的日本、韩国、新加坡，以及欧洲的奥地利、挪威在移动支付应用方面领先全球其他地区。根据当前我国宏观经济的发展趋势、网购人数的迅速扩大、信息产业的快速发展，结合我国电子商务交易额的历史发展规律，预计未来 5 年我国电子商务的交易额增速在 20%左右，到 2020年将达到 37.7 万亿元。

2. 中国

（1）电话用户规模继续扩大

2016 年，全国电话用户净增 2 617 万户，总数达到 15.3 亿户，同比增长 1.7%。其中，移动电话用户净增 5 054 万户，总数达 13.2 亿户，移动电话用户普及率达 96.2 部/百人，比上年提高 3.7 部/百人。全国共有 10 省市的移动电话普及率超过 100 部/百人，分别为北京、广东、上海、浙江、福建、宁夏、海南、江苏、辽宁和陕西。固定电话用户总数 2.07 亿户，比上年减少 2 437 万户。

（2）4G 移动电话用户占比接近六成

2016 年，4G 用户数呈爆发式增长，全年新增 3.4 亿户，总数达到 7.7 亿户，在移动电话用户中的渗透率达到 58.2%。2G 移动电话用户减少 1.84 亿户，占移动电话用户的比重由上年的 44.5%下降至 28.8%。

（3）三大运营商运营数据

中国移动 2016 年 12 月移动用户数增长 165.1 万户，总数达到 8.49 亿户；4G 用户净增 2 520.5 万户，4G 用户总数达到 5.35 亿户，全年累计新增 4G 用户 2.22 亿户。固网方面，

中国移动去年 12 月新增宽带用户数 44 万户，全年累计增长 2 259.5 万户，累计用户数为 7 762.4 万户。

中国联通 2016 年 12 月移动出账用户净增 83.2 万户，累计达到 2.638 亿户；4G 用户 12 月净增 551.2 万户，累计达到 1.046 亿户。在固网业务中，宽带用户 12 月净减 16.6 万户，累计 7 523.6 万户。本地电话用户 12 月净减 106.9 万户，累计 6 664.9 万户。

中国电信 2016 年 12 月移动用户净增 83 万户，全年净增 1 006 万户，累计达 2.15 亿户；4G 用户净增 457 万户，4G 用户总数达 1.22 亿户。在固网业务中，宽带用户 12 月净增 89 万户，2016 年累计增长 1 006 万户，累计增至 1.231 2 亿户。

（4）电子商务和移动商务总体数据

《2015—2016 年中国移动电商市场年度报告》从政策、企业和用户各层面综合分析了 2015 年中国移动电商市场概况，并发布了 2013—2018 中国移动购物市场规模成长及预测数据。据统计，2015 年有超半数的手机网民曾在移动端购物。移动电商成交额首超 PC 端，移动端将成为电子商务主要的交易渠道。数据显示，截至 2015 年年底，中国移动购物用户规模达到 3.64 亿人，同比增长 23.8%，预计到 2018 年中国移动电商用户规模将接近 5 亿。近年来，中国移动购物市场交易额稳定增长，占整体网络零售市场交易额的比例不断上升。预计到 2018 年，移动端交易额在网络零售市场中交易占比将超过 75%。

随着智能终端和移动互联网的快速发展，移动购物的便利性越来越突出。在主流电商平台的大力推动下，消费者对于通过移动端购物的接受程度亦大大增加，用户移动购物习惯已经养成。

在支付规模方面，受 2015 年春节晚会腾讯阿里的"红包大战"影响，移动支付规模于 2015 年年初实现井喷式上升。移动支付是移动电商实现闭环的重要一步，移动支付的普及和完善，极大地促进了移动电子商务的快速发展。移动购物（服务）用户最常用的支付方式中，第三方支付以 78.4% 的占比大幅度领先货到付款（12.7%）和网上银行（8.9%）。而在使用过的移动支付软件中，支付宝延续阿里系的市场优势，成为用户最常使用的移动支付软件。

一方面，我国电子商务交易规模持续增长，新模式、新业态发展迅猛，社会经济影响不断深入；另一方面，伴随网民数量增长的趋缓，电子商务也面临着总体增速趋缓、市场竞争加剧、线上成本攀升的发展环境。电商企业纷纷布局农村市场、大力发展跨境电商、加快走出去步伐，在积极拓展新市场、新空间的同时加大对线下实体资源的整合力度，但在融合发展过程中，我国电子商务也出现了线上与线下、城市与农村、国内与跨境发展不平衡，政策挑战日趋明显等问题。

（5）网上支付和移动支付数据

2017 年 8 月 9 日，全球领先的新经济行业数据挖掘和分析机构 iiMedia Research（艾媒咨询）权威发布《2017 上半年中国移动支付市场研究报告》。报告显示，2016 年网上支付交易规模达 2 085 万亿元，较 2015 年增长 3.3%，2016 年移动支付规模 157.6 万亿元，较 2015 年增长 45.6%。艾媒咨询分析师认为，移动支付和网上支付交易规模差距正在逐步缩小，但整体差距明显，随着移动支付出海以及应用场景拓展，短期内移动支付交易规模将保持高速增长。

根据 CINNIC 数据，截至 2017 年 6 月，我国使用网上支付的用户规模达到 5.11 亿，较 2016 年 12 月，网上支付用户增加 3 654 万人，半年增长率为 7.7%，我国网民使用网上

支付的比例从 64.9%提升至 68.0%。其中，手机支付用户规模增长迅速，达到 5.02 亿，半年增长率为 7.0%，网民手机网上支付的使用比例由 67.5%提升至 69.4%。

值得注意的是，网上支付的使用率已经超过网络购物，这意味着线下购物时的网络支付已经成为网络支付的重要补充。本次调查数据显示，网民中在线下购物时使用过手机网上支付结算的比例达到 61.6%。在线下消费使用手机网上支付的用户中，有 35.1%用户表示日常线下消费更多使用手机网上支付，有 31.8%用户表示更多使用现金、银行卡支付，其中一线城市线下消费更多使用手机网上支付的比例达到 40.9%。

另外，CNNIC 报告还着重提到了线下支付的海外拓展。《报道》指出，一方面，我国支付企业采取与当地商户合作的方式，深挖海外旅游支付场景，以满足国内出境游网民境外支付需求为带动，逐步向当地消费者渗透。另一方面，通过收购、注资、开展战略合作等方式更为快速地抢占海外市场，加速我国支付企业的全球化布局。

（6）快递业数据

国家邮政局发布的《2016 年度快递市场监管报告》中显示，2016 年，中国人均使用快递近 23 件，而这个数字，与电商的高速发展密不可分，物流业已经成为助推中国经济增长的重要力量，同时也改变了我们的日常生活方式。据了解，作为阿里巴巴战略铁三角之一的菜鸟网络，其生态圈内的合作伙伴，不仅支撑了全国 95%以上的快递包裹运送，也为社会创造大量的劳动岗位。年人均快递费用支出 287.4 元，同比增长 42.7%；快递平均单价每件 12.7 元，比 2015 年少花 0.7 元。而且重点城市间快递服务全市时限均值比上半年缩短半小时。在传统电商业务基础上，快递企业适时推出限时达、冷链、快运等多层次多元化业务，全方位支撑信息消费。业内专家表示，从短期来看快递价格还会继续下降，且运送时效会更加快速。物流总费用占比由 2013 年的 18%降至 14.9%，但相比美、日、德等发达国家，依然高出一倍左右，且高于全球平均水平 5 个百分点左右。这意味着，全社会创造同样规模的 GDP 和企业创造同样规模的产出，我国付出的物流费用代价更高。

中国快递行业成为中国经济的黑马，2016 年发送了超过 300 亿件快递包裹，占世界近一半，连续六年增速超过 50%，网购快件量占快递业务总量近六成，同时，2016 年，中国快递业开始全面进入资本时代。圆通、中通、顺丰、申通、韵达……一批上百亿市值的快递公司陆续在国内及海外资本市场挂牌上市。

包裹越来越多，配送速度却越来越快，这说明，传统的物流业由劳动密集型开始转向智慧型。以 2016 年"双 11"为例，菜鸟网络把原本是线下的传统劳力之战，变成了一场数据战争，这是一场物流业从混凝土到互联网的巨变。2016"双 11"当天 6.57 亿的包裹量，连在一起，相当于从地球到月球的距离 38 万公里，涉及人次超过 30 亿，堪称史上最大的包裹迁徙战役。

"双 11 物流背后真正是一场数据的战争，是数据的指挥枢纽。"随着技术升级，全行业应对"双 11"已经很自如，以前"双 11"不到 2 000 万单都会出现爆仓的情况，现在应对 6.57 亿物流订单都很从容。进入 DT 时代，云计算和大数据向传统物流快递行业渗透，推动了线上线下的融合，对供应链进行了重构和升级，中国物流出现换道超车的机会。

（7）移动电商发展趋势

随着智能硬件的发展，移动端的消费行为将与 PC 端存在较大异同，如何将移动端特点与 O2O、农村电商和跨境电商等发展热点相结合，是移动电商发展的关键。在大数据营销方面，主流电商平台积极利用大数据开展精准营销，让每个用户都能拥有自己的"独特"

首页，实现个性化、精准推荐，提升营销效率。对微商的发展，报告分析称，移动端可通过社交优势发展出基于共同爱好与兴趣的社群经济，微信作为重要的引流渠道，与企业后台管理、前端店面销售相结合，将碰撞出更多的商业模式。

① O2O。2015 年，O2O 行业泡沫逐渐破裂，大批 O2O 创业企业倒闭。这促使产业结构发展更趋理性，接下来如何使 O2O 平台向本地化、社交化发展，并探索出合适的商业模式，将是未来 O2O 发展能否成功的关键。

② 社群电商。产品内容化，客户社群化。依靠内容培养一个具有高活性的社群，再通过对社群的影响力实现变现。社群电商的关键是形成一个用户标签，这个标签决定了用户基础的大小，亦决定了该社群电商的发展潜力。进入内容即营销、内容即消费的时代，社群电商将为消费者带来新的消费体验。

③ 农村电商。在国内一二线城市用户人口红利逐渐消失的情况下，发展农村电商显得极为必要。不仅如此，农村地区还是各类农产品的源头，发展农村电商有利于满足城乡双方的消费需求。而由于农村地区智能手机普及率的不断上升及农村用户对手机等移动端有更好的适应性，各大电商巨头已经将农村移动电商作为未来发展的重点。

④ 跨境电商。随着"一带一路"和"自贸区"建设等国家战略方针确定，"走出去、引进来"已成大势。各大电商巨头纷纷布局跨境电商业务，同时跨国物流迅猛发展，解决了跨境电商最大的困难。从宏观的角度看，国民经济的蓬勃发展支持人民能够追求更高的生活品质，跨境电商或将成为电商行业新的增长极。

⑤ 共享经济。网络出行领域，网约车市场经历资本驱动的急速扩张阶段，回归以全局为重的规范化发展道路。根据 CINNIC 数据，截至 2017 年 6 月，我国网约出租车用户规模达到 2.78 亿，较 2016 年年底增加 5 329 万，增长率为 23.7%。网约专车或快车用户规模达到 2.17 亿，增长率为 29.4%，用户使用比例由 23.0%提升至 28.9%。共享单车方面，共享单车服务自 2016 年下半年起在资本的大力推动下实现了快速发展，小型共享单车创业公司不断涌现，行业头部品牌则在不足一年的时间里完成多轮融资。截至 2017 年 6 月，共享单车用户规模已达 1.06 亿，占网民总体的 14.1%，其业务覆盖范围已经由一二线城市向三四线城市渗透，融资能力较强的共享单车品牌则开始涉足海外市场。

2. 移动商务的服务内容

目前移动电子商务的服务内容最为广泛的是 SMS（短信息服务）和无线股票交易服务。从赢利的角度来看，移动电子商务所提供的内容可以分为**娱乐**（如音乐下载、联网游戏、图片欣赏、VCD 等）、**交易**（如移动银行转账、移动购物、拍卖、彩票、机票预订等）、**通信**（如 SMS、E-Mail、聊天、网络会议等）和**信息服务**（如新闻、导航服务、目录服务、地图、天气预报、企业市场信息等）。PIM（个人信息服务）、基于位置的服务（Location Based Service）等。因特网、移动通信技术和其他技术的完善组合创造了移动电子商务，但真正推动市场发展的却是多样的服务。目前，移动电子商务主要提供以下服务。

1）银行业务

移动电子商务使用户能随时随地在网上安全地进行个人财务管理，进一步完善因特网银行体系。用户可以使用其移动终端核查账目、支付账单、进行转账及接收付款通知等。

2）交易

移动电子商务具有即时性，因此非常适合股票交易等应用。移动设备可用于接收实时财务新闻和信息，也可确认订单并安全地在线管理股票交易。在交易模式中，公司用无线因特网来运行商业交易。移动商务的顾客可以通过产品目录及在线订购来实现交易。尽管这依然有一些潜在的障碍，如交易的安全性、速度、易用性等。但通过无线因特网，大多数的公司能直接从交易中获益，尤其对于中小型企业。

随着移动网络的快速发展，移动网络从 3G 到 4G 的演进，网络所支持的移动数据速率的快速提升，一些面向移动商务领域发展的趋势日益明显：越来越多的消费者喜欢上了网上购物，增值的 SMS 业务大受欢迎，越来越多的预付费充值购买可以通过移动电话进行。随着 4G 时代的来临，电子商务产业将快速增长，移动终端功能将更加丰富，为移动商务发展奠定基础。

3）订票

通过因特网预订机票、车票或入场券已经发展成为一项主要业务，其规模还在继续扩大。移动电子商务使用户能在票价优惠或航班取消时立即得到通知，还可随时支付票款或在旅行途中临时更改航班或车次。借助移动设备，用户可以浏览电影剪辑、阅读评论，然后订购邻近电影院的电影票。

4）购物

借助移动电子商务，用户能够通过移动通信设备进行网上购物，如订购鲜花、礼物、食品或快餐等。传统购物也可通过移动电子商务得到改进，如用户可以使用无线电子钱包等具有安全支付功能的移动设备，在商店里或自动售货机上购物。

5）娱乐

移动电子商务将带来一系列娱乐服务。用户不仅可以利用移动设备收听音乐，还可以订购、下载特定的曲目，而且可以在网上与朋友们玩交互式游戏，还可以参加快速、安全的博彩等活动。

6）无线医疗

这种服务是在时间紧迫的情形下，向专业医务人员提供关键的医疗信息。医疗产业十分适合移动电子商务的开展。在紧急情况下，救护车可以作为治疗的场所，而借助无线技术，救护车可以在行驶中同医疗中心和病人家属建立快速、实时的数据交换，这对每一秒钟都很宝贵的紧急情况来说至关重要。无线医疗使病人、医生、保险公司都可以获益，也会愿意为这项服务付费。

7）内容传送

在内容传送模式中，移动网页用于通知和报告重要的信息内容，如体育新闻、个性化的财经报道、有奖品派送的游戏及移动贺卡等。所有的内容提供商必须确保他们提供的服务是对移动渠道的最优化，真正达到质量可靠及可用性的最高层次。

8）移动应用服务

一些行业需要经常派遣工程师或工人到现场作业。在这些行业中，移动应用服务提供商（MASP）将有开展业务的巨大空间。移动应用服务提供商结合定位服务技术、短消息服务、无线应用协议（WAP）技术及呼叫中心技术，为用户提供及时的服务，提高用户的工作效率。过去，现场工作人员在完成一项任务后，需要回到总部等待下一项任务。现在，现场工作人员直接用他们手持的通信设备接收工作任务，并根据所在的位置、交通状况及任务的紧急程度，自动安排各项工作，使用户得到更加满意的服务。

3．移动电子商务模型

近年来，大数据、物联网、移动互联网、云计算等数字技术的突破和融合发展推动数字经济快速发展。人工智能、虚拟现实、区块链等前沿技术正加速进步，产业应用生态持续完善，不断强化未来发展动力。此外，数字技术加速与制造、生物、能源等技术融合，带动群体性突破，全面拓展人类认知和增长空间。

根据艾瑞咨询发布的《2009—2010年中国移动电子商务行业发展报告》对中国移动电子商务市场的研究，艾瑞咨询将当前中国移动电子商务服务模式总结为四类，分别是电信运营商主导的移动电子商务、传统电子商务提供商主导的移动电子商务、软件提供商主导的移动电子商务和新兴移动电子商务提供商主导的移动电子商务。

中国移动电子商务发展的四大主导方式如图1-1所示。

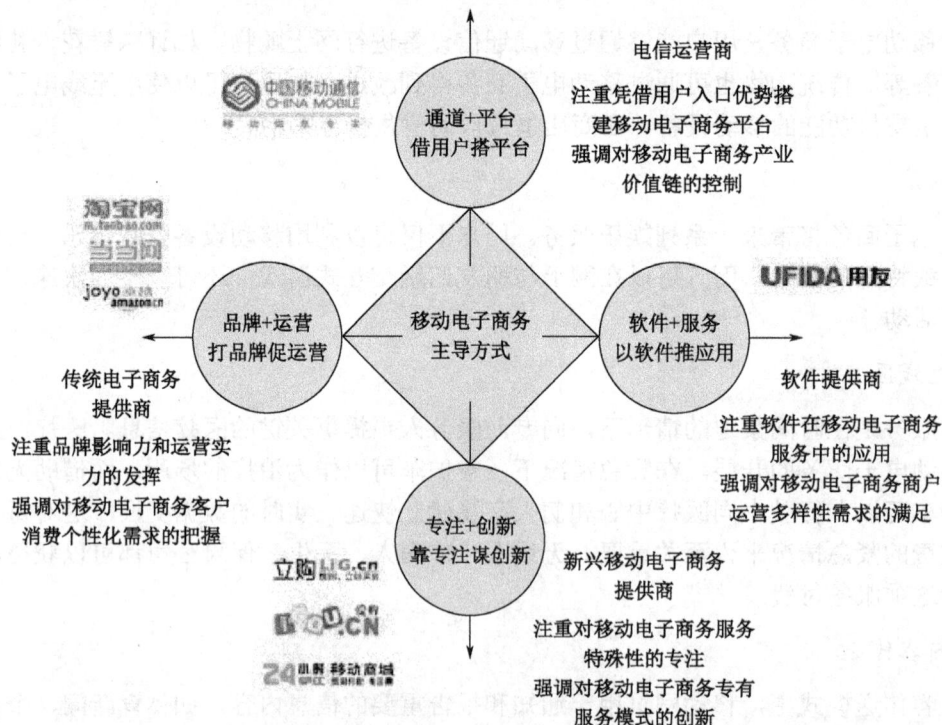

图1-1　中国移动电子商务发展的四大主导方式

1）电信运营商主导模式

在由电信运营商主导的"通道+平台"的移动电子商务服务模式中，电信运营商在产业

链中信息传递的核心位置，使其拥有规模庞大的潜在用户基数，凭借用户信息通道的巨大优势，电信运营商搭建移动商务平台水到渠成。市场中最突出的代表，是中国移动旗下的广东移动商城。

经济危机时期，无论对消费者还是商家而言，网络购物的优势都得到了最大程度的放大，因此一方面消费者对网购的热情不减反增，另一方面又不断有各类企业持续进入网购市场，也创造出许多具有广阔前景的行业，广东移动商城便是其中之一，其先进性的手机话费购物，使其赢得了越来越多手机用户的喜爱。

中国移动广东移动商城是基于广东移动网络平台开发的移动电子商务平台，由中国移动广东分公司负责运营，面向移动手机用户、广大互联网用户及商家提供电子商务服务。商城可以通过 PC 和手机两种方式进行访问。在手机端，通过以手机积分、手机话费、专用账户及手机银行为主的支付手段，通过邮政系统、快递公司向用户配送货品为主的货物流通方式，移动商城实现了物流、信息流、资金流一体化的移动电子商务模式。

2）传统电子商务提供商主导模式

在由传统电子商务提供商主导的"品牌+运营"的移动电子商务服务模式中，传统电子商务提供商依靠其在 PC 端电子商务运营、管理经验的积累，以及商品渠道、物流仓储的实力储备，尤其是多年以来在广大网民中形成的品牌形象，仅凭手机作为一个全新的用户接入通道，就能为自身带来源源不断的客户和订单。

随着 4G 时代的到来，无线互联网呈现出爆发式增长趋势。在这一形势下，百度、迅雷等中国互联网巨头纷纷排兵布阵，而手机版淘宝网则能够充分发挥资源优势一马当先，摒除服务陈旧、内容贫乏等传统无线互联网业务的劣势，凭借手机端购物平台的搭建，最大限度地实现用户购物的便利化。2016 天猫"双 11"全球狂欢节，按照阿里方面提供的数据显示，在"双 11"当天阿里巴巴旗下各平台总交易额达到 1 207 亿元，其中无线占比达到 81.87%。

3）软件提供商主导模式

移动电子商务活动中，商家资源是决定服务模式能否为市场认可的一个重要因素，由软件提供商主导的"软件+服务"的移动电子商务服务模式，注重企业管理软件在移动电子商务活动中的重要作用，并力图为企业提供全程的移动电子商务软件服务，以用友软件（如600588、股吧）旗下的移动商街为代表的服务模式，正在为中小型企业开展移动电子商务，提供了一个良好的市场进入机遇。

4）新型移动电子商务提供商主导模式

在移动电子商务发展的过程中，移动互联网本身诞生了一批专注于移动电子商务的新兴商务平台，这些移动电子商务平台主导的模式以"专注+创新"为主要特色。移动电子商务服务模式本身具有区别于传统电子商务的特点，新兴的移动电子商务提供商摆脱传统电子商务发展的僵硬思路，专注于对移动电子商务专有服务模式的创新。

1.2.3 移动商务未来的发展趋势

按照目前 3GPP 制定的 5G 规划时间表来看，2018 年完成 5G 第一阶段规范，2019 年将会实现 5G NR 的大规模预商用部署，2020 年实现正式商用。可以预见，5G 的到来也会对通信行业产生很大的影响。IDC 的专家对移动电子商务今后发展的前景进行了预测，并总结了 10 个关键的发展趋势。IDC 的名为"移动电子商务发展的十个关键趋势"的研究表明，移动电子商务领域潜力巨大，但是运营商在每走一步时必须保持谨慎。

1. 移动互联网

网络是支撑整个移动生态系统的骨架，是研究移动技术发展不错的起点。运营商现在发现，他们无法满足的是消费者对于使用移动网络完成很多事情的基本需求，而这并不是他们设计网络的初衷。这些网络是为语音通话、非即时性消息及高端网络流量所设计的。

iPhone 及一个真实的移动电子商务平台的构建，激励了消费者希望在外出时，通过不同渠道获得信息，希望获取大量的数据，甚至实时地、安全地进行交易。这些在网络设计时都没有考虑到，而对于想经常使用这些功能的人来讲，网络无法满足需求，而且情况越来越糟。

运营商和网络技术提供商已经意识到了这些问题。技术已经成熟，可以使移动网络变得非常快速、稳定，并且比现在能多承载几百万的用户。其问题是，成本很高，当用户习惯移动并非高价产品，而是平价产品之后，运营商没有足够的资金去投资新的网络技术。

（1）移动互联网的商业宣传将成为热点

移动运营商和通信设备制造商将围绕着移动互联网进行大肆宣传，因为它们已经在数据通信设备和运营许可证上投入了巨额资金。这些公司将倾尽全力唤醒用户的意识，并且使他们接纳这一通信方式。

（2）更好、更快、更宽的网络

4G 实际上是一种需求，而非一个实际的技术，国际计算机联盟（ITU）将其定义为"高级国际移动通信（IMT-Advanced）需求的 4G 标准，是能够满足高移动性下通信峰值为 100 Mbps，而低移动性下通信的峰值为 1 Gbps 的通信网络。"

（3）高级长期演进（LTE Advanced）

当 4G 本身还没有明确的实施技术之时，已经有许多技术被指定，其中就有 LTE Advanced，这并非一个新技术，而是目前技术的改进版本，可以提供比 ITU 规定的 4G 平台更高水平的服务，其下载速率为 500 M～1 Gbps。LTE 技术已经商用，美国电话电报公司（AT&T）在美国部分地区推出了这个新的网络服务。然而，最初这项服务是为笔记本计算机推出的，当 4G 设备推出后，将会在这个网络上运行。

（4）无线保真（WiFi）

WiFi 已经应用了很多年了，其本质是一个局域网技术，允许配备相关硬件的设备，使用无线服务的短距离连接能力，连接到一个本地路由器。将所有的 WiFi 路由器一起连接到一个网络中，忽然变成了一个有潜力的变通方式。

WiFi 已经被证明是很流行的，根据无线保真联盟的统计，全球共有约 7 亿人使用 WiFi，约有 400 万个公共 WiFi 热点。每年约有 8 亿个新的 WiFi 设备上线，包括智能手机、游戏机、计算机和 MP3 播放器等，所有这些设备在一定程度上都有移动的特性。那么，作为一个并不是很新的技术，其发展方向如何呢？其中之一，是它会变得越来越流行。越来越多的连接是通过 WiFi 完成的，并非运营商的网络。这对商务的潜在影响是巨大的。许多移动

电子商务，是以运营商的网络为基础的，因此就需要使用他们的计费系统进行交易；而这意味着运营商可以分到一块蛋糕。WiFi 连接意味着情况将有所不同，WiFi 连接将这些移动设备直接连接到互联网，应用的是网络规则。

这可能导致移动电子商务更趋向于电子商务：提供相同的支付工具、相同的价格及类似的体验。这改变了我们所知的移动电子商务发展动态——可以将那些在商品和服务上为运营商所准备的分成砍掉了。而从移动消费者的角度来看，越来越多地使用 WiFi，培养了他们的随时在线文化，当发现他们身处 WiFi 没有覆盖的区域时，是否也会更多地使用网络运营商的服务？这是英国网络运营商计划建设一张自有的免费 WiFi 网络的原因。这项免费的 WiFi 服务将帮助他们缓解这种情况，并鼓励用户更多地使用移动和数据服务。

（5）全球微波互联接入（WiMax）

这是一种提供约 40 Mbps 数据速率的移动宽带技术，是一种过渡技术，是 WiFi 的衍生，可以在一个城市或者一个社区提供无线网络覆盖，可以省去住宅或商业区昂贵的布线费用。但是，由于移动宽带连接的需求有所提高，一些人将 WiMax 定义为无法满足 4G 要求但可以在特定区域提供比 WiFi 更好的覆盖技术。WiMax 可以被快速实施，而且可以搬走，所以对于一些特殊活动，如交响乐节或体育赛事，这可能是一个很好的机会。这可以让一个地点的上千人享受到先进的移动网络覆盖，而架设的潜在成本基本是固定的。音乐节有机会为广告商、赞助商提供移动频道，向那些绑定在无线宽带网络上的消费者发送广告。而对于那些来看演唱会的人，他们会在演唱会现场收到一些赞助商的广告或广告内容，作为回报，他们可以得到免费的移动宽带服务。

2．数据处理技术

（1）云服务

云，是云计算的简称，已经服务我们多年，并且是一个很简单的概念，即所有的软件都安装在云端服务器上，通过网络来使用这些软件。许多公司大概 10 年前就开始这么做了，从供应商那里购买一个软件即服务（Saas），获取可以由其他人负责管理、更新并使之正常运行的服务。这在 2008—2009 年间已变得很流行，而苹果的 iCloud 只是沿着这个方向又走了一步。那么，到底什么是云？在移动电子商务里，它是指一种将软件、数据、内容、产品、支付工具及其他任何东西都放在一个远程服务器集群里，从而实现无论人们身在何处，都可以让设备通过网络连接使用并访问这些数据。设备不需要再去扩充很大的存储设备，所有创建和消费的内容，加上设备所需的所有软件，都在其他地方储存着。这意味着它可以安全地管理、可以备份，而且理论上永远不会丢失。它意味着软件可以为几百万用户同时升级，而设备可以变得更小、更轻、更便宜。

（2）移动电子商务的企业应用将成为中心

无线客户关系管理（CRM）、销售管理和其他企业应用将使得企业用户不论在收入和办公效率方面都获益匪浅。因此，移动电子商务企业应用将成为今年运营商宣传的重头戏，而消费者应用将转入幕后。

（3）以视觉与听觉遥控你的生活

在增强现实、图片搜索、语音识别、智能云计算、强大的处理能力，以及强大的无线网络支撑下，移动电子商务的未来，将由视觉和听觉引领。举例如下。

条码扫描将上升到图片扫描阶段，而这将成为更加深入的移动体验之跃升点，将引领无缝和快乐的购物。

你的手机告诉你,现在是 12 点 55 分,而你预定了下午 1 点在街角的餐厅开会。你开始向那里走去,你的手机告诉同事们,你已经在路上了。

你走在路上,蓝牙耳机为你导航。你的手机从云存储区将你所需的会议资料下载到手机上,并按照同事发给你的日程为你排好的顺序。你的手机问你是否要预定午餐,以便当你坐下来,就可以直接进入工作状态了。

在会议上,你通过语音控制分享了文档、电子邮件并致电你的同事们。所有你在阅读的文档,都是增强现实的,以便你能看到这是谁发的文件,它们适用于项目的哪个部分。

你的会议结束了,你让你的手机帮你叫一部出租车并把你送到火车站。当出租车到达,手机会有提示,而出租车飞快地将你送到了火车站,你下车的时候是自动支付的,不需要你的介入。你登上了回家的火车,你的车票是嵌入在手机里的。

（4）通过移动设备抵达一切

西班牙电信曾抛出一个理念,认为手机会成为"生活的远程控制器"。移动设备（以超级智能手机和平板计算机为典型）将成为我们用来驾驭世界的设备,可以打造关系、消费娱乐内容、分享我们的希望和恐惧,尤其是可以智能地过滤掉我们不想要的东西。手机已经处于人们生活的中心地带,如果没有它,人们会感到迷失,移动将变为我们生活中任何事情的主要部分。

（5）语音网络导航将开发成功

由于语音看起来是移动通信设备的最自然的接口,采用语音方式接入互联网这一研究工作将获得突破性进展,出现商用。

3. 终端更智能和多样化

（1）消费者将用手机获取信息

对消费者来说,他们主要使用手机获取信息,如电子邮件、股票行情、天气、旅行路线和航班信息等,不过尽管这些服务并不代表直接的商业机会,但是在电子商务的引导下,这些业务有助于构建客户关系,并且创造间接商业机会。

（2）手机将嵌入条形码阅读器

这为移动电子商务带来新鲜的风气,这个新功能将在传统商业和网络商业之间架起桥梁,嵌入条形码阅读器解决了数据输入的问题,而这使移动商务迈上了一个新的台阶。

（3）智能终端的屏幕将拓宽

尽管如此,表格输入和原始数据输入依然成问题,分辨率较高的显示屏及具有条形码阅读功能会使移动设备增加用户的友善性,但是狭小的显示屏和烦琐的数据输入方法是限制移动互联网易用性和功能性的主要障碍。

（4）一切都是潜在的移动终端

自从 20 世纪 90 年代初第一部手机开始,人们便开始着迷于手机。随着时间的推进,手机从丑陋而昂贵的设备变成了今天漂亮的设备,它是功能与外观的完美结合。智能手机的出现是更进一步的发展。这些设备很漂亮,使用起来很舒服,并且非常强大。他们是真正的多媒体设备,不只是打电话,还可以访问网络、收发电子邮件、看电视和视频并进行分享,它还为那些开发者们提供了一个可以将其想象力最大程度发挥的平台。因此,这些设备是移动电子商务未来技术的基石,也就不足为奇了。我们需要决定未来几年商店里的

手机是什么样子的；就像从手机变为智能手机那样，未来的变化可能会增加；或者是否还会有一次根本性的变革。

（5）更加智能的智能手机

智能手机会变得更加强大，配备更好的屏幕、更优化的连接性、更大的内存、更长的电池续航时间，而体积会变得更小。它们将更加依赖于云服务，一些服务于低端市场的设备，将变成"云手机"，所有的内容都是在线上的。这将是大众市场实现移动电子商务的关键，所有的希望呈现移动电子商务服务的参与者，都需要有一个应用、一个移动优化的网站和一个基于云的应用服务。

PCWorld 近日撰文，总结了 2017 年值得关注的 10 大智能手机趋势。明年的智能手机有望更薄、更快、更智能，还会给用户带来更好的使用体验。虚拟现实功能将走进低价智能手机，它们将配备更好的画质、分辨率更高的屏幕和更大的存储空间。在购买商品和登录网站时，将比以往更多地用到自己的智能手机。

深度学习可以帮助智能手机了解用户行为，改进使用体验。我们甚至会看到智能手机的设计领域出现一场"文艺复兴"，越来越多的手机将用无线耳机取代耳机插口。USB-C 将取代传统的连接器和充电线。

未来 10 年内的某个点，我们将看到更加智能的设备，它们可以为用户决定访问什么内容、如何访问及怎样处理。未来的设备及内容，会从手指滑动的互动模式逐渐变为语音控制，然后再发展到思想控制的阶段。

已经有一家叫做 NeuroSky 的公司，正在售卖"大脑-计算机接口技术"，使用一个类似于耳机的设备，将思想转化为计算机的基本操作。目前这些设备以游戏市场为目标，可以应用医学等级的技术使用脑电波来控制游戏——逐字地思考你想做什么。现在实践还很少，但是一旦可行，将会震惊整个市场。这离将其转化为计算机控制器还有一步之遥，而这可能会对设备市场进行彻底的洗牌。

（6）全能平板计算机

平板计算机代表的是移动技术和移动电子商务的未来。平板计算机是更大一些、处理能力更强的智能手机，而在未来的 10 年内，它有很大可能，在家庭环境中代替笔记本计算机和台式计算机。鉴于手机的便携性和私人性特点，当我们不想使用智能手机时，平板计算机将变为我们与品牌和公司互动的工具。

谷歌、亚马逊和苹果的云战略都揭示了一个没有台式计算机的未来，大家会使用平板计算机作为内容消费设备。平板计算机在这一点上是一场革命。它正在改变人们消费、互动和娱乐的模式。它们是书、电视、电子邮件和社交聊天设备。它们是购物中心与银行账号。它们实际上是任何网络内容和真实世界之间的窗口，它们确实非常强大。

如果它们变得大众化，会是移动电子商务的未来吗？它们理所当然地是其中的一部分。它们的发展，有可能沿着智能手机的轨迹——更强大、功能更多，综合使用应用、移动网络和云计算。它们也会向意念控制发展。

4．可穿戴设备

（1）无线电器和服装

所有的手机和平板计算机在很大程度上都是私人的。但是在未来，会看到越来越多的"东西"具备 WiFi 功能，甚至是 SIM 卡的无线宽带连接能力。很早前就有关于智能冰箱甚至是智能垃圾桶的预测了，其理念是将东西从冰箱里拿出来或者扔进垃圾桶时，它就会告诉冰箱你用了什么，或者告诉垃圾桶你扔了什么，然后就可以订购更多类似产品。

这个理念更深远一些，所有的家用电器都可以连接到互联网，以便它们可以被更新、监控，而且可以与这个世界进行交流，如订购商品等。再深入一步，还可能有可以连接网络的服装。例如，可以跟踪儿童，或者让你的衣服下载音乐，或者查看社交网络，或与朋友们交流。这对于零售商和广告商来讲，其收益在于更多的与消费者互动和售卖商品的机会。而对于消费者的收益是，他们可以始终感觉得到东西的存在。移动电子商务的真正力量，可能在于可以将所有东西都连接在一起——通过无线。

苹果开始用 iCloud 服务提供这个功能，可以让你所有的苹果设备在彼此之间进行同步。因此，你在 iPhone 上照了一张照片，它就可以立即同步到你的 MacBook、iPod 和 iPad 上。

再进一步，可以将所有的设备、家用电器和电视机都通过网络连接在一起，让它们彼此间共享信息，创造一个更显整体性的数字生活。无论你在哪里，都可以访问任何相关产品。购买一次，就可以一次又一次地使用。密切监视你喜欢的、知道的和正在使用的任何东西。这正是不久的未来家庭和生活中的场景，因为互联网将成为支撑所有东西的基础。

（2）无线能量

电池已经改进，而且正在持续改进，每年都是根本上的改进。虽然你的智能手机大概有 10 艘宇宙飞船的计算能力，但能量还是不能满足它们的。正常使用下，电池只能坚持一天，这已经是进步了。在空气中传递能量并不是什么新鲜事物：电磁感应已经可以解决这个问题。人们已经计划用这种方式来传递能量，但是还有许多障碍需要逾越。

挑战之一是怎样不让周围的电子设备吸收转化的能量，以及怎样对人们的生活和工作保持无害。还有效率的问题：将电转化成磁，在指定地点扩散，然后再将其转化为设备可用的电，其效率离 100% 相距甚远。

还有一个计划，是用微波甚至是激光传递能量（美国宇航局 NASA 是这方面的先锋），以便这些缺乏能量的设备可以数日、几周甚至数月连续工作，而不用进行充电。而且这也确实是短期内移动设备需要解决的关键问题。

（3）全新的媒体

更好的设备和更好的网络，将带来更丰富的内容，更便于消费。报纸和杂志出版商已经在提供更加多媒体的产品。而这正在越来越多地将文字、视频、图片甚至是 3D 图像结合在一起，创造出生动的"报纸"。

实际上，这些设备和网络将重塑媒体产业，正如我们所知的，将消除电视、印刷品、书籍、音乐和游戏之间的界限。它将变为以不同方式、在不同设备上消费的内容，以不同形式打包在一起。这都是娱乐，而人们愿意为娱乐付费。

所有东西都放在云端，任何设备都可以访问。这种最新的媒体将用户、内容、内容创作者和其他用户之间形成空前的互动。我们都在创造并编辑自己的内容，通过移动设备、网络及云服务智能地挑选和管理。这给我们一种感觉：一切尽在掌握。

（4）多种移动设备将共存

虽然今后的通信设备集成了越来越多的功能，但是不会出现某种设备一统天下的格局。PDA 厂商会将电话功能加入它们的设备中，使 PDA 越来越像移动电话，而移动电话厂商则努力使得它们的设备更像 PDA，然而这样做不但会增加设备的体积、重量，而且会增加设备的成本。

5．运营方式的改变

（1）运营商将改变其销售策略

直到现在，运营商将其业务销售对象定位于消费者，但是这一策略即将发生改变。随着大批商业应用服务投入运营，可以预见移动通信运营商会将其业务的销售对象从终端消费者转向企业用户，而那些能成功实现这一策略转变的运营商不但可以赢得市场份额，而且可以提高其每用户收入。

在移动技术方面，主要有 3 个领域会改变游戏规则。

① 网络。这是任何其他元素所依赖的骨架。这既可能是运营商拥有的，也可能并非其提供（如 WiFi）。用户需要越来越宽的带宽来完成更加复杂的任务。

② 设备/终端。几年一变已经成为这个领域的规律，而 iPhone 的到来，完全将这个领域重新架构了。2007 年 1 月 9 日苹果公司推出了"3G 时代手持数字终端"——iPhone 手机，可触摸宽屏移动电话、iPod 以及具有电子邮件、电子书、网页浏览和 GPS 功能的网络媒体，作为一个移动电话设备，它将这些产品完美地融为一体。iPhone 独特的交互方式不仅给人们带来了全新的交互体验，同时也带领了交互艺术设计走向时尚化，推动了人机互动媒体新创意的发展。目前市场上出现越来越多的新型移动计算机设备，例如，平板计算机、电子书阅读器、可穿戴设备，等等，这些设备共享一个共同的问题：试图让用户获得强大的计算服务和资源体验。

③ 服务。你可以在手机上实现的功能。这包括从计费、支付，到应用、移动网站及这中间所有可能发生的东西。第三方设计者将在移动端运行的东西，对大家来讲都是个谜，但是其对商业的影响是正面的，因为它提供了同客户交互和销售更多商品的新渠道。这是快速变化的移动世界的上层。

（2）无线广告将剧增

今年将是无线广告兴起的一年，并且成为一种时尚。虽然它不会成为运营商的重要收入来源，但是它为广告客户提供了一个新的宣传媒介。

（3）移动安全将引起社会重视

随着人们开始逐渐接受采用移动设备接入 Internet，同时也开始日益关注类似于个人计算机的安全性问题。当采用移动通信设备进行数据共享及移动设备功能不断增加时，这种安全性顾虑更加突出。

（4）丰富消费体验提高投资回报

更好、更快、更宽的网络，还意味着你可以使用手机完成更多事情——因此对于消费者来讲，体验更加丰富、回报更加丰厚。以增强现实（AR）为例，如前所述，它提供了当使用智能手机的摄像头看真实世界时，可以将图片叠加的机会。唯一的问题是，它需要处理很多数据。处理数据是手机的功能，但是使其平衡工作的数据流和广告都是来自于更好的网络连接。更好的网络，意味着增强现实更值得进行投资，因为它可以良好工作、提供引人注目的服务，让更多人可以重复来使用。

任何种类的娱乐设备或者内容消费单元都可以通过广告，或直接销售数字产品及实物产品而产生收入。联网的家用电器，可以带来有目的性的、与之相关的销售。总之，它开辟了营销的新渠道，虽然也会影响一些现有收入，但是它们提供的是更简单地进行销售的机会。

汽车内的连接，也提供了一个新的渠道，增加了向这些暂时处于封闭空间的人营销一些特定商品的机会：长途旅行需要玩的游戏，他们目的地的信息，甚至是当地交通、天气和可选路线等信息。

它提供的是，当客户在做某事的时候，能以一种新的方式接触客户的方式。当然，大多数在路上奔波的人，都有一部手机，但是车内系统，与联网的家用电器类似，为其增加了情境。这使得营销在理论上变得更加简单，因为你马上知道消费者的情境：是什么、为什么、何时及何地。

总的来说，移动电子商务的各种发展条件已经成熟或正在成熟，其发展前景将会是十分诱人的，而且具有独特的性质。表面上，技术的进步和安全性问题的解决在促使移动电子商务沿着传统的电子商务一样的方向发展。但实际上两者是有区别的：电子商务是发展成电子商业（E-business），而其中 B-B 应用又要比 B-C 应用更普遍。而在移动电子商务里面，却可能走另外不同的模式。银行服务、股票交易和各类订票将是驱动这个市场发展的主要因素之一。

1.3　我国移动商务的应用

1.3.1　我国移动电子商务的应用态势

我国无线网络发展很快，有着最广泛的用户基础。2016 年，全国电话用户净增 2 617 万户，总数达到 15.3 亿户，同比增长 1.7%。其中，移动电话用户净增 5 054 万户，总数达 13.2 亿户；固定电话用户总数 2.07 亿户，比上年减少 2 437 万户。2016 年，4G 用户数呈爆发式增长，全年新增 3.4 亿户，总数达到 7.7 亿户，在移动电话用户中的渗透率达到 58.2%；2G 移动电话用户减少 1.84 亿户，占移动电话用户的比重由上年的 44.5% 下降至 28.8%。

随着全球化的信息技术革命，移动电话成为中国电信服务中来势最迅猛、发展最活跃的新秀，移动通信能力进一步加强，中国已成为世界移动电话第一大国，所以中国的移动电子商务具有非常大的市场前景。

我国移动电信发展史，大致经历了 3 个阶段：第一阶段（1987—1993 年）为起步阶段，主要是满足用户急需；第二阶段（1994—1995 年上半年）为发展阶段，我国 90 MHz 模拟蜂窝移动电话成为世界上联网区最大、覆盖面最广的一个移动电话网；第三阶段（1995 年下半年至今）为迅速提高阶段。我国引进世界上技术先进的 GSM 数字移动电话系统，它标志着我国移动通信由单一的模拟制进入模拟数字并存时代，可以称得上是一步到位、后来居上。同时我国的移动电话也经历了一个由东到西、由城市到农村的发展过程，移动电话使用率与经济发展程度呈正相关关系。由于国家的支持和人们生活水平的提高，我国移动电话发展速度非常快。随着移动电话价格的下降和移动通信费用制度的调整，这一市场增长将更为迅速。

我国无线网络发展很快，有着最广泛的用户基础，中国电信拥有世界上最大的 GSM 网络，我国移动互联网发展势头迅猛，目前移动电子商务在我国已经有实际应用。

我国在移动商务应用方面的发展态势也相当迅猛，通过手机上网的用户越来越多，移动增值业务逐渐步入健康发展的轨道。我国可跨省经营移动增值业务的服务提供商多达 450 个，省内经营移动增值、业务的服务提供商多达 3 300 个。目前我国移动增值新业务、新

应用层出不穷，短信、彩信、WAP 服务、交互式语音应答系统（IVR）、JAVA 应用、BREW 应用等移动增值业务都得到了较好的发展。移动增值业务用户群在近期内必将继续扩大，移动增值业务的产业链将不断延伸。

随着全球化的信息技术革命，移动电话成为中国电信服务中来势最迅猛、发展最活跃的新秀，移动通信能力进一步加强，中国已成为世界移动电话第三大国。所以中国的移动电子商务具有非常大的市场前景。

市场研究报告显示，人们将通过移动电话从售货机上购物、订票和网上购物。各种新技术如高速宽带无线网络、移动上网协议 WAP、SIM、双制式移动电话和各种界面友好的掌上设备将大大推动移动购物的发展。移动电子商务对许多人来说，已经不是一种时髦，而是一种生活和职业需求。

（1）电子商务保持快速增长

近年来，我国电子商务的快速发展取得了令人瞩目的成绩，保持着快速增长势头。聚美优品、京东、阿里巴巴先后赴美上市，我国电子商务在世界舞台上崭露头角。伴随着电子商务的快速发展，我国电商物流发展迅猛，包括电商自建物流和第三方快递业市场规模继续扩大。国家邮政局统计数据显示，2014 年全国快递业务量达 140 亿件，同比增长 51.9%，超过美国成为世界第一，快递业已连续四年保持年均增幅超过 50% 的速度。中国快递协会年会发布数据，2015 年，快递业完成业务量 206 亿件，同比增长 48%，最高日处理量超过 1.6 亿件；快递业务收入完成 2 760 亿元，同比增长 35%，全国农村地区直接通邮率达到 94%，乡镇快递服务营业网点覆盖率提升至 70%。回顾 2016 年，中国快递行业成为中国经济的黑马，来自权威部门的数据显示，2016 年发送了超过 300 亿件快递包裹，连续 6 年增速超过 50%，同时，圆通等几家快递公司登陆资本市场。2016 年，网络购物产生快件量占快递业务总量接近六成，快递支撑网络零售额超过 4 万亿元。"双 11"当天，快递日处理量超过 2.5 亿件，支撑天猫、京东等电商平台销售额超 1 700 亿元，全年支撑微商拉动信息消费 1 743 亿元。商务部数据显示，2017 年上半年全国快递业完成业务量同比增长 31.4%，其中 6 月份增长 35%。

（2）网络购物扮演主角

商务部《2016 年中国电子商务报告》显示，2016 年，我国电子商务继续保持平稳发展态势。国家统计局调查显示，2016 年全国电子商务交易额达 26.1 万亿元，同比增长 19.8%；网上零售交易总额达 5.16 万亿元，同比增长 26.2%，我国世界第一大网络零售市场地位进一步稳固；农村网络零售交易额 8 945.4 亿元，已占全国网络零售额的 17.4%；移动购物在网络购物交易规模中占比达到 70.7%；电子商务及相关产业直接和间接带动就业人数已达 3 700 万。网络购物成为推动电子商务市场发展的重要力量。

（3）移动购物成为网络购物主要方式

商务部《2016 年中国电子商务报告》显示，移动网络市场规模继续保持高速增长，2016 年中国移动购物在整体网络购物交易规模中占比 70.7%，同比增长 15.3%，移动购物正在成为网络消费的主要方式。

1.3.2　移动商务应用的环境

中国电子商务研究中心发布的《2016 年度中国电子商务市场数据监测报告》显示，2016

年中国电子商务交易额 22.97 万亿元，同比增长 25.5%。其中，B2B 市场交易规模 16.7 万亿元，网络零售市场交易规模 5.3 万亿元，生活服务 O2O 交易规模 9 700 亿元。中国移动已推出手机银行、手机炒股、手机彩票、GPS 位置服务、移动 OA、UM（统一消息服务）、PIM（个人信息管理）、WAD（无线广告）等移动电子商务服务。它比传统的以计算机为终端的电子商务具有更广泛、更深厚的用户基础。今后，移动商务还会逐年扩大，因为它适应了当今社会发展的需要。移动电子商务虽然在我国已经有了长足的发展，但是运营环境也显露出很多问题，需高度重视并在实践中加以解决。

1．市场环境

1990 年，美国还只有 500 万移动终端用户，2000 年增加到 9 000 万，2005 年已接近 1.4 亿，25%的数据业务通过移动通信设备来传输。"手机互联网在规模上正直追传统互联网，" CNNIC 分析指出，随着运营商的重视和手机硬件成本的不断降低，手机上网已逐渐成为一种主流的网络接入方式。4G 的发展也为移动电子商务的发展带来了好的机遇。

移动运营商一些不规范行为也会成为移动商务发展的绊脚石。移动运营商在移动电子商务的产业链中扮演着关键角色，如果移动业务经营不规范势必会造成广大用户对移动电子商务收费的疑虑，影响移动电子商务业务的推广。目前我国移动业务经营中存在强定制、偷定制、诱定制的不规范行为。所谓强定制，就是默认制定，运营商在不告知用户的情况下，为用户开启某项业务并收取费用。所谓偷定制，就是给用户发送一些内容普通但非常温馨的短信，用户毫无戒心地简单回复结果竟被视为某项业务的定制信息。而诱定制的触角更是遍布电视、广播等媒体。有的以大奖为诱饵，有的以栏目感召力为诱饵，更有甚者以不健康内容吸引移动用户投票、竞猜或者发表评论来赢取礼品、参与互动，实则含糊其辞，诱定信息。制止这些不规范行为，应着手规制。

就目前的应用情况来看，移动商务的应用主要集中于获取信息、订票、炒股等个人应用，缺乏更多、更具吸引力的应用，这无疑将制约移动商务的发展。其主要原因还是没有找准突破口，没有把移动商务无可替代的特性突出。无线互联的移动化特性肯定会在不久的将来给企业带来巨大的利润和翻天覆地的巨变，一旦有真正实用和有价值的无线网络应用服务商出现，将会形成一个比目前联网用户发展更为迅速的用户市场，这些用户的潜在商业价值将是难以估量的。中国有机会创造自己的模式，有机会在互联网领域赶超世界。业界普遍认为，B2B 的电子商务模式双子无线网络最具率先的发展机会。企业要想从中受益，就要把移动电子商务看成是产生新利润、创造新价值和维系更多客户的有效手段。

2．技术环境

电子商务超越时间和空间的限制，只用一部手机或其他无线终端，使人们通过移动通信设备获得数据服务，通信内容包括语音、数字、文字、图片和图像等，在移动中进行电子商务。移动电子商务的发展主要取决于移动通信技术的空前发展，移动通信工具与因特网连接的无线上网技术及因特网服务商所提供的无线上网服务已具备，通信能力的获取越来越便宜，更容易获得越来越高的带宽，并将在近年内实现普及。

（1）无线通信协议标准（WAP）

就像 TCP/IP 是 Internet 网上信息互联和通信的协议标准，WAP（Wireless Application Protocol）技术是移动终端访问无线信息服务的全球主要标准，也是实现移动数据及增值业务的技术基础。

（2）通用分组无线业务（GPRS）

GPRS 突破了 GSM 网只能提供电路交换的思维定式，将分组交换模式引入到 GSM 网络中。它通过仅仅增加相应的功能实体和对现有的基站系统进行部分改造来实现分组交换，从而提高资源的利用率。GPRS 能快速建立连接，适用于频繁传送小数据量业务或非频繁传送大数据量业务。

（3）移动 IP 技术

移动 IP 通过在网络层改变 IP 协议，从而实现移动计算机在 Internet 中的无缝漫游。移动 IP 技术使得节点在从一条链路切换到另一条链路上时无须改变它的 IP 地址，也不必中断正在进行的通信。移动 IP 技术在一定程度上能够很好地支持移动电子商务的应用。

（4）"蓝牙"（Bluetooth）技术

Bluetooth 是由爱立信、IBM、诺基亚、英特尔和东芝共同推出的一项短程无线连接标准，旨在取代有线连接，实现数字设备间的无线互联，以便确保大多数常见的计算机和通信设备之间可方便地进行通信。"蓝牙"作为一种低成本、低功率、小范围的无线通信技术，可以使移动电话、平板计算机、个人数字助理（PDA）、笔记本计算机、打印机及其他计算机设备在短距离内无须线缆即可进行通信。

（5）第三代（3G）移动通信系统

第三代移动通信（3G）包括一组支持无线网络的宽带语音、数据和多媒体通信的标准。IMT-2000 作为 ITU 推出的 3G 标准，至少提供了 5 种多路接入途径：CDMA2000、wCMA、wCDMA 的时分双工（Time Division Duplex）版本、136HS（基于 IIWCC 推荐）及数字式增强型无绳电话（DECT），oGSM MAP 通过"标准集"的支持与 IS-41 网络相互作用。也就是说，必须在 WCDMA 规范前提下，允许与 IS-41 的相互连接，通过 CDMA 2000 为 GSMMAP 提供接口。

（6）第四代（4G）移动通信系统

第四代移动电话行动通信标准，指的是第四代移动通信技术，外语缩写：4G。该技术包括 TD-LTE 和 FDD-LTE 两种制式（严格意义上来讲，LTE 只是 3.9G，尽管被宣传为 4G 无线标准，但它其实并未被 3GPP 认可为国际电信联盟所描述的下一代无线通讯标准 IMT-Advanced，因此在严格意义上其还未达到 4G 的标准。只有升级版的 LTE Advanced 才满足国际电信联盟对 4G 的要求）。

4G 是集 3G 与 WLAN 于一体，并能够快速、高质量传输数据、音频、视频和图像等。4G 能够以 100 Mbps 以上的速度下载，比目前的家用宽带 ADSL（4 兆）快 25 倍，并能够满足几乎所有用户对于无线服务的要求。此外，4G 可以在 DSL 和有线电视调制解调器没有覆盖的地方部署，然后再扩展到整个地区。很明显，4G 有着不可比拟的优越性。

（7）基于 WiFi 和 WiMAX 的无线宽带技术

WiFi 是无线保真（Wireless Fidelity）的缩写，其核心的 WLAN（WiFi 仅指 802.11b，WLAN 则可分别采用 802.11b 及 802.11b+），麦肯锡管理学家 Reed E.Hundt 指出，这是一项全新的技术，它能重新激发经济增长，而且可以帮助任何人在任何地方以低成本接入互联网。

移动电子商务的发展离不开上面几种技术的发展，每一种技术的进步都为电子商务从传统走向创新奠定了基础。详细的技术介绍和分析请参看第 2 章的内容。

（8）强大的网络环境

我国电信基础设施建设发展迅速，为移动电子商务的发展创造了较为成熟的网络环境。信息网络加快向高速移动安全泛在方向发展，新一代高速光纤网络、高速无线宽带加快普及，5G 和超宽带技术研究深入推进；物联网广泛应用，越来越多的设备、终端等接入信息网络；数字经济与传统电网、公路网、铁路网等深度融合，正在形成万物互联、泛在感知、空天一体的智能化综合信息基础设施，极大地提升经济活动的网络化、数字化、智能化水平和运行效率，成为支撑经济发展不可或缺的重要基础设施。

3. 政策环境

近年来，我国不断出台相应政策支持移动电子商务的发展，各地纷纷开展移动电子商务试点工程，推进区域移动电子商务的建设，为移动电子商务的发展创造良好的政策环境。

以移动商务的核心业务移动支付为例来说，其相关政策已成为各方关注焦点。《电子签名法》和《电子支付指引》的出台为电子化支付在政策和法律地位方面奠定了基础。数字经济为降低企业因遵循政府各种规章制度而需付出的成本提供有效手段和可行途径。

当前国内市场机制还不规范，电子商务的商业运作环境还不够完善，缺乏必要的信用保障体系，从而影响了人们利用移动电子商务的积极性，因而移动电子商务要展现辉煌还需要经历一段过渡时期。其次，网络支付、安全认证、线下配送等系统和电子商务的立法有待完善。中国的环境很特殊，移动电子商务除了存在传统电子商务未能解决的障碍（如支付、配送等问题）以外，由于移动电子商务的特殊性，其安全问题也尤为重要。如何突破政策的限制、如何与金融企业合作也是移动运营商需要着手解决的问题。在中国人民银行以牌照制来规范支付市场后，现有的手机支付业务已经提高了进入门槛，随着监管机构对参与者在金融方面资质要求的提高，以前针对 SP 的监管体系和运营模式也有了相应的改变，尤其是如何突破小额支付的限制，实现真正的手机购物。

与传统的电子商务模式相比，移动电子商务的安全性更加脆弱，如何保护用户的合法信息（如账户、密码等）不受侵犯是一项迫切需要解决的问题。除此之外，目前中国还应解决好电子支付系统、商品配送系统等的安全问题。可以采取的方法是吸收传统电子商务的安全防范措施，并根据移动电子商务的特点，开发轻便高效的安全协议，如面向应用层的加密（如电子签名）和简化的 IPSEC 协议等。移动商务必须解决身份识别和隐私保护等问题。无线信道是一个开放性的信道，它带来了诸多不安全因素，如通信内容被窃听、通信双方的身份容易被假冒及通信内容被篡改等；无线网路中的攻击者不需要寻找攻击目标，攻击目标会漫游到攻击者所在的小区，在终端用户不知情的情况下，信息可能被窃取和篡改。

4. 加速企业信息化环境

对企业而言，发展移动电子商务，首要的是实现企业信息化，最起码管理要信息化。企业信息化就是企业利用现代信息技术，通过信息资源的深入开发和广泛利用，实现企业生产过程的自动化、管理方式的网络化、决策支持的智能化和商务运营的电子化，不断提高生产、经营、管理、决策的效率和水平，进而提高企业经济效益和企业竞争力。企业信息化过程中需要实现的各个环节并不独立，而是相辅相成的。很难想象一个没有达到网络化管理的企业可以实现商务运营的电子化。把握企业信息化的方向和策略。真正地把信息

化当作提高企业竞争力的手段。除此之外，企业应加强对客户信息的搜集和研究，建立以客户需求为主导的营销模式。在信息化的基础上利用移动电子商务平台提高企业的核心竞争力，为企业的进一步发展打下坚实的基础。

经济组织方式创新不断涌现。一是企业新型生产、管理、营销组织模式加速变革。工业革命所带来的规模经济和技术进步导致组织科层化和一体化，而数字革命所带来的交易费用下降促进组织扁平化、分散化。工业经济时代纵向一体化组织开始瓦解，企业间网络、平台生态体系等柔性生产组织方式快速发展，产业组织也开始从寡头、垄断竞争向更加充分的竞争演进。二是新型组织形态不断产生和快速发展。数字经济在实体经济中应用日趋深化，产业界积极推动平台化、生态化发展。平台企业加速壮大，全球市值最高的十家公司中，20年前没有一家平台企业，10年前仅有微软1家，2016年已有6家。苹果、谷歌、微软等平台企业的市值超过美孚石油、强生等老牌跨国企业；传统产业加快向平台转型；新兴产业迅速崛起，分享经济、智能制造等新业态席卷全球，95%以上独角兽企业属于数字经济领域，2008年成立的Airbnb公司估值高达300亿美元，超越百年企业希尔顿。

本章案例

"熊猫烧香"病毒和勒索病毒案

2007年2月12日湖北省公安厅宣布，根据统一部署，湖北网监在浙江、山东、广西、天津、广东、四川、江西、云南、新疆、河南等地公安机关的配合下，一举侦破了制作传播"熊猫烧香"病毒案，抓获李俊等6名犯罪嫌疑人。这是我国破获的国内首例制作计算机病毒的大案。

2006年年底，我国互联网上大规模爆发"熊猫烧香"病毒及其变种，该病毒通过多种方式进行传播，并将感染的所有程序文件改成熊猫举着三根香的模样，同时该病毒还具有盗取用户游戏账号、QQ账号等功能。该病毒传播速度快，危害范围广，截至案发为止，已有上百万个人用户、网吧及企业局域网用户遭受感染和破坏，引起社会各界高度关注。《瑞星2006安全报告》将其列为十大病毒之首，在《2006年度中国大陆地区计算机病毒疫情和互联网安全报告》的十大病毒排行中一举成为"毒王"。

2007年1月中旬，湖北省网监部门根据公安部公共信息网络安全监察局的部署，对"熊猫烧香"病毒的制作者开展调查。经查，"熊猫烧香"病毒的制作者为湖北省武汉市李俊，据李俊交代，其于2006年10月16日编写了"熊猫烧香"病毒并在网上广泛传播，并且还以自己出售和由他人代卖的方式，在网络上将该病毒销售给120余人，非法获利10万余元。经病毒购买者进一步传播，导致该病毒的各种变种在网上大面积传播，对互联网用户计算机安全造成了严重破坏。李俊还于2003年编写了"武汉男生"病毒、2005年编写了"武汉男生2005"病毒及"QQ尾巴"病毒。另外，本案另有几个重要犯罪嫌疑人雷磊（男，25岁，武汉新洲区人）、王磊（男，22岁，山东威海人）、叶培新（男，21岁，浙江温州人）、张顺（男，23岁，浙江丽水人）、王哲（男，24岁，湖北仙桃人）通过改写、传播"熊猫烧香"等病毒，构建"僵尸网络"，通过盗窃各种游戏和QQ账号等方式非法牟利。"熊猫烧香"病毒从去年12月初开始在互联网上暴发，一个月以内病毒变种数达90多个，被感染中毒的计算机达百万台以上，数百万用户深受其害。

2007 年 2 月 12 日，湖北省公安厅宣布"熊猫烧香"病毒案告破，病毒制作者李俊及主要传播者等 6 名犯罪嫌疑人被捕归案。

2017 年 5 月 12 日，WannaCry 蠕虫通过 MS17-010 漏洞在全球范围大爆发，感染了大量的计算机，该蠕虫感染计算机后会向计算机中植入敲诈者病毒，导致电脑大量文件被加密。受害者电脑被黑客锁定后，病毒会提示支付价值相当于 300 美元（约合人民币 2 069 元）的比特币才可解锁。

2017 年 5 月 13 日晚间，由一名英国研究员于无意间发现的 WannaCry 隐藏开关（Kill Switch）域名，意外地遏制了病毒的进一步大规模扩散。

2017 年 5 月 14 日，监测发现，WannaCry 勒索病毒出现了变种：WannaCry 2.0，与之前版本的不同是，这个变种取消了 Kill Switch，不能通过注册某个域名来关闭变种勒索病毒的传播，该变种传播速度可能会更快。请广大网民尽快升级安装 Windows 操作系统相关补丁，已感染病毒机器请立即断网，避免进一步传播感染。

WannaCry（又名 Wanna Decryptor），是一种"蠕虫式"的勒索病毒软件，大小 3.3 MB，由不法分子利用 NSA（National Security Agency，美国国家安全局）泄露的危险漏洞"EternalBlue"（永恒之蓝）进行传播。勒索病毒肆虐，俨然是一场全球性互联网灾难，给广大电脑用户造成了巨大损失。最新统计数据显示，100 多个国家和地区超过 10 万台计算机遭到了勒索病毒攻击、感染。勒索病毒是自"熊猫烧香"以来影响力最大的病毒之一。WannaCry 勒索病毒全球大爆发，至少 150 个国家、30 万名用户中招，造成损失达 80 亿美元，已经影响到金融、能源、医疗等众多行业，造成严重的危机管理问题。中国部分 Windows 操作系统用户遭受感染，校园网用户首当其冲，受害严重，大量实验室数据和毕业设计被锁定加密。部分大型企业的应用系统和数据库文件被加密后，无法正常工作，影响巨大。

请问：1. "熊猫烧香"病毒的制造者触犯了我国刑法哪些条款？

2. 计算机网络病毒传播快、危害广且越演越烈，是否与处罚太轻有关？

3. 勒索病毒为何全球爆发，有怎样的危害？

■ 案例评析要点

利用互联网、移动通信等现代化信息传播工具制作与传播计算机病毒、盗取银行账号、诈骗、赌博、非法融资等新形式犯罪，以全社会的公众为侵害对象。"熊猫烧香"除了带有病毒的所有特性外，还具有强烈的商业目的：可以暗中盗取用户游戏账号、QQ账号，以供出售牟利；还可以控制受感染的计算机，将其变为"网络僵尸"，暗中访问一些按访问流量付费的网站，从而获利。部分变种中还含有盗号木马（可窃取用户密码和信息的程序）。

湖北省公安机关破获"熊猫烧香"案件，对公安机关打击新形式犯罪提供了有益的启示，当前的一些新形式犯罪虽然有科技手段作支撑，但只要职能部门真正重视，认真履行职责，犯罪分子就难逃制裁。

"熊猫烧香"病毒的制造者是典型的故意制作、传播计算机病毒等破坏性程序，影响计算机系统正常运行的行为。根据《刑法》规定，犯此罪后果严重的，处 5 年以下有期徒刑或者拘役；后果特别严重的，处 5 年以上有期徒刑。

本 章 小 结

　　本章是移动电子商务的概述，包括移动电子商务的概念，即移动电子商务是通过手机、PDA（个人数字助理）等移动通信设备与因特网有机结合，进行的电子商务活动，它是无线通信技术和电子商务技术的有机统一体。移动电子商务的十大优势特点是：全天候、个性化、精准性、安全性、定位性、快捷性、便利性、可识别性、应急性、广泛性。移动电子商务的内涵可使学生理解移动电子商务与传统电子商务的区别，然后阐述了移动电子商务的技术支撑，如网络基础设施、应用平台及移动终端设备，还有相关协议和技术。移动电子商务的社会作用也是要掌握的内容。至于移动电子商务的发展过程，对学生了解移动电子商务兴起的内在原因和历史过程有积极意义。最后分析了我国移动电子商务的应用环境。

思 考 题

1. 试述移动电子商务的概念与内涵。
2. 试述移动电子商务的十大特点。
3. 分析移动电子商务兴起的内在原因。
4. 试论述移动电子商务的发展趋势。
5. 试述我国移动电子商务的运营环境。
6. 试论如何改善我国移动电子商务的运营环境。

第**2**章 移动商务技术基础

学习目标

- 了解移动通信技术的发展历程
- 掌握移动通信的相关技术
- 理解移动通信网络技术
- 掌握无线通信协议、移动互联网的应用技术
- 了解云计算的内涵，包括概念、特点、服务形式、核心技术、移动云计算
- 了解移动大数据的内涵、趋势、移动大数据前景
- 熟悉物联网的内涵与应用
- 了解人工智能的应用前景与意义

案例导入

50%的手机摄影者都利用云服务备份和存储照片

曾几何时，对于没有学过计算机学科的人来说，云服务只是一个非常陌生的、技术化的词汇。但是现在，云服务已融入了人们的日常生活之中。Suite 48 Analytics 是一家专门研究手机摄影的研究公司，它通过调查发现，现在有 50%的手机摄影爱好者都在使用云服务存储照片。

"照片云端存储服务进一步普及的主要原因是，这些服务能够明显地解决手机摄影爱好者最为紧迫的照片存储需求：安全的备份。"Suite 48 Analytics 公司的总裁汉斯-哈特曼（Hans Hartman）说。

被调查者选择的云服务不一而足，有些云服务支持在设备和云端之间同步更新照片；有些云服务则可以聚合多个云端照片集，以便用户浏览和搜索。接受调查的受访者使用云端照片存储服务的主要原因包括存档、备份、跨设备浏览、便于分享及编辑处理。

云服务公司和各种服务增加了很多免费的、深受用户喜爱的功能，如时间轴、数据元照片搜索、视觉检索和统一的照片浏览方式。此外，它们还提供有超大存储空间，可让有需求的用户付费购买。

然而，并非所有人都对于云端存储服务感兴趣。很多人会质疑：他们的照片云端存储服务能否提供安全的备份，以及如果他们的设备崩溃或被盗，他们当初存储在云端的照片集是否能够完全恢复。

（资料来源：2014，eNet 硅谷动力）

讨论：1. 请结合案例分析为什么 50%的手机摄影者都利用云服务备份和存储照片？
2. 如何解决质疑者的疑问？

电子商务有赖于网络平台和通信及相关技术，学习电子商务需要对支持电子商务有关的移动通信技术有所了解和掌握，深入了解无线通信技术的结构和发展过程是理解移动电子商务的基础。现代无线通信技术的应用范围比较广泛，与移动电子商务相关的技术包括以下几方面。

2.1　移动通信技术

2.1.1　移动通信技术概述

随着社会的发展、科学的进步，人们对通信的需求日益迫切，要求也越来越高，新协议、新算法和新技术不断推出和改善，使得现代通信技术日趋成熟。未来我们将在任何时候、任何地方、与任何人都能进行及时沟通和交流信息。因此，我们有必要掌握与移动电子商务相关的移动通信技术。

1．移动通信

早在 1897 年，马可尼在陆地和一只拖船之间，使用无线电进行了消息传输，揭开了世界移动通信历史的序幕。近年来，移动通信的发展极为迅速，已广泛应用于移动电子商务和人们的日常生活等领域。

移动通信是指通信双方至少有一方在移动中（或者临时停留在某一非预定的位置上）进行信息传输和交换，包括移动体（车辆、船舶、飞机和行人）和移动体之间的通信，移动体和固定点（固定无线电台或有线用户）之间的通信。

移动通信的主要特点如下。

（1）在传输过程中，常受到地形、地物的遮蔽而发生阴影效应，随着传播距离的增加又发生弥散损耗、路径损耗和多普勒频移等，严重影响通信质量。因此，移动通信必须利用无线电波进行信息传输，且要根据移动信道的特征进行合理的设计。

（2）由于移动通信常会受到干扰，包括外部干扰（如天电干扰、工业干扰和信道噪声干扰等）和内部干扰（如邻道干扰、互调干扰、共道干扰、多址干扰和远近效应等），因此，移动通信是在复杂的干扰环境中运行的，如何抗干扰和减少干扰的影响对于移动通信来说是非常重要的。

（3）移动通信可以利用的频谱资源非常有限，而移动通信业务量的需求却与日俱增。移动通信在发展过程中，可以通过开辟和启用新的频段，或者研究新技术和新措施，以压缩信号所占的频带宽度和提供频谱的利用率等，以便提高通信系统的通信容量。

（4）根据通信地区的不同，移动通信系统的网络结构可以多种多样，如带状（如铁路和公路沿线）、面状（如城市或地区）、立体状（如地面通信设施与中、低轨道卫星通信网络的综合系统）等。由于采用互联互通方式包括单网运行或多网运行等。因此，移动通信网络必须进行网络管理和有效的控制功能，如用户登记和定位，通信链路的建立和拆除，信道的分配和管理，通信的计费、鉴权、安全和保密管理，以及用户过境切换和漫游的控制等。

（5）移动通信设备（主要是移动台）必须适用于移动环境中使用。因此，要求移动台具有很强的适应能力，如体积要小、重量轻、要省电、操作简单和携带方便，还必须保证在各种恶劣环境中能正常工作。

2. 组网技术

对于给定的频率资源，使得有限的资源传输信息容量最大化，那么我们该采用什么样的多址技术？当传播损耗存在时，基站和移动台之间的通信距离有限时，如何保证用户在某一服务区内都能接入网络？应在服务区范围内设置多少个基站？对于给定频率资源，如何有效地将基站进行合理分配以保证用户容量的要求？如何将无服务区内的各个基站互连起来？采用什么样的网络结构实现移动用户与固定用户、移动用户与移动用户之间的互联互通？下面我们分别介绍以上几个方面的问题。

1）多址技术

无线通信系统中，多址接入技术主要包括频分多址（FDMA）、时分多址（TDMA）、码分多址（CDMA）和空分多址（SDMA）等，按照分配给用户的有效宽带的大小，可分为窄带系统和宽带系统。所谓的窄带，是指单个信道的带宽同所期望的信道相干且带宽相近。在一个窄带多址系统中，有效的无线频谱被划分为许多窄带信道，信道通常按 FDD 双工方式运行。为了将每个信道的前向和反向链路之间的干扰降到最小，在可用频谱范围内应选择最大频率间隔，同时满足每个用户占用的特定信道。在宽带系统中，每个信道的发射带宽要比信道的相干带宽要宽得多。因此，信道的多径衰落不会严重影响接收信号，且频率选择衰落只发生在信号带宽较少部分。在宽带多址系统中，允许多个用户在同一信道上发射信号。

（1）频分多址（FDMA）

频分多址是指将给定的频谱资源划分为若干个等间隔的信道，且系统给每个用户分配唯一的频段或信道，这些信道按要求分配给请求服务的用户，且其他用户不能共享同一频段。FDMA 的主要特点如下。

① FDMA 的信道载波每次只能传送一个电话。

② 假设 FDMA 信道已经分配给用户，不管是否处于空闲，其他用户都不能使用来增加或共享系统容量等。

③ 当语音信道分配好后，基站和移动台将同时连续地不断发射。

④ 由于 FDMA 的信道带宽相对较窄，通常被认为是窄带系统。

⑤ FDMA 窄带系统中基本不考虑均衡问题，因为窄带信号的符号持续时间和平均时延相比较大，产生的符号间干扰较低。

⑥ 当发射机和接收机同时工作时，FDMA 移动单元采用双工器，因此增加了 FDMA 用户单元和基站的费用。

⑦ FDMA 可采用射频（RF）滤波器将相邻信道的干扰减到最小。

（2）时分多址（TDMA）

时分多址是指把时间分割成周期性的帧，每一帧再分割成若干个时隙，即将无线频谱进行时隙划分，每个时隙只允许一个用户要么接收要么发射信息。每个用户可占用一个周期性重复的时隙。一个信道可看成是每一个帧出现的特定时隙，N 个时隙组成一个帧，换句话说帧由时隙组成。每一帧由头比特、信息和尾比特组成。头比特包含了基站和用户用于确认通信双方的地址和同步的信息，信息由时隙组成，每个时隙由尾比特、同步比特、

信息数据和保护比特组成。保护比特用来保证不同时隙和帧之间的接收机同步。TDMA 的主要特点如下。

① TDMA 能使多个用户共享一个载波频率，且每个用户利用互不重叠的时隙，每一帧的时隙取决于调制技术和有效带宽等。

② TDMA 采用不连续发送，使用户进行切换处理较为方便。

③ TDMA 用不同的时隙进行发射和接收，通过切换器满足收发机在接收机和发射机间的切换，不需要双工器，降低了用户单元和基站的费用。

④ 由于 TDMA 信道的发射速率较高，通常需要采用自适应均衡。

⑤ 为了缩短保护时间把一个时隙边缘的发射信号过分地压缩，将会增加干扰临近信道，因此 TDMA 应把保护时间减到最小。

⑥ TDMA 采用的是分组发射，当 TDMA 发射被时隙化时，为了将接收机与每个数据分组保持同步，应保护时隙对区分用户是非常必要的。

⑦ TDMA 可将不同用户分配一帧中不同数目的时隙，通过基于优先权级联或重新分配时隙的方法，按照不同用户的要求提供带宽。

（3）码分多址（CDMA）

码分多址是指以扩频信号为基础，利用不同码型实现不同用户的信息传输。直接系列扩频多址也称为码分多址。在码分多址系统中，窄带信号乘上一个称为扩频信号的大带宽信号。扩频信号是一种经过伪随机系列调制的宽带信号，其宽带通常比原始信号带宽高若干数量级。常用的扩频信号有两类：跳频信号和直接系列扩频信号。在 CDMA 系统中的所有用户使用同一载频，可以同时发射。每个用户都有自己的伪随机码字，与其他用户的码字几乎是正交的，当其他的码字出现不正交时被认为是噪声。为了检测出信号，接收机要知道发射机所用的码字。CDMA 的主要特点如下。

① CDMA 系统允许多个用户共享同一频率。

② CDMA 具有软容量的限制。CDMA 系统对于用户数量没有限制，当用户数量增加时，会产生本底噪声，同时系统性能会逐渐降低，相应地，当用户数目减少时，性能会有所提高。

③ CDMA 系统的信道数据速率较高，因此信道时延扩展能力较强。可以通过 RAKE 接收机，收集所需要信号中的不同时延的信号来提高接收的可靠性。

④ CDMA 采用的是同信道小区，可以通过宏空间分集来进行软切换。软切换由移动交换中心（MSC）执行，MSC 可同时监视来自两个或多个基站的特定用户信号。MSC 能在任何时刻选择最好的一个信号，而不用切换频率。

⑤ CDMA 存在自干扰现象。自干扰是由于不同用户的扩频系列非完全正交产生的。

（4）空分多址（SDMA）

空分多址通过空间的分割来区别不同的用户，即控制用户的空间辐射能量，它采用定向波束（通常为扇形弧线）天线来服务不同的用户。在蜂窝系统中，反向链路存在许多困难。首先，为了防止高功率用户干扰其他用户，通常由基站完全控制前向链路上所有发射信号的功率，由于每个用户和基站间无线传播路径的不同，可以采用动态控制发射功率。其次，发射功率受到用户单元电池能量的限制，导致反向链路上对功率的控制受到了限制。因此，在不考虑无穷小波束宽度和无穷大快速搜索能力的限制，一般采用基站的自适应天线可以有效解决反向链路的一些问题，而自适应天线提供最理想的是 SDMA，它提供了在本小区内不受其他用户干扰的唯一信道。所有用户都能使用同一信道在同一时间内双向通信。

2）区域覆盖与信道配置

通常传输损耗是随着距离的增加而增加，它与地形环境的变化密切相关，而移动台与基站之间的通信距离是有限的。假设基站天线高度为 70 m，工作频率为 450 MHz，天线增益为 8.7 dB，发射机功率为 25 W，移动台天线高度为 3 m，接收灵敏度为-113 dBm，接收天线增益为 1.5 dB，则通信可靠性可达到 90%的通信距离为 25 km。为了使服务区达到无缝覆盖，提高系统的容量，一般通常采用多个基站来覆盖给定的服务区，且每个小区分配不同的频率，但需要大量的频率资源，且频谱利用率低，为了减少对频率资源的需求和提高频谱利用率，因此需要将相同的频率在相隔一定距离的小区中重复使用，保证在相同频率的小区（同频小区）之间干扰足够小即可。

一般来说，区域覆盖网包括带状网和蜂窝网。带状网按频率再用分为双频制和三频制，双频制采用不同信道的两个小区组成一个区群，在一个区群内各小区使用不同的频率，不同的区群可使用相同的频率。三频制以采用不同信道的 3 个小区组成一个群。双频制具有频率资源利用率高和造价低等优势，而在同频道干扰方面多频制优势大。蜂窝网是在平面区域划分小区，呈线状排列，区群的组成和同频道小区距离的计算比较容易，而在平面分布和蜂窝网中，就比较复杂。区群的组成应满足的两个条件：一是区群之间可以邻接，且无空隙无重叠地进行覆盖；二是邻接之后的区群应保证各个相邻同信道小区之间的距离相等。

信道配置主要解决在给定的信道时，如何分配给一个区群的各个小区问题。对于移动台业务分布相对固定时，信道配置方法主要有分区分组配置法和等频距配置法。分区分组配置法就是尽量减小占用的总频段，用以提高频段的利用率，同一区群内不能使用相同的信道，以避免同频干扰。小区内采用无三阶互调的相容信道组，以避免互调干扰。等频距配置法是按等频率间隔来配置信道，只要频距选得足够大，就可以有效地避免邻道干扰，因此，可满足产生互调的频率关系，由于频距大，干扰易于被接收机输入滤波器滤除而不易作用到非线性器件，可避免互调的产生。现实中，移动台业务的地理分布情况常发生变化，如发生交通事故时，这一小区的业务量将会增加，导致原来配置的信道不够用，而相邻小区业务量变小，原来配置的信道可能发生空闲，小区之间的信道又不能相互调剂。

3）越区切换与信道分配

越区切换是指当前正在进行的移动台与基站之间的通信链路从当前基站转移到另一个基站的过程。越区切换通常发生在移动台从一个基站覆盖的小区进入到另一个基站覆盖的小区的情况下，为了保持通信的不间断性，将移动台与当前基站之间的链路转移（Link Transfer）到移动台与新基站之间的链路。越区切换主要包括 3 个方面的问题，即越区切换准则、越区切换控制策略和越区切换时的信道匹配。

越区切换可分为硬切换、软切换和更软切换。硬切换是指在新的连接建立之前，先中断旧的连接。软切换是指既维持旧的连接，又同时建立新的连接，并利用新旧链路的分集合并来改善通信质量，在与新基站建立可靠连接之后再中断旧链路。例如，CDMA 可实现

BTS、BSC 和 MSC 之间的软切换。而更软切换是指同一基站不同扇区之间的软切换。典型的例子如图 2-1 所示。

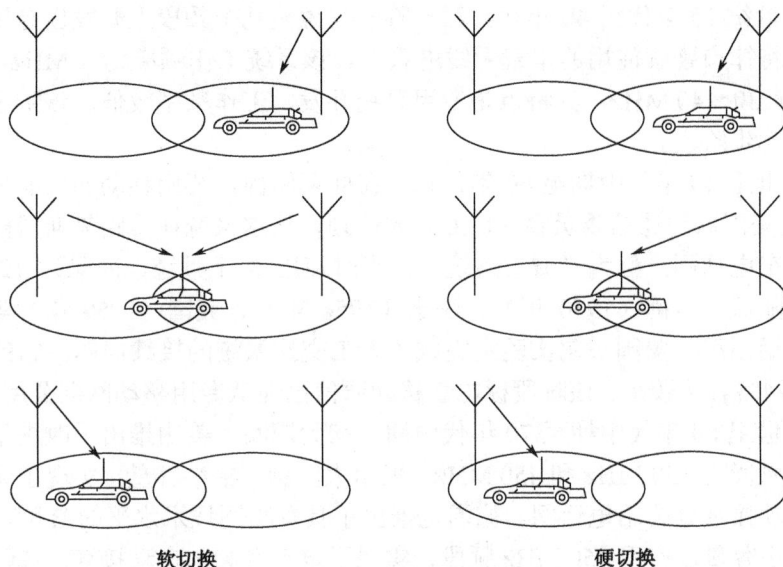

软切换　　　　　　　　　　　**硬切换**

图 2-1　典型的越区切换

通常在进行越区切换时，根据移动台接收的平均信号强度来确定，也可以根据移动台处的信噪比和误比特率等参数来确定。越区切换判定准则主要包括相对信号强度准则、具有门限规定的相对信号强度准则、具有滞后余量的相对信号强度准则和具有滞后余量和门限规定的相对信号强度准则。越区切换控制包括越区切换的参数控制和越区切换的过程控制。其中过程控制主要有移动台控制的越区切换（PACS、DECT）、网络控制的越区切换（TACS）和移动台辅助的越区切换（GSM）。当越区切换时的信道分配通常采用在每个小区预留部分信道专门用于越区切换。虽然新呼叫的信道数减少，呼损率增加，但通话被中断的概率减少，符合人们的使用习惯。典型的越区切换信号强度示意图如图 2-2 所示。

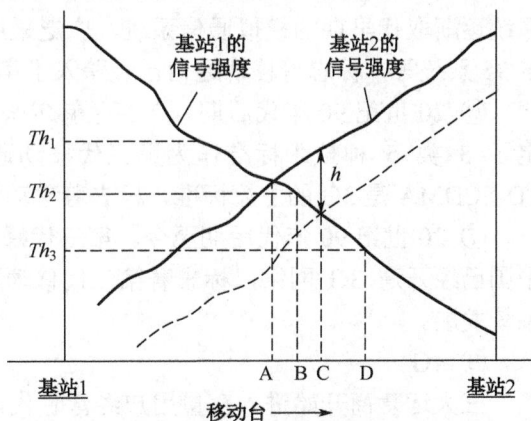

图 2-2　典型的越区切换信号强度示意图

3）移动通信系统

随着移动通信应用的范围越来越广，移动通信系统的类型也是越来越多，包括无线电寻呼系统、蜂窝移动通信系统、无绳电话系统、集群移动通信系统、移动卫星通信系统和分组无线网等。移动通信系统主要是由移动通信网络技术、移动应用平台和移动通信终端三部分组成的。由于移动通信系统是移动电子商务的技术支撑，因此，有必要了解移动通信系统的发展过程及其分类。

（1）移动通信系统的发展过程

移动通信从 20 世纪初一直发展到至今，它的发展历程大致分为以下几个阶段。

① 从 20 世纪 20 年代至 40 年代。第一阶段在短波几个频段上开发出专用移动通信系统，如美国底特律市警察使用的车载无线电系统。该系统工作频率为 2 MHz，到 20 世纪 40 年代提高到 30～40 MHz，其特点是专用系统开发，工作频率较低。该阶段标志着现代移动通信处于起步阶段。

② 从 20 世纪 40 年代中期至 60 年代初。在此期间内，公用移动通信业务开始问世。1946 年，根据美国联邦通信委员会（FCC）的计划，贝尔系统在圣路易斯城建立了世界上第一个公用汽车电话网，称为"城市系统"。当时使用 3 个频道，间隔为 120 kHz，通信方式为单工，随后，西德（1950 年）、法国（1956 年）、英国（1959 年）等国相继研制了公用移动电话系统。美国贝尔实验室完成了人工交换系统的接续问题。它的特点是接续方式为人工，网络容量较小。该阶段标志着移动通信已经从专用移动网向公用移动网过渡。

③ 从 20 世纪 60 年代中期至 70 年代中期。在此期间，美国推出了改进型移动电话系统（IMTS），频段为 150 MHz 和 450 MHz，采用大区制，中小容量，实现了无线频道自动选择并能够自动接续到公用电话网。德国也推出了具有相同技术水平的 B 网，其特点是采用大区制，中小容量，使用 450 MHz 频段，实现了自动选频与自动接续。该阶段标志着移动通信系统处于逐渐改进和完善中。

④ 从 20 世纪 70 年代中期到 80 年代中期。这是移动通信蓬勃发展时期。1978 年年底，美国贝尔试验室提出了蜂窝小区和频率复用的概念，同时开发先进的数字移动电话系统，标志着第一代蜂窝移动通信系统已经发展起来。

⑤ 从 20 世纪 80 年代中期到 90 年代后期。随着业务需求的日益增长，数字移动通信系统逐渐取代早期的模拟通信系统，广泛采用 TDMA 技术的 GSM 系统和采用 CDMA 的 IS-95 系统等，标志着移动通信已经跨入了第二代数字移动通信系统。

⑥ 20 世纪 90 年代后期。在芬兰赫尔辛基召开的 ITU TG8/1 第 18 次会议上，最终确定了 3 类 5 种技术标准作为第三代移动通信的基础，其中 WCDMA、CDMA2000 和 TD-SCDMA 是 3G 的主流标准，标志着移动通信已经进入了第三代移动通信系统阶段。

⑦ 20 世纪 90 年代后期至今。第三代蜂窝移动通信系统已经在国内外得到广泛应用，中国已经开通 3G 网络，标志着第三代移动通信系统已经普及，现在正向第四代移动通信系统发展。

⑧ 4G

三大运营商开始进入存量用户经营时代，都在想方设法地加快 2G/3G 用户向 4G 迁移。在这个过程中，中国移动凭借先发优势，4G 用户渗透率已经达到了 63%，中国电信的 4G 用户占比约为 56.7%，而中国联通仅为 39%。不过，中国联通已经意识到了这个问题，正在加快 4G 网络建设和市场推广。

⑨ 5G

除了为个人无线通信服务提速，5G 还会对包括室内/外无线宽带部署、企业团队培训/协作、VR/AR、资产与物流跟踪、智能农业、远程监控、自动驾驶汽车、无人机以及工业和电力自动化等 21 个领域造成影响。按照目前 3GPP 制定的 5G 规划时间表来看，2018 年完成 5G 第一阶段规范，2019 年将会实现 5G NR 的大规模预商用部署，2020 年实现正式商

用。可以预见，5G 的到来也会对通信行业产生很大的影响。一方面，得益于现在 LTE-A 和 LTE-A Pro 中的增强技术，为 5G 系统的推广打下了良好基础；另一方面，包括 Qualcomm、AT&T、NTT DOCOMO、SK 电信、沃达丰、爱立信等通信企业致力于加速 5G 计划，并在 3GPP 会议上确定非独立（NSA）5G NR 的详细标准。也正是因此，原本打算在 2020 年才开始进行大规模预商用部署的 5G NR 计划，被提前到了 2019 年。

2016 年 11 月 17 日凌晨，在 3GPP RAN1 87 次会议的 5G 短码方案讨论中，华为公司的 Polar Code（极化码）方案，最终战胜列强，成为 5G 控制信道 eMBB（增强移动宽带）场景编码最终方案。随着 5G 标准化节奏的加速，在中国 IMT-2020(5G)统一组织下，中国企业积极投入 5G 技术研发，在 5G 新空口技术、网络架构等方面，对于全球统一的 5G 标准做出积极的贡献。与标准一样，5G 也需要全球统一频谱，有利于形成规模效应，实现全球的漫游。其中 C 波段具有良好的无线传播性能和带宽优势，已成为未来全球 5G 部署主力频谱。工信部 2017 年 6 月公开征集 5G 使用 3 300～3 600 MHz 和 4 800～5 000 MHz 的意见，目前全球协同 5G 频谱 3 400～3 600 MHz 已用于中国 5G 试验，这将有助于加速我国 5G 研发试验的发展进程。

与此同时，中国 5G 二阶段研发测试的成果在北京怀柔已建成全球最大的 5G 试验网。该外场的建成，将有利于中国 5G 研发测试，持续培育 5G 产业生态，推动 5G 全球统一标准，为全新一代移动通信网络的部署夯实基础。

（2）移动通信系统的分类

移动通信的工作方式有单工通信、双工通信和半双工方式等。所谓的单工通信，是指通信双方电台交替地进行收信和发信。双工通信是指通信双方可同时进行传输消息的工作方式，有时称为全双工通信。常用的移动通信的分类方法如下。

① 按工作方式分为：同频单工、异频单工、异频双工和半双工。

② 按适用对象分为：民用设备和军用设备。

③ 按使用环境分为：陆地通信、海上通信和空中通信。

④ 按多址方式分为：频分多址（FDMA）、时分多址（TDMA）和码分多址（CDMA）。

⑤ 按使用要求和场合分为：集群移动通信、蜂窝移动通信、移动卫星通信和无绳电话。

⑥ 按覆盖范围分为：广域网和局域网。

⑦ 按业务类型分为：电话网、数据网和多媒体网。

⑧ 按服务范围分为：专用网和公用网。

⑨ 按信号形式分为：模拟网和数字网。

2.1.2　移动通信网络技术

随着经济社会的发展和科学技术的不断进步，移动通信网络也得到快速的发展，物联网技术的不断发展，使得人们越来越离不开移动电子商务。移动通信网络技术是进行移动电子商务的核心技术，它决定了移动终端的类型，根据其覆盖的范围大小，可以将移动通信网络技术划分成短距离无线通信（主要包括无线局域网、无线个域网和无线城域网）、陆地蜂窝移动通信系统（属于中距离无线网络通信，本节内容主要包括第一、二、三代移动通信系统及现代移动通信的发展趋势和未来展望）和长距离无线通信网络——卫星通信，见表 2-1。

表 2-1 移动通信网络系统

移动通信网络	代表技术	说明
短距离	无线局域网	采用的主要技术是 WiFi，通过无线电波组织内部通信和信息资源的无线访问
	无线个域网	蓝牙技术，实现成本低、功率低、能跨平台、具有点对点高速数据连接
	无线城域网	WiMax 提供自组织通信和信息资源的无线访问
中距离	陆地蜂窝移动通信系统	GSM、GPRS、3G 及正在发展中的各种无线通信系统
长距离	卫星通信系统	卫星通信系统、GPS 定位系统

1．短距离无线通信

一般来说，只要通信双方通过无线电波传输信息，且传输距离限制在较短的范围内（通常几十米或百米以内），都称为短距离无线通信。它主要包括无线局域网、无线个域网和无线城域网等。

1）无线局域网

随着网络互联现象普及、笔记本计算机应用广泛，无线局域网（Wireless Local Area Network，WLAN）应运而生，且发展迅速，虽然目前无线局域网还不能完全独立于有线网络，但是近几年局域网的产品逐渐走向成熟，WLAN 将成为现代无线通信市场的主流。所谓无线，是指用户通过无线信道来实现网络设备之间的通信，并实现通信的移动化、个性化和媒体化等。一般来说，无线局域网是在不采用双绞线或光缆等传输媒介的情况下，提供以太网或令牌网络互联功能，根据所采用的频段和调制技术分为扩频调制、红外线和窄带微波 3 种。无线局域网是无线通信技术与网络技术相结合的产物，是现代通信网络不可或缺的重要组成部分。无线网络主要包括无线网卡和无线接入点，无线局域网利用局域网与互联设备构成网络，利用无线接入点来支持移动终端的移动和漫游，只需无线网卡的台式机或笔记本等设备与无线网络连接就能进行互联，通过 WLAN 能推动网络技术发展，也改变人们的生活方式。无线局域网具有以下优点。

（1）安装便捷

WLAN 可以减少或免去网络布线的工作量，一般只需要安装一个或多个接入点设备，就可建立覆盖整个建筑或某个区域的局域网络。

（2）使用灵活

对于有线网络来说，有线网络的安装位置受网络信息点位置的限制，当 WLAN 建成后，在无线网的信号覆盖范围内的任何一个位置都可以接入网络。

（3）经济节约

由于有线网络缺少灵活性，网络规划者即使考虑未来发展的需要，往往导致设置大量利用率较低的信息点，而一旦网络的发展超出了设计规划，又花费较多的费用进行改造，而 WLAN 可以避免或减少以上情况的发生。

（4）易于扩展

无线局域网有多种配置方式，可以根据需求灵活选择。因此，无线局域网能做到从只有几个用户的小型网络扩大到上千用户的大型无线网络，且能提供有线网络无法实现的扩展功能。

（5）故障定位容易

对于有线网络来说，一旦出现物理故障，尤其是电路连接不良而造成的网络中断，往往需要付出较多的人力和财力。无线网络则容易定位故障，只需要更换故障设备就可恢复网络连接。

（6）安全性高

无线网络是通过空气为介质，传输信号可以跨越很宽的频段，一旦提高"加密"措施，窃听者很难窃取数据等，无线网络还提供了加设安全密码，假定安全密码设定后，窃听者无法接收数据。

无线局域网具有许多方面的优点，而且发展迅速。无线局域网的第一个标准是在 1997 年由美国电气电子工程协会（IEEE）制定的，目前 IEEE 802.11 已经成为无线局域网的主流标准，该标准对 MAC 层和物理层进行了定义。早期的标准制定了在无线电射频（Radio Frequency，RF）频段为 2.4 GHz，并且提供了 1 Mbps、2 Mbps 和许多基础信号传输方式与服务的传输速率规格，当前 1 Mbps 和 2 Mbps 的 WLAN 技术和产品相当成熟，整个系统的实现成本下降。但与以太网（10 Mbps）相比，WLAN 的数据传输率较低。因此，IEEE Group 在 1999 年相继推出了新的标准 802.11b 和 802.11a。

IEEE 802.11b 无线局域网在没有噪声的条件下，带宽最高可达 11 Mbps，在有噪声条件下，可根据情况采用 5.5 Mbps、2 Mbps 和 1 Mbps 等多种传输速率。IEEE 802.11b 的基本结构、特性和服务与 IEEE 802.11 标准定义一样，IEEE 802.11b 对物理层进行了补充，物理层的调制方式为 CCK（补码键控）的 DSSS，而且采用了动态速率，允许数据速率根据噪声状态进行调制，能够有效地完善数据传输速率和连接性。与以太网采用的载波侦听/冲突检测（CSMA/CD）技术不同，IEEE 802.11b 无线局域网采用了冲突避免技术，从而避免了网络中冲突的发生，能够较好地提高网络效率，完善了数据传输速率和连接性。

IEEE 802.11a 和 802.11b 一样都是对 802.11 物理层进行补充，802.11a 规定物理层使用 5 GHz 频段，在物理层采用了 OFDM（正交频分复用）技术来传输数据，能够在整个覆盖范围内提供速率最高为 54 Mbps，但由于 WLAN 的系统吞吐量与物理层封装和 MAC 层接入控制机制等有关，实际应用中传输速率远低于 54 Mbps；还能提供 TDD/PDMA 空中接口；支持语音、数据、图像等多种业务；每个扇区可接入多个用户，每个用户可带多个用户终端。

由于无线局域网发展迅速，在发展历程中，先后推出了 802.11c、802.11d、802.11e、802.11f、802.11g 等标准，但仍然面临带宽不足、漫游不便、网络管理难度大、系统不安全等诸多问题。802.11n 标准的推出，实现了高带宽、高质量的 WLAN 服务，使无线局域网达到以太网的性能水平，它采用 OFDM、多输入多输出（Multiple Input Multiple Output，MIMO）、智能天线、软件无线电等关键技术，在传输速率方面，802.11n 可以将 WLAN 的传输速率由 802.11a/g 提供的 54 Mbps、108 Mbps，提高到 300 Mbps 甚至最高达到 600 Mbps，由于采用了 MIMO-OFDM 技术，提高了网络吞吐量，无线传输质量和传输速率。

另外，IEEE 也开始考虑采用 1 GHz 以下的频谱，进行 WiFi 技术的扩展研究，标准化项目是 802.11af 和 802.11ah。目前这些技术研究还处于刚刚开始阶段。1997 年，IEEE 802.11 标准发表第一个版本的 WiFi（Wireless Fidelity，无线高保真），定义其为介质访问接入控制层（MAC 层）和物理层。物理层定义了工作在 2.4 GHz 的 ISM 频段上的两种无线调频方式和一种红外（Infrared）传输方式，总数据传输速率为 2 Mbps。两个设备之间的通信可以通过自组织（ad-hoc）的方式进行，也可以通过基站（Base Station，BS）或访问点（Access Point，AP）的协调下进行。

WiFi 是无线局域网联盟（WLANA）的一个商标，后来人们习惯上把 WiFi 称呼为 802.11 协议或无线网络，目前，我们说的 WiFi 主要采用的标准是 IEEE 802.11b，常常称为无线上网。WiFi 是一种无线联网技术，能帮助用户访问电子邮件、Web、流媒体及提供访问无线宽带互联网等。因此，WiFi 已经被看作最有前景的无线网络技术，其优点如下。

① 无线电波的覆盖范围广。WiFi 可以覆盖整栋大楼，半径可达 100 米。

② 传输速度快，移动性强。WiFi 的传输速率最高可达 54 Mbps，基本满足个人和社会信息化的需求。WiFi 在传输范围内允许用户在任何时间、任何地点访问网络，随时随地通过 WiFi 实现网上证券交易、视频点播、远程教育、远程医疗、视频会议、网络游戏等信息增值服务及移动办公等多方面网络服务。

③ 安装简单。可以不需要布线，不受现实地理条件的限制，只需要装有 WiFi 无线网络接口卡和配置无线网络，然后增加一个内部微型 PCI 网卡或一个外在个人计算机网卡，也可以使用 USB 适配器或小天线替换普通网络端口，就能接入无线传统以太网，实现高速因特网接入。WiFi 通常采用 Infrastructure 模式和 Ad-hoc 两种模式建立无线网络。Infrastructure 模式：也称为 Client/Server 模式，每台计算机都配置无线网卡，还需要通过带有路由电路的无线访问点（无线路由器）才能进行通信，目前家庭基本上都采用这种模式。另外一个是 Ad-hoc 模式：也称为 P2P（pear to pear）模式，只要将网络中的一台计算机作为网关设备，然后用一根电缆来连接因特网的调制解调器，最后使网络中的计算机需要访问因特网时保证作为网关的计算机是开机的即可。

④ 应用普及化。目前市场上支持 WiFi 的电子产品很多，如智能手机、MP4、计算机等，基本上都配置了主流标准。家庭的其他设备如电视机、照相机等也具备 WiFi 功能，都能通过 WiFi 连接无线网络，实现整个家庭的数字化和无线化，使人们的生活更加方便，已经成为家庭的主导网络。

无线局域网使用的主要技术 WiFi 采用的是射频（RF）技术，通过无线电波传输数据信号和接收数据，从而受到外界攻击和干扰，因此存在许多安全隐患，黑客可以很轻易地利用无线电波的传播特性，在电波的覆盖范围内盗取数据，甚至进入未受保护的公司内部局域网，给公司带来严重的泄密事件等。由此可知，IEEE 802.11 无线产品缺乏隐私保护、机密性和数据完整性，以及防范黑客攻击的安全性保障。WiFi 将成为无线网络的核心技术，对移动商务的实现做出更多的贡献，目前，WiFi 无线网络业务的市场前景已经得到业界的认可。

2）无线个域网

1998 年 IEEE 针对无线个域网（Wireless Personal Area Network，WPAN）成立 IEEE 802.15 工作组，并制定了短距离通信标准，具有短距离、低耗、低成本、网络规模小等特点。2000 年 12 月，IEEE 工作组定义了无线个域网的无线通信协议，到了 2003 年推出了 IEEE 802.15.4 标准，使得无线个域网更加完善和规范。

无线个域网指的是利用便携式电子电器等设备与通信设备之间进行短距离自组织通信的网络。所谓自组织通信，是指通信设备具有主动和被动控制连接功能，而且很方便地接入

或断开现有网络。WPAN 是通过无线电波连接个人邻近区域内的计算机和其他设备的通信网络。目前较为广泛的短距离无线通信技术包括：蓝牙、HomeRF、IrDA、UWB 和 ZigBee 等。

（1）蓝牙技术

1998 年 5 月，由 5 家世界著名的 IT 公司爱立信、IBM、英特尔、诺基亚和东芝等共同提出开发一种全球通用的无线技术标准"蓝牙（Bluetooth）技术"，蓝牙是一种无须线缆的短距离无线传输技术，类似于微波通信中的多址技术，能够穿透障碍物实现全方位的数据传输，能使特定的移动电话、计算机及各种便携式通信设备进行 10 米左右距离相互间数据传递和资料共享。随后这 5 家公司成立了特别兴趣小组（Special Interest Group，SIG）开发蓝牙技术项目，因为得到包括摩托罗拉、西门子、康柏及微软等 2000 多家大公司的广泛支持和采纳，到了 1999 年 7 月蓝牙 SIG 推出了蓝牙 1.0 版，由于蓝牙技术是低功耗、低成本、高速安全的绿色短距离无线通信技术，能保证物理层传输的稳定性、可靠性和安全性及对于不同连接设备的兼容性好等特点，而被广泛应用于消费电子、智能安家、移动医疗等领域。2010 年 6 月，蓝牙 SIG 发布了蓝牙 4.0 版，蓝牙 4.0 技术特点如下。

① 工作在 2.402～2.480 GHz 的 ISM（Industrial Science and Medical）频段上，不需要执照许可证。

② 在传输速度方面，支持 4 Kbps 的实时语音传输，也支持 1 Mbps 数据传输率下的超短数据包，最少 8 个组位，最多 27 个，且高速模式下，可实现最高可达 24 Mbps 传输速度，有利于无损音频传输。

③ 具有 100 米以上超长传输距离，覆盖范围的增强使得无线应用方面更加实用，如听音乐、传输资料、联网等。

④ 采用鉴权（反应逻辑算术）和加密（信道加密采用 0 位、40 为、60 位密钥）等措施保证了通信安全。

⑤ 蓝牙 4.0 具有蓝牙规范版本通用的自适应跳频，最大程度减少与 2.4 GHz ISM 频段无线技术的串扰，有效避免在公共场合与各种相关电子设备的无线串扰。

目前，蓝牙 4.0 技术得到多家公司的广泛支持，发展迅速，仅 2013 年蓝牙设备年出货量约 30 亿套，累计总出货量为 118 亿套，蓝牙设备的增长主要集中在汽车电子、消费类电子产品、健康医疗、移动电话、个人计算机，以及周边设备、体育运动等领域，预计到 2016 年累计总出货量飙升至 209 亿套。

（2）HomeRF

家庭射频（HomeRF）工作组成立于 1997 年，是由美国家用射频委员会领导的，其主要工作任务是为家庭用户建立具有互操作性的话音和数据网络。1998 年，家庭射频工作组制定了共享无线接入协议（Shared Wireless Access Protocol，SWAP），该协议主要针对家庭无线局域网，数据通信采用 IEEE 802.11 协议标准，沿用了以太网带有冲突检测的载波监听多址技术 CSMA/CD。在语音通信方面，采用数字增强无绳通信（Digital Enhanced Cordless Telecommunications，DECT），使用 TDMA 时分多址技术，适合传送交互式语音业务，家庭射频工作频段为 2.4 GHz，支持数据和音频，最大数据的传输速率为 2 Mbps，采用跳频扩频技术，跳频速率为 50 跳/秒，使用宽带调频（Wide Band Frequency Hopping，WBFH）技术来增加跳频带宽，数据峰值达到 10 Mbps。

2000 年，家庭射频技术发展达到顶峰，普及率达到 45%，但由于技术标准没有公开，没有得到大多数公司的支持，且在抗干扰能力等方面存在很大缺陷，加之市场营销策略不当，升级进展缓慢等原因，使得家庭射频技术得不到进一步发展，到了 2003 年，HomeRF 基本上退出了市场。

（3）IrDA

红外技术是指通过红外线进行数据传输的无线技术，利用无线技术在计算机或其他相关设备间进行无线数据交换。红外线是波长为 750 nm～1 mm 的电磁波，频率高于微波而低于可见光，一种人眼看不到的光线，又称为红外热辐射。1993 年红外数据协会（Infrared Data Association，IrDA）成立，属于非营利性组织，致力于建立无线传播连接的世界标准，该协会于 1994 年发布红外数据通信标准 IrDA1.0，它采用一种异步半双工的红外通信方式，最高通信速率为 115.2 Kbps，1996 年，IrDA 发布了 IrDA1.1 标准，其最高通信速率达到了 4 Mbps，随着技术的发展，目前，IrDA 的通信速率已经达到了 16 Mbps。

IrDA 是利用红外线进行点对点通信，传输距离约为 1 米，只要将两台设备的红外线装置设置在 120°内，就能进行传输，且数据传输所受的干扰较少。由于使用红外设备体积小、功率低、安全性好等特点，已经得到了市场的普遍认可。目前，我们使用的手机、计算机、机顶盒和打印机等电子设备都安装 IrDA 接口。但是，IrDA 只适合短距离传输通信，核心部件红外线（LED）不是很耐用，红外线热辐射的能量非常低，无法穿透墙壁或其他障碍物，技术上的缺点使得红外技术达不到无线网络的标准。

（4）UWB

超宽带无线通信技术（Ultra WideBand，UWB）最初用于军用雷达探测和定位技术领域，2002 年 2 月，美国联邦通信委员会批准了 UWB 技术进入民用领域，并将 3.1～10.6 GHz 频带向 UWB 开放。因此，UWB 得到了迅猛发展，被认为是下一代无线通信的革命性技术。

UWB 是一种基于 IEEE 802.15 的超高速、短距离无线接入技术，在通信 10 米范围内，传输速率能实现 100 Mbps 以上。UWB 不使用载波，而利用纳秒左右宽度的短脉冲来传输数据，通过调制脉冲的位置、幅度等来代表不同的信号，常被称为无载波通信。UWB 无线通信技术主要特点包括以下几点。

① 传输速率高。UWB 的数据传输速率为 100 Mbps 以上，最高可达到 480 Mbps。

② 抗干扰能力强。UWB 采用跳频技术，对多路径干扰具有抑制能力。当发射信号时，能将微弱的无线电脉冲信号分散在宽阔的频带中，输出功率产生的噪声较低。在接收信号时，可将信号能量还原出来。在解扩过程中，会产生扩频增益。因此，UWB 具有较强的抗干扰能力。

③ 占有频带很宽。UWB 使用的带宽在 2 GHz 以上，最高可达到 6 GHz。例如，GSM 手机使用的带宽只有 30 kHz，802.11b 的带宽为 20 MHz 左右，远远低于 UWB 带宽，说明了 UWB 占有的频带很宽。

④ 耗电低。通常情况下，无线技术在通信时需要连续发出载波或电波，因此要消耗一定电能。UWB 是发出瞬间脉冲电波（直接按 0 或 1 发送出去），且在需要时才发送出脉冲电波，因而耗电量要小很多。

⑤ 成本低。UWB 不需要复杂的射频转换电路和调制电路，只需数字方式产生的脉冲，然后对脉冲进行数字调制，最后集成到一个硬币大小的芯片上，使其收发电路的成本低。

⑥ 发送功率小。UWB 可以使用小于 1 mW 的发射功率就能通信，低发射功率大大延长系统电源工作时间，由于发送功率小，对人体的电磁波辐射影响很小。

⑦ 定位精确。UWB 采用超宽带无线电通信，通过冲激脉冲能精确定位室内和地下位

置，且精确度能达到厘米级。

由于 UWB 具有以上诸多优势，因此常应用于室内通信、高速无线 LAN、家庭网络、无绳电话、安全检测、位置测定和雷达探测等领域。在移动商务应用中，常作为各种设备之间的高速通信接口。

（5）ZigBee

ZigBee 这个名字来源于"蜜蜂"（Bee）抖动翅膀发出"嗡嗡"（Zig）舞蹈与同伴传递花粉并确定各自所在方位信息，也就是说蜜蜂依靠这种方式构建了群体通信网络，ZigBee 是一种短距离、低速率、低功耗、低复杂度的无线网络技术，它采用直接序列扩频（DSSS）技术，工作频段为 868 MHz、915 MHz 或 2.4 GHz，分别具有最高 250 kbit/s、20 kbit/s 和 40 kbit/s 的传输速率，都是无须申请执照的频率。该技术较为突出的特点是应用简单，电池使用寿命长、可靠性高、发射功率低，具有自组织与独立组网能力，还包括多跳路由、动态拓扑的组网等，它主要用于无线数据采集、工业控制、数据采集与监视控制系统、家用电器的通用遥控器、农业自动化、医用设备控制及无须架设网络设施等。

2001 年 8 月 ZigBee 联盟成立，2002 年下半年，由美国霍尼韦尔、英国 Invensys、日本三菱、美国摩托罗拉和荷兰飞利浦半导体等 5 个公司共同提出 ZigBee 协议，IEEE 802.15.4 技术标准是 ZigBee 技术的基础，除此之外，ZigBee 协议还覆盖了协议的应用框架、应用规范、网络层、数据链路层和物理层，网络层以上协议由 ZigBee 联盟制定，IEEE 802.15.4 标准负责物理层和链路层。

ZigBee 网络自身具有的技术优势特点如下。

① 低功耗。由于 ZigBee 的传输速率低，发射功率仅为 1 mW，而且采用了休眠模式，功耗低，因此 ZigBee 设备非常省电。据估算，ZigBee 设备仅靠两节 5 号电池就可以维持长达 6 个月到两年左右的使用时间，这是其他无线设备望尘莫及的。

② 成本低。ZigBee 协议是不需要专利费，且设计精简，研发成本和生产成本相对较低，一般网络节点硬件上只需要 8 位微处理器，软件实现也较为简单。

③ 时延短。通信时延和从休眠状态激活的时延都非常短，典型的搜索设备时延 30 ms，休眠激活的时延是 15 ms，活动设备信道接入的时延为 15 ms。因此 ZigBee 技术适用于对时延要求苛刻的无线控制（如工业控制场合等）应用。

④ 有效范围小。ZigBee 网络的有效覆盖范围为 10～75 m，可扩展到数百米，能根据实际发射功率的大小和应用需求定制，基本上能覆盖普通家庭或办公室等。

⑤ 网络容量大。一个星形结构的 Zigbee 网络最多可以容纳 254 个从设备和一个主设备，一个区域内可以同时存在最多 100 个 ZigBee 网络，而且网络组成灵活。

⑥ 可靠。采取了碰撞避免策略，同时为需要固定带宽的通信业务预留了专用时隙，避开了发送数据的竞争和冲突。MAC 层采用了完全确认的数据传输模式，每个发送的数据包都必须等待接收方的确认信息。如果传输过程中出现问题可以进行重发。

⑦ 安全。ZigBee 提供了基于循环冗余校验（CRC）的数据包完整性检查功能，支持鉴权和认证，采用了 AES-128 的加密算法，各个应用可以灵活确定其安全属性。

总之，ZigBee 具有以上诸多的优点，不管 ZigBee 近几年市场占有率如何，它的发展空间仍具有相当大的潜力，让我们拭目以待。

随着无线个域网的发展，通常将无线个域网按传输速率分为低速 WPAN、高速 WPAN

和超高速 WPAN。

低速 WPAN 适合短距离网络通信互联，采用 IEEE 802.15.4 标准，其结构简单、速率低、距离短、功耗低、成本低等。由于其传输速率较低仅 0.25 Mbps，覆盖范围一般在 10 m 半径以内，工作频率为 2.4 GHz，而被广泛应用于工业和农业监测、家庭和办公自动化等。

高速 WPAN 通信速率为 55 Mbps，通信距离为 10 m，工作频率为 2.4 GHz。因此，能在大量多媒体文件、短时视频和流媒体中进行传输，且能实现与各种电子设备间进行多媒体通信。

超高速 WPAN 通信速率在理想情况下，最高能达到 480 Mbps，一般情况通信速率为 110～200 Mbps，通信距离最高达到 10 m，一般为 4 m 或 4 m 以下，工作频率为 3.1～10.6 GHz。因此，超高速 WPAN 支持 IP 语音、高清电视、家庭影院、数字成像和位置感知等信息的高速传输，具有短距离高速率、远距离低速率、低功耗、共享环境下的高容量、高可扩展性等。

目前，虽然无线个域网技术不断取得新的进展，但是要做到完全商业化和市场化，还需要从技术和应用等方面不断改进。在技术方面，要进一步提高系统的传输速率和吞吐量，保证在 QoS 前提下，提高频谱利用率和系统容量，改善功率控制功能，延长电池使用寿命；进一步增强系统的安全性能；采用智能的无线资源管理技术提供不同服务请求。在应用方面，要进一步降低用户设备的价格，使设备更加容易安装、使用和维护。总之，随着无线个域网技术的不断发展及其他类型无线网络的不断融合与互补，无线个域网将在全球范围内获得极为广泛的应用，能取代双绞线和线缆等连接各种个人用户的设备，给人们的生活带来更加方便和快捷。

3）无线城域网

随着无线技术的不断发展，全球信息网络向 IP 为基础的下一代网络快速演进，未来全球多媒体通信的发展离不开无线通信等相关技术，因此，宽带无线接入技术的重要性日益明显。宽带无线接入技术为我们提供了网络中的许多资源，如数据共享、语音传送、视频会议及多媒体应用等。为了满足日益增长的宽带无线接入的市场需求，出现了无线城域网（Wireless Metropolitan Area Network，WMAN），WMAN 采用无线电波，在城域网中提供了点对多点的宽带无线接入应用，实现了 50 km 以上传输距离和传输速率达到 100 Mbps。2001 年，主要的无线宽带接入厂商和芯片制造商成立了非营利工业贸易联盟组织，建立了微波全球接入互通（Worldwide Interoperability for Microwave Access，WiMax）论坛，2001 年 1 月，WMAN 通过了最早的 IEEE 802.16 标准，工作频段为 10～66 GHz。2003 年 1 月发布了 IEEE 802.16a 标准，工作频段为 2～11 GHz，在 MAC 层提供较完备的 QoS 机制，且能根据业务需要提供不同速率要求的数据传输服务。2004 年 7 月，通过 IEEE 802.11d 标准（或 802.16-2004），对 2～66 GHz 频段的空中接口物理层和 MAC 层做了详细的规定，因此业界大多数厂商的产品都是基于该标准开发的。2005 年 10 月，IEEE 802.16.e 标准发布，该标准频段为 2～6 GHz，提供高速数据业务的移动宽带无线接入业务。目前，IEEE 802.16-2012 和 802.16-2013 为最新标准，定义了物理层规范包括单载波 Wireless-SC（a）和多载波 WirelessMAN-OFDM（A），其中 Wireless-SC 使用 10～66 GHz 频段，采用单载波调制方式，视距传输，上行采用 TDMA 方式，双工方式采用 FDD 和 TDD，而 Wireless-SCa 与 Wireless-SC 不同的是它采用非视传输，支持自适应天线系统（AAS），空

时编码（STC）等。WirelessMAN-OFDM 使用小于 11 GHz 频段，采用 256 个子载波 OFDM 调制方式，非视距传输，可支持网格（Mesh）和 STC 等，双工方式可采用 FDD 和 TDD，WirelessMAN-OFDMA 采用 2 048 个子载波的 OFDM 调制方式，非视距传输，允许信道带宽不小于 1.0 MHz，可支持 STC 和 AAS 等，双工方式可采用 FDD 和 TDD，IEEE 802.16-2012 采用 OFDM 多址方式及增强的 MIMO-OFDM 空中无线接口技术，支持高可靠性网络，实现了宽带无线接入。WiMax 常用于表示无线局域网 WMAN，也被认为是 802.16 标准的代名词。

WiMax 是一种宽带无线接入技术，提供一种在城域网接入多个厂商环境下，有效地实现设备互操作的宽带无线接入手段，支持基站间的漫游与切换，主要用于 WLAN 业务接入、无线 DSL，面向城域覆盖、家庭、企业接入网及移动通信基站回程链路等。

WiMax 涉及的标准较多，其中 802.16d 和 802.16e 仍然是当前的业界普遍认可的标准。802.16d 是固定宽带无线接入标准，规范了固定接入下用户终端同基站系统之间的空中接口层。802.16e 支持移动特性的宽带无线接入标准，它的最大特点是具有移动性，规定了可同时支持固定和移动宽带无线接入系统。WiMax 系统的主要参数见表 2-2。

表 2-2　WiMax 系统主要参数

技 术 参 数	802.16d	802.16e
带宽（MHz）	1.75～20	1.25～20
频段（GHz）	2～11	2～6
移动性	固定或漫游	中低车速（<120 km/h）
传输技术	多载波、OFDM	多载波、OFDMA
多址方式	OFDMA	
峰值速率（Mbit/s）	75（20 MHz）	15（5 MHz）、30（10 MHz）
双工方式	TDD、FDD	
小区间切换	不支持	支持
增强型技术	智能天线、MIMO、HARQ、AMC	
QoS	支持 UGS、ERtPS、RtPS、NrtPS 和 BE 5 种 QoS 等级	
调制方式	上行：BPSK、QPSK、16QAM；下行：BPSK、QPSK、16QAM、64QAM	

其中：UGS（Unsolicited Grant Service）主动授予服务，典型业务是 VoIP（不包括静默压缩）；

ERtPS（Extended Real-time Polling Service）扩展实时轮询服务，如 VoIP（包括静默压缩）；

RtPs（Real-time Polling Service）实时轮询服务，如 MPEG；

NrtPS（Non-real –time Polling Service)非实时轮询服务，如 FTP 业务；

BE（Best Effort）尽力服务，如网络浏览、E-mail。

WiMax 相对于 3G 技术来说，有其特殊优势，如提供高带宽，高速率的传输、频谱利用率高、具有强大的 QoS 保障能力、价格便宜等。当然 WiMax 的劣势也很明显，如标准和市场化程度落后于 3G、语音业务（VoIP）的支持能力不如 3G，技术成熟度还不完善等。

WiMax 和 3G 技术并非相互取代关系，相互之间互为补充，比如从业务角度看，3G 主要功能是支持语音，而 WiMax 更侧重于支持数据传输。3G 技术强调地域上的全覆盖和高效的移动性，而 WiMax 保证一定区域实现连续覆盖，有效提高数据传输能力。

WiMax 除了以上优点外还具有以下特点。

① 所能实现的 50 km 的无线信号传输距离是无线局域网所不能比拟的，网络覆盖面积是 3G 发射塔的 10 倍，只要少数基站建设就能实现全城覆盖，这样就使得无线网络应用的

范围大大扩展。

② 提供更高速的宽带接入。据悉，WiMax 所能提供的最高接入速度是 70 M，这个速度是 3G 所能提供的宽带速度的 30 倍。对无线网络来说，这的确是一个惊人的进步。

③ 提供优良的最后一公里网络接入服务。作为一种无线城域网技术，它可以将 WiFi 热点连接到互联网，也可作为 DSL 等有线接入方式的无线扩展，实现最后一公里的宽带接入。WiMax 可为 50 km 线性区域内提供服务，用户无须线缆即可与基站建立宽带连接。

④ 提供多媒体通信服务。由于 WiMax 较之 WiFi 具有更好的可扩展性和安全性，因此能够实现电信级的多媒体通信服务。

⑤ 从产业链来讲，WiMax 有商用数据上网卡、有商用手机（HTC Max 4G），并且还存在终端一致性测试的问题。所以，WiMAX 的产业链还需要经过像 TD-SCDMA 产业链的规模试验过程。

⑥ 从标准来讲，WiMax 技术是不能支持用户在移动过程中无缝切换。其速度只有 50 km，而且如果高速移动，WiMAX 达不到无缝切换的要求，跟 3G 的 3 个主流标准比，其性能相差是很远的。

⑦ WiMAX 严格意义讲不是一个移动通信系统的标准，而是一个无线城域网的技术。

近几年，WiMax 技术得到了国内和国外各设备厂商、研究机构和政府机构的支持，如中国通信标准化协会（CCSA）与 802.16 工作组建立了合作关系，新的基于 802.16 标准也在制定过程中。还有美国、英国、法国等国政府积极为 WiMAX 分配频段资源。在韩国政府的支持下，韩国电信运营商 KT 和 SK 电信建成的 Wibro 网，成为全球首个实现商用的移动 WiMAX 网络等。IEEE 802.16 作为新型宽带无线接入结束，为宽带无线接入市场带来新的生机，这种网络发展趋势满足了人们的生活需求，提供了随时随地接入和高效快速的传输方式，全球开放标准有助于提升不同设备之间的互通性，不但能降低设备成本，又能给服务提供商获得更多收益等。因此，在未来 WiMax 技术对于宽带市场来说将会有一席之地。

2．陆地蜂窝移动通信系统

陆地移动通信是指通信双方或至少其中一方在运动状态中通过陆地通信网络进行信息传递的通信方式。陆地移动通信系统由移动终端、基站和网络等部分组成。它属于中距离无线通信系统。根据覆盖范围大小主要分为两个主要部分：宏蜂窝通信系统和微蜂窝通信系统。宏蜂窝通信系统即 1G、2G、2.5G、3G、4G 等几代移动通信系统，随着技术的进步这几代移动通信系统的功能都得到了不断的增强。

1）无线通信系统技术演进

无线通信系统的技术发展迅速，4G 网络已进入千家万户，无线通信系统的演进如图 2-3 所示。

LTE 是 3GPP 近年来启动的最大的新技术研究项目。LTE 系统采用的是演进分组系统（Evolved Packet System，EPS），它的演进分组核心网（Evolved Packet Core，EPC），EPS 是 3GPP 标准委员会制定的 3G UMTS 最新演进标准，主要包括无线接入长期演进（Long Term Evolution，LTE）和系统结构演进（System Architecture Evolution，SAE），EPS 系统由核心网（EPC）、基站（eNode B）和用户设备（UE）等部分组成。EPC 负责核心网部

分，EPC 的信令处理部分称为 MME（移动性管理实体）；数据处理部分称为服务网关（S-GW）；eNode B 负责接入网部分，也称为 E-UTRAN；UE 是指用户终端设备。LTE 系统也称为 EPS 系统的接入网络。LTE 系统能够降低无线接入成本的同时峰值数据传输速率达到约 326Mbit/s 的高速率，且能提高频谱效率、降低延迟和有效地提高小区平均吞吐量，完全能够满足用户及日益增长的数据业务的需求。

1G	2G	2.5G	3G	3.5G	3.75G	4G
AMPS	GSM	GPRS	EDGE	CDMA	LTE	LTE-A
CDPD	IS-95A	HSCSD	CDMA2000	1xE-DV		IEEE
C-Netz	IS-136	IS-95B	TD-CDMA	CDMA		802.16m
NMT	PDC		IEEE	1xEV-DV		
TACS			802-16e	HSDPA		
			（WiMAX）	HSPA+		
1981	1990	2000	2001	2006	2010	2015

图 2-3　无线通信系统的演进

4G 网络指的是第四代移动通信及其技术的简称，4G 主要以 OFDM/FDMA 为核心，被认为是"4G"时代技术。OFDM 技术的特点是网络结构具有高扩展性、良好的抗噪声性和抗多信道干扰能力等，可提供无线传输速率高、时延小和性价比好等优势外还能为 4G 无线网提供更好的方案。例如，无线区域环路（WLL）、数字音信广播（DAB）等。

4G 网络系统能够以 100 Mbps 的速度下载及上传达到 50 Mbps，几乎满足用户对于无线网络的要求，4G 网络将以 LTE-A（LTE-Advanced 的简称）技术为核心，该技术采用载波聚合技术，即正交频分多址技术（OFDMA）和先进的空间处理多输入输出（MIMO）技术，MIMO-OFDM 是下一代蜂窝通信、无线局域网和无线个域网等的一种关键技术。具有通信速度快、网络频谱宽、兼容性好、频率使用效率高和可提供增值服务等优势。下行峰值速度达到 150 Mbps。通常将 4G 网络结构分成 3 层：物理网络层、中间环境层和应用网络层。物理网络层提供接入和路由选择功能，由无线和核心网的结构组成。中间环境层具有 QoS 映射、地址转换和安全性管理等功能。物理网络层与中间环境层及其应用环境之间的接口是开放的，易于兼容大部分新的应用及其服务，能够实现无缝高数据率的无线服务和运行多个频带等。

未来几年，4G 通信技术的发展将会以一种 OFDM 技术为主导，同时采用 CDMA 技术的双核技术。4G 网络在保证 3G 资源的完整的同时，也会不断完善 3G 技术，实现从第三代到四代的过渡。未来几年移动网络技术将会采用 MIMO-OFDM 技术作为主流，使 4G 网络更加完善。

2）移动通信未来的发展趋势

随着全球移动通信的迅猛发展，现代移动通信技术得到了快速的发展，目前，全球移动用户人数已突破 50 亿，而这个数字还将继续增长。

随着无线移动通信技术的发展，促使移动通信与互联网之间更加紧密和发展，主要表现在传输宽带化、业务多样化、网络广泛化和体制更加完善等。不管频分、时分。码分还是多种多址技术的应用，无线技术发展目的是高效利用高频谱和数据传输能力，数据传输能力从早期的 Kbps 发展到如今的 Gbps，1G 和 2G 通信系统数据传输率量级为 1～10 Kbps，

2.5G 通信系统数据传输率量级为 100 Kbps；3G 通信系统数据传输率量级为 1～10 Mbps；3G 演进计划中，3GPP 的 LTE（Long Term Evolution，长期演进）数据传输率为下行 100 Mbps、上行为 50 Mbps；3GPP 的 AIE（Air Interface Evolution，空中接口演进）数据传输率为第一阶段下行 46 Mbps、上行 27 Mbps，第二阶段下行为 100～1 Gbps、上行为 50～100 Mbps。当今的无线通信已经完全支持语音、数据、图像等多种业务，由于无线传感器网络、射频识别等技术的发展，人与人之间的通信业务已经支持 M2M、M2P 和 P2M 业务。

目前，全球移动无线技术的演进路径主要有 LTE、UMB 和 802.16 m 的 WiMAX 路线，由于得到制造商和运营商包括爱立信、诺基亚、西门子、中兴和华为等的支持，推进 LTE 技术将会得到前所未有的发展。

移动通信的发展进程主要建立在相关技术的发展和满足人们的需求上。第一代移动通信是在大规模模拟集成电路的发展基础和人们对移动通话的需求上发展起来的；第二代移动通信是建立在超大规模数字集成电路技术、微计算机技术和人们对通话质量的需求基础上发展而来；第三代移动通信是建立在物联网技术、数据信息处理技术和人们对移动数据业务的需求基础上；第四代移动通信将建立在下一代互联网技术、多媒体技术和人们对媒体需求的基础上，不断适应用户与新业务的需求，不断提高无线通信频谱率和网络功能。未来的通信将使我们更方便地通过网络沟通信息，改变人们的日常生活方式，下一代通信将使通信速度更快、网络频谱更宽、通信更加灵活便捷、智能化更加明显、系统兼容性更稳、能提供各种增值服务、实现更高质量的媒体通信、频率利用率更高和通信费用更加便宜等特点。

3．卫星通信

卫星通信系统属于长距离无线通信，目前大部分的国际电话都是通过卫星传送的，卫星技术常用于航天科技、遥感技术、通信技术、计算机技术、测绘技术和气象技术等。我国目前卫星发射中心有酒泉、西昌、太原和文昌。酒泉卫星发射中心主要提供发射场区的气象和计量等。太原卫星发射中心具备了多射向、多轨道、远射程和高精度测量的能力，担负太阳同步轨道气象、资源、通信等多种型号的中、低轨道卫星和运载火箭的发射任务。西昌卫星是以主要承担地球同步轨道卫星的发射任务的航天发射基地，担负通信、广播、气象卫星等试验发射和应用发射任务。文昌发射中心可利用纬度低的优势，提高地球同步轨道卫星运载能力，延长卫星使用寿命，效费比高。通常我们将卫星的相关无线网络技术分为卫星通信系统和卫星定位系统。

1）卫星通信系统

卫星通信系统是将通信卫星作为空中中继站，它能够将地球上某一地面站发射来的无线电信号通过无线电波转发到另一个地面站，从而实现两个或多个地球站之间的通信。所谓通信卫星，是指接收和转发中继信号，用来作为通信中介的人造地球卫星。卫星通信是一种无线通信方式，可以承载多种通信业务，是现代无线通信系统中非常重要的通信方式。

卫星通信系统由通信卫星、地球站、上行线路及下行线路组成。上行线路和下行线路是地球站至通信卫星及通信卫星至地球站的无线电传播路径，通信设备集中于地球站和通信卫星中。卫星通信系统具有覆盖区域大、通信距离远，频带宽、通信容量大，传输业务

类型多、机动性好、不受地理条件限制，通信可靠性强、质量好而稳定，以广播方式工作，只要在卫星天线波速的覆盖区域内，都可以接收卫星信号或卫星发送信号等诸多优点。卫星通信最大的特点是利用卫星通信的多址（包括时分、频分、码分和空分多址）传输，可实现区域及全球个人移动通信，是陆地蜂窝移动通信系统的扩展和延伸，只有卫星通信系统才能够覆盖偏远地区、山区、海岛、受灾区、远洋船舶及远航飞机等，因此具有广阔的应用前景。

由于卫星通信传播距离较远，常会受到自然环境的影响，如"地星食"带来的太阳噪声和太阳能电池供应不正常的影响、"日凌"导致太阳能电池不能正常供电、10 GHz 以上频带受降雨降雪的影响较大、每年春分和秋分时，天线易受太阳噪声的影响等，信号到达地面常会出现延迟或中断。

卫星通信系统的分类很多，按距离地面的高度可分为静止轨道卫星（Geostationary Earth Orbit，GEO）、中地球轨道卫星（Moderate altitude Earth Orbit，MEO）和低地球轨道卫星（Low Earth Orbit，LEO）。目前，通信卫星绝大部分采用地球同步轨道，在地球赤道上空约 36 000 km 外围绕地球的圆形轨道运行，绕地球转一圈的时间是 24 小时，刚好与地球自转同步，相对于地面位置是静止的，因此称为静止轨道卫星，对于 GEO 系统，由于技术成熟、成本相对较低，可提供业务的 GEO 系统由国际海事卫星（Inmarsat）系统，北美移动卫星（MSAT）系统，亚洲蜂窝卫星（ACeS）系统、日本卫星（NSTAR）系统和澳大利亚卫星（Optus）系统等。中地球轨道卫星，距地面 500～20 000 km，卫星运行周期 4～12 小时，相对于地面位置是移动的，典型系统有 TRW 公司的 Odyssey、ICO 和欧洲宇航中心（ESA）的 MAGSS-14 系统等低地球轨道卫星，距地面 500～5 000 km，卫星运行周期 2～4 小时，相对于地面位置是移动的，LEO 系统具有传输时延短、路径损耗小、易实现全球覆盖等特点，典型的系统有 Iridium、Globalstar 和 Teldest 等。

2）卫星定位系统

卫星定位是地面物体通过无线电和卫星沟通，计算出自己在地球上的位置，并根据位置坐标及其他变化的信息判断出自己航向的卫星服务。卫星定位系统的出现，解决了大范围、全球性、高精度和快速定位的问题。目前世界上的主要卫星定位系统包括：美国 GPS 全球定位系统、俄罗斯的 GLONASS 全球导航卫星系统、欧洲的 GALILEO（伽利略）系统和我国的北斗卫星定位系统。

（1）GPS（Global Positioning System）全球定位系统

GPS 系统是由美国建立的一个卫星导航定位系统，该系统由 24 颗地球卫星和相应的地球接收器组成，可以使用户在全球范围内实现全天候、连续、实时的三维定位和测速，还能进行高精度的时间传递和精密定位（可精确到 10^{-9} s 和民用设备为 100～10 m、军用设备可小于 1 m）。GPS 计划始于 1973 年，到了 1994 年进入完全运行状态。GPS 系统由空间部分、地面控制部分和用户部分组成。其中，空间部分包括可提供星历和时间信息，发射伪距和载表信号也可以提供其他辅助信息。用户部分主要是接收并测量卫星信号和处理记录数据。而地面控制方面包括中心控制和时间同步系统。

GPS 系统主要用途包括陆地、海洋和航空航天等，陆地应用主要包括车辆导航和追踪、工程测量等。海洋方面包括远洋船只最佳航行路线测定、航洋救援、海平面升降检测等。航空航天方面主要有飞机导航、低轨卫星定轨、航空援救和载人航天器防护探测等。

目前，GPS 技术具有的全天候、高精度和自动测量的优势，作为先进的测量手段和新的生产力，已经融入国民经济建设、国防建设和社会发展的各个应用领域，开始逐步深入人们的日常生活并向消费市场发展。

（2）欧洲 GALILEO 系统

GALILEO 卫星导航计划是由欧共体发起，并与欧洲空间局一起合作开发的卫星导航系统计划。该计划将有助于新兴全球导航定位服务在交通、电信、农业或渔业等领域的发展。

GALILEO 系统是欧洲独立自主的全球多模式卫星定位导航系统，可提供高精度、高可靠性的定位服务，同时实现完全非军方控制和管理。它由欧空局和欧盟发起并提供主要资金支持，由欧盟委员会和欧空局共同负责，其中欧盟委员会负责政治领域和高层次的任务需求，欧空局负责空间分系统及相关地面系统的论证、发展和在轨测试。

GALILEO 系统能够与美国的 GPS 和俄罗斯的 GLONASS 系统实现相互高度兼容，任何用户将来都可以用一个接收机采集各个系统的数据或者各系统数据的组合来实现定位导航。GALILEO 系统可以实时分米级定位精度，同时它还能够保证在许多特殊情况下提供服务。如果导航定位失败，它也能够在几秒钟内通知用户，特别适合于对安全性有特殊要求的情况，如运行的火车、汽车导航和飞机着陆等。

（3）俄罗斯 GLONASS 系统

GLONASS 是苏联国防部于 20 世纪 80 年代初开始建设的全球卫星导航系统，从某种意义上来说是"冷战"的产物。该系统耗资 30 多亿美元，于 1995 年投入使用，现在由俄罗斯联邦航天局管理。GLONASS 是继 GPS 之后第 2 个军民两用的全球卫星导航系统。

（4）北斗卫星定位系统

2012 年 10 月，我国在西昌卫星发射中心成功发射了第 16 颗北斗卫星导航系统，标志着我国北斗卫星导航系统组网顺利完成。北斗卫星导航系统是我国一代具有自主知识产权的卫星定位与通信系统。它能够提供高精度、高可靠的定位、导航和授时服务，具有导航和通信相结合的服务特色。经过 20 年的发展，这一系统在测绘、渔业、交通运输、电信、水利、森林防火、减灾救灾和国家安全等诸多领域得到广泛应用，产生了显著的经济效益和社会效益，特别是在四川汶川、青海玉树抗震救灾中发挥了非常重要的作用。

中国北斗卫星导航系统是继美国 GPS、俄罗斯格洛纳斯、欧洲伽利略之后，全球第四大卫星导航系统。北斗卫星导航系统 2012 年将覆盖亚太区域，2020 年将形成由 30 多颗卫星组网，具有覆盖全球的能力。高精度的北斗卫星导航系统实现自主创新，既具备 GPS 和伽利略系统的功能，又具备短报文通信功能。

北斗卫星导航系统的建设目标是建成独立自主、开放兼容、技术先进、稳定可靠的覆盖全球的北斗卫星导航系统，促进卫星导航产业链形成，形成完善的国家卫星导航应用产业支撑、推广和保障体系，推动卫星导航在国民经济社会各行业的广泛应用。北斗卫星导航系统由空间段、地面段和用户端三部分组成，空间段包括 5 颗静止轨道卫星和 30 颗非静止轨道卫星，地面段包括主控站、注入站和监测站等若干个地面站，用户端包括北斗用户终端及与其他卫星导航系统兼容的终端。

针对我国的实际情况，未来将制定"三步走"的发展战略，在"十二五"前期成功发射 12～14 颗卫星任务，组成区域性、可以自主导航的定位系统。最后在 2020 年前，将发射 30 多颗卫星覆盖全球。北斗二号将为中国及周边地区的军民用户提供陆、海、空导航定

位服务，促进卫星定位、导航、授时服务功能的应用，为航天用户提供定位和轨道测定手段，满足导航定位信息交换的需要等。

2.1.3　无线通信协议

随着无线通信技术的发展，人们越来越离不开电子商务。同样的，移动电子商务也需要无线通信技术的支持，而无线通信需要通信协议才能进行通信，说到无线通信协议，需要了解与移动电子商务密切相关的几种常见的协议。下面我们分别加以介绍。

1．TCP/IP 协议

TCP/IP 是网络通信最基本的协议，主要由传输层的 TCP 协议和网络层的 IP 协议组成。下面分别介绍它的概念、体系结构和子网划分。

1）TCP/IP 协议的概念

TCP/IP 协议是一个数据通信协议集合，包括传输控制协议（Transport Control Protocol，TCP 协议）、因特网协议（Internet Protocol，IP 协议）及其他一些协议。TCP 协议用于在网络中传送各种控制信息，能够保证数据传输路径的安全，向应用程序提供可靠的通信连接，IP 协议提供基本的分组传输服务，负责确定数据传输路径，以便能适应各种各样网络硬件的灵活性。

TCP/IP 协议定义了网络通信过程，更关键的是定义了数据单元的格式和内容，以便接收计算机能够正确解释接收到的消息。TCP/IP 及其相关协议构成了一套 TCP/IP 网络中如何处理、传输和接收数据的完整系统。实际上，TCP/IP 传输格式和过程的实际行为是由厂商的 TCP/IP 软件来实现的，因此不管 TCP/IP 标准也好，TCP/IP 模型也罢，真正提供这些服务的是实现 TCP/IP 的厂商软件。

2）TCP/IP 的体系结构

TCP/IP 的体系机构可划分为不同层次的组件，分别实现特定的功能，通常我们将 TCP/IP 分成 4 层对应 OSI 模型 7 层（见图 2-4）：应用层、传输层、网际层和网络访问层。但不是唯一，如 RFC871 中将 ARPAnet 体系结构分为 3 层：网络接口层、主机到主机层和处理/应用层。还有的一些 TCP/IP 模型分成 5 层：用物理层、数据链路层与 OSI 相匹配来代替网络访问层，甚至有些不包含网络访问层或应用层等。

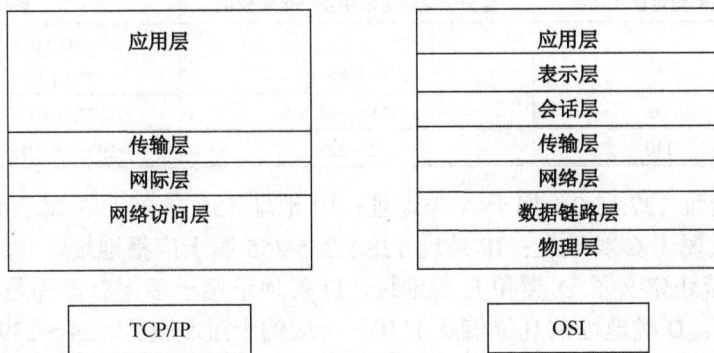

应用层			应用层
			表示层
			会话层
传输层			传输层
网际层			网络层
网络访问层			数据链路层
			物理层
TCP/IP			OSI

图 2-4　TCP/IP 对应 OSI 模型

（1）网络访问层：由于网络访问层的多样性、复杂性和透明性，属于不统一的 TCP/IP 层。网络访问层提供了与物理网络连接的接口，针对传输介质设置数据的格式，根据硬件的物理地址实现数据的寻址（如网络层需要把逻辑 IP 地址与网络适配器的固定物理地址相关联，在 OSI 模型中，物理寻址是有介质访问控制（MAC）子层负责的。因此，物理地址通常被称为 MAC 地址），对数据在物理网络中的传递提供纠错控制。

网络访问层负责与硬件交互相关的细节，使得 TCP/IP 能够工作于不同的传输介质。网络层体系包括以下几种。

① IEEE 802.3（以太网）：如大多数办公室和家庭使用的线缆网络。

② IEEE 802.11（以太网）：如办公室、家庭和会议室等的无线网络技术。

③ IEEE 802.16（WiMAX）：如长距离无线移动通信连接的技术。

④ 点到点协议（PPP）：如 Modem 通过电话线进行连接的技术。

（2）网际层：提供独立于硬件的逻辑寻址，从而让数据能够在具有不同物理结构的子网之间传递。能提供路由功能来降低流量，支持网络间的数据传递。能实现物理地址（网络访问层使用的地址）与逻辑地址的转换。在 TCP/IP 协议的体系结构中，网际层协议包括 IP 协议、ARP 协议、RARP 协议和 ICMP 协议。

① IP 协议：又称为互联网络协议，它提供了一种分层的、与硬件无关的寻址系统，能够在复杂的路由式网络中传递数据所需的服务。TCP/IP 网络上的每个网络适配器都有一个唯一的 IP 地址（在实际应用中代理服务器软件和 NAT 设备的使用让未注册和非唯一的地址也可以连接 Intenet）。IP 地址是一个 32 位的地址，被分为 4 个 8 位段，通常采用点分十进制形式，每个 8 位段都对应于十进制数值，4 个十进制数据以逗号分隔。8 位二进制数可以表示 0～255 之间的数值，如 210.37.40.4。使用地址分类将 IP 地址分为网络 ID 和主机 ID，地址分类系统将 IP 地址划分为不同的地址类，常见的 IP 地址类型有以下几类。

A 类地址：IP 地址的前 8 位表示网络 ID，后 24 位表示主机 ID。全 0 网络地址是无效的，全 0 本地地址表示该网络地址，全 1 地址是网络广播地址，因此 A 类网络有 2^{24}（16777216）个网络地址，有 $2^{24}-2$ 个主机地址。

B 类地址：IP 地址的前 16 位表示网络 ID，后 16 位表示主机 ID。

C 类地址：IP 地址的前 24 位表示网络 ID，后 8 位表示主机 ID。

对于计算机或路由器如何判断一个 IP 地址是什么类型？见表 2-3。

表 2-3　A 类、B 类和 C 类的地址范围

地址类	二进制地址前几位值	点分十进制地址中第一个字段值	私有地址
A	0	0～127	10.0.0.0～10.255.255.255 127.0.0.0～127.255.255.255
B	10	128～191	172.16.0.0～172.31.255.255
C	110	192～223	192.168.0.0～192.169.255.255

例如，IP 地址 127.15.0.1 属于 A 类地址；IP 地址 136.78.202.33 属于 B 类地址；IP 地址 195.12.103.13 属于 C 类地址；IP 地址 128.1.255.255 属于广播地址。

Internet 规范还定义了 D 类和 E 类地址，D 类地址用于多播。多播是指把一个消息发送到网络的子网。D 类地址前几位值是 1110，对应的十进制值为 224～239。E 类网络地址前几位值是 11110，对应的十进制值为 240～247。

② ARP 协议：地址解析协议（ARP 协议）主要负责将局域网中的 32 位 IP 地址转换为

对应的 48 位物理地址，即网卡的 MAC 地址，如 IP 地址为 192.168.0.1 网卡的 MAC 地址为 00-03-0F-FD-1D-2B。整个转换过程是一台主机先向目标主机发送包含 IP 地址信息的广播数据包，即 ARP 请求。然后目标主机向该主机发送一个含有 IP 地址和 MAC 地址数据包，通过 MAC 地址两个主机就可以实现数据传输。

在安装了以太网网络适配器的计算机中都有专门的 ARP 缓存记录着最近解析的物理地址和 IP 地址对，每台主机在内存中都保存一个或多个被称为 ARP 表或 ARP 缓存的表格，用于保存 IP 地址及经过解析的 MAC 地址。当主机需要向其他主机发送数据时，通过查看 ARP 缓存就能获得目的物理地址。ARP 缓存是动态变化的。如果要接收数据的地址当前并不存在于 ARP 缓存，主机就会发送一个名为 ARP 请求帧的广播。ARP 请求帧包含未解析的 IP 地址，还包含发送这个请求的主机的 IP 地址和物理地址。一般来说，ARP 缓存里的条目在一定时间之后会过期，条目将被从表里删除，当主机需要向这个条目所包含的 IP 地址发送数据时，解析过程会再次重复。

③ RARP：逆向地址转换协议（Reverse Address Resolution Protocol，RARP）与 ARP 协议的功能相反，一般被远程启动的无盘工作站使用，它允许局域网的物理机器从网关服务器的 ARP 表或者缓存上请求其 IP 地址。网络管理员在局域网网关路由器里创建一个表以映射物理地址（MAC）和与其对应的 IP 地址。当设置一台新的机器时，其 RARP 客户机程序需要向路由器上的 RARP 服务器请求相应的 IP 地址。

④ ICMP：由于发送到远程计算机的数据通常会经过一个或多个路由器，这些路由器把数据传输到最终目的地的过程中可能会发生各种问题，路由器利用网间控制报文协议（Internet Control Messages Protocol，TCMP）的错误报告通知出错数据包的源主机（环路时无法通知从源主机到出错路由器途中的所有路由器）。ICMP 的主要目的用于 TCP/IP 网络中发送出错和控制消息。ICMP 消息常出现在：目的不可达、源抑制、超时、需要分段和回显请求/应答等。

（3）传输层：TCP/IP 协议的传输层是用户设备为上层应用提供分段功能，且对下层来的数据进行重组。传输层提供的主要功能有：为网络应用程序提供接口、多路复用/多路分解机制、错误检测、流量控制和确认服务等。

TCP/IP 协议的传输层提供了两个重要的协议：传输控制协议（TCP）和用户数据报协议（UDP）。TCP 是一种面向连接的、可靠的协议，通过网络传输的每个数据包都会有一个确认，发送端计算会记录状态信息来确定每个数据包都被正确无误地接收到，且在网络拥堵或发送失败时会重发数据。当数据传输结束之后，发送端和接收端计算机会以适当方式关闭连接。因此，TCP 协议的优势在于能提供可靠的数据传播。UDP 是一种无连接的、不可靠的协议，它以单向方式向目的计算机发送数据报，不承担通知目的计算机关于数据发送的职责，目的计算机接收到数据后也不需要向源计算机返回状态信息。UDP 具有有限的错误检验功能，UDP 数据包中包含一个校验和，接收端计算机可以利用它来检验数据的完整性。如果 UDP 接收模块接收到一个发给未激活或未定义 UDP 端口的数据包，它会返回一个 ICMP 消息，通知源计算机这个端口是不可到达的。UDP 协议的主要用途是把数据传送给应用层。

（4）应用层：TCP/IP 协议的应用层为网络排错、文件传输、远程控制和 Internet 操作提供了应用程序，还支持应用编程接口（API），从而使特定的操作系统编写的程序能够访问网络。

2．WAP 协议

WAP 是无线通信协议的缩写，是全球性开发标准，它能将互联网的大量信息与业务引入到无线终端中（如移动电话），即只要使用 WAP 移动手机就可以获得网上信息或网上资源等。

1）WAP 协议的概念

由于 TCP/IP 协议族需要调制解调器才能用于无线网络，TCP 协议具有稳定连接有线网络，对于 TCP 用于无线网络时，当连接中断时，TCP 网络发生阻塞，会降低传输速率，当连接恢复时，TCP 需要一段时间才能恢复到原来的高传输速率，因此 TCP 协议用于无线网络表现就没有有线网络那么好，所以我们必须考虑网络服务的生成和传送方式，而无线应用协议（Wireless Application Protocol，WAP）就是在这样的背景下发展起来的，WAP 协议是一项全球性的网络通信协议，是为移动设备访问 Internet 或者内联网提供的一种优化开放标准，使我们借助无线手持设备（如手机、计算机等，通过 WAP 获取信息，WAP 支持的无线网络有 GSM、CDMA、PDC 和 TDMA 等）、个人数字助理等随时随地连接网络，如通过 WAP 浏览 Internet、收发电子邮件、查询网络信息与世界各地的网络进行无线互动等。

WAP 采用与 Internet 和 Web 兼容的技术，并扩展了现有的 IP、HTTP、XML、SSL、URL 和脚本语言等，WAP 协议栈能适用于任何低带宽的网络环境，WAP 为开放的标准协议可以与规范设计的软件和设备进行良好的互操作，且操作简单。

2）WAP 协议结构

WAP 协议栈和 WWW 协议栈类似，也有清晰的层次结构，各层完成特定的功能。Internet 和 WAP 之间的对比关系，如图 2-5 所示。

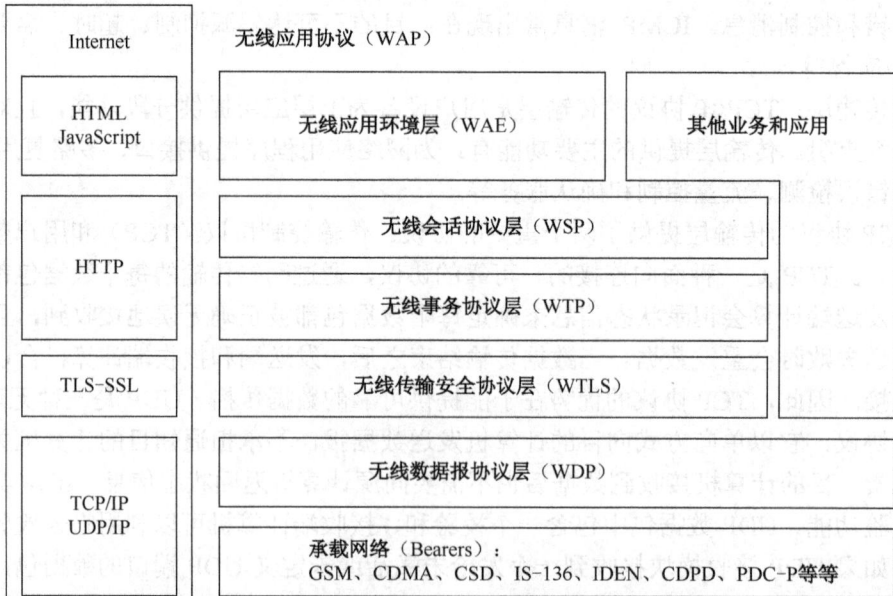

图 2-5　Internet 与 WAP 协议对比图

WAP 协议栈的每层都服务于它的上层，也可单独实现各自功能。用户可以根据实际需要选择合适的协议完成需要的功能，不一定要使用全部协议，WAP 协议不但借鉴了 Internet 的思想，还在 Internet 基础上进行了改进和优化。

3．IPv4、IPv6 和移动 IP

IPv4、IPv6 是因特网所采用的协议，IP 是 TCP/IP 协议中的网络层协议，随着互联网的迅猛发展，IPv6 很快将取代 IPv4（目前，由于 IPv6 的成本较高等因素影响）。所谓移动 IP 技术，是指移动计算机技术，即将移动的计算机以固定的网络 IP 地址，实现跨越不同网段的漫游，保证网络权限在漫游过程中不发生任何改变。

1）IPv4 与 IPv6

IPv4 是互联网协议（Internet Protocol，IP）的第 4 版本，是一个目前仍然被广泛关注，互联网技术的基石协议。由于易于实现、互操作性良好等诸多优点，因此，IPv4 从早期的小规模互联网扩展到了今天全球范围内的应用。

IPv4 使用一个 32 bit 的 IP 地址字段，理论上能提供最多 $2^{32}-1$ 或 42 亿个地址。IPv6（因特网协议版本 6）使用一个 128 bit 的 IP 地址字段，能提供 $2^{128}-1$ 或 340×10^{36} 个地址，为了形象描述这个数量的巨大，我们假定地球上有 65 亿人，则每个人平均有 5×10^{28} 个 IP 地址。例如，整个地球表面每平方米面积上可分配 1 000 多个地址。由于子网分配的低效，并不是每个地址都一定有用。IPv4 和 IPv6 有许多相似点，如从基本层面看，报文首部和内容（见图 2-6）和 IPv4 一样，"IP 报文"这个概念也同样适用于 IPv6，其他的基本概念，如协议分层、报文路由及 CIDR 分配等也是如此。

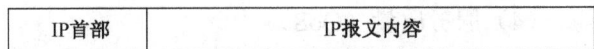

IP首部	IP报文内容

图 2-6　首部和报文中的 IP 报文内容

随着无线通信技术的迅速发展，用户的持续增加及人们对互联网应用的日益要求，互联网通信的主流技术 IPv4 已经出现越来越多的瓶颈，尽管目前 IPv4 仍占主导地位，但它诸多的局限性已得到人们的普遍关注，Internet 工程任务组（Internet Engineering Task Force，IETF）从 20 世纪 90 年代中期推出了 IPv6，作为 IPv4 的生机，由于受技术和资金方面等的影响，IPv6 短期内不会完全取代 IPv4，必须经历一个过渡或长期共存的过程。

IPv4 局限性主要表现在以下几个方面。

（1）地址分配

IP 地址=网络地址+主机地址，且按 a、b、c 分为 3 类的影响，本身又造成大量的地址的浪费，加速了地址枯竭的步伐。近年来，互联网的发展使得 IP 地址的需求越来越大，IP 地址的发放越来越严格，目前 IPv4 地址近乎枯竭，其中北美占有 3/4，约 30 亿个，人口最多的亚洲只有不到 4 亿个。

（2）路由表

由于 IPv4 没有对网络进行分级，又采用与网络拓扑结构无关的形式进行地址分配，随着网络数目的不断增加导致了路由数目增加，使得路由表增加了查找和存储等，使得互联网效率受到了影响。

（3）服务质量（QoS）

随着互联网语音协议（Voice over Internet Protocol，VoIP）、视频点播（Video On Demand，VOD）、3G、4G 等新业务的发展，对服务质量（QoS）的要求越来越强烈，IPv4 是一个无连接协议，缺乏对 QoS 的支持，无法满足新业务的要求。

（4）安全性

IPv4 采用了网络地址转换技术来避免地址不足造成的影响，影响了端对端的直接通信，从而造成地址信息嵌入 IP 数据报中的高层通信，因此，IPv4 的安全性不高。

与 IPv4 相比，IPv6 主要具有以下优点。

（1）地址分配

IPv6 能提供充裕的地址空间，地址分配更加合理，IPv6 地址分为单点通信地址、任意点通信地址和组播地址等 3 类，其中 64 位作为网络号，64 位作为主机号，网络号可根据需要进一步划分，不但方便了路由和聚类，还能预留一定地址数应付未能遇见的问题。

（2）IP 地址

IPv6 可以为主机自动配置 IP 地址，具有即插即用和移动支持功能，自动配置主要采用无状态自动配置，不需要手动设置就能改变网络中所有主机的 IP 地址。

（3）报头格式

IPv6 对数据报头作了简化，以减少处理器的开销并节省网络带宽，IPv6 的报头（见图 2-7）由一个基本报头和多个扩展报头构成，基本报头的固定长度为 40 bit。由于 Internet 上的数据包都是被路由器简单地转发，因此，固定的报头长度可加快报文转发和处理速度，提高吞吐量。

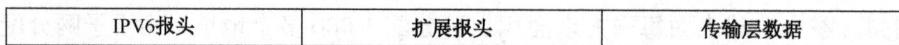

IPV6报头	扩展报头	传输层数据

图 2-7　IPv6 报头格式

（4）服务质量（QoS）

IPv6 提供了更好的服务质量（QoS）和更强大的网络安全保障，支持协议扩展功能，协议允许新增特性，不需要描述所有细节，扩展能力使协议能适应底层网络硬件的改变和对新的应用需求。

2）移动 IP

移动 IP 是指移动用户在跨区域网络随意移动或漫游时，采用 TCP/IP 协议，不用修改移动设备原有的 IP 地址，就能继续享有原网络中的一切权限。由于 IPv4 在设计之初没有考虑到终端设备的移动性，因此在联网设备移动时会从互联网断开，当在不同地方重新建立连接时，还需要重新配置系统的 IP 地址、子网掩码和默认路由器（或网关）才能进行通信，为了支持互联网上的移动设备，IFTF 推出了移动 IP 的标准来使用户保留不变的永久 IP 地址，无须更改就能连接到网络。移动 IP 通过 AAA（Authentication，Authorization，Accounting）机制，实现网络全方位的安全移动和漫游功能，能很好地支持移动商务的应用。移动 IP 包括移动 IPv4 和移动 IPv6。

与移动 IPv4 相比，移动 IPv6 的先进性更加明显，表 2-4 给出了它们在地址空间、移动性、安全性、网络自动配置等方面的比较。

表 2-4　移动 IPv4 与 IPv6 比较

特　性	IPv4	IPv6
地址空间	理论上是 40 亿个地址，实际上还要少得多	足够大
移动性	只可以为有限数量的移动终端所用	内嵌安全性；能够满足全球移动终端的需要
安全性	有几种方法可选，但每种方法都由于地址空间有限而存在扩展性的问题	采用标准的安全方法，能够在全球部署企业内部网络的接入，如虚拟专用网络等
网络的自动配置	没有一种标准的解决方案	IPv6 标准的一部分
服务质量（QoS）	无连接协议，不支持协议扩展，对互联网上出现的新业务类型缺乏有效的支持和缺乏 QoS 保证	永久连接（防止服务中断、提高网络性能等），支持协议扩展、支持 QoS 等

　　由于移动 IPv4 的移动节点发送的数据包是通过家乡代理来路由的，因此导致家乡网络负载增加，时延会变的更长。而移动 IPv6 具有通信节点（CN）的功能，当与其他主机进行通信时，每个 IPv6 主机都可以执行路由的优化，有效避免了三角路由的问题。当移动 IPv4 在外区网络部署外区代理时，如果没有外区代理，那么每个移动节点将需要从外区网络上获得全球可路由的 IPv4 地址，由于 IPv4 地址有限，因此不可能做到合理部署。而移动 IPv6 地址具有自动配置功能，所以不需要外地代理就能简化移动节点（Care of Address，Cos）的分配，所以部署容易很多。在过滤方面，移动 IPv4 的 ISP 的边际路由器有可能将包含的源 IP 地址拓扑不正确的数据包过滤掉，因此在移动 IPv4 中，移动节点在离开家乡网络到外区的 ISP 时，使用自己的家乡地址作为源地址发送数据包，当实行入口过滤时，会将这些数据包错误地过滤掉。而移动 IPv6 能够与入口过滤方式并存，通过在外区链路上的移动节点使其转交地址作为数据包的源地址，然后将家乡地址包含在其家乡地址目标选项中，因此数据包将顺利通过入口过滤。也就是，移动 IPv6 终端可以通过其他 ISP 将绑定更新发送给其家乡代理，移动终端会将另一个可代替的路由器为之服务，所以说移动 IPv6 的移动性和网络性能更好。

　　总而言之，移动 IPv6 汲取了移动 IPv4 的设计经验，改善了 IPv4 许多方面的不足，具有 IPv4 没有的许多新的特征，移动 IPv6 成为 IPv6 协议不可分割的一部分，它能够通过简单扩展，满足大部分移动用户的需求，在全球范围内解决了有关网络技术方面的问题包括可靠性和安全性等。在不久的将来移动 IPv6 将在全球部署，它能使各种各样的设备连接上网。移动 IPv6 带来的时信息业务（IMS）的同时也会推出各种各样的新业务，到时用户将获得更高性能、更加经济的网络性能和服务。因此，移动 IPv6 全新的网络领域将超出我们的想象，值得期待。

2.2　移动互联网

2.2.1　移动互联网的概念

　　移动互联网是通信网和互联网的融合，其不同定义如下。

　　（1）Information Technology 论坛定义。无线互联网是指通过无线终端，如手机和 PDA 等使用世界范围内的网络。无线网络提供了任何时间和任何地点的无缝链接，用户可以使用 E-mail、移动银行、即时通信、天气、旅游信息及其他服务。总的来说，想要适应无线用户的站点就必须以可显示的格式提供服务。

　　（2）维基百科定义。移动互联网是指使用移动无线 Modem，或者整合在手机或独立设备（如 USB Modem 和 PCMCIA 卡等）上的无线 Modem 接入互联网。

　　（3）WAP 论坛的定义。移动互联网是指用户能够通过手机、PDA 或其他手持终端通过各种无线网络进行数据交换。

　　中国最有代表性的是中兴通信公司在《移动互联网技术发展白皮书》给出的定义，分为狭义和广义两种。

　　（1）狭义。移动互联网是指用户能够通过手机、PDA 或其他手持终端通过无线通信网络接入互联网。

　　（2）广义。移动互联网是指用户能够通过手机、PDA 或其他手持终端以无线方式通过多种网络（如 WLAN、BwLL、GSM 和 CDMA 等）接入互联网。

从以上定义可以看出，移动互联网包含两个层次：首先是一种接入方式或通道，运营商通过这个通道为用户提供数据接入，从而使传统互联网移动化；其次在这个通道之上，运营商可以提供定制类内容应用，从而使移动化的互联网逐渐普及。

本质上，移动互联网是以移动通信网作为接入网络的互联网及服务，其关键要素为移动通信网络接入，包括 2G、3G 和 E3G 等（不含通过没有移动功能的 WiFi 和固定无线宽带接入提供的互联网服务）；面向公众的互联网服务，包括 WAP 和 Web 两种方式，具有移动性和移动终端的适配性特点；移动互联网终端，包括手机、专用移动互联网终端和数据卡方式的笔记本计算机。如图 2-8 所示为移动互联网的内涵。

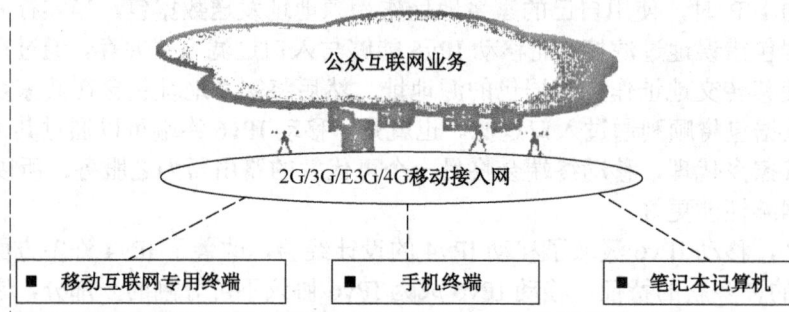

图 2-8　移动互联网的内涵

移动互联网的立足点是互联网，显而易见，没有互联网就不可能有移动互联网。从本质和内涵来看，移动互联网继承了互联网的核心理念和价值，如体验经济、草根文化和长尾理论等。移动互联网的现状具有 3 个特征：一是移动互联应用和计算机互联网应用高度重合，主流应用当前仍是计算机互联网的内容平移。数据表明目前在世界范围内浏览新闻、在线聊天、阅读、视频和搜索等是排名靠前的移动互联网应用，同样这也是互联网上的主流应用；二是移动互联网继承了互联网上的商业模式，后向收费是主体，运营商代收费生存模式加快萎缩；三是 Google、Facebook、Youtube、腾讯和百度等互联网巨头快速布局移动互联网，如腾讯公司的手机 QQ 用户从 4 年前占其 QQ 用户的 0.5%上升到今天的 20%。这 3 个特征也表明移动互联网首先是互联网的移动。

移动互联网的创新点是移动性，移动性的内涵特征是实时性、隐私性、便携性、准确性和可定位等，这些都是有别于互联网的创新点，主要体现在移动场景、移动终端和移动网络 3 个方面。在移动场景方面，表现为随时随地地信息访问，如手机上网浏览。随时随地地沟通交流，如手机 QQ 聊天。随时随地采集各类信息，如手机 RFID 应用等；在移动终端方面，表现为随身携带、更个性化、更为灵活的操控性、越来越智能化，以及应用和内容可以不断更新等；在移动网络方面，表现为可以提供定位和位置服务，并且具有支持用户身份认证、支付、计费结算、用户分析和信息推送的能力等。

移动互联网的价值点是社会信息化，互联网和移动性是社会信息化发展的双重驱动力。

首先，移动互联网以全新的信息技术、手段和模式改变并丰富人们沟通交流等生活方式。例如，Facebook 将用户状态、视频、音乐、照片和游戏等融入人际沟通，改变和丰富了人际沟通的方式和内容。手机微博更是提供了一种全新便捷的沟通交流方式，新浪微博注册用户中，手机用户占比为 46%左右；其次，移动互联网带来社会信息采集、加工和分发模式的转变，将带来新的广阔的行业发展机会，基于移动互联网的移动信息化将催生大量的新的行业信息化应用。例如，IBM 推进的"智慧地球"计划很大程度上就是将物联网

与移动互联网应用相结合，而将移动互联网和电子商务有效结合起来就拓展出移动商务这一新型的应用领域。

目前，移动互联网上网方式主要有 WAP 和 WWW 两种，其中 WAP 是主流。WAP 站点主要包括两类网站：一类是由运营商建立的官方网站，如中国移动建立的移动梦网，这也是目前国内最大的 WAP 门户网站；另一类是非官方的独立 WAP 网站，建立在移动运营商的无线网络之上，但独立于移动运营商。

移动互联网的发展分为以下 3 个阶段。

（1）Mobile Internet 1.0。2002—2006 年基于 WAP、封闭的移动互联网，借鉴互联网的经验，将一部分内容直接移植到手机上。网络带宽和终端处理能力有限，只能提供如文本等简单业务。并且由运营商主导，典型产品有 WAP 门户。

（2）Mobile Internet 2.0。2006—2010 年是手机和互联网融合的移动互联网，实现手机和互联网的融合，用户属性多元化和产业主导权争夺激烈。网络带宽和终端处理能力增强，各类互动应用层出不穷，呈现终端业务一体化。主导商增加，运营商、终端厂商和互联网服务商都可主导，典型产品包括 iPhone 手机平台、139 移动邮箱和 Google 搜索等，我国目前处于这个阶段。

（3）Mobile Internet 3.0。从 2010 年以后，实现无处不在的信息服务。基于用户统一的身份认证，为客户提供多层面和深入日常生活的各类信息服务，形成新的产业核心力量。网络带宽和终端处理能力取得突破，不再成为业务瓶颈。用户识别实现基于统一的身份认证的信息服务，主导商主要基于客户关系。

根据摩根士丹利的分析和预测，移动互联网将成为 50 年来继第一代主机计算、微型计算、个人计算、桌面网络计算之后的第 5 个新技术周期。移动互联网的增长速度超过了桌面互联网，未来 5 年手机上网用户会超过计算机上网用户。在移动互联网时代，典型企业将创造比之前大得多的市值，如苹果公司已经超越微软和 Google 成为全球市值最大的企业。4G 技术、社交网络、视频、IP 电话及移动设备等基于 IP 的产品和服务正在增长和融合，将支撑移动互联网迅猛增长，如图 2-9 所示。

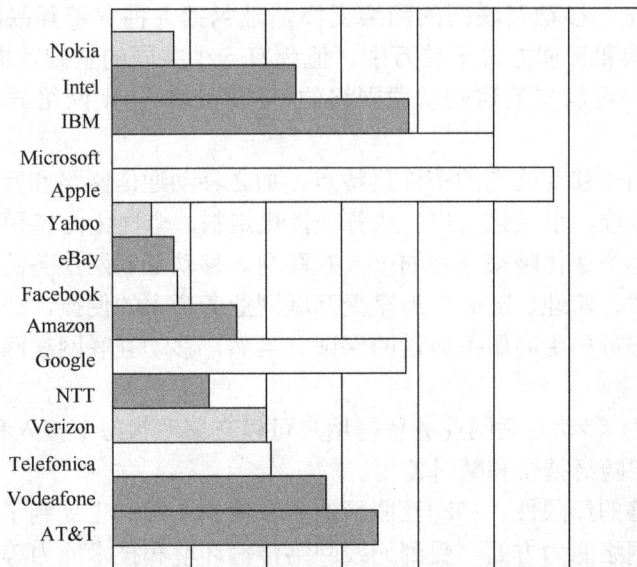

来源：2010.1.2.21 美股数据，通信信息所整理

图 2-9　国外主要的电信运营商、互联网企业和 IT 企业市值比较

2.2.2 移动互联网的特点

区别于传统的电信和互联网网络，移动互联网是一种基于用户身份认证、环境感知、终端智能和无线泛在的互联网应用业务集成。最终目标是以用户需求为中心，将互联网的各种应用业务通过一定的变换在各种用户终端上进行定制化和个性化的展现，它具有典型的技术特征。

（1）技术开放性。开放是移动互联网的本质特征，移动互联网是基于 IT 和 CT 技术之上的应用网络。其业务开发模式借鉴 SOA 和 Web 2.0 模式将原有封闭的电信业务能力开放出来，并结合 Web 方式的应用业务层面，通过简单的 API 或数据库访问等方式提供集成的开发工具给兼具内容提供者和业务开发者的企业和个人用户使用。

（2）业务融合化。业务融合在移动互联网时代下催生，用户的需求更加多样化和个性化，而单一的网络无法满足用户的需求，技术的开放已经为业务的融合提供了可能性及更多的渠道。融合的技术正在将多个原本分离的业务能力整合起来，使业务由以前的垂直结构向水平结构方向发展，创造出更多的新生事物。种类繁多的数据、视频和流媒体业务可以变换出万花筒般的多彩应用，如富媒体服务、移动社区和家庭信息化等。

（3）终端的集成性/融合性和智能化。由于通信技术与计算机技术和消费电子技术的融合，移动终端既是一个通信终端，又成为一个功能越来越强的计算平台、媒体摄录和播放平台，甚至是便携式金融终端。随着集成电路和软件技术的进一步发展，移动终端还将集成越来越多的功能。终端智能化由芯片技术的发展和制造工艺的改进驱动，二者的发展使得个人终端具备了强大的业务处理和智能外设功能。Windows CE、Symbian 和 Android 等终端智能操作系统使得移动终端除了具备基本的通话功能外，还具备了互联网的接入功能，为软件运行和内容服务提供了广阔的舞台。很多增值业务可以方便运行，如股票、新闻、天气、交通监控和音乐图片下载等，实现"随时随地为每个人提供信息"的理想目标。

（4）网络异构化。移动互联网的网络支撑基础包括各种宽带互联网络和电信网络，不同网络的组织架构和管理方式千差万别，但都有一个共同的基础，即 IP 传输。通过聚合的业务能力提取，可以屏蔽这些承载网络的不同特性，实现网络异构化上层业务的接入无关性。

（5）个性化。由于移动终端的个性化特点，加之移动通信网络和互联网所具备的一系列个性化能力，如定位、个性化门户、业务个性化定制、个性化内容和 Web 2.0 技术等，因此移动互联网成为个性化越来越强的个人互联网。移动互联网业务的特点不仅体现在移动性上，可以"随时、随地、随心"地享受互联网业务带来的便捷，还表现在更丰富的业务种类、个性化的服务和更高服务质量的保证。当然，移动互联网在网络和终端方面也受到了一定的限制。

（6）终端移动性。移动互联网业务使得用户可以在移动状态下接入和使用互联网服务，移动的终端便于用户随身携带和随时使用。

（7）终端和网络的局限性。移动互联网业务在便携的同时也受到了来自网络能力和终端能力的限制，在网络能力方面，受到无线网络传输环境和技术能力等因素限制；在终端能力方面，受到终端大小、处理能力和电池容量等的限制。

（8）业务与终端、网络的强关联性。由于移动互联网业务受到了网络及终端能力的限

制，因此其业务内容和形式也需要适合特定的网络技术规格和终端类型。

（9）业务使用的私密性。在使用移动互联网业务时，所使用的内容和服务更私密，如手机支付业务等。

2.2.3　移动互联网技术

1．移动互联网的架构

移动互联网的结构可以从网络层面和应用层面两个方面理解。

从网络层面来看，移动互联网是互联网的一个接入网，GPRS、cdma2000 lx 和 WiFi 等无线数据网都是这样接入网络。3G/4G 技术带来了更好的移动性和高速的数据传输速率，更容易带给用户更丰富的应用。而且把 3G/4G 网络作为主要的移动接入网已经是运营商的力推目标，所以 3G/4G 网络将会成为移动互联网的主要接入网。3G/4G 网络作为接入网比传统的 IP 接入网要复杂得多，运营商对用户的控制也比传统 IP 接入网要强得多。网络层面的竞争主要存在于运营商之间，以下主要以 3G/4G 网络作为移动互联网的接入网络来讨论。

从应用层面来看，典型的移动互联网应用有以下两种形式。

（1）以计算机作为用户的使用终端通过数据卡、手机或嵌入式模块接入 3G/4G 等无线网络访问互联网。这里的 3G/4G 网络等无线网络仅作为一个数据通道，用户的实际应用和有线接入的互联网没有不同，仍然是互联网应用。运营商主要为用户提供了一个和有线接入不同的互联网接入手段，除了提供数据通道外，所能提供的业务有限。

（2）以手机等移动终端作为用户的使用终端通过 3G/4G 等无线网络访问互联网。由于受限于移动终端的体积、性能和操作特殊性等原因，因此大多数应用专门为移动终端设计（如 WAP 等）。在这种应用中，因为运营商能够更容易控制用户终端，所以也具有比互联网应用更大的话语权。

移动互联网的整体架构如图 2-10 所示。

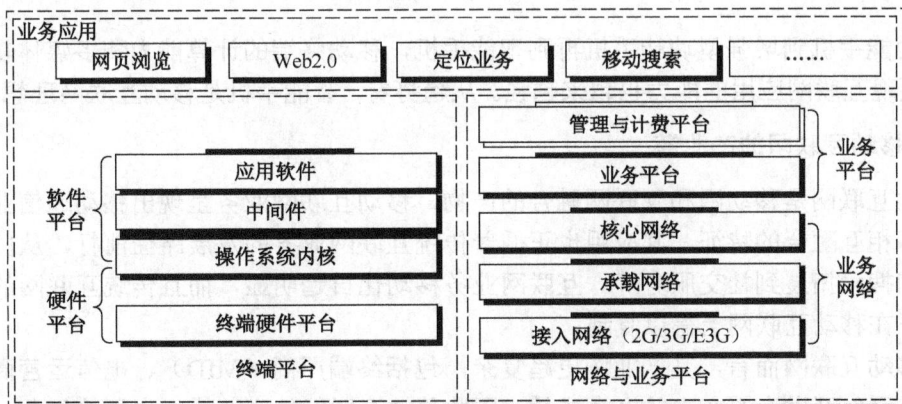

图 2-10　移动互联网的整体架构

从网络上看，除了接入技术的不同，移动互联网与固定互联网在架构上并无本质不同。然而通过深入分析，由于发展特点和阶段的不同，因此移动互联网的终端平台与固定互联网有巨大的差异。相比于固定互联网，移动互联网架构体系的最大特点是非标准化和封闭性。目前阶段，移动终端平台在移动互联网的发展中具有关键作用，移动互联网的业务提供与创新需要终端平台的适配和开放。

移动终端的硬件平台包括 3 种形式，如图 2-11 所示。

手机终端—硬件平台

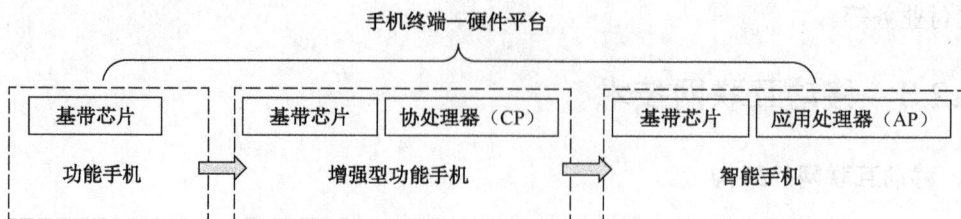

| 基带芯片 | | 基带芯片 | 协处理器（CP） | | 基带芯片 | 应用处理器（AP） |

功能手机　　　　　　增强型功能手机　　　　　　智能手机

图 2-11　移动终端的硬件平台

① 所有功能集成在一起的功能手机。

② 基带芯片和协处理器（CP）分离的增强型功能手机，其中基带芯片主要用于通信功能；而协处理器主要负责多媒体方面的功能。

③ 智能手机内含基带芯片和应用处理器 AP，AP 的功能已类似计算机的处理器芯片。其上可加载操作系统和应用软件，从而构成了一个功能强大的移动计算平台，如图 2-12 所示。

智能手机（smart phone）功能手机（feature phone）

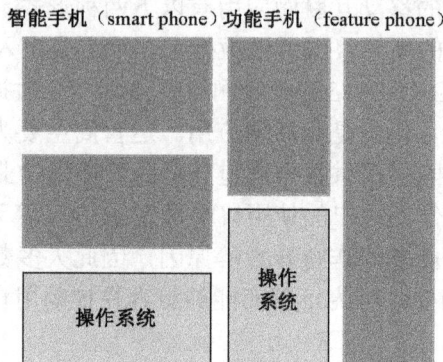

操作系统　　操作系统

图 2-12　移动计算平台

从功能手机到增强型功能手机再到智能手机，移动终端的计算能力和多媒体功能越来越强，呈现互联网应用的能力也越来越强。从趋势看，智能手机是移动互联网理想的平台。

2．移动互联网的产业链

移动互联网是移动网和互联网融合的产物，移动互联网业务呈现出移动通信业务与互联网业务相互融合的特征。其应用也正循着传统互联网业务的发展路径前行，从门户、即时通信和搜索拓展到社交服务等。互联网业务移动化日趋明显，而且传统互联网的一些盈利模式正在移动互联网上得以复制。

就移动互联网而言，其产业链更趋复杂，包括终端厂商（MID）、电信运营商、服务提供商和系统开发商等在内的多个成员。因此移动互联网的商业模式也更趋复杂，并且更趋多样化，如图 2-13 所示。

从国际经验来看，移动互联网产业链中各企业均在争夺标准的制定权，从而实现对整个产业链的主导和企业利益的最大化。具体来看，各企业采取的策略又有所不同。典型的产业链各方转型策略见表 2-5。

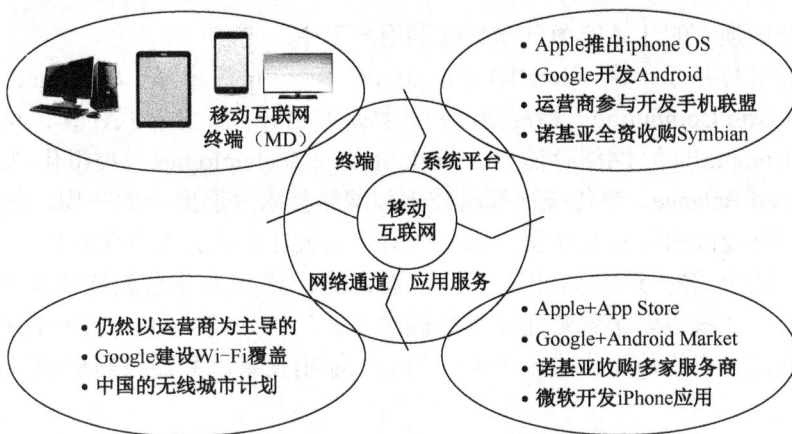

图 2-13　移动互联网的产业链

表 2-5　典型的产业链各方转型策略

产业链各方	典型代表	转型策略
领先型终端厂商	Apple	全面主导"终端+OS+内容"，增强对产业链掌控力度。封闭的操作系统，仅限于苹果终端 iPhone 的应用，使得应用整合难度大大降低；同时促进终端的销售
追赶型终端厂商	NOKIA	与多厂商合作，提供适用不同厂家和类型的终端 收购塞班，终端内置多种软件服务 OS 操作系统由封闭走向开放
互联网服务商	Google	与多厂商合作，建立开发联盟 推出 Android 操作系统及相应的终端，并内置多项 Google 服务 内置自身丰富的互联网应用 开放的操作系统平台，吸引更多的应用提供者
运营商	NTT Docomo	在其 3G 品牌 FOMA 下推出全新的 i-mode 运用模式 i-mode 模式通过"内容、标准、价格、终端"4 大关键要素牢牢把控产业链

2.3　云计算

2.3.1　云计算的内涵

云计算（Cloud Computing）是一种新兴的商业计算模型。它将计算任务分布在大量计算机构成的资源池上，使各种应用系统能够根据需要获取计算力、存储空间和各种软件服务。这种资源池称为"云"。"云"是一些可以自我维护和管理的虚拟计算资源，通常为一些大型服务器集群，包括计算服务器、存储服务器、宽带资源等等。云计算将所有的计算资源集中起来，并由软件实现自动管理，无须人为参与。这使得应用提供者能够更加专注于自己的业务，有利于创新和降低成本。

云计算是网格计算、分布式计算、并行计算、效用计算、网络存储、虚拟化、负载均衡等传统计算机技术和网络技术发展融合的产物。它旨在通过网络把多个成本相对较低的计算实体整合成一个具有强大计算能力的完美系统，并借助软件即服务（Software as a Service，SaaS）、平台即服务（Platform as a Service，PaaS）、基础设施即服务（Infrastructure as a Service，IaaS）、成功的项目群管理（Managing Successful Program，MSP）等先进的商业模式，把这强大的计算能力分布到终端用户手中。

云计算经常与并行计算（Parallel Computing）、分布式计算（Distributed Computing）和网格计算（Grid Computing）相混淆。云计算是网格计算、分布式计算、并行计算、效用计算（Utility Computing）、网络存储（Network Storage Technologies）、虚拟化（Virtualization）、负载均衡（Load Balance）等传统计算机技术和网络技术发展融合的产物。它旨在通过网络把多个成本相对较低的计算实体整合成一个具有强大计算能力的完美系统，并借助 SaaS、PaaS、IaaS、MSP 等先进的商业模式把这强大的计算能力分布到终端用户手中。Cloud Computing 的一个核心理念就是通过不断提高"云"的处理能力，进而减少用户终端的处理负担，最终使用户终端简化成一个单纯的输入输出设备，并能按需享受"云"的强大计算处理能力。

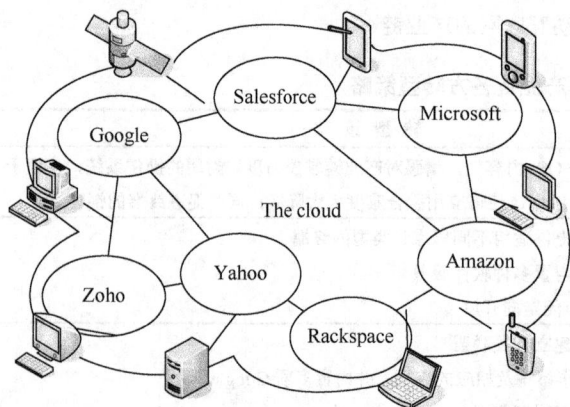

图 2-14　云计算将计算分布到大最的分布式计算机上

云计算的基本原理是，使计算分布在大量的分布式计算机上，而非本地计算机或远程服务器中，企业数据中心的运行将与互联网更加类似，如图 2-14 所示。这使得企业能够将资源投入到用户需要的应用上，并根据需求访问计算机和存储系统。

云计算在广泛应用的同时还有云存储作为其辅助。所谓"云存储"，就是以广域网为基础，跨域、跨路由来实现数据的无所不在，无须下载、无须安装即可直接运行，实现一种云计算架构。最简单的云计算技术在网络服务中已经随处可见，如搜索引擎、网络信箱等，使用者只要输入简单指令即能得到大量的信息。

以云计算为代表的分布式网络信息处理技术正是为了解决互联网发展所带来的巨量数据存储与处理需求，而在物联网规模发展后产生的数据量将会远远超过互联网的数据量，海量数据的存储与计算处理需要云计算技术的应用。规模化是云计算服务物联网的前提条件，实用技术是云计算服务物联网的实现条件。

2.3.2　云计算的特点

（1）超大规模。"云"具有相当的规模，Google 云计算已经拥有 100 多万台服务器，Amazon、IBM、微软、Yahoo 等的"云"均拥有几十万台服务器。企业私有云一般拥有数百上千台服务器。"云"能赋予用户前所未有的计算能力。

（2）虚拟化。云计算支持用户在任意位置、使用各种终端获取应用服务。所请求的资源来自"云"，而不是固定的有形的实体。应用在"云"中某处运行，但实际上用户无须了解、也不用担心应用运行的具体位置。只需要一台笔记本计算机或者一部手机，就可以通过网络服务来实现我们需要的一切，甚至包括超级计算这样的任务。

（3）高可靠性。"云"使用了数据多副本容错、计算节点同构可互换等措施来保障服务的高可靠性，使用云计算比使用本地计算机可靠。

（4）通用性。云计算不针对特定的应用，在"云"的支撑下可以构造出千变万化的应用，同一个"云"可以同时支撑不同的应用运行。

（5）高可扩展性。"云"的规模可以动态伸缩，满足应用和用户规模增长的需要。

（6）按需服务。"云"是一个庞大的资源池，按需购买；云可以像自来水、电、煤气那样计费。

（7）极其廉价。由于"云"的特殊容错措施可以采用极其廉价的节点来构成云，"云"的自动化集中式管理使大量企业无须负担日益高昂的数据中心管理成本，"云"的通用性使资源的利用率较之传统系统大幅提升，因此用户可以充分享受"云"的低成本优势，经常只要花费几百美元、几天时间就能完成以前需要数万美元、数月时间才能完成的任务。

总之，云计算服务应该具备几条特征：①用户不知道数据来源；②基于虚拟化技术快速部署资源或获得服务；③实现动态的、可伸缩的扩展；④按需求提供资源、按使用量付费；⑤通过互联网提供、面向海量信息处理；⑥用户可以方便地参与；⑦形态灵活，聚散自如；⑧减少用户终端的处理负担。如图 2-15 所示为云计算的系统。

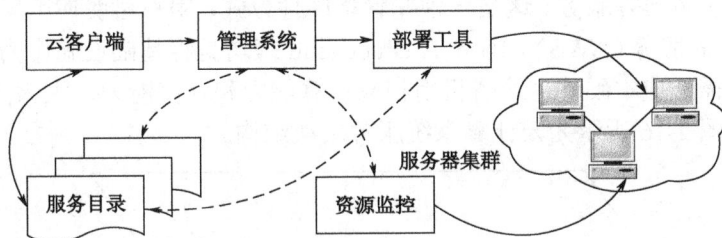

图 2-15　组成云计算的系统

2.3.3　云计算的服务形式

云计算还处于发展阶段，有各类厂商在开发不同的云计算服务。云计算的表现形式多种多样，简单的云计算在人们日常网络应用中随处可见，如腾讯 QQ 空间提供的在线制作 Flash 图片、Google 的搜索服务（Google Doc、Google Apps）等。目前，云计算的主要服务形式有：SaaS、PaaS、IaaS。

1．软件即服务

SaaS 服务提供商将应用软件统一部署在自己的服务器上，根据需求通过互联网向厂商订购应用软件服务，服务提供商根据客户所定软件的数量、时间的长短等因素收费，并且通过浏览器向客户提供软件的模式。这种服务模式的优势是：由服务提供商维护和管理软件、提供软件运行的硬件设施，用户只需拥有能够接入互联网的终端，即可随时随地使用软件。这种模式下，客户不再像传统模式那样花费大量资金在硬件、软件、维护人员上，只需要支出一定的租赁服务费用，通过互联网就可以享受到相应的硬件、软件和维护服务，这是网络应用最具效益的营运模式。对于小型企业来说，SaaS 是采用先进技术的最好途径。实际上云计算 ERP 正是继承了开源 ERP 免许可费用只收服务费用的最重要特征，是突出了服务的 ERP 产品。目前，Salesforce.com 是提供这类服务最有名的公司，Google Doc、Google Apps 和 Zoho Office 也属于这类服务。

2. 平台即服务

把开发环境作为一种服务来提供。这是一种分布式平台服务，厂商提供开发环境、服务器平台、硬件资源等服务给客户，用户在其平台基础上定制开发自己的应用程序并通过其服务器和互联网传递给其他客户。PaaS 能够给企业或个人提供研发的平台，提供应用程序开发、数据库、应用服务器、试验、托管及应用服务。Google App Engine 是 Salesforce 的 force.com 平台，八百客的 800APP 是 PaaS 的代表产品。以 Google AppEngine 为例，它是一个由 python 应用服务器群、BigTable 数据库及 GFS 组成的平台，为开发者提供一体化主机服务器及可自动升级的在线应用服务。用 PaaS 编写应用程序并在 Google 的基础架构上运行就可以为互联网用户提供服务，Google 提供应用运行及维护所需要的平台资源。

3. 基础设施服务

IaaS 即把厂商的由多台服务器组成的"云端"基础设施，作为计量服务提供给客户。它将内存、I/O 设备、存储和计算能力整合成一个虚拟的资源池为整个业界提供所需要的存储资源和虚拟化服务器等服务。这是一种托管型硬件方式，用户付费使用厂商的硬件设施。例如，Amazon Web 服务（AWS）、IBM 的 BlueCloud 等均是将基础设施作为服务出租。IaaS 的优点是用户只需低成本硬件，按需租用相应计算能力和存储能力，大大降低了用户在硬件上的开销。如图 2-16 所示为云计算系统服务层次结构。

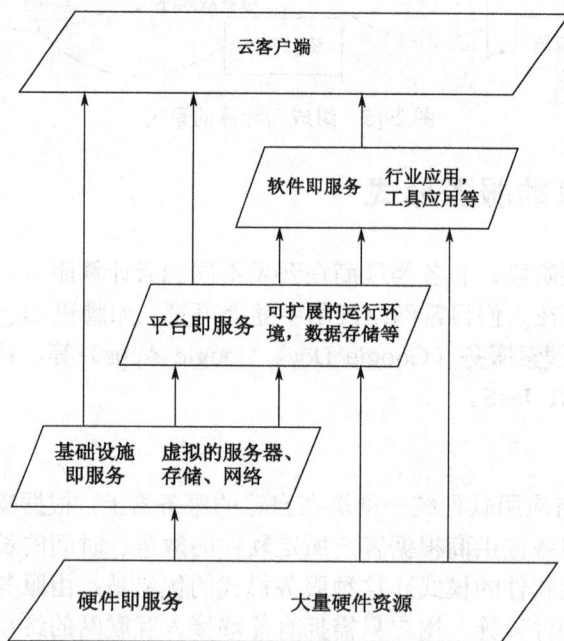

图 2-16　云计算系统服务层次结构

2.3.4　云计算的核心技术

云计算系统运用了许多技术，其中以编程模型、数据管理技术、数据存储技术、虚拟化技术、云计算平台管理技术最为关键。

1．编程模型

MapReduce 是 Google 开发的 Java、Python、C++编程模型，它是一种简化的分布式编程模型和高效的任务调度模型，用于大规模数据集（大于 1 TB）的并行运算。严格的编程模型使云计算环境下的编程十分简单。MapReduce 模式的思想是将要执行的问题分解成 Map（映射）和 Reduce（化简）的方式，先通过 Map 程序将数据切割成不相关的区块，分配（调度）给大量计算机处理，达到分布式运算的效果，再通过 Reduce 程序将结果汇整输出。

2．海量数据分布存储技术

云计算系统由大量服务器组成，同时为大量用户服务，因此云计算系统采用分布式存储的方式存储数据，用冗余存储的方式保证数据的可靠性。云计算系统中广泛使用的数据存储系统是 Google 的 GFS 和 Hadoop 团队开发的 GFS 的开源实现 HDFS。GFS 即 Google 文件系统（Google File System），是一个可扩展的分布式文件系统，用于大型的、分布式的、对大量数据进行访问的应用。GFS 的设计思想不同于传统的文件系统，是针对大规模数据处理和 Google 应用特性而设计的。它运行于廉价的普通硬件上，但可以提供容错功能。它可以给大量的用户提供总体性能较高的服务。一个 GFS 集群由一个主服务器（Master）和大量的块服务器（Chunk Server）构成，并被许多客户（Client）访问。主服务器定期通过 HeartBeat 消息与每一个块服务器通信，给块服务器传递指令并收集它的状态。GFS 中的文件被切分为 64 MB 的块并以冗余存储，每份数据在系统中保存 3 个以上备份。客户与主服务器的交换只限于对元数据的操作，所有数据方面的通信都直接和块服务器联系，这大大提高了系统的效率，防止主服务器负载过重。

3．海量数据管理技术

云计算需要对分布的、海量的数据进行处理、分析，因此，数据管理技术必须能够高效地管理大量的数据。云计算系统中的数据管理技术主要是 Google 的 BT（BigTable）数据管理技术和 Hadoop 团队开发的开源数据管理模块 HBase。BT 是建立在 GFS、Scheduler，Lock Service 和 MapReduce 之上的一个大型的分布式数据库，与传统的关系数据库不同，它把所有数据都作为对象来处理，形成一个巨大的表格，用来分布存储大规模结构化数据。Google 的很多项目使用 BT 来存储数据，包括网页查询、Google earth 和 Google 金融。这些应用程序对 BT 的要求各不相同：数据大小（从 URL 到网页到卫星图像）不同，反应速度不同（从后端的大批处理到实时数据服务）。对于不同的要求，BT 都成功地提供了灵活高效的服务。

4．虚拟化技术

通过虚拟化技术可实现软件应用与底层硬件相隔离，它包括将单个资源划分成多个虚拟资源的裂分模式，也包括将多个资源整合成一个虚拟资源的聚合模式。虚拟化技术根据对象可分成存储虚拟化、计算虚拟化、网络虚拟化等，计算虚拟化又分为系统级虚拟化、应用级虚拟化和桌面虚拟化。

5．云计算平台管理技术

云计算资源规模庞大，服务器数量众多并分布在不同的地点，同时运行着数百种应用，如何有效地管理这些服务器，保证整个系统提供不间断的服务是巨大的挑战。云计算系统

访问接口	Web、Web服务，服务注册、查找、访问等
服务管理	用户管理、资源管理、安全管理、运维管理
虚拟化资源	计算资源池、网络资源池、存储资源池、数据库资源池及其虚拟化技术
物理资源	服务器集群、网络设备、存储设备、数据库以及相应的管理技术

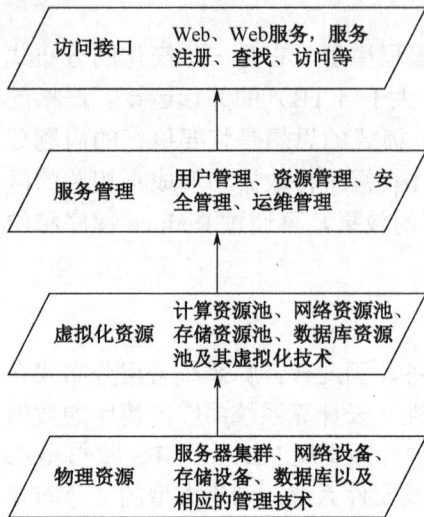

图 2-17 实现云计算的关键技术

的平台管理技术能够使大量的服务器协同工作，方便地进行业务部署和开通，快速发现和恢复系统故障，通过自动化、智能化的手段实现大规模系统的可靠运营。如图 2-17 所示为实现云计算的关键技术。

6．移动云计算

"移动云计算"一词通常是指被扩展以处理移动设备的企业云计算基础设施。被提供给用户使用的数据存储和计算处理资源都在云计算平台端而不是在移动设备本身。移动互联网与云计算合在一起就是"移动云计算"，可以称为移动互联网中的云计算。随着移动设备的发展越来越快，从智能手机、移动互联网设备、笔记本计算机，到智能笔记本和其他设备，都可以快速连接到笔记本计算机高速无线网络。企业级移动云计算服务领域将获得巨大的发展。

2.3.5 云计算的平台

目前，国外已经有多个云计算的科学研究项目，比较有名的是 Scientific Cloud 和 Open Nebula 项目。产业界也在投入巨资部署各自的云计算系统，参与者主要有 Google、IBM、Microsoft、Amazon 等。众多的 IT 厂商先后推出了形形色色的云计算产品和服务。国内关于云计算的研究也已起步，并在计算机系统虚拟化基础理论与方法研究方面取得了阶段性成果。在此选取一些与云计算相关的服务提供商及其应用系统，如 Amazon、Google、IBM 等典型的云计算实现，进行介绍。

1．Amazon 云计算基础架构平台

Amazon（亚马逊）公司是美国一家电子商务网站，也是美国最大的在线零售商，被业界认为是云计算的先行者之一。典型的云计算系统是称为 Amazon 弹性计算云的 AmazonEC2。这是一项能提供弹性计算能力的 Amazon 网络服务（Amazon Web Services，AWS；http://aws.amazon.com）。Amazon 网络服务主要包括 4 个核心服务：Simple Storage Services、Elastic Compute Cloud、Simple Queue Service，以及 SimpleDB。

2．Google 云计算应用平台

Google 使用的云计算基础架构模式主要包括 4 个相互独立又紧密结合在一起的系统，即建立在集群之上的文件系统（Google File System，GFS）、针对 Google 应用程序特点提出的 Map Reduce 编程模式、结构化的分布式数据存储系统 BigTable、Hadoop 框架，以及 Google 其他的云计算支撑要素，如分布式的锁机制 Chubby 等。

3．Microsoft 云计算服务

Microsoft 的云计算服务为用户提供包括电子邮件、日程表、协作工具和通信软件在内的诸多工具。今年以来，Microsoft 已经发布了完整的融入"云计算"的产品和策略，如

Azure 系列 "云计算" 服务, 网络传递、轻巧版的 Office 应用软件及最新的 Live Mesh 中介软件等。同时, 由公共云与私有云共同组合成的 Microsoft 云计算平台赋予用户更多根据自身需求选择应用部署的自由。而且, Microsoft 延续其操作系统的传统优势, 通过与众多业内合作伙伴的共同努力, 使其云计算平台在互操作性等方面取得了卓越的成果。

4. IBM 云计算服务

IBM 构建了用于公共云和私有云服务的多种云计算解决方案。IBM 云计算构建服务包括服务器、存储和网络虚拟化、服务管理解决方案, 支持自动化负载管理、用量跟踪与计费, 以及各种能够使最终用户信赖的安全和弹性产品。

综上所述, 云计算是基于互联网的商业计算模型, 它利用高速互联网的传输能力, 将数据的处理过程从个人计算机或服务器移到互联网上的服务器集群之中。这些服务器由一个大型的数据处理中心管理, 数据中心按用户的需要分配计算资源, 达到与超级计算机同样的效果。云计算是分布式计算、并行计算和网格计算的发展, 或者说是这些计算机科学概念的商业实现。

2.4　大数据

2.4.1　大数据的内涵

研究机构 Gartner 对于 "大数据"（Big Data）给出了这样的定义。"大数据" 是需要新处理模式才能具有更强的决策力、洞察发现力和流程优化能力的海量、高增长率和多样化的信息资产。

根据维基百科的定义, 大数据是指无法在可承受的时间范围内用常规软件工具进行捕捉、管理和处理的数据集合。

大数据技术的战略意义不在于掌握庞大的数据信息, 而在于对这些含有意义的数据进行专业化处理。换言之, 如果把大数据比作一种产业, 那么这种产业实现盈利的关键, 在于提高对数据的 "加工能力", 通过 "加工" 实现数据的 "增值"。

从技术上看, 大数据与云计算的关系就像一枚硬币的正反面一样密不可分。大数据必然无法用单台的计算机进行处理, 必须采用分布式架构。它的特色在于对海量数据进行分布式数据挖掘, 但它必须依托云计算的分布式处理、分布式数据库和云存储、虚拟化技术。

随着云时代的来临, 大数据也吸引了越来越多的关注。《著云台》的分析师团队认为, 大数据通常用来形容一个公司创造的大量非结构化数据和半结构化数据, 这些数据在下载到关系型数据库用于分析时会花费过多时间和金钱。大数据分析常和云计算联系到一起, 因为实时的大型数据集分析需要像 MapReduce 一样的框架来向数十、数百甚至数千的计算机分配工作。

大数据需要特殊的技术, 以有效地处理大量的容忍经过时间内的数据。适用于大数据的技术, 包括大规模并行处理（MPP）数据库、数据挖掘电网、分布式文件系统、分布式数据库、云计算平台、互联网和可扩展的存储系统。

2.4.2　大数据的趋势

伴随着大数据技术与数据分析的发展趋势，拥有丰富数据的分析驱动型企业应运而生。下面我们来具体看下大数据技术与数据分析有哪些趋势和创新。文中，也用了一些 IBM 的创新型大数据解决方案的应用案例。

1．数据驱动创新

如今，数据已成为企业竞争优势的基石。利用数据和复杂数据分析的企业将目光投向了"创新"，从而打造出高效的业务流程，助力自身战略决策，并在多个前沿领域超越其竞争对手。

2．数据分析需先进技术

如果没有合理分析，大部分数据毫无用处。而大数据和数据分析又会带来哪些机遇呢？国际数据公司（IDC）预测，2015 年，富媒体（视频、音频和图像）分析将至少扩大两倍，并成为大数据及分析技术投资的关键驱动力。富媒体数据分析需要先进的分析工具，这为企业提供了重大的市场机遇。以针对电商数据进行图像搜索为例。对图像搜索结果的分析要准确，且无须人工介入，这就需要强大的智能分析。未来，随着智能分析水平的不断提升，企业将获得更多机遇。

3．预测分析必不可少

当前，具有预测功能的应用程序发展迅速。预测分析通过提高效率、评测应用程序本身、放大数据科学家的价值及维持动态适应性基础架构来提升整体价值。因此，预测分析功能正在成为分析工具的必要组成部分。

4．混合部署是未来趋势

IDC 预测，未来 5 年，在基于云的大数据解决方案上的花费将是本地部署解决方案费用的 4 倍之多，混合部署将必不可少。IDC 还表示，企业级元数据存储库将被用来关联云内数据和云外数据。企业应评估公共云服务商提供的产品，这有助于其克服大数据管理方面的困难。

（1）安全和隐私政策及法规影响部署选择。

（2）数据传输与整合要求混合云环境。

（3）为避免出现难以应付的数据量，需构建业务术语表并管理映射数据。

（4）构建云端元数据存储库。

5．认知计算打开新世界

认知计算是一种改变游戏规则的技术，利用自然语言处理和机器学习帮助实现自然人机交互，从而扩展人类知识。未来，采用认知计算技术的个性化应用可帮助消费者购买衣服，挑选酒，甚至创建新菜谱。IBM 最新的计算机系统 Watson 率先利用了认知计算。

6．大数据创造更多价值

越来越多的企业通过直接销售其数据或提供增值内容来获利。IDC 调查表明，目前 70% 的大公司已开始购买外部数据。到 2019 年，这一数字将达到 100%。因此，企业必须了解

其潜在客户重视的内容，必须精通包装数据和增值内容产品，并尝试开发"恰当"的数据组合，将内容分析与结构化数据结合起来，帮助需要数据分析服务的客户创造价值。

2.4.3　大数据促进互联网金融发展

（1）互联网金融依托电商平台进行大数据分析，供货商和消费者所有地登记信息和交易行为都有完整的记录，并且这个记录是真实的，可以互相印证。可明确的分析企业、客户的资信情况，有效地解决了信息不对称和个体信用问题。金融服务的供需双方信息明确、客户获得金融服务的门槛更低，金融服务便捷高效。

（2）互联网金融经营体制灵活，技术先进。与客户互动性强，可低成本、快速地传播产品信息并可在线实时交易。

（3）互联网金融可通过大数据开展精准营销和销售。基于客户的外部数据及企业自身积累的非结构化数据、交易数据，对客户进行精确划分，由此可主动推荐产品。

（4）互联网金融理财产品较传统行业金融业务，对小散户的管理成本极低。可积少成多，形成规模优势。

（5）互联网金融提高了资金融通的效率，透明度高，参与广泛，中间成本低，信用数据更为丰富。

2.4.4　大数据的前景

1．国家的大数据战略

2015 年 9 月，国务院印发《促进大数据发展行动纲要》（以下简称《纲要》），系统部署大数据发展工作。

《纲要》明确，推动大数据发展和应用，在未来 5～10 年打造精准治理、多方协作的社会治理新模式，建立运行平稳、安全高效的经济运行新机制，构建以人为本、惠及全民的民生服务新体系，开启大众创业、万众创新的创新驱动新格局，培育高端智能、新兴繁荣的产业发展新生态。

《纲要》部署三方面主要任务。一要加快政府数据开放共享，推动资源整合，提升治理能力。大力推动政府部门数据共享，稳步推动公共数据资源开放，统筹规划大数据基础设施建设，支持宏观调控科学化，推动政府治理精准化，推进商事服务便捷化，促进安全保障高效化，加快民生服务普惠化。二要推动产业创新发展，培育新兴业态，助力经济转型。发展大数据在工业、新兴产业、农业农村等行业领域应用，推动大数据发展与科研创新有机结合，推进基础研究和核心技术攻关，形成大数据产品体系，完善大数据产业链。三要强化安全保障，提高管理水平，促进健康发展。健全大数据安全保障体系，强化安全支撑。

2．大数据发展行业应用

目前，大数据已经在医疗信息、智慧旅游、在线学习、电子商务等领域得到了广泛的应用，取得了显著的效果。

（1）医疗信息

医疗信息大数据可以为医疗服务提供有效的支撑，实现智能诊断、病例挖掘、医保大数据服务等，提高医疗信息的智能化。例如，可以详细地分析某种疾病在每年各个月份的发生率，寻找最大发生率月份进行专项防治，降低疾病对人类造成的损害。

（2）智慧旅游

智慧旅游大数据可以有效整合旅游资源，将旅游景点、酒店餐饮、交通出行等形成一条完整的产业链，为用户推荐最佳的旅游线路资源。在用户搜索旅游景点、选择酒店住宿、购买交通票务时为用户量身定制和推荐最佳方案，智慧旅游经过深入研究和应用，已经能够实现旅游资源的网上查询、发布、点评，数据挖掘技术可以发现旅游者对景点资源的偏好，发现旅游旺季、淡季的时间，以便制定完善的旅游体系，提高游客自主性、互动性、趣味性和积极性，给游客带来新的体验，提高旅游服务水平。

（3）在线学习

大数据可以为在线教育整合、集成和设计教育产品，包括在线教育平台、网校、APP应用软件等，可以根据学习者的需求，利用大数据挖掘算法进行细分，将其划分为英语培训、出国留学培训、考验培训、中小学课外辅导、职业教育培训、公务员考试培训等。目前，随着在线教育市场的火爆，在线教育超越时空限制，为人们提供了便捷性、灵活性、经济性等高质量服务，已经诞生了新东方网校、人人网在线学习等各大企事业单位推出的网上大学等，并且能够进行网络模拟考试、端点续传等操作，为人们提供极其方便的学习源地。

（4）电子商务

目前，随着淘宝网、天猫网、京东商城、国美商城、蘑菇街等电子商务网站的快速发展和进步，电子商务已经如雨后春笋般出现在人们的生活中，积累了海量的用户消费数据资源，根据用户的购买喜好使用数据挖掘算法为用户推荐商品，可以提高消费者搜索的精准程度，提高消费者的商品搜索的便捷性，同时可以为商家制定营销策略，及时准确地获取最畅销的商品信息，提高供销比。

3. 数据挖掘的广泛推广

（1）应用现状

大数据时代，为了能够提高网络数据资源的利用率，需要设计高效的数据挖掘算法，从互联网中提取、组织和处理相关的数据信息，并且根据用户需求反馈搜索结构，以便满足人们利用大数据资源进行医疗诊断、文档分类、语音识别、视频搜索等需求。数据挖掘技术可以有效地从网络海量数据资源中提取有价值的信息，实现信息资源分类管理，为人们的决策提供有效帮助。

目前，数据挖掘已经在多个领域得到了广泛的应用，并且引起了许多学者的研究。

大数据挖掘常用的技术包括支持向量机、神经网络、遗传算法、专家系统等。

① 支持向量机。支持向量机（Support Vector Machine，SVM）基于统计学习理论，采用结构风险最小化原理，可以解决非线性、小样本、高维空间大数据挖掘问题，以便能够利用有限的样本发现数据中隐藏的有价值信息，为人们提供良好的大数据挖掘结果。支持向量机与其他算法相结合，逐渐应用到火炮控制、雷达扫描、地质勘探等非线性大数据挖掘复杂场景。

② 神经网络。神经网络可以对训练数据进行自组织、自适应的学习过程，并且能够学习到最具典型的特征的样本和区分数据能力，以便能够得到不同的数据价值信息。神经网

络具备的分布式存储、并行处理和容错能力，都可以通过训练学习时调整不同的神经网络参数权值进行，具有较强的外界环境适应变化能力，同时具备非常强的抗干扰能力。神经网络的不足之处是很难获得样本数据，并且学习精度也需要依赖于神经网络训练次数，如果加入了新的数据特征，需要重新训练网络，训练步骤较为复杂，耗费较长的时间。神经网络已经在医学图像处理、机器人、工业控制等大数据挖掘领域得到了广泛的应用。

③ 遗传算法。遗传算法是一种非常有效的模拟生物进化的大数据挖掘算法，该算法可以针对一串描述字符的位串进行操作，不同位串在实际的应用环境中代表不同的问题。遗传算法可以从若干个初始的种群开始搜索，根据当前的种群成员，模仿生物的遗传进化过程，选择基因优良的下一代作为进化的目标。目前，遗传算法已经在很多领域得到了广泛的应用，如自动组卷过程中、基因序列预测过程中、数据库连接优化过程中，均得到了广泛的使用。

④ 基于专家系统方法。专家系统是最为常见的一种大数据挖掘技术，其依赖网络中产生的专家经验知识为基础，构建一个核心的知识库和推理机，以知识库和推理机为中心，构建一个能够进行规则识别、分析的系统，并且可以通过规则匹配进行模式识别。专家系统已经在经营管理、金融管理、决策分析等领域得到了广泛应用，并且逐渐引入了马尔科夫链、贝叶斯理论、概率论、模糊数学等统计分析知识，可以确保专家系统量化识别功能，不再仅仅依靠经验知识推论。

（2）发展趋势

随着大数据的应用和发展，数据量将会更大，数据结构也更加负责，因此大数据挖掘技术未来的发展趋势主要包括以下两个关键方面。

① 提高数据挖掘准确度。

由于大数据资源具有动态性、分布性等特征，大数据在应用过程中也日趋复杂，为了提高电子商品推荐精确度、智慧旅游线路推荐的合理性等，需要提高大数据挖掘的准确度，提高精确度的方法包括引入自适应、模拟退火、粒子计算等理论，具有较好的作用。

② 改善数据挖掘的时间复杂度。大数据挖掘过程中，由于用户的时效性要求较高，为了提高用户的感知度，需要改善数据挖掘算法的时间复杂度，以便能够更加迅速地挖掘数据中潜在的知识，为用户进行在线学习、医疗诊断等提供决策支撑。

大数据已经在现代信息社会得到了广泛的应用，为人们提供医疗、购物、旅游和学习等决策支持，提供更加完善的、丰富的信息服务。数据挖掘技术可以有效提高数据检索效率，提高数据的微观和宏观分析能力，实现智能推理指导人们在实际生活，具有重要的作用。

4．移动大数据推动创新

移动网络的大数据格局可能比其他行业更为复杂，不仅是因为存在种类繁多的数据种类，如各种业务和支撑系统数据、设备日志、流量数据、音视频、物联网传感器数据等各种形态，而且半结构化或非结构化的数据比例远超过结构化数据，因此无论在数据的产生和存储环节，还是在清洗转换集成环节，抑或是在分析应用环节，很少会有单一普适的解决方案可以满足所有应用场景的需求。

因此运营商应对大数据挑战的根本方法，还是应从业务实际需求出发，剖析各相关数据源的特性及其联系，为目标应用场景找到合适的数据分析逻辑。例如，爱立信在重庆等多地定制实施的精确营销系统，就在动态分析用户设备、上网行为、人口特征等多维度多形态数据的基础上，动态描绘出精细化的用户群组，帮助运营商快速精准地进行流量经营和客户服务，极大地提升了用户体验和品牌感知。作为电信领域系统和服务领导者，爱立信将凭借对各类通信网元的专业设计和深度理解，继续努力为全国客户定制各种大数据解决方案，创建更多符合本地化特征的大数据应用，不断提升企业精细化运营的成效，并始终伴随企业新业务新模式的创新和发展。

2.5　物联网

2.5.1　物联网的内涵

物联网是继计算机、互联网与移动通信网之后的又一次信息产业浪潮。物联网对促进互联网发展、带动人类的进步发挥着重要的作用，并将成为未来经济发展的新增点。目前，国外对物联网的研发、应用主要集中在美、欧、日、韩等少数国家。在中国，物联网日益受到重视，物联网产业被正式列为国家重点发展的五大战略性新兴产业之一。

1．物联网简介

物联网就是带有传感/标识器的智能感知信息网络系统，涵盖了当初的物联网、传感网等概念，是在传感、识别、接入网、无线通信网、互联网、计算技术、信息处理和应用软件、智能控制等信息集成基础上的新发展。物联网传感技术、通信技术及计算技术的一个集合。物联网包括传感设备层、网络层及应用层。传感设备层的主要任务是信息的采集；网络层的主要功能是实现网络的连接管理及数据管理，目的是将信息送到应用层；最后应用层运用现代的信息技术来对信息进行处理最终实现识别、控制、监测等功能。物联网技术目前所面临的最大的问题莫过于统一性的问题。物联网中用于信息采集的传感网就是非标准化的网络，它是一个多网络、多设备、多应用并且相互融合的大的网络，包括计算机、传感器和通信网络，这要求针对通信网络的规划都要发生变化。所以，制定出统一的接口、标准及通信协议是必经之路。

2．物联网的意义

（1）物联网是21世纪的国家综合国力增长点

无论是未来发展战略还是从国民经济增长角度看，物联网是国家综合国力的又一新的增长点，在社会发展中占有举足轻重的地位。

（2）物联网大力促进了国际间经济合作

随着经济的发展，跨国大公司和国际间经济协作日渐增多。而在这一过程中，物联网发挥了重要作用。企业运用先进的物联网技术来综合管理遍布全球的各种经营业务。物联网缩短了空间的距离，也将国家与国家，民族与民族更紧密地联系了起来。

（3）物联网促进了社会结构的变革

物联网的发展，不但促进了一些新的行业的诞生，"白领"和"蓝领"差别日渐消失，劳动就业结构向知识化、高技术化发展，而且改变了家庭职能和城市化结构。随着信息技术的发展，城市分散化趋向已有显示。这样的分散化可以促使合理利用物质资源，而且大

量利用信息产品可以节约物质资源，最明显的是缓解了社会交通矛盾。

（4）物联网促进了人类自身的发展

纵观人类历史，没有哪个时代人与人之间的联系有今天这样密切，不论距离是多么的遥远，通过物联网，人们总是可以自由地相互交流。物联网使现在的人更具有全球意识，具有更开阔的眼界，现在人们更多的是把自己放在世界范围内来思考问题。这样使人更具有了社会性，增加了参与社会、国家管理的机会，使人们能够加强对政府机构工作的监督。

（5）物联网带来了经济效益

作为国民经济组成部分的物联网，它提供的社会经济效益由两部分组成：物联网业自身的经济效益，称为直接经济效益；由物联网为国民经济提供的经济效益，称为间接经济效益。由于在现代社会的各种经济活动中，使用物联网手段，可以使用户获得缩短空间距离、减少时间消耗和降低费用支出，加速社会生产过程，提高社会生产力的效益。

2.5.2　物联网的应用

物联网用途广泛，遍及智能交通、环境保护、政府工作、公共安全、平安家居、智能消防、工业监测、农业管理、老人护理、个人健康等多个领域。在国家大力推动工业化与信息化两化融合的大背景下，物联网将是工业乃至更多行业信息化过程中一个比较现实的突破口。一旦物联网大规模普及，无数的物品需要加装更加小巧智能的传感器，用于动物、植物、机器等物品的传感器与电子标签及配套的接口装置数量将大大超过目前的手机数量。举一个物联网应用与物流的例子——供应链中物品自动化的跟踪和追溯。物联网可以在全球范围内对每个物品实施跟踪监控，从根本上提高对物品产生、配送、仓储、销售等环节的监控水平，成为继条码技术之后，再次变革商品零售、物流配送及物品跟踪管理模式的一项新技术。它从根本上改变供应链流程和管理手段，对于实现高效的物流管理和商业运作具有重要的意义；对物品相关历史信息的分析有助于库存管理、销售计划及生产控制的有效决策；通过分布于世界各地的销售商可以实时获取其商品的销售和使用情况，生产商则可及时调整其生产量和供应量。由此，所有商品的生产、仓储、采购、运输、销售及消费的全过程将发生根本性的变化，全球供应链的性能将获得极大的提高。如图 2-18 展示了未来物联网的应用场景。

1. 交通领域

通过使用不同的传感器和 RFID 可以对交通工具进行感知和定位，及时了解车辆的运行状态和路线；方便地实现车辆通行费的支付；显著提高交通管理效率，减少道路拥堵。上海移动的车务通在 2010 年世博会期间全面运用于上海公共交通系统，以最先进的技术保障世博园区周边大流量交通的顺畅。上海浦东国际机场防入侵系统铺设了 3 万多个传感节点，覆盖了地面、栅栏和低空探测，多种传感手段组成一个协同系统后，可以防止人员的翻越、偷渡、恐怖袭击等攻击性入侵。

2. 医疗领域

通过在病人身上放置不同的传感器，对人的健康参数进行监控，及时获知病人的生理特征，提前进行疾病的诊断和预防，并且实时传送到相关的医疗保健中心，如果有异常，保健中心通过手机，提醒您去医院检查身体；通过 RFID 标识与病人绑定，及时了解病人的病历及各种检查结果。

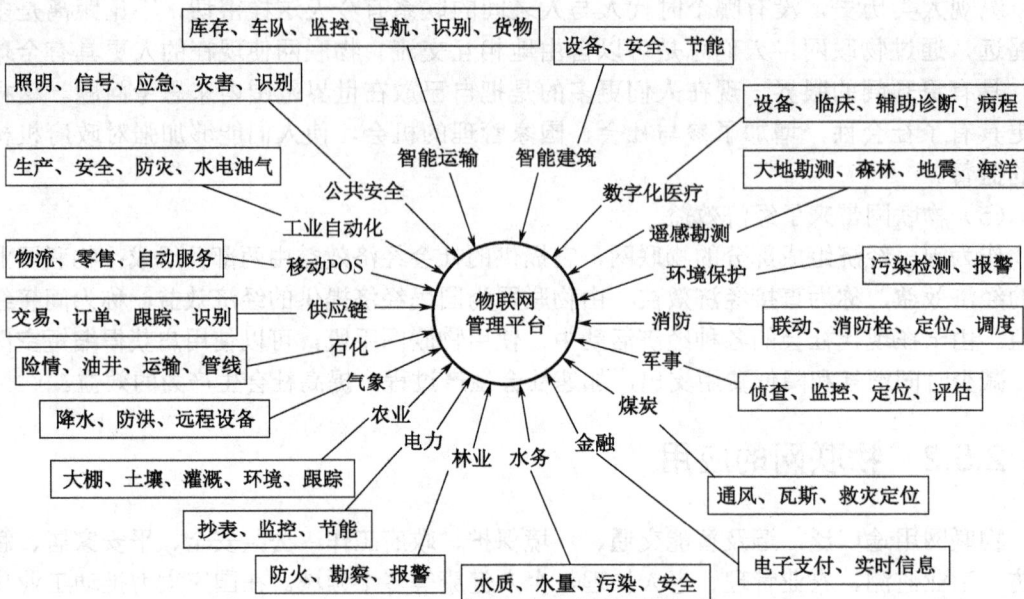

图 2-18 未来物联网的应用场景

3．农业应用

通过使用不同的传感器对农业情况进行探测，帮助进行精确管理。在牲畜溯源方面，给放养牲畜中的每一只羊都贴上一个二维码，这个二维码会一直保持到超市出售的肉品上，消费者可通过手机阅读二维码，知道牲畜的成长历史，确保食品安全。我国已有 10 亿存栏动物贴上了这种二维码。

4．零售行业

例如，沃尔玛等大型零售企业要求他们采购的所有商品上都贴上 RFID 标签，以替代传统的条形码，促进了物流的信息化。

5．电力管理

江西省电网对分布在全省范围内的 2 万台配电变压器安装传感装置，对运行状态进行实时监测，实现用电检查、电能质量监测、负荷管理、线损管理、需求管理等高效一体化管理，一年来降低电损 1.2 亿千瓦时。

6．数字家庭

数字家庭以计算机技术和网络技术为基础，包括各类消费电子产品、通信产品、信息家电及智能家居等，通过不同的互联方式进行通信及数据交换，实现家庭网络中各类电子产品之间的"互联互通"的一种服务。数字家庭提供信息、通信、娱乐和生活等功能。

7．军事领域

随着计算机信息技术、超大规模集成电路技术和低价、微型芯片技术的不断成熟，物

联网时代即将来临，必将给军队作战和后装保障领域带来深刻变革。美国国防部和各军事部门对军用物联网高度重视，在现有的 C^4ISR，即指挥、控制、通信、计算、情报、监视和侦察指控系统的基础上提出了 C^4ISRT 计划，强调战场态势的实时感知能力、信息的快速处理和运用能力。同时，物联网将会引发军队物资存储、调用、对接、评估等方式的重大变革。可以预见，物联网将在战场上架起一座物资保障的"无形桥梁"，使精确化物资保障无缝对接战场不再是梦想。

2.5.3　物联网产业链

物联网产业链中包括设备提供商（如前端终端设备、网络设备、计算机系统设备等）、应用开发商、方案提供商、网络提供商，以及最终用户，如图 2-19 所示。

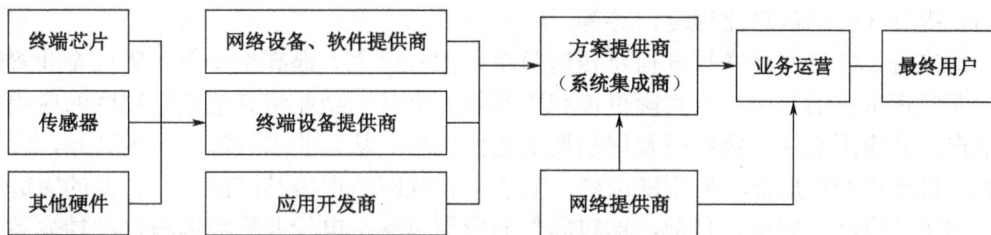

图 2-19　物联网产业链基本组成

初期，业务的推动以终端设备提供商为主，终端设备提供商通过获取行业客户需求，寻求应用开发商根据需求进行业务开发，网络提供商（电信运营商）提供网络服务，方案提供商提供整体解决方案给各业务使用方或业务应用方。这种终端设备厂商推动型的模式，虽然能够适时根据客户需求，满足客户对终端设备多样化的需求，但由于市场零星，缺乏规模化发展的条件，市场比较混乱，业务功能比较单一，特别是对系统的可靠性、安全性要求较高的行业应用，该模式下很难得到整体质量保障。随着产业规模的进一步扩大，面临产业规划和统筹发展的问题，包括技术规划、业务发展规划等。因此，在政府引导和鼓励的环境下，利用一定的产业扶持政策，将形成国家统筹指导，需求方主导，科研、设备制造、网络服务等产业链多方通力合作的局面。目前物联网大发展除了技术成熟度外，还面临规模和成本的问题，传感器网络需要使用数量庞大的微型传感器。按照某个市场调查公司预测，预计 2020 年，物联网传感器节点与人口比例为 30∶1，即一个人平均将拥有 30 个节点，这样成本因素将成为制约其初期发展的重要因素。

物联网与其说是一个网络，不如说是一个业务集合体，是由多种类型各异、应用千姿百态的业务网络组成的一个互联网络。目前，物联网的发展正处在起步阶段，仍然面临技术完备性不足、产品成熟度低、成本偏高等诸多制约因素，但目前良好的外部环境，将有利于这些问题的解决。物联网的发展是一个持续长效的工程，点点滴滴的业务推动必将构建出远大宏伟的"泛在网络"。

2.5.4　物联网发展模式

物联网应用发展面临互联网发展初期相似的问题，如何解决内容应用丰富和商业运营模式的问题，互联网虽然到目前为止尚无一个固定的发展模式，但通过开放的内容和形式、采用传统电视广告模式，以及投资者着眼于长线发展等方式逐步解决了整个互联网发展瓶颈。物联网是通信网络的应用延伸，是信息网络上的一种增值应用，其有别于语音电话、短信等基本的通信需求，因此物联网发展初期面临着广泛开展需求挖掘及投资消费引导的工作。

在目前技术背景、政府高度重视的大环境下，需要产业链各方深度挖掘物联网的优势和价值。首先，对于消费者来说，物联网可以提供以下几方面的功能优势。

（1）自动化，降低生产成本和提高效率，提升企业综合竞争能力。

（2）信息实时性，借助通信网络，及时地获取远端的信息。

（3）提高便利性，如 RFID 电子支付交易业务。

（4）有利于安全生产，及时发现和消除安全隐患，便于实现安全监控监管。

（5）提升社会的信息化程度，等等。

总体来说，物联网将在提升信息传送效率、改善民生、提高生产率、降低企业管理成本等方面发挥重要的作用。从实际价值和购买能力来看，企业将有望成为物联网应用的第一批用户，其应用也将是物联网发展初期的主要应用。从企业点点滴滴应用开始，逐步延伸扩大，推进产业链成熟和应用的成熟。其次，物联网应用极其广泛，从日常的家庭个人应用，到工业自动化应用。目前，比较典型的应用包括水电行业无线远程自动抄表系统、数字城市系统、智能交通系统、危险源和家居监控系统、产品质量监管系统等，见表 2-6。

表 2-6　物联网主要应用类型

应 用 分 类	用户/行业	典 型 应 用
数据采集应用	公共事业基础设施、机械制造、零集连锁行业、质量监管行业	自动水电抄送、智能停车场、环境监控、电梯监控、货物信息跟踪、自动售货机、产品质量监管等
自动化控制应用	医疗、机械制造、建筑、公共事业基础设施、家庭	医疗监控、危险源集中监控、路灯监控、智能交通、智能电网等
日常便利性应用	个人	交通卡、新型支付、智能家居、工业和楼宇自动化等
定位类应用（结合定位功能）	交通运输、物流	警务人员定位监控、物流车辆定位监控等

当前，物联网正处于产业发展初期，规模经济不够，成本相对较高。物联网现在的发展与 IT 业最初阶段非常类似，都有着广阔的市场前景，甚至可以达到万亿元级市场规模，但是整个行业目前都在寻找稳定和有利可图的商业模式。

从物联网广泛的应用看，发展物联网产业将可能会形成以下几种类型的商业模式。

（1）政府买单模式。我国目前大部分物联网示范应用都是由政府买单，而用户自发建设的却比较少。政府为关系物联网发展具有战略性、全局性、示范性和一些公共服务、民生工程买单，有助于产业化过程中加强各行业主管部门的协调与互动，能有效地保障物联网产业的顺利发展。从市场的角度来讲，任何商业模式的确立都需要参与主体的主动性，在物联网领域也应如是。后续的发展买单，示范工程在全国的推广应用，这些应该是企业关注的问题。

（2）免费模式。在全球最大的 100 家公司中。有 60 家的大部分收入都源于这样一种商业模式：公司通过向某一类客户收取少量费用或提供免费服务，来吸引足够数量的同类客

户，然后再依靠他们来大量吸引另一类客户，而后者贡献的收入将大大超过公司获取和服务前者的成本。"免费"就是这样的一种商业模式。它所代表的正是数字化网络时代的商业未来。因此，当今的网络商业模式中的免费策略仍不失为一种好的选择，如谷歌和百度。在物联网的产业发展初期，可以先通过免费服务吸引大量用户的关注和使用，并逐渐将其中的一部分升级为付费的 VIP，以更好的增值服务作为交换。

（3）运营商推动模式。运营商包括电信运营商和软件服务运营商，他们依据定位的客户市场和客户群体共性需求特征，充分利用传感技术和运营商的运营服务能力，形成智能终端或其他智能应用，广泛服务于大规模的用户群体，直接带动社会化的应用创新和生活方式改变。

（4）用户与厂商联合推动模式。这类应用的推动力量来自行业（领域）用户的业务需求，系统集成商或软件产品厂商作为系统的实施方，充分发挥自身技术优势，针对用户需求形成满足行业（领域）需要的智能化服务方案（如环保领域的碳足迹监控系统、智能化城市交通系统等），这类应用将在促进两化融合、保障民生、促进社会生活健康发展方面发挥重要作用。

（5）垂直应用模式。这种模式高度标准化，与企业流程紧密结合，专业性强，业务门槛特别高。在这种模式下物联网应用推进速度非常快，同时需要跟企业实施战略合作才能有效推进。电力、石油、铁路等行业领域都可采取此种模式。共性是一个行业内往往存在一个或几个大型企业，具有非常强的执行力。

（6）行业共性平台模式。这个行业内的企业碎片化，存在很多大大小小的企业，因此该行业的物联网难以规模发展，需要公共平台的支持和服务。另一方面，这样的行业标准化推进难度非常大，需要政府、行业、企业共同合作推进，运营商提供的行业共性平台服务相应才有市场。

2.6　人工智能技术

2.6.1　人工智能技术的产生及发展

人工智能（Artificial intelligence，AI），它是一门研究和开发用于模拟和拓展人类智能的理论方法和技术手段的新兴科学技术。智能（Intelligence）是人类所特有的区别于一般生物的主要特征。可以解释为人类感知、学习、理解和思维的能力，通常被解释为"人认识客观事物并运用知识解决实际问题的能力……往往通过观察、记忆、想象、思维、判断等表现出来"。人工智能正是一门研究、理解、模拟人类智能，并发现其规律的学科。

人工智能是计算机科学的一个分支，它企图了解智能的实质，并生产出一种新的能以人类智能相似的方式做出反应的智能机器，该领域的研究包括机器人、语言识别、图像识别、自然语言处理和专家系统等。人工智能从诞生以来，理论和技术日益成熟，应用领域也不断扩大，可以设想，未来人工智能带来的科技产品，将会是人类智慧的"容器"，势必承载着人类科技的发展进步。

人工智能是对人的意识、思维的信息过程的模拟。人工智能不是人类智能，但能像人那样思考、更有可能超过人类智能。人工智能是一门极富挑战性的科学，从事这项工作的人必须懂得计算机知识、心理学和哲学。总体说来，人工智能研究的一个主要目标是使机

器能够胜任一些通常需要人类智能才能完成的复杂工作。

1．人工智能技术的产生

自人类诞生以来，就力图根据当时的认识水平和技术条件，企图用机器来代替人的部分脑力劳动，以提高人类智能的能力。经过科技漫长的发展，一直到进入 20 世纪后，人工智能才相继地出现一些开创性的工作。1936 年，年仅 24 岁的英国数学家 A.M.Turing 就在他的一篇名为"理想计算机"的论文中提出了著名的图灵机模型，1950 年他又在"计算机能思维吗？"一文中提出了机器能够思维的论述，可以说正是他的大胆设想和研究为人工智能技术的发展方向和模式奠定了深厚的思想基础。

1956 年，在美国 Dartmouth 大学一次历史性的聚会被认为是人工智能科学正式诞生的标志，从此在美国开始了以人工智能为研究目标的几个研究组。这其中最著名的当属被称为"人工智能之父"的麦卡锡（Mc Cartney），人工智能的概念正是由他和几位来自不同学科的专家提出来的，这门技术当时涉及数学、计算机、神经生理学、心理学等多门学科。至此，人工智能技术作为一门成型的新兴学科开始茁壮的成长。

2．人工智能技术的发展

20 世纪 60 年代以来，人工智能的研究活动越来越受到重视。为了解释智能的相关原理，研究者们相继对问题求解、博弈、定理证明、工程学设计等领域的可能性进行了深入的研究。几十年来，不仅使研究课题有所扩张和深入，而且还逐渐搞清楚了这些课题共同的基本核心问题，以及它们和其他学科间的相互关系。

而正如社会发展的规律一样，一件新鲜事物的出现也必将经历它的低潮期，在接下来的十多年里，人工高智能也不可避免地进入了自己的低谷期，直到 20 世纪 80 年代中期，有关人工神经元网络的研究取得了突破性的进展，才带领人工智能走进全新的发展领域里。1986 年 Rumelhart 提出了反向传播（Back Propagation，BP）学习算法，解决了多层人工神经元网络的学习问题，掀起了新的人工神经元网络的研究热潮，人工智能广泛应用于模式识别、故障诊断、预测和智能控制等多个领域。

1997 年 5 月，IBM 公司研制的"深蓝"计算机，以 3.5：2.5 的比分，首次在正式比赛中战胜了国际象棋世界冠军卡斯帕罗夫，在世界范围内引起了轰动。这标志着在某些领域，人工智能系统可以达到人类的最高水平。这也对人工智能的研究起到了相当的推动作用，世界各国开始大力发展人工智能技术，相继成立人工智能研究小组和研究委员会，并兴建人工智能重点实验室，在全世界范围内征集相关人才，这些举动无疑将促进人工智能的全面发展，使人工智能走上新的高度。

而就在 2016 年的 3 月，谷歌的"阿尔法围棋"又以 4：1 的比分战胜国际围棋大师李世石，人工智能再次用精湛的棋艺和惊艳的表现征服了世人，让身处大数据时代背景下的人们对人工智能的发展寄予了无限的希望，同时也陷入了无尽的反思。

3．人工智能技术的分类

从目前情况来看，人工智能可以分为两大类：强人工智能和弱人工智能。我们目前所处的还属于弱人工智能阶段，之所以称为"弱"，是因为这样的人工智能不具备自我思考、自我推理和解决问题的能力，统筹的讲就是没有自主意识，所以并不能称为真正意义上的智能。而强人工智能则恰好相反，若能配合合适的程序设计语言，理论上它们

便可以有自主感知能力、自主思维能力和自主行动能力。目前关于强人工智能的类型又可分为两种：一种是类人的人工智能，机器完全模仿人的思维方式和行为习惯；另一种是非类人的人工智能，机器有自我的推理方式，不按照人类的思维行动模式生产生活。强人工智能技术具有很大的自主意识，它们既可以按照人预先设定的指令具体去做什么，也可以根据具体环境需求自身决定怎么做、做什么，它们具有主动处理事务的能力，也就是说可以不根据人类事先做好的设定而机械行动。就当下的技术手段程序语言设计发展阶段而言，我们离实现强人工智能还具有不小的距离，但是我们不排除在编程技术实现智能化后，人工智能会带来天翻地覆的变化，到那个时候它们所带来的伦理问题才会是困扰我们的难题。

2.6.2　人工智能技术的应用及影响

相当程度上，2014 年可谓"机器人"的元年，而 2015 年可称为"人工智能"的元年。一虚一实的智能热潮，加上时下风起云涌的智能无人车，2016 年可算是"新 IT"的元年。人类在经历了生机勃勃的"老 IT"工业技术（Industrial Technology）和万物通连的"旧 IT"信息技术（Information Technology）之后，终于迎来了以机器人和人工智能为核心的"新 IT"智能技术（Intelligent Technology）和智能产业的新时代。

从人类社会的发展进程来看，新 IT 时代是历史的必然。按照科学哲学家波普尔的观点，世界由三部分组成：物理世界、心理世界和人工世界。农业技术开发了物理世界的地面资源，使人类从追逐食物四处漂泊到安居乐业，确保了我们的生存与发展。科学的兴起，首先解放了我们的心理世界，工业技术随之涌现，极大地扩展了人类的体力和感知能力，使我们能够上天入地开发空间和矿藏资源，大大提高了人类的生活水平。今天，随着智能技术的逐渐成熟，人类面临着开发人工的"第三世界"之伟大任务，也就是说要解放智力，让数据资源、知识体系和社会智慧成为建设新 IT 时代的动力，进而把我们带入一个崭新的"智业"社会。

1．人工智能技术的主要应用领域

人工智能技术是在计算机科学、控制论、信息论、心理学、语言学包括哲学在内的多种学科相互渗透的基础上发展起来的一门新型边缘学科，主要用于研究用机器（主要是计算机）来模范和实现人类的智能行为，经过几十年的发展，人工智能在不少领域得到发展，在我们的日常生活和学习当中也有许多应用。

（1）智能感知。智能感知包括模式识别和自然言语理解。人工智能所研究的模式识别是指用计算机代替人类或帮助人类感知的模式，是对人类感知外界功能的模拟，研究的是计算机模式识别系统，也就是使一个计算机系统具有模拟人类通过感官接收外界信息、识别和理解周围环境的感知能力。而自然言语理解，就是让计算机通过阅读文本资料建立内部数据库，可以将句子从一种语言转换为另一种语言，实现对给定的指令获取知识等。此类系统的目的就是建立一个可以生成和理解语言的软件环境。

（2）智能推理。智能推理包括问题求解、逻辑推理与定理证明、专家系统、自动程序设计。人工智能的第一个主要成果是一个可以解决问题的国际象棋程序的发展。在象棋应用中的某些技术，如果再往前看几步，可以将很难的问题分为一些比较容易的问题，开发问题搜索和问题还原等人工智能技术。而基于此的逻辑推理也是人工智能研究中最持久的子领域之一。这就需要人工智能不仅需要解决问题的能力，更要有一些假设推理和直觉技巧。在此两者的基础上出现的专家熊就是一个相对完整的智能计算机程序系统，应用大量的专家知识，解决相关领域的难题，经常要在不完全、不精确或不确定的信息基础上作出结论。而所有这 3 个功能的实现都是最终实现自动程序的基础，让计算机学会人类的编程理论并自行进行程序设计，而这一功能目前最大的贡献之一就是作为问题求解策略的调整概念。

（3）智能学习。学习能力无疑是人工智能研究中最突出和最重要的方面之一。学习更是人类智力的主要标志，是获取知识的基本手段。近年来，人工智能技术在这方面的研究取得了一定的进展，包括机器学习、神经网络、计算智能和进化计算。而智能学习正是计算机获得智能的根本途径。此外，机器学习将有助于发现人类学习的机制，揭示人类大脑皮层的奥秘。所以这是一个一直受到关注的理论领域，思维和行动是创新的，方法也是近乎完美的，但目前的水平距离理想状态还有一定的距离。

（4）智能行动。智能行动是人工智能应用最广泛的领域，也是最贴近生活的领域，包括机器人学、智能控制、智能检索、智能调度与指挥、分布式人工智能与 Agent、数据挖掘与知识发现、人工生命、机器视觉。智能行动就是对机器人操作程序的研究。从研究机器人手臂相关问题开始，进而达到最佳的规划方法，以获得完美的机器人移动序列为目标，最终成功产生人工生命。而将来智能人工生命的成功研制也必将会作为人工智能技术突破的标志。

2．人工智能技术对社会的影响

（1）取代重复简单劳动力

人工智能技术的崛起将导致"失业潮"的发生已基本成为行业的共识。2016 年"世界经济论坛"年会，基于对全球企业战略高管和个人的调查发布的报告称：未来 5 年，机器人和人工智能等技术的崛起，将导致全球 15 个主要国家的就业岗位减少 710 万个，2/3 将属于办公和行政人员。莱斯大学计算机工程教授摩西·瓦迪近日同样表示，今后 30 年，计算机可以从事人类的所有工作，他预计，2045 年的人类失业率将超过 50%。

（2）新成员进入社会

一方面，人们迫切希望人工智能能代替人类在各种各样的劳动中的作用；另一方面，他们担心人工智能的发展会带来新的社会问题。事实上，近年来，社会结构正在悄然地发生变化。社会结构正在由"人-机器"到"人-智能机器-机器"悄然地转变。因此，人们必须开始学习如何与智能机器和睦相处。

（3）人类容易滋生惰性思维方式

人工智能对知识的掌握将会是动态的，是会不断增加和更新的，而且知识更新的速度远超人类的极限，这势必会影响到人类的思维方式，使得越来越多的人过度地依赖人工智能的计算，从而自身的主动思维能力日渐下降。这会造成人们对于事物和是非的判断能力减弱，到最后只是一味地听取计算机给予的建议，认知能力越来越弱，并逐渐开始对社会产生错觉。并且在日常生活中失去对问题的求知责任感，这或许才是人工智能真正的威胁。

（4）像核武器般技术失控

任何新技术最大的危险莫过于人类对它失去了控制，或者它落入那些企图利用新技术

反对人类的人手中。如果人工智能技术发展遵循核武器的发展规律，也会出现技术失控的现象，而这门技术带来的负面影响要远大于武器，至于结果，从近些年科幻电影就能看到。

本章案例

手机招三轮　还能微信支付

网上曾经流传一段笑话：有人用手机软件叫车，却来了辆电马儿，乘客愤而离去。现在，这种情况真的发生了。一款名叫"嘟嘟接送"的软件，号称能帮你在成都龙泉驿区叫三轮车、电瓶车、自行车甚至滑板车。

昨日下午，成都商报记者使用这款软件，成功叫到一辆电动三轮车，抵达目的地后，用微信支付付款，整个过程与目前流行的手机打车软件如出一辙。

对于这种"新型"的叫车方式，龙泉驿区交通管理局工作人员表示，电三轮、火三轮本来就不能营运。"营运已非法，这款软件再通过网络的方式，让乘客网络招三轮车，绝对不合法。"

现场体验：手机招三轮　还能微信支付。

昨日下午，成都商报记者来到龙泉驿区洪河地铁站口，三名年轻人正在发放"嘟嘟接送"的广告宣传单，宣传单上，"摩的界的滴滴打车"几个大字分外耀眼。地铁站外，停着一排三轮车，部分三轮车上还张贴着"嘟嘟接送"的大幅广告语。

站在地铁口，成都商报记者通过"嘟嘟接送"软件，点击了"我要叫车"，定位后，选择了目的地。软件的计价规则是起步价 3 元（含 1 公里），里程单价 1.5 元/公里。如果短时间内没有司机接单，还可以加价叫车。叫车需求发出后，很快，一名师傅接了单。

几分钟后，一辆电动三轮车停在了记者面前，"是你叫的车吗？"在得到肯定答复后，记者坐上这辆三轮车。成都商报记者注意到，这辆三轮车没有牌照，车身上贴满了"嘟嘟接送"的大幅广告宣传画。

"嘟嘟接送"软件显示，这名接单的师傅姓胡。胡师傅告诉成都商报记者，他在上个月下载了软件的司机端，并申请了司机资格，开始跑单。这是他今天用这个软件接的第三单。"昨天接了两单，今天是第三单，现在用的人还不多。"

胡师傅向成都商报记者说明了整个接单的流程，"乘客叫车后，软件会根据距离的远近，推送到附近的三轮车师傅手机上，三轮车师傅再选择是否抢单。如果抢单后就联系乘客，把乘客载到目的地，然后收钱。"

从洪河地铁站到附近的某小区，平时坐三轮车一般需要 8 元钱，但通过"嘟嘟接送"软件，价格为 4.5 元。"比平时跑的钱少，主要是挣软件的补贴。"胡师傅说，"如果一个星期接单率达到 50%的话，有 300 元补贴；如果达到 80%的话，有 400 元补贴。"

车到目的地后，胡师傅问："给现金还是微信支付？"记者选择微信支付后，点击确认支付，随后胡师傅的手机显示了金额到账通知。

根据"嘟嘟接送"软件上的说明，成都商报记者看到，与大多数打车软件一样，司机可在每周三选择提款，提出账户上的钱。

（资料来源：2015-10-27，成都商报）

讨论："嘟嘟接送"靠的是哪种支付方式？是互联网金融吗？

本 章 小 结

通过本章内容的学习，应掌握移动通信技术，熟悉移动通信系统，它主要由移动通信网络技术、移动应用平台和移动通信终端等三部分组成。由于移动通信系统是移动电子商务的技术支撑，因此，有必要了解移动通信系统的发展过程及其分类。

移动互联网是指用户能够通过手机、PDA 或其他手持终端通过各种无线网络进行数据交换。

移动云计算技术，云计算是一种新兴的商业计算模型。它将计算任务分布在大量计算机构成的资源池上，使各种应用系统能够根据需要获取计算力、存储空间和各种软件服务。掌握云计算平台的特点，国外已经有多个云计算项目，主要有 Amazon、Google、IBM、Microsoft 等。熟悉移动云计算服务的内涵。

移动大数据需要特殊的技术，以有效地处理大量的容忍经过时间内的数据。适用于大数据的技术，包括大规模并行处理（MPP）数据库、数据挖掘电网、分布式文件系统、分布式数据库、云计算平台、互联网和可扩展的存储系统。

移动物联网技术就是带有传感/标识器的智能感知信息网络系统，涵盖了当初的物联网、传感网等概念，是在传感、识别、接入网、无线通信网、互联网、计算技术、信息处理和应用软件、智能控制等信息集成基础上的新发展。

移动人工智能技术是对人的意识、思维的信息过程的模拟。人工智能不是人类智能，但能像人那样思考、更有可能超过人类智能。

思 考 题

1. 试述移动互联网的优点。
2. 简述移动互联网的技术优势。
3. 简述云计算的概念与特点。
4. 分析大数据的内涵、趋势和前景。
5. 试述国际知名的云计算的平台。
6. 论述我国物联网的发展模式。
7. 分析人工智能在移动商务中的应用。

第3章 移动商务价值链与商业模式

学习目标

- 掌握移动商务价值链的基本内涵
- 了解移动商务价值链的发展过程
- 掌握移动商务模式的内涵和特点
- 理解移动商务模式和价值链的关系
- 了解基于价值链的 3 种商务模式

案例导入

歌莉娅：粉丝模式引导到线上

粉丝模式是指品牌商把 O2O 工具（第三方 O2O 平台、自有 APP 等）作为自己的粉丝平台，利用一系列推广手段吸引线下用户不断加入进来，通过品牌传播、新品发布和内容维护等社会化手段粘住粉丝，定期推送给粉丝优惠和新品信息等，吸引粉丝直接通过移动 APP 购买商品。

歌莉娅在 O2O 方面选择了与阿里旗下的微淘合作，2013 年 10 月，歌莉娅在精选出的全国各地近百家门店内摆放了微淘活动物料，吸引到店顾客通过扫门店内的二维码成为歌莉娅微淘粉丝，再加上店铺营业员的针对性引导和现场扫码引导，短短 5 天内让歌莉娅的粉丝增长了 20 万，据统计活动期间共有超过 110 万用户打开手机访问了歌莉娅天猫店铺。

粉丝模式适合中小型服装品牌，利用社会化平台的粉丝聚集功能，通过门店对现场用户的引导，然后通过粉丝在线互动提高黏性，这样在新品发布、优惠活动或者精准推荐的拉动下，可以提高移动端的网购能力，歌莉娅是通过门店将用户拉到微淘的歌莉娅账户，成为其粉丝，随时接收歌莉娅的新品推荐、活动发布、穿衣搭配建议等信息，然后微淘的推荐链接可以直接指向天猫 APP 的歌莉娅旗舰店，促进直接下单。

目前具有粉丝互动功能的社会化 O2O 平台有微信（公众账户）和微淘（粉丝账户），对应的腾讯微购物平台和天猫平台都可以帮助用户直接手机网购，这种模式实际上是线下向线上反向导流，提高用户移动购物的频率和黏性，需要避免线上线下价格不一致导致的互搏困境。

以上服装零售移动 O2O 的模式还都在探索期，国内服装品牌的行业集中度太低，品牌黏性都没有养成，这时候品牌自己搞移动 APP 有难度，可以借助第三方移动 O2O 入口，如微淘、微信等，结合自身零售体系特点和目标用户特征，摸索更个性化的移动 O2O 解决方案，虽然没有行业标准答案，但是对服装品牌来说，移动 O2O 的大方向是提高门店竞争力，充分利用移动端的互动优势，提高用户到店消费的频率、转化率和提篮量，移动是工具，零售是本质，两者充分结合是未来服装品牌电商化的核心。

3.1 移动商务的分类和层次

移动商务可以从服务类型、商务形式、采用的支付系统等不同的角度进行分类，并可以按照移动商务交易网络范围不同而分为 3 个不同的层次。

3.1.1 移动商务的分类

1．按服务类型分类

移动商务可提供的服务分为 3 个方面。

（1）推式服务（Push）

传统 Internet 的浏览是一种自助餐形式，容易造成浪费，虽然各取所需，但最后剩下许多。移动商务的推式服务就是客房式服务，根据用户的爱好，把所需的各种服务，如新闻、天气预报、彩票、股市、旅游、招聘等信息送到你的房间，这就避免了浪费。这是一种个性化的信息服务。

（2）拉式服务（Pull）

这类似于传统的信息服务，如查询电话号码、旅游信息、航班、影院时间安排、火车时刻表、产品信息等。

（3）交互式服务

这是移动商务能提供的最常用的服务方式，包括：即兴购物；使用"无线电子钱包"等具有安全支付功能的移动设备在商店或自动售货机上购物；预订机票、车票或入场券并能在标价优惠或航班取消时立即得到通知，也可支付票费或在旅行途中临时更改航班或车次；随时随地在网上进行安全的个人财务管理，通过移动终端核查账户、支付账单、转账及接收付款通知等；游戏或娱乐；信息查询等。

2．按商务形式分类

按商务形式来划分，移动商务可分为 B2C、B2B、G2C、G2B、A2A（Any to Any）、P2P（Peer to Peer）等多种形式。从目前的国际移动商务的市场来看，B2C 业务与 B2B 业务仍占据着主导地位，在全球移动商务的销售额中所占比例高达 80%以上。然而，从移动商务的发展未来分析，B2C 与 B2B 业务发展趋于平稳，A2A 业务与 P2P 业务作为移动商务的新型业务应在未来的移动商务市场上占有一席之地。

3．按采用的支付系统分类

移动商务的一个基本问题就是如何通过现有的移动通信网络、数据加密、公钥基础设施及数字证书（PKI/CA）系统、防火墙技术、各种交易协议（如 SET）、客户端浏览技术和软件等，使得客户和商家透明地进行安全交易。其中，支付系统的可靠和安全是整个移动商务框架的基础和保障。按照支付系统的不同，移动商务可分为以下几种。

（1）支付系统无安全措施的移动商务

支付系统无安全措施模型是用户从商家订货、通过信用卡付款的模型，信用卡信息通过手机、PDA 等移动通信终端传送到移动 Internet 上，但无安全措施。在这种交易模型中，商家完全掌握用户的信用卡信息，信用卡信息在传递时无安全保障，所带来的风险由商家承担。这种模式的弊端是商家得到了用户的信用卡信息，这样商家就有义务妥善保护用户的这些信息，否则用户的隐私权很容易遭到侵犯。事实上，有些商家并未履行这个义务，而是为了商业利益把信息透露给第三方。同时，信用卡信息的传递没有安全保障，这样就很容易被人截获或篡改。由此可知，这种模型是很不安全可靠的。

（2）通过第三方经纪人支付的移动商务

通过第三方经纪人支付模型是用户在移动 Internet 的网上经纪人处开账户，网上经纪人持有用户账号和信用卡号。用户用账号从商家订货，商家将用户账号提供给经纪人，经纪人验证商家身份，给用户发 E-mail，要求用户确认购买和支付后，将信用卡信息传给银行，完成支付过程。用户在第三方付费系统服务器上开设账户并使用这个账户付款，这种方法的交易成本很低，对小额交易很适用。使用这种模型，用户账户的开设不通过移动通信网络，信用卡信息不在开放的移动通信网络上传递，通过电子邮件来确认用户身份，商家的自由度大、风险小。支付通过双方都信任的第三方经纪人来完成，这种方式的关键在于第三方，交易双方都对它有较高的信任度，风险主要由它承担，保密等功能也由它实现。

（3）电子现金支付型的移动商务

电子现金（E-cash）支付模型是用户在现金服务器账户中预先存入现金，然后得到相应的电子现金，以此在电子商业领域中进行流通。电子现金的主要优点是匿名性和不可追踪性，缺点是需要一个大型数据库来存储用户的交易情况和电子现金的序列号，以防止重复消费。具体流程是用户在 E-cash 发布银行开设 E-cash 账号并购买 E-cash，然后从 E-cash 银行取出一定数量的 E-cash 存在移动通信终端上。用户从同意接收 E-cash 的商家订货，使用 E-cash 支付所购商品的费用。接收 E-cash 的商家与 E-cash 发放银行之间进行清算，E-cash 银行将用户购买商品的钱支付给商家。这种模型的特点是适用于小额交易，电子现金与普通现金一样可以存取和转让。

（4）支付系统使用简单加密型的移动商务

简单加密支付系统模型是现在比较常用的一种支付模式，用户只需要在银行开设一个普通信用卡账户；在支付时，用户提供信用卡号码，但传输时要进行加密。目前，采用的加密技术有 SHTTP、SSL 等。这种加密的信息只有业务提供商或第三方付费处理系统能够识别。由于用户进行网上购物时只需提供信用卡号码，这种付费方式带给用户很多方便。但是，这种模型需要对信用卡等关键信息加密，使用对称或非对称加密技术，可能还要开启身份认证系统，以数字签名确认信息的真实性，需要业务服务器和服务软件的支付等，这一系列的加密、授权、认证及相关信息的传送，使交易成本提高，所以这种方式不适用于小额交易。这种模型的关键在于业务服务器，保证业务服务器和专用网络的安全就可以使整个系统处于比较安全的状态。由于商家不知道用户信用卡的信息，商家泄露用户隐私的可能性就被杜绝了。

（5）安全传输协议（SET）型的移动商务

SET（Security Electronic Transfer）是安全电子交易的简称，SET 模型是在开放的 Internet

上实现安全电子交易的国际协议和标准。SET 协议规定了交易各方进行安全交易的具体流程。SET 协议使用的主要技术包括：对称密钥加密、公开密钥加密、Hash 算法、数字签名及公开密钥授权机制等。SET 通过使用公开密钥和对称密钥方式加密保证了数据的保密性，通过使用数字签名来确定数据是否被篡改，保证数据的一致性和完整性，并可以防止交易方抵赖。交易各方之间的信息传送都使用 SET 协议以保证其安全性。电子钱包是 SET 在用户端的实现，电子商家是 SET 在商家端的实现，支付网关是银行金融系统和移动 Internet 之间的接口，负责完成来往数据在 SET 协议和现存银行卡交易系统协议之间的转换。目前，SET 已获得互联网工程任务小组（IETF）标准的认可，是移动商务未来的发展方向。

3.1.2　移动商务的层次

从开展移动商务交易的信息网络范围来看，移动商务可分为 3 个层次：本地移动商务、远程国内移动商务和全球移动商务。

（1）本地移动商务

本地移动商务通常是指利用本城市或本地区内的移动通信网络实现的移动商务活动，移动商务交易的地域范围较小。本地移动商务系统是指利用移动 Internet、移动内部网或专用移动通信网将下列系统联结在一起的网络系统。

① 参加交易各方的移动商务信息系统，包括买方、卖方及其他各方的移动商务信息系统。

② 银行金融机构移动电子信息系统。

③ 保险公司移动电子信息系统。

④ 商品检验移动电子信息系统。

⑤ 税务管理移动电子信息系统。

⑥ 货物运输移动电子信息系统。

⑦ 本地区电子数据交换（EDI）中心系统（实际上，本地区 EDI 中心系统联结各个信息系统的中心）。

本地移动电子商务系统是开展远程国内移动商务和全球移动商务的基础系统。

（2）远程国内移动商务

远程国内移动商务是指在本国范围内进行的移动通信网上商务交易活动，其交易的地域范围较大，对软硬件和技术的要求较高，要求在全国范围内实现商业电子化、自动化，实现金融电子化，交易各方具备一定的移动商务知识、经济能力和技术能力，并具有一定的管理水平和能力等。

（3）全球移动商务

全球移动商务是指在全世界范围内进行的移动商务交易活动，参加移动商务交易各方通过移动通信网络进行贸易交流，涉及有关交易各方的相关系统，如买方国家进出口公司系统、海关系统、银行金融系统、税务系统、运输系统、保险系统等。全球移动商务业务内容繁杂，数据来往频繁，要求移动商务系统严格、准确、安全、可靠，应制定出世界统一的移动商务标准和移动商务（贸易）协议，使全球移动商务得到顺利发展。

3.2　移动商务的价值链

3.2.1　移动商务价值链的基本内涵

美国哈佛商学院迈克尔·波特教授 1985 年在其著作《竞争优势》中首先提出了价值链的概念，他指出："每一个企业都是用来进行设计、生产、营销、交货等过程及对产品起辅助作用的各种相互分离的活动的集合。"任何企业的价值链都是由一系列相互联系的创造价值的活动构成的，这些活动分布于从供应商的原材料获取到最终产品消费时的服务之间的每一个环节，这些环节相互关联并相互影响。波特的价值链通常被认为是传统意义上的价值链，较偏重于以单个企业的观点来分析企业的价值活动、企业与供应商和顾客可能的连接，以及企业从中获得的竞争优势。

但波特同时也认为企业价值链并不是孤立存在的，它存在于由供应商价值链、企业价值链、渠道价值链和买方价值链共同构成的价值链系统中。价值链不仅存在于单个企业的活动中，也存在于不同企业之间。随着产业内部分工不断地向纵深发展，其价值创造活动通常由多个企业共同完成，这些企业相互间构成上下游关系，共同创造价值。围绕服务于某种特定需求或进行特定产品生产及提供特定服务所涉及的一系列互为基础、相互依存的上下游链条关系称为产业价值链。

产业价值链和价值链之间有着本质上的联系，都表达了具有某种特征的不同要素之间的相互联系，实际上价值链理论阐述了产业价值链中的价值增值过程。分析、研究产业价值链的内涵、形成过程和运行机制离不开价值链理论的具体指导。

移动商务连接移动终端用户和信息服务业经济价值，信息服务商直接或间接地通过移动平台进行价值创造、传递及实现，用户利用基于移动通信网络的移动终端设备来获取信息、产品和服务。

移动商务是一个产业层次的概念，其价值链指的是产业价值链。随着移动通信技术的不断发展，移动商务产业内的上下游企业之间竞争更加激烈且不固定，产业链上的各方均可以凭借自己所拥有的独特优势及资源成为产业链上的主体，最终导致移动商务产业价值链不断细分、外延不断扩大、内部结构更加复杂，逐渐形成了一个以"电信运营商""服务提供商""内容提供商""软件提供商"等为主体，以"终端设备商""金融机构""业务平台"等在内的节点企业为辅的网状结构。

移动商务价值链网状结构如图 3-1 所示。

移动商务价值链的核心是客户。实际上，在整个移动商务价值链网状结构里面，仍然是以客户为中心，因为客户才是价值链内各个企业利润的来源。移动价值链内的企业能够及时、准确地捕捉到客户的需求，并且会根据客户的需求来判断自身所具备的能力和拥有的资源能否为客户服务，从而决定了其在价值网内的地位及未来分享的利益份额。移动价值链网状结构中的核心地位成员主要有 4 个，分别是"电信运营商""内容提供商""服务提供商"及"软件提供商"。除了这 4 个核心成员外，还包括金融机构、终端设备商等节点企业。整个移动价值链由这 4 个核心企业领导，与节点企业共同合作为客户服务，并按照自身的贡献分享收益。

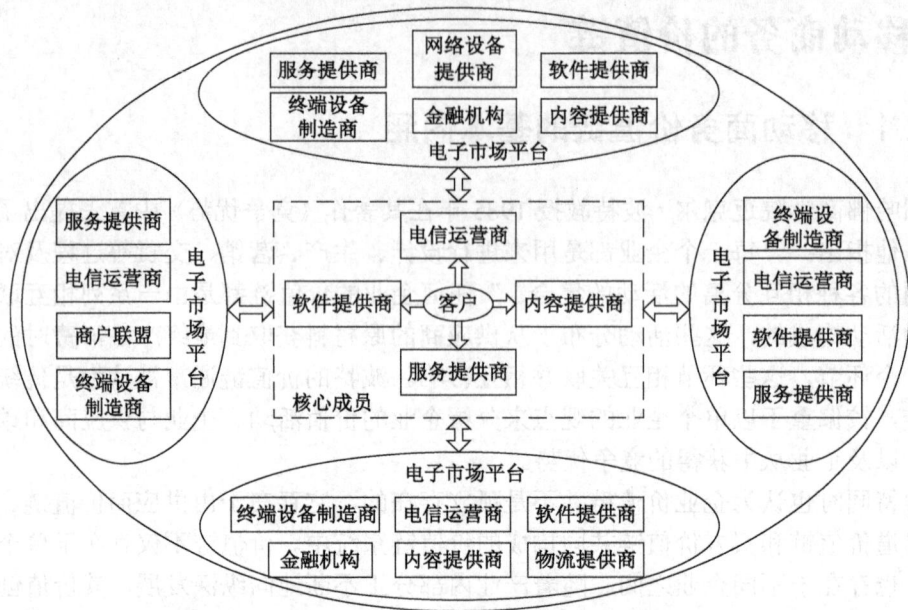

图 3-1　移动商务价值链网状结构

3.2.2　电信运营商

在传统的移动商务产业链中，电信运营商始终处于领导地位，而在移动商务价值网中虽然电信运营商的地位因其他核心成员的限制而受到一定的削弱，但是电信运营商的作用仍然不可忽视，在整个移动价值网中仍处于组织者地位。电信运营商主要负责维护用户的数据，因此拥有巨大的客户资源，并能够及时地了解客户的需求。因此，作为移动商务价值网的组织者、领导者及中介商，电信运营商在"角色扮演""运营范围""战略控制"3 个维度上发挥自己独特的优势。首先，在角色扮演上，电信运营商是价值增值过程的关键因素之一，它通过和其他成员合作并且保持紧密的关系共同为移动客户提供高质量的服务或产品。其次，在运营范围上，电信运营商一方面可以通过移动门户直接向客户提供内容和服务；另一方面电信运营商还可以为其他企业提供价值创造的平台。最后，在战略控制上，电信运营商采取品牌营销方式与其他成员企业紧密地合作，并不断完善移动商务价值网结构，从而吸引到更多的客户。

3.2.3　服务提供商

服务提供商在价值网中的作用已经逐渐受到人们的广泛重视，服务提供商所提供的服务质量也关系到整个价值网提供的服务质量。服务提供商利用其专业的服务水平为价值网上的客户提供服务，其所服务的客户包括移动用户、电信运营商等。在移动商务价值网内，其运营范围是直接向移动用户或者向电信运营商提供服务。在战略上，服务提供商采取"顾客追踪""模式创新"等策略来维持保持客户忠诚度，并获取收益。

3.2.4　内容提供商

内容提供商也是近几年被人们所关注的，在价值网中所起的作用也越来越大，其在价值网中服务的客户是电信运营商和服务提供商等。内容提供商的运营范围主要是依靠向用户提供特定的内容，如新闻、音乐、小说等内容来获取收益。尤其是随着 3G、4G 技术的发展、应用，人们可以随时随地用手机等移动终端上网看新闻、查看股票行情、在线观看电视直播等，这使得内容提供商更加积极地开发新的内容来吸引客户。在战略上，内容提供商时刻捕捉客户的多样化需求，了解用户的兴趣及爱好并提供服务以满足客户多样化的需求。

3.2.5　软件提供商

软件提供商主要是指那些为电信运营商提供解决方案的应用软件提供商。软件提供商也正逐渐成为价值网内的核心成员，其作用也备受人们的关注。在战略选择上，软件提供商与电信运营商始终保持着稳定、合作的关系。

3.2.6　客户

客户处在价值网的中心位置上，是价值链最终价值的实现者。移动商务价值链上的企业只有时刻理解客户的需求及客户的消费行为，才能不断地创造出价值。因此，作为价值链的核心元素，客户是移动商务价值链进行价值创造活动的原动力，也是移动商务价值链能够健康发展的基础。

3.3　移动商务价值链的发展过程

移动商务价值链与移动技术的发展有密切的联系，随着技术的变革不断发展变化，移动技术的更新换代催生了新的服务类型，引入更多的参与者，并促进了原有参与者的组合和分化，从而改变了移动商务的价值传递结构。例如，数据传输技术的出现，催生了移动数据业务，引入了内容服务产商并参与移动商务价值的创造、传递和实现过程，从而改变了移动商务价值链结构。自 20 世纪 80 年代中期移动技术出现以来，移动技术主要经历了3 次重要的变革——模拟技术、数字技术和无线网络高速数据传输技术，相应地，移动商务的价值链也就经历了 3 个主要阶段：第一代、第二代和第三代价值链。

3.3.1　1G 环境下的移动商务价值链

20 世纪 80 年代中期，移动技术开始出现。此时，模拟技术是主流技术，能够提供的服务也比较单一，以模拟语音服务为主。当时，由于电信产业的国家管制政策，无线服务提供商是获得政府特许经营许可，向用户提供无线服务的机构，拥有和管理整个无线平台，能够直接向用户提供无线服务，任何的终端设备制造商和中间服务提供商都需要与其合作才能在提供无线服务过程中获得价值分成。此时，价值链也比较简单，如图 3-2 所示。

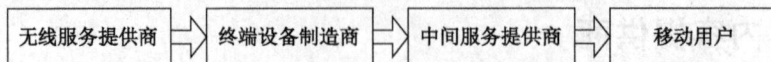

| 无线服务提供商 | → | 终端设备制造商 | → | 中间服务提供商 | → | 移动用户 |

图 3-2 1G 环境下的移动商务价值链结构

1G 环境下的移动商务价值链主要由 4 个部分组成：无线服务提供商、终端设备制造商、中间服务提供商和移动用户。无线服务提供商主要任务是运用无线设备如基站、交换机等建立和运营传输信号的无线网络平台，为电子信号实现无线传输提供最基本的网络条件。终端设备制造商主要是指制造用户使用的终端设备的经济实体。主要的终端设备是采用模拟技术的手机，这些设备具有接入无线网络的功能，使用户能够随时随地进行语音通信，实现最简单的移动商务价值。中间服务提供商主要是为终端设备制造商提供安装在终端设备上的应用程序，包括系统集成、增值转接和专业分销等。这些程序把价值链上的参与者连接在一起，使得参与者能够理解其他参与者的各种动作的含义，实现信息的正确传递，最终使用户享受到无线服务提供商提供的各种服务。移动用户就是指利用无线终端设备，享受无线服务提供商提供的无线服务的个体。在 1G 环境下的移动商务价值链中，他们享受到的服务主要是无线语音通信服务。

3.3.2 2G 环境下的移动商务价值链

20 世纪 90 年代初期和中期，第二代移动网络技术——数字技术的出现，为移动商务的发展提供了新的机遇和挑战。数字技术的出现使得数字语音和简单的数据服务得以实现，这就促使原来移动商务价值链中参与者的组合分化和新的参与者进入，并且改变了新的参与者之间的价值分配关系。

首先，数据服务的出现催生了提供数据服务的内容和服务提供商的出现。内容服务提供商通过对数据服务的内容进行优化、整合，使其成为能够通过无线网络传输、最终得到用户认可的产品，为整个价值链提供移动商务的具体内容，并从中获取利润。但是，2G 环境下，由于提供移动服务的技术不成熟和能够提供的服务类型比较少等原因，内容服务提供商在整个价值链的地位并没有得到很好的体现，只是一个对移动网络运营商具有很大依赖性的价值群体。

其次，基础设施服务提供商从无线服务提供商（移动网络运营商）中分离出来，成为独立的利益实体。但是在 2G 环境下，尽管基础设施服务提供商已经成为可以独立核算的经济实体，他们对无线服务提供商（移动网络运营商）仍有很强的依赖性，可以说，他们是从属于移动网络运营商的。他们并不直接参与价值链中的价值分配，而是通过为移动网络运营商提供基础设施服务获利的。

最后，随着终端设备制造商的逐渐成熟，他们逐渐具备了终端设备中的应用程序的开发能力。而且由于用户对终端设备的要求越来越高，终端设备制造商只有拥有自己的应用程序开发团队才能更好地把握市场动态，更快地满足市场需求，因而形成了兼具终端设备制造和终端设备应用程序开发的终端平台和应用程序提供商。

通过以上分析，2G 环境下的移动商务价值链扩展为如图 3-3 所示的结构，2G 环境下的移动商务价值链主要由 5 部分组成：内容服务提供商、移动网络运营商、基础设施服务提供商、终端平台提供商和应用程序提供商，以及移动用户。由上文的分析可知，各个参与者的功能和所从事的活动发生了一定的改变：新接入的内容服务提供商为整个价

值链提供移动服务的具体内容；基础设施服务提供商从移动网络运营商中分离出来，为移动网络运营商提供基础设施服务；移动网络运营商从原来自己构建基础设施变成把基础设施构建部分外包给基础设施服务提供商来做；终端设备制造商将终端设备应用程序开发部分作为自己的一个功能，从而与原来的中间服务提供商重新组合成了终端平台和应用程序提供商。

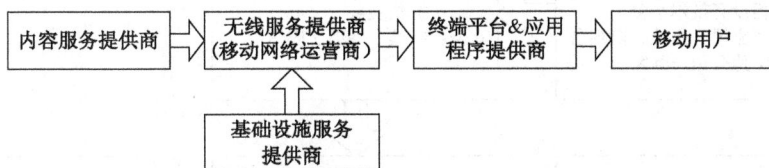

图 3-3　2G 环境下移动商务价值链结构

参与者构成及功能的变化，必然会导致他们之间价值分配发生变化，主要体现在几个方面：内容服务提供商从无到有，自然也就从不参与价值分配到参与价值分配；基础设施服务提供商从移动网络运营商分离出来，也就表示其作为独立的实体参与价值分配；终端设备制造商和中间服务提供商的整合也就意味着他们作为一个主体参与价值分配；而移动用户始终都是价值分配中的价值提供者，但是他们能够获得更多更好的移动服务。

3.3.3　3G 环境下的移动商务价值链

20 世纪末期，移动通信技术又有了新的突破，第三代移动网络技术——无线高速数据传输技术的出现，使得通过移动网络可以为移动用户提供基于多媒体的各种服务。3G 环境与前 3G 环境下的移动商务的最大区别不在于提供服务的技术的改变，而在于基于 3G 环境下的移动商务可以为移动用户提供速度较高、内容丰富多彩的移动数据增值业务。使得 2G 环境下依赖于移动网络运营商的内容和服务提供商独立出来并发展成为移动商务价值链的主体，为移动用户创造主要的价值。

3G 环境下的移动商务价值链也相应地发展成由 3 条既相互联系又相互独立的产业价值链构成的移动商务产业价值网络，如图 3-4 所示。

应用服务层移动商务价值链是 3G 环境下最为重要的移动商务增值链，为移动用户提供不同于前 3G 环境的移动商务服务，创造了 3G 环境下主要的移动商务客户增值价值。应用服务层移动商务价值链由内容提供商、服务提供商、移动网络运营商和移动用户组成。

网络承载层移动商务价值链为 3G 环境下移动商务增值服务的实现提供传输通道并实现基本通信类移动商务应用，如语音电话、视频电话、视频会议、点对点的 SMS、点对点的 MMS 等应用服务。应用服务层移动商务价值链由移动网络运营支持和移动网络运营商组成，其中参与移动运营支持环节的有：基础设施服务提供商、应用服务提供商、其他支持服务提供商。

终端支持层移动商务价值链为 3G 环境下的移动商务服务的实现提供终端支持，由终端设备制造商和终端制造支持两个环节组成，其中参与终端制造支持环节的有：终端配件提供商、终端平台提供商、终端应用程序开发商。

3G 环境下的移动商务产业价值网络包括 3 个层次 11 个参与者，分别是：内容提供商、服务提供商、基础设施服务提供商、应用服务提供商、其他支持服务提供商、移动网络运营商、终端配件提供商、终端平台开发商、终端应用程序开发商、终端设备制造商和移动用户，见表 3-1。

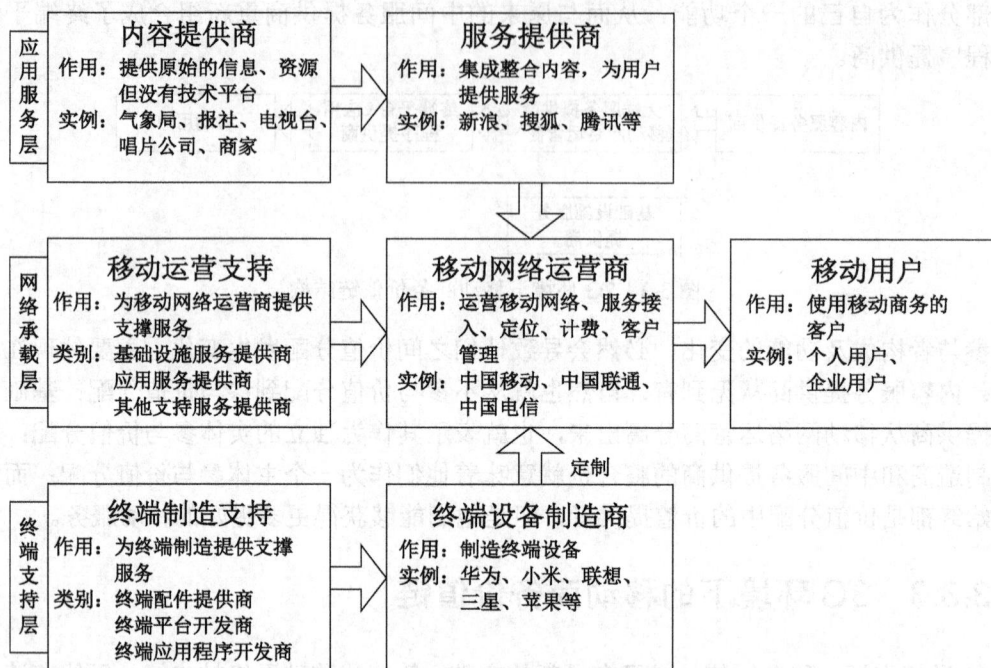

图 3-4　3G 环境下移动商务价值链结构

表 3-1　3G 环境下移动商务产业参与者、作用及实例

参　与　者	作　用	实　例
内容提供商	提供内容、产品，但没有技术平台	气象局、报社、电视台、商家
服务提供商	集成整合内容，为用户提供服务	新浪、搜狐、腾讯
移动网络运营商	运营移动网络	中国移动、中国联通、中国电信
基础设施服务提供商	为运营商提供基础设施	华为、中兴、爱立信、朗讯、西门子
应用服务提供商	为运营商提供应用软件	微软、SAP、IBM、金蝶
其他支持服务提供商	为运营商提供其他服务	神州数码、联想亚信
终端设备制造商	制造终端设备	诺基亚、三星、波导、夏新、多普达
终端配件提供商	制造终端零配件	比亚迪、重邮信科、高通
终端平台开发商	开发终端操作系统、微浏览器	Symbian、微软、Sun、飞思卡尔
终端应用程序开发商	开发手机终端应用程序	联众、腾讯、空中网、上海捷银
移动用户	使用移动商务的客户	个人用户、企业用户

随着移动商务产业的不断深入发展，移动用户对移动商务应用服务要求将不断提高，移动服务提供商将在产业链上发挥越来越重要的作用，产业中各企业的力量对比将发生显著变化，企业之间的合作关系也将随之改变，从而改变移动商务产业链的构建形式。

3.3.4　4G 环境下的移动商务价值链

随着数据通信与多媒体业务需求的发展，适应移动数据、移动计算及移动多媒体运作

需要的第四代移动通信开始兴起。第四代移动通信系统是多功能集成的宽带移动通信系统，在业务上、功能上、频带上都与第三代系统不同，会在不同的固定和无线平台及跨越不同频带的网络运行中提供无线服务，比第三代移动通信更接近于个人通信。4G 移动通信技术的信息传输级数要比 3G 移动通信技术的信息传输级数高一个等级。支持交互式多媒体业务，如视频会议、无线因特网等，提供更广泛的服务和应用。4G 系统可以自动管理、动态改变自己的结构以满足系统变化和发展的要求。用户可能使用各种各样的移动设备接入到4G 系统中，各种不同的接入系统结合成一个公共的平台，它们互相补充、互相协作以满足不同的业务的要求，移动网络服务趋于多样化，最终会演变为社会上多行业、多部门、多系统与人们沟通的桥梁。

4G 环境下的移动商务价值链关系呈现更为完整，由网络运营商、内容提供商等主体构成，将商品（实物和服务）传导到消费对象（如个人用户和商业用户）那里去，中间是无线网络平台构成的虚拟空间（"三网融合"+物联网），在网络交易平台支撑环境中有政府、法律仲裁、支付、物配快递等。

从移动电子商务价值链的分析可以看出，在整个移动电子商务过程中，网络运营商所提供的通信网络是其核心，没有网络技术的支持，无法将产品/内容/服务提供商、软件开发商、终端设备提供商、平台提供商、供应链服务商、支付服务商/金融机构等连接起来，开展移动电子商务活动。4G 网络强大的技术支持能够加强移动电子商务过程中的交易管理和信息共享，通过服务平台掌握信息来源、资金投入、队伍建设、扩大新覆盖面及上下游的信息共建进行经济业务处理；另外，由于 4G 网络涉及移动视频直播、移动便携游戏、基于云计算的应用、"增强现实"导航、应急反应、远程医疗等多个领域，在现实中可以行业应用为切入点，实现站点间信息共享、网络推广，提供针对性、个性化的商情信息和交易撮合服务，促进第三方移动电子商务交易平台的发展，推广物流等行业试点 RFID 应用；同时，4G 技术的普及，使手机等各种移动终端的功能更加强大，因此就有必要改进各种智能移动终端的性能，推进通信技术与专业移动电子商务应用环境的结合，实现基于移动终端的网上洽谈、移动支付和供求交易等功能，根据手机使用人群的个性特点进行应用服务的设计，以满足用户的最大化需求。

4G 环境下移动商务价值链结构如图 3-5 所示。

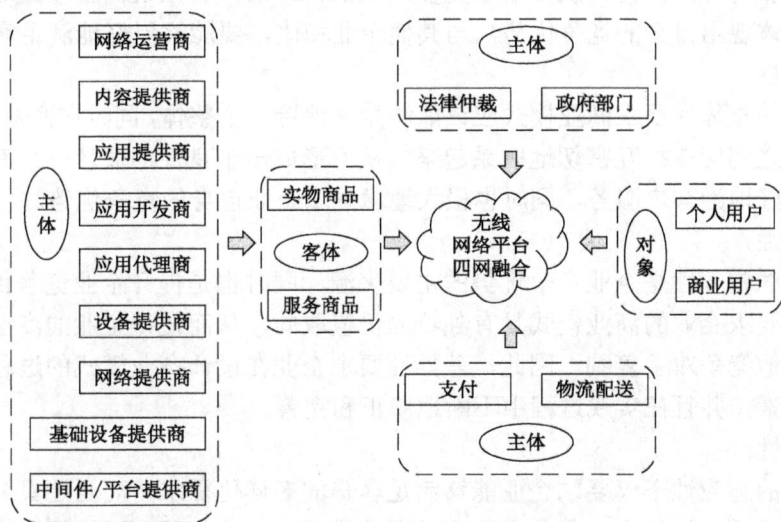

图 3-5　4G 环境下移动商务价值链结构

3.4 移动商务的商业模式

3.4.1 商业模式的内涵

早在 20 世纪 20 年代"商业模式"一词就已经出现在了文献当中,"商业模式"通常也被称作为商务模式或者业务模式。以下是国内外的学者对"商业模式"这一概念的理解。

著名的管理学大师 Peter Drucker 认为:"当今企业之间的竞争,不是产品之间的竞争,而是商业模式之间的竞争"。

欧洲学者 Panl Timmers 认为:"商业模式是一种关于企业产品流、资金流、信息流及其价值创造过程的运作机制"。

国内的一些学者也对商业模式进行了深入的研究。罗眠等认为:"商业模式是一个组织在明确外部假设条件、内部资源和能力的前提下,用于整合组织本身、顾客、供应链伙伴、员工、股东或利益相关者来获取超额的利润的一种战略创新意图和可实现的结构体系及制度安排的集合"。

综合以上国内外学者的观点,很容易发现国内外学者在商业模式研究上的共性,即认为商业模式与价值创造相关,即商业模式是反映"价值创造""价值维护"和"价值实现"的逻辑。

3.4.2 商业模式的特点

(1)有效性

商业模式的有效性主要体现在以下 3 个方面。

首先,有效的商业模式应该能够在第一时间发现客户的需求并最大限度地满足客户的需求,进而提升客户的价值;其次,有效的商业模式能够通过在为客户提供服务的过程中不断增加各个参与方的价值,从而创造更多的效益;最后,有效的商业模式还要在竞争过程中使得企业体现出自身的竞争优势,与其他企业相比,要能够更好地满足客户的需求。

(2)整体性

商业模式的整体性要求商业模式应该能够始终保持一个整体,同时在商业模式的内部,各个组成部分之间应该相互密切地联系起来,从而形成一个良性的循环。只有这样的商业模式才能够更好地为客户服务,同时也极大地增强了企业自身的竞争优势。

(3)差异性

商业模式的差异性是企业竞争优势的主要来源,同时也是提升企业竞争优势的关键因素。差异性也要求企业的商业模式具有独特的价值取向,从而使得企业的商业模式在短时间内不易被其他竞争对手复制。因此,差异性要求企业在设计商业模式的过程中尽量考虑全部的影响因素,并且在实践过程中不断地修正和完善。

(4)适应性

商业模式的适应性不仅要求企业能够满足客户的多样化需求,而且还具备对多变的商业环境进行快速反应的能力。企业在确定了商业模式以后,仍然可以依据周围环境的改变

而不断重新做出调整。所以，一个好的商业模式必须始终能够适应周围环境的变化，只有这样，企业才能更快地发展。

（5）可持续性

商业模式的可持续性是指企业的商业模式能够具备一定的稳定性，在一定时期内无法被其他的竞争对手所复制或者超越。商业模式的这种可持续性使得企业在长期竞争中处于优势一方，同时要保持这种持续性就要求企业不要过多地调整自身的商业模式，否则增加不必要的成本。因此，企业在设计商业模式的时候一定要考虑到其所要制定的商业模式的可持续性。

（6）生命周期性

虽然商业模式要具备一定的稳定性、可持续性的特点，但是任何一种商业模式都拥有自己的生命周期，即都会经历一个"形成""成长""成熟"和"衰退"的过程。因此，了解企业商业模式的生命周期对于企业未来的发展来说是至关重要的。

3.4.3　移动商务模式的内涵及特点

虽然学者们都是从各自的角度阐述对商业模式的理解，但是共同点都是认为商业模式的核心即为价值创造。对于移动商务模式而言，其核心也是价值创造。随着新一代通信技术的发展，原有的移动商务价值链结构改变，对传统的商务模式也提出了挑战，移动商务作为连接移动终端用户和信息服务价值的媒介，为移动终端用户提供了大量新鲜的商务体验活动和增值服务的商业模式。

移动商务最大的特点就是能形成商家和终端用户之间的一对一的链式结构。因此，相对于传统的商业模式来讲，移动商务模式所依赖的移动通信技术，可以让企业对市场有个全新的思考和认识，进而催生出各种创新的移动商务新模式。

移动商务模式通常具备以下 4 个特点。

（1）移动商务模式是一种相对清晰的赢利模式

移动商务运营的动态性特点决定了移动商务模式具有一定的灵活性。从实现基础角度看，移动终端是人们最常用的通信工具，其随时、随地、随身的特征，赋予了移动商务独有的优势，从而使得移动商务的便捷性成为可能。手机等智能终端的"个人性""移动性""普及性"不仅使得移动商务具有了广泛的应用基础，而且手机的"身份确认"特性又使得其与电子商务在身份确认和计费等方面相比具有相对高的确定性。

在移动通信网络运营中，消费者的收费模式可控性决定了移动商务一定会有相对清晰的赢利模式。因此，移动商务本身所具备的价值增值能力使其拥有极大的市场吸引力。

（2）移动商务模式具有高增值的特征

在移动商务中，运用商业模式扩展的手段去提升移动商务价值增值业务创新的空间非常大。随着 3G、4G 的发展和应用普及，越来越多的应用不断开发出来满足人们多样化的需求，移动商务的增值业务成为带动移动商务产业收入增长的关键业务之一，其业务种类和组合模式也日趋繁多。在移动商务领域，对移动商务增值业务的二次开发有很大的空间。

（3）移动商务模式带来了巨大的管理便捷性

移动商务的动态性特征，为移动商务的运营及管理带来了革命性的变化。这种特征不仅会在商业模式的构建中体现和反映出来，而且会在商务运营和管理实践中体现出来。具

体表现为缩短了商务交易的流程，加快了资金的周转，加快了物流运输的速度和进程，从而极大地降低了管理费用和管理成本。

（4）移动商务模式具有精准营销的特征

移动商务模式最核心的特征就是能够为企业提供深度营销、精准营销的机会。现代市场营销的最新发展，就是朝着精准营销的方向发展，精准营销的基础就是能够在商家和用户之间进行准确的、一对一的联系和沟通，而移动商务的发展为我们提供了这样的基础。在此基础上，商家或企业可以充分地了解到每个客户的需求，并为之提供相应的特色化服务。这种模式中的信息对接、互动、支付、配送等商务环节的实现，尽管在形式上和内容上会有很大的变化，但在这种精准营销模式中，商家为用户提供的将是最终满足用户个性化需求的产品和服务，这种模式的诞生，将彻底地颠覆现有的生产及营销模式。

3.4.4 价值链和移动商务模式的关系

商业模式的本质是反映"价值创造""价值维护"和"价值实现"的逻辑，移动商务模式实际上也是一种为客户提供多种价值增值服务的商业模式，其本质也是一个价值增值的过程。

（1）移动商务价值链是构建移动商务模式的价值基础

随着移动通信技术的不断普及，越来越多的企业开始逐渐加入到移动商务市场中来，这其中就包括"电信运营商""内容提供商""服务提供商""软件提供商""金融机构"等在内的众多企业。这些企业的加入加剧了企业之间的竞争，并使得移动商务价值链逐渐向网状的复杂结构演变。由于价值链上各企业的实力不同，拥有的资源不同，任何一方均可以凭借自己独特的优势来领导移动商务价值链并共同创造价值，由此可以构建出多种移动商务模式。

（2）移动商务模式设计的要点是找到并激活价值创造关键环节

在价值链的内部，并不是企业所进行的所有价值创造活动的任何一个环节都能够带来价值，事实上只有某些特定的价值创造环节才能够创造价值。这些真正创造价值的推广活动、营销活动等环节大多都是由价值链上拥有主要资源和实力的核心企业领导的。企业要想在价值链内部保持竞争优势并获取利益，就必须要激活价值链上的关键环节，从而实现价值的增值。

（3）从价值链和移动商务模式的相互作用中提升移动商务模式的价值

价值链是构建移动商务模式的价值基础，移动商务模式是伴随着移动商务价值链的不断变化而逐渐发展起来的，一个新的移动商务模式的产生，又会推动、促进移动商务价值链的改变和调整。

3.5 基于价值链的移动商务模式

3.5.1 基于价值链的移动商务模式划分

商业模式的划分关系到企业未来采取何种模式为客户服务并创造价值。Paul Bambury

认为：“商业模式的划分应该从新经济出现的商业模式与旧经济中已有的商业模式差异出发，将互联网中的商业模式分为两大类：移植模式和享赋模式”。Crystal Dreisbachand 认为：“企业提供的商品可以分为 3 种：一是产品；二是服务；三是信息，因此可以将互联网上的商业模式分为基于产品销售的商业模式、基于服务销售的商业模式和基于信息交互的商业模式”。

基于价值网构建的移动商务模式框架如图 3-6 所示。

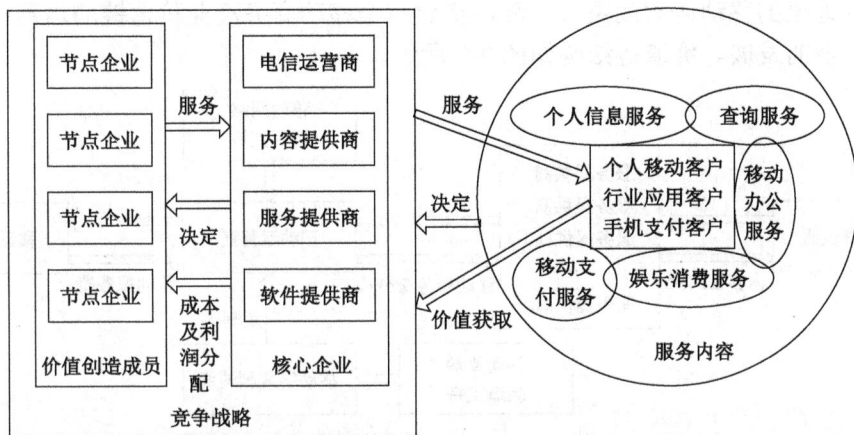

图 3-6　基于价值网构建的移动商务模式框架

首先，从框架图的结构来看，该移动商务模式完全是以价值链为基础，包括移动客户、核心企业及节点企业。其中，移动客户是移动商务模式的核心，包括个人移动客户、行业应用客户及手机支付客户；核心企业由“电信运营商”“内容提供商”“服务提供商”及“软件提供商”构成，这 4 个核心企业是当前 3G/4G 环境下，在移动商务市场中占据核心地位并拥有主要资源的企业，因此处于核心地位；节点企业即为价值创造的成员，它们一般占有很少的资源或者实力不如核心企业，但在整个商业模式中也扮演着重要的角色。

其次，从整个移动商务模式的运营机制角度来看，整个移动商务模式是以客户的需求为价值获取的来源，并依据客户的不同需求由不同的企业来提供相应的服务，一般是由核心企业领导，并与节点企业合作共同为用户提供服务的，利益分配依据各个企业在服务中的贡献大小进行。

最后，从内部竞争战略角度来看，该移动商务模式是根据整个产业及价值链的发展来制定统一的竞争战略，同时产业内的各个企业也根据其所担当的不同角色来制定适合自身发展的相应竞争战略，以保证各个企业在互相合作的前提下，进行有效地竞争，更好地为移动客户服务，使得整个移动商务模式良性地发展。

移动商务模式是围绕着移动价值网上的核心企业而构建。根据移动商务模式中的核心企业，当前环境下 3 种主要的移动商务模式分别是“运营商主导的移动商务模式”“服务提供商主导的移动商务模式”“第三方主导的移动商务模式”。

3.5.2　运营商主导的移动商务模式

运营商是移动商务价值网内的核心企业之一，可以借助其自身的优势来领导价值链。

其独特的优势在于掌握大量的资源，因为大多数的服务均需要通过运营商的网络接入才能进行。此外，运营商拥有规模巨大的客户资源，这些客户资源都是其用来开展移动商务的潜在用户群。

移动运营商主导的移动商务模式产生于 3G/4G 环境下移动商务价值链形成的初始期。此时，语音收入仍然是产业的主要利润来源，移动运营商处于价值链上的主导地位，提供内容应用服务的移动服务提供商的能力仍然有限，移动商务产业发展还不成熟，需要处于价值链主导地位的移动运营商整合资源，构建整个移动商务产业价值链的运营，从而带动移动商务产业的发展。价值链结构如图 3-7 所示。

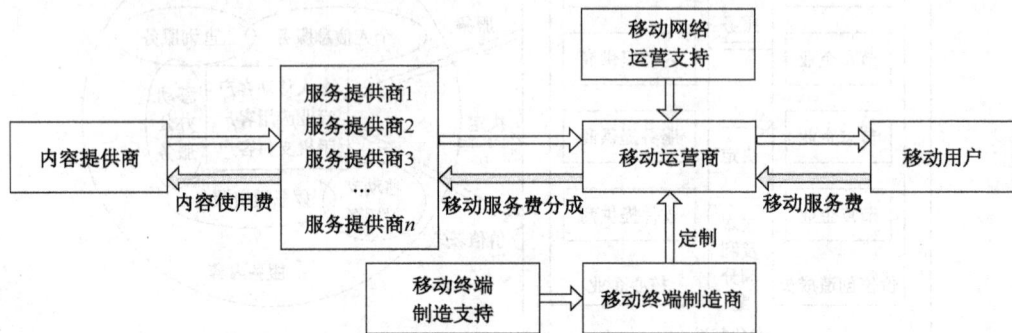

图 3-7　价值链结构

这种由移动运营商主导的商业模式特点如下。

（1）从下游的移动运营商来看，拥有核心资源：用户与传输网络，并作为移动商务服务内容的管理者和提供者，它处于价值链的主导位置。向下，移动运营商可以及时了解用户的需求偏好及需求转变，从而设计并开发新的应用服务来满足市场上用户的需求，与此同时，移动运营商还要负责一定的市场业务推广。其后再向上，根据服务的内容来选择合适条件的移动服务提供商、购买服务提供商提供的移动商务服务内容。

（2）在开发设计移动商务服务的同时，运营商还必须整合资源，构建价值链的其他所有环节的运营。这就要求移动运营商在选择移动商务服务提供商的同时，还要整合移动终端设备制造商、移动应用服务提供商等其他移动商务价值创造环节，实现为下游移动用户提供移动商务服务，承担相应成本。

（3）移动运营商由于其在价值链中的主导地位，可以构建自己的服务品牌，选择适合的服务提供商、终端设备制造商，也拥有对中间产品的优先定价权。移动运营商对移动商务服务的收益进行分成。

（4）由于 3G/4G 环境下移动商务服务发展初期，服务提供商并不成熟，仅根据移动运营商的需要提供移动商务服务内容，市场同质性较强，竞争激烈，在价值链中处于劣势，但不承担其他的成本与风险。因此，从上游移动服务提供商来看，它所在的行业存在大量同质的企业，移动运营商对各大服务提供商来说相当重要，如果移动运营商不为服务提供商提供网络的接入，上游的服务提供商将会失去市场而倒闭，也就是说服务提供商对移动运营商的依赖程度很高。

这种由移动运营商主导的商业模式，其优点如下。

①对于移动运营商而言，它享有价值链上的绝对控制权，即使在服务提供商仍不成熟的环境下，运营商仍然能选择服务提供商，构建自己的品牌，提供新的移动商务服务，且

享有利益分配的大头；同时移动运营商能够通过客户关系管理，更好地了解客户的需求，提供更多的能为消费者所接受的移动商务服务。

② 对于服务提供商而言，移动运营商构建的增值价值链为它们带来了新的发展契机，而运营商对服务提供商的选择又加速了它们之间的竞争，从而带动了服务提供商的发展，这又反过来提高了运营商的服务质量。

③ 对于用户而言，移动商务服务种类的增加能够更好地满足移动用户的需求；使得用户在移动时获得更好的服务。

而它的缺点如下。

① 对于移动运营商来说，它们处于价值链的核心，就必须综合考虑整个价值链的发展，从而投入更多的成本搭建网络，设计、整合及管理移动商务服务，以及管理价值链各部分之间的关系；同时，尽管直接面对用户的需求进行市场推广，但由于技术的先进性使得移动商务服务的市场不确定性增加，因此加大了移动运营商所需要承担的成本和风险。

② 对于服务提供商而言，移动商务服务内容完全由移动运营商决定，一定程度上限制了其他应用服务的发展，导致市场上服务提供商提供服务的同质化，且竞争尤为激烈，在价值链中处于劣势。

③ 对于用户而言，所能够选择的移动商务服务种类有限，服务内容比较单一。中国移动的"移动梦网"、中国联通的"互动视界"就属于这种价值链结构。随着移动商务产业的发展，移动商务应用服务将逐渐替代语音业务成为移动商务产业的主要收入来源，内容提供商、服务提供商将不断发展壮大，而受到技术、资源等因素的限制，移动运营商将有可能逐步让出价值链的主导地位，移动商务价值链也将随之改变。

3.5.3　服务提供商主导的移动商务模式

当移动商务价值链发展到后期，移动商务的发展及用户需求的多样化将使得价值链的最增值环节向移动服务提供商转移，技术推动及需求拉动都使得服务提供商与移动运营商的力量对比发生显著变化，当移动商务应用服务成为整个移动商务产业的主要收入来源时，服务提供商将掌握用户资源，并因此可能替代移动运营商主导整个移动商务价值。具体的价值链结构如图 3-8 所示。

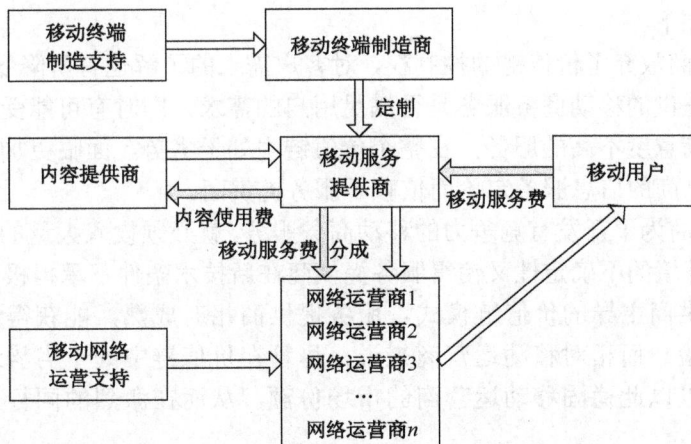

图 3-8　服务提供商主导的移动商务价值链结构

这种由服务提供商主导的移动商务模式的特点如下。

（1）对于移动运营商而言，作为用户和服务提供商之间的接入整合者，运营商仅需提供自己的网络资源，提供接入服务，是服务提供商提供服务的一个渠道，这使得它承担的风险较小，但价值链中的主导地位已经从运营商转移至服务提供商。同时，服务提供商渠道的多样性，导致移动运营商面临较为激烈的市场竞争，移动运营商如果不能提供对用户具有吸引力的移动商务应用服务，运营商将会失去市场，即此时，移动运营商对服务提供商的依赖程度提高。

（2）服务提供商掌握用户资源，在整个移动商务价值链中占有优势地位。服务提供商与移动运营商合作，向用户提供移动商务应用服务；同时，服务提供商还会直接面对用户的需求进行市场推广，这使它能及时把握用户的心理，掌握市场动态，开发新的业务以满足用户需求，建立自己的业务品牌，然后再选择合适的渠道推广业务。因此，服务提供商具有新业务的垄断权。

（3）服务提供商取代移动运营商成为价值链的主导者，享有中间产品的优先定价权。

这种以服务提供商主导的移动商务模式适合于移动商务业务发展成熟，服务提供商比较成熟的市场，而它的优势如下。

① 对于移动运营商而言，它提供的是接入服务，所需承担的风险较小，同时还可以提高剩余网络的利用率来增加收入，并通过移动商务服务维系老用户、吸引新用户，扩大用户的市场份额；由于主导地位的转移，移动运营商降低了整合整个价值链的成本，因此，运营商可以专注于维护网络，提高网络质量。

② 对服务提供商而言，它更加贴近用户的需求，同时，为了避免信息服务同质性的竞争，就必须提供更快、更新、更贴心的移动商务服务。除此之外，它还可以整合渠道以满足不同用户的需求，以促使下游移动运营商之间的竞争，包括与其他如 Internet 网直接的竞争，这也间接地提高了移动网络运营商的网络及服务质量。

③ 服务提供商为了避免信息服务的同质性而带来的激烈竞争、在价值链中处于主导地位，就必须不断改进、开发、设计符合客户需求的移动商务应用服务内容，这就极大丰富了移动商务服务种类，因此，对于用户而言，可以选择的移动商务服务种类及途径都更多、更好，需求也更容易满足。

④ 对于用户而言，所能选择的服务种类、质量都得到了极大地提高，用户满意度增加。

而它的缺点如下。

① 移动运营商放弃了价值链的控制权，对客户需求的了解也有所降低，因此，移动运营商并不了解所提供的移动商务服务是否满足用户的需求，同时有可能受制于大的服务提供商而提供用户满意度不高的服务，在整个价值链中处于劣势，面临更加激烈的竞争，被动地接受服务提供商的信息服务定价而依赖于服务提供商。

② 服务提供商为了开发有竞争力的移动商务服务，就必须投入大量的成本进行服务开发设计，但市场环境的不确定性又使得服务提供商在新技术条件下承担极大的风险。

这种服务提供商主导的价值链模式，服务提供商相对成熟，能获得利润的大头，但也承担极大的风险。而相对移动运营商来说，尽管在价值链中处于劣势地位，获得的利润不多，但它可以以此稳固移动运营商的市场份额，从而在激烈的同行业竞争中获得竞争优势。

3.5.4　第三方主导的移动商务模式

随着 3G/4G 环境下移动商务产业的发展，移动商务服务层出不穷，由于受制于技术、资源的限制，移动运营商将很难持续维持主导整个价值链，而服务提供商的成熟也非一蹴而就，而此时，在移动商务价值链上，就有可能出现整合移动商务服务的第三方，它可能是发展较为成熟的应用服务提供商，掌握手机应用平台的终端设备制造商，也可能是一个虚拟的网络运营商，通过构建移动商务产业服务平台主导整个移动商务价值链。其价值链结构如图 3-9 所示。

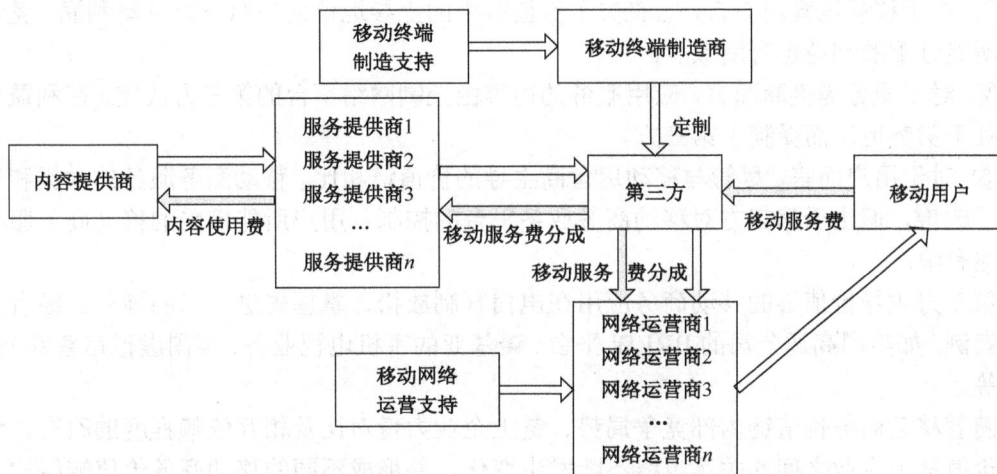

图 3-9　第三方主导的移动商务价值链结构

如图 3-9 所示，在第三方主导的价值链结构下，移动运营商只需要与第三方进行合作，分享利润，而由第三方搭建平台，并整合服务提供商的应用服务。这种移动商务模式的特点如下。

（1）对于第三方而言，它在价值链中占据着非常重要的地位。无论它是掌握先进技术的应用服务提供商，终端设备制造商，还是虚拟的移动网络运营商，它搭建了网络平台并制定了标准，整合了服务提供商与移动运营商之间的合作，在整个价值链中都处于主导地位。同时，第三方掌握了用户资源，它将直接面对用户并承担一定的市场开拓任务，因此，第三方在整个价值链中占有绝对的优势。

（2）而对移动运营商而言，他们逐渐丧失了价值链中的主导地位，与第三方属于供求关系，同时，随着第三方对价值链控制的增加，对用户需求习惯的掌握，移动运营商将面临更为激烈的市场竞争而在价值链中处于劣势。

（3）对于移动服务提供商而言，面对规范的技术标准，他们只有接受这个技术标准并使用它。它们处于价值链的后端，受制于搭建平台的第三方，只有接入它们的平台才能向用户提供应用服务，在价值链中处于劣势。

这种由第三方主导的移动商务模式的优点如下。

① 在第三方主导的价值链下，搭建统一的平台，容易形成规范的技术标准，从而更好地为移动商务市场所接受。

② 为没有网络资源的虚拟移动网络运营商提供了进入移动商务价值链的机会，有利于

促进移动商务产业的发展。

③ 对于移动网络运营商而言,它与第三方是合作的关系,搭建平台及提供什么样的应用服务是由第三方决定的,因此,它们不必承担额外的开发成本及风险,同时能够从中获利。

④ 对于服务提供商而言,接受并适应既定的技术标准将减少市场的不确定性,降低服务的开发成本。

⑤ 对于用户而言,既定的技术标准将更方便地使用各种移动商务服务。

而它的缺点如下。

① 对于移动运营商而言,它丧失了价值链中的主导地位而与第三方分享利润,竞争加剧,所能分配的利益也有所减少。

② 对于服务提供商而言,应用服务的内容由控制网络平台的第三方决定,在利益分配上也处于劣势地位而受制于第三方。

③ 对于用户而言,尽管与移动运营商主导的价值链相比,移动商务服务的种类和质量得到了改善,但由于第三方对移动商务业务平台的控制,用户所能接受的移动商务服务内容仍然有限。

第三方主导价值链的移动商务应用在电信管制放松、掌握先进技术的国外已经有了成功的案例,如美国高通公司的 BREW 平台、诺基亚的手机电视业务、英国虚拟运营商 virgin 百货等。

随着移动商务价值链内部竞争局势、链上企业力量对比及相互依赖程度的改变,移动商务价值链上企业之间的关系也将不断发生变化,并形成不同的移动商务价值链结构,进而催生更多的新兴移动商务模式。

本章案例

中国移动和 4G 心互联

在水乡小镇——乌镇拉开帷幕的首届世界互联网大会上,作为全球最大的移动互联网运营商,中国移动不仅为本次互联网大会提供了优质的移动网络,还通过展台向来自世界各地的与会人员介绍了中国移动近年来在多个层面为政府和居民生活提供的各项服务,在促进人们生活进步方面做出了卓越的贡献。同时,也让与会人员深深感受到了中国优质移动网络的魅力,感受到了中国在移动通信、互联网通信方面的突飞猛进。

和 4G 心互联——"和"品牌开启新的梦想

根据了解,中国移动本次展会以"和 4G 心互联"为主题分为公司概况、4G 发展、智能管道&大数据、TD-LTE 新应用、和商务、和生活六大板块。向全世界领导及来宾展示了中国移动成立 14 年来在用户发展、网络建设及社会责任上做出的巨大贡献和取得的卓越成就,同时以"和"品牌为主线推出了 VOLTE、大数据、云服务、物联网、数字阅读、数字音乐等最新的产品及技术发展动态。

2000 年 5 月 16 日,中国移动通信集团公司正式挂牌成立。到目前,基站总数超过 204 万个,客户总数近 8 亿户,是全球网络规模、客户规模最大的移动通信运营商。此外,中国移动连续 14 年入选《财富》"世界 500 强"企业,2014 年排名 55 位,并连续 6 年入选

道琼斯可持续发展指数。2013 年，中国移动实现营运收入 6 300 亿元人民币，2014 年上半年实现营运收入 3 247 亿元人民币。公司市值达到 19 000 亿港元。

2013 年，中国移动发布了全新的商业主品牌"和"（and），and 意为 a new dream。旗下有和阅读、咪咕音乐、和视频等新型业务，打造以新通话、新消息、新联系为特点的融合通信体系。

为客户建设更优的网络——为客户减少一半的资费

2013 年 12 月 4 日，国家工业与信息化部向中国移动通信集团公司正式颁发了 LTE/第四代数字蜂窝移动通信业务（TD-LTE）经营许可，为中国的普通居民开启了移动 4G 网络的大门。

截至目前，在不足 1 年的时间中，中国移动已建成超过 50 万个基站，预计今年年底基站总数将达到 70 万个，计划销售超过 1 亿部的移动 4G 手机，中国移动将建成全球最大 4G 网络。届时，超过 340 个城市的客户可享受到中国移动的 4G 服务。

根据介绍，移动 4G 可以为用户提供迄今为止最快的下载速率，让用户享受超高速的上网体验，通过载波聚合技术峰值速率可以达到 216 Mbps，手机的平均下载速率实测可以达到 190 Mbps。

此外，为更好地服务客户，满足客户对 4G 高速上网的需求，中国移动不断降低 4G 流量资费水平，4G 资费内含流量更多、单价更低，降幅高达 50%。

为政企客户创造上万个成功案例——在乌镇能看到杭州 56 路公交车监控实景

中国移动综合运用 4G、物联网、光通信、云计算和智能终端等各类先进技术和手段，竭诚为各级政企客户提供信息化解决方案，累计为政府、农业、教育、电力、银行、商贸、制造、交通、物流等数十个行业创造了上万个成功案例。

举个例子来说，4G 的出现彻底将电视直播从传统线缆的束缚中解放出来，记者们有更灵活的空间来及时追踪新闻事件的进展。这次乌镇的世界互联网大会，有关媒体单位也使用 4G 网络对大会盛况进行报道。

在展会现场，你还能看到 4G 网络回传的杭州 56 路公交车的监控实景，包括车辆正前方路况、驾驶室、乘客席等 4 路监控图像，以及车速和 GPS 经纬度等行车信息，可为指挥调度和安全保障提供第一手资料。

引领智慧生活——"和生活"悄悄改变我们

在中国移动的"和生活"展区。中国移动依托 4G 高速无线宽带为各种新业务提供了基础，同时通过在全国布局九大业务基地，分别形成了阅读、音乐等五大内容型平台和位置、支付等能力型平台，创新合作共赢的商业模式，引导产业链为客户提供全方位的特色应用。

例如，"和阅读"已成为移动互联网阅读第一平台，月访问用户为 1.3 亿。该平台拥有图书超过 40 万册，是最大的正版图书汇聚平台，单本书的最高收入超过 6 000 万元。"咪咕音乐"是国内最大的正版音乐销售平台，歌曲量超过 360 万首，月销售超过 2 亿次；同时"咪咕音乐"也是最大的艺人活动演出平台，1 200 余场"歌友会"活动遍及全国，咪咕汇成为国内每年最大规模的音乐盛典。

中国移动推出的移动应用商场（Mobile Market），为创业者和企业提供一个创新的聚合平台，是国内最有影响力的正版软件下载平台之一。平台累计上线 100 万款应用，9 000

余家开发商，逾 300 万个人开发者，累计下载量突破 60 亿次。

另外，中国移动的"和包"业务是一项综合性移动支付业务，通过客户端可实现网上支付。持 NFC 手机可将银行卡、公交卡、校园卡等电子卡片应用装载在手机里，实现手机刷卡消费、乘公交等便捷应用，这样带一部手机等于带了多张卡，简单方便。和包现已接入了京东、当当等 4 万家商户，合作银行超过 100 家，用户数超过 7 000 万，单月的交易额已经突破百亿元。

本 章 小 结

本章的主要内容为移动商务的价值链和商业模式。

移动商务的价值链部分首先介绍了移动商务价值链的基本内涵和移动商务价值链的构成，接着回顾了移动商务价值链的发展过程。

移动商务是一个产业层次的概念，其价值链指的是产业价值链，是围绕服务于某种特定需求或进行特定产品生产及提供特定服务所涉及的一系列互为基础、相互依存的上下游链条关系。

随着移动通信技术的不断发展，移动商务产业内的上下游企业之间竞争更加激烈且不固定，产业链上的各方均可以凭借自己所拥有的独特优势及资源成为产业链上的主体，最终导致移动商务产业价值链不断细分、外延不断扩大、内部结构更加复杂，逐渐形成了一个以"电信运营商""服务提供商""内容提供商""软件提供商"等为主、以"终端设备商""金融机构""业务平台"等在内的节点企业为辅的网状结构。

移动商务价值链与移动技术的发展有密切的联系，随着技术的变革不断发展变化，移动技术的更新换代催生了新的服务类型，引入更多的参与者，并促进了原有参与者的组合和分化，从而改变了移动商务的价值传递结构。移动商务的价值链随着移动技术主要经历了 3 次重要的变革——模拟技术、数字技术和无线网络高速数据传输技术，经历了相应的 3 个主要阶段。

商业模式部分从商业模式基本概念的介绍开始，之后阐述了移动商务模式的内涵及特点，重点分析了价值链和移动商务模式的关系，最后基于价值链分析了移动商务的 3 种商业模式，并分别总结了它们的特点和优缺点。

"商业模式"通常也被称为商务模式或者业务模式，具有有效性、整体性、差异性、适应性、可持续性和生命周期性的特点。商业模式的核心即为价值创造，移动商务作为连接移动终端用户和信息服务价值的媒介，为移动终端用户提供了大量新鲜的商务体验活动和增值服务的商业模式。

移动商务模式通常具备 4 个特点：①移动商务模式是一种相对清晰的赢利模式；②移动商务模式具有高增值的特征；③移动商务模式带来了巨大的管理便捷性；④移动商务模式具有精准营销的特征。

商业模式的本质是反映"价值创造""价值维护"和"价值实现"的逻辑，移动商务模式实际上也是一种为客户提供多种价值增值服务的商业模式，其本质也是一个价值增值的过程：①移动商务价值链是构建移动商务模式的价值基础；②移动商务模式设计的要点

是找到并激活价值创造关键环节；③从价值链和移动商务模式的相互作用中提升移动商务模式的价值。

移动商务模式是围绕着移动价值网上的核心企业而构建。根据移动商务模式中的核心企业，当前环境下 3 种主要的移动商务模式分别是"运营商主导的移动商务模式""服务提供商主导的移动商务模式""第三方主导的移动商务模式"。

思 考 题

1．当前移动商务价值链的构成情况如何？
2．试论技术进步与移动商务价值链的发展。
3．试述移动商务模式的内涵及特点。
4．如何理解价值链和移动商务模式的关系？
5．当前环境下基于价值链的 3 种主要的移动商务模式是什么？

第4章 移动支付

学习目标

- 了解移动支付的内涵
- 熟悉移动支付的类型
- 掌握移动支付的实现与流程
- 熟悉国外移动支付的现状
- 了解移动支付的发展前景

案例导入

TCL 手机铃声侵权被起诉

2003 年 10 月，北京市第一中级人民法院公开开庭审理了中国音乐著作权协会起诉 TCL 手机的销售商北京迪信通电子通信技术有限公司以及制造商 TCL 移动通信有限公司侵犯其音乐著作权案。

原告中国音乐著作权协会称，2002 年 9 月，原告工作人员在迪信通公司购买了 TCL 移动通信有限公司制造的 12 种型号的 TCL 手机，在这 12 种型号的 TCL 无线电话机中复制有 23 首歌曲未经原告许可而作为电话铃声使用。原告认为，被告在复制传播上述 23 首曲目之前未征得原告的许可，亦未取得曲作者的授权，且拒不支付任何费用，严重侵犯了曲作者的著作权，造成了巨大的经济损失，请求法院判令两被告立即将其制造和销售的 TCL 品牌无线电话中的所有侵权铃声曲目删除，并就其侵权行为公开道歉，同时索赔人民币 1 200 万余元的经济损失。

（资料来源：2003 年 10 月 20 日，经济参考报）

问题：1. 你认为本案 TCL 手机铃声侵权之诉中谁能胜诉？

2. 你的手机铃声是如何下载的？是否有侵权嫌疑？

移动商务的迅猛发展与普及正深刻地改变着人们的生活方式，3G 和 4G 的迅速推广都给移动支付业务注入了新的活力。手机作为一种安全、便捷和先进的支付工具正逐渐显现出其巨大的发展及应用潜力。移动支付作为电子支付的先进方式，正在世界范围内不断发展，是个具有巨大潜力的产业。移动支付对于用户具有便捷、快速的特点，伴随移动终端普及率的不断提升，移动支付有着广泛的用户基础。移动支付业务涉及面广泛，是一个融合各个相关行业的新产业，商机无限的同时需要行业间的合作才能成功。在这样的大背景

下，移动支付技术与金融业的结合日益引起各方的重视。但同时应当警惕，移动支付在国内虽然发展如火如荼，但其实尚处于市场培育阶段，其发展面临着诸多问题，要想成功挖掘这座金矿，则需要看清移动支付发展的方向和影响移动支付业务发展的关键因素，进而找出移动支付发展所应采取的策略。

4.1　移动支付的内涵

支付手段的电子化和移动化是随着电子商务发展不可避免的必然趋势。对于中国的移动支付业务而言，庞大的移动用户和银行卡用户数量提供了诱人的用户基础，信用卡使用习惯的不足留给移动支付巨大的市场空间，发展前景毋庸置疑。与此同时，移动支付也面临着信用体系、技术实现、产业链成熟度及用户使用习惯等方面的瓶颈。随着移动支付的渐入佳境，移动支付产业链的发展现状成为人们关注的焦点。只有产业链的各个角色进行资源整合，优势互补，积极合作，才能实现产业链的健康、快速发展，实现共赢。

4.1.1　移动支付的概念

随着互联网的快速发展，电子商务也在全球顺势而起，这种新的商业模式给人们的生活方式带来巨大的影响。另外，移动通信的发展也非常迅速，从第一代模拟移动通信到第二代以 GSM 为代表的数字移动通信，再到第三代宽带 CDMA 移动通信用了不到 20 年时间。移动用户的数量也迅速增加，目前仅中国的移动用户数就超过了 7 亿。移动用户也不再仅仅满足于语音业务，人们将目光延伸到以股票、小额支付、信息浏览等为主的数据业务。随着互联网和移动通信技术、电子商务业务的进一步结合，移动支付也具有了良好的发展基础。移动支付已迎来发展的黄金时机。

各种国际组织和相关媒体对于移动支付的定义繁多，其内容也在不断丰富，移动支付与移动商务一样，都是无线联网和信息技术发展而出现的新的商务形式，都处于发展与成熟时期，所以在内容上也是不断丰富。目前在国际上并没有一个关于移动支付的标准定义，移动支付相关的组织都分别有关于移动支付的定义。

国外著名移动支付联盟 Mobile Payment Forum 根据可以通过无线方式发生支付行为的特性给出了移动支付的定义：通过无线连接，使用一种移动通信设备作为电子支付工具使付款人向收款人进行支付的一种电子方式转移。这种移动通信设备由至少一方参与者组成，通常是使用手机、PDA 或是当前其他较为复杂的电子设备。

中国人民银行对移动支付的定义：是指单位、个人（以下简称用户）直接或授权他人通过移动通信终端或设备，如手机、掌上计算机、笔记本计算机等，发出支付指令，实现货币支付与资金转移的行为。

诺盛电信咨询对移动支付的定义：是指交易双方为了某种货物或服务，使用移动终端设备为载体，通过移动通信网络实现的商业交易。移动支付所使用的移动终端可以是手机、PDA、移动 PC 等。

中国银联对移动支付的定义：是指用户使用移动手持设备，通过无线网络（包括移动通信网络和广域网）购买实体或虚拟物品以及各种服务的一种新型支付方式。移动支付不仅能给移动运营商带来增值收益，还可以增加银行业的中间业务收入，同时能够帮助双方有效提高其用户的黏性和忠诚度。

从以上的叙述可以看出，移动支付是通过手机或 PDA 等移动通信设备来做付款的行为，也就是以移动装置作为付款工具。

根据上面的定义，移动支付业务也被称为手机支付，是一项跨行业的综合服务，是电子货币与移动通信业务相结合的产物。移动支付业务不仅丰富了银行服务内涵，使人们随时随地享受银行服务，同时还是移动运营商提高 ARPU 值的一种增值业务。因此，移动支付是指交易双方为了某种货物或服务，使用移动终端设备为载体，通过移动通信网络实现的商业交易。移动支付所使用的移动终端可以是手机、PDA、移动 PC 等设备。

移动商务的支付即移动支付，是指借助手机、掌上计算机、笔记本计算机等移动通信终端和设备，通过手机短信息、IVR、WAP 等多种方式所进行的银行转账、缴费和购物等商业交易中的支付行为或支付活动。移动支付可以使人们在任何时间、任何地点处理多种金融业务。整个移动支付价值链包括移动运营商、支付服务商（比如银行、银联等）、应用提供商（公交、校园、公共事业等）、设备提供商（终端厂商、卡供应商、芯片提供商等）、系统集成商、商家和终端用户。随着 4G 时代的到来，移动支付将成为移动商务一个重要的组成部分，具有十分巨大的市场空间。由银行、移动运营商、移动支付服务提供商（第三方）、商家和用户构成等环节组成的产业链已具雏形。

移动商务是指对通过移动通信网络进行数据传输，并且利用手机、PDA 等移动终端开展各种商业经营活动的一种新电子商务模式。移动商务是与商务活动参与主体最贴近的一类电子商务模式，其商务活动中以应用移动通信技术使用移动终端为特性。由于用户与移动终端的对应关系，通过与移动终端的通信可以在第一时间准确地与对象进行沟通，使用户更多脱离设备网络环境的束缚最大限度地驰骋于自由的商务空间。从本质上说，移动支付就是将移动网络与金融网络系统相结合，利用移动通信网络的快捷、迅速，用户分布范围广、数量众多的特点来实现一系列金融服务。移动支付应该属于电子支付与网络支付的范畴，是在它们基础上的支付手段和方式的更新。移动支付可以提供的金融业务种类繁多，包括商品交易、缴费、银行账户管理等，使用的终端可以是手机、具有无线功能的 PDA、移动 POS 机或者笔记本计算机等设备。由于目前国内外的移动支付业务基本上都是在手机终端上开展，并且用户数量占绝大多数。手机支付可以通过手机短信、IVR、WAP 等方式进行支付活动。不管采用何种方式，都是和金融网络密切相关。它们的一个重要的共性在于都强调了商业银行/发卡机构和移动运营商在移动支付产业链中不可或缺的职能。主要的原因在于在移动支付产业链中，移动网络运营商和商业银行/发卡机构拥有各自不同的优势。运营商在移动支付的技术接入、用户数量和使用习惯等方面拥有优势；而商业银行/发卡机构在客户信用管理方面的竞争优势能够保证支付方案的顺利实施，从而将现有的银行支付体系升级成移动支付体系。

4.1.2 移动支付的特点

1. 移动支付的优势

采用移动支付，用户使用一部手机就可以方便地完成整个交易，用户无须亲临业务现场，可以减少往返的交通时间和不必要的等待时间，也节约了交易成本。移动支付灵活便

捷，如果某项支付达到普及，交易不受时间和地点的约束。如果电费的移动支付结算简便可靠，供电企业也可以降低交易成本，甚至减少人员和运营场地的投入，将资源更多的投入到价值的再创造中，从而意味着效率和收益的提高。

移动支付在小额支付上更能发挥优势，小额支付主要指 100 元以下的支付。这主要是因为首先相对电子网络购物来说，手机存储显示能力以及电池续航能力有限，不能进行长时间大信息量交互，移动支付更适用于交易频繁发生的、商家产品或服务明确的、交易程序简明的支付活动；再者，移动支付目前还处于起步阶段，它的安全性还未受到广泛认可，因此，小额支付优势更加明显。"手机钱包"是目前发展较为迅速的移动支付业务。"手机钱包"主要有两条实现途径；一是把银行卡联网系统与运营商的移动通信网络相连接，以银行卡账号为支付账号，以手机号码为支付标识，把用户的银行卡账号和手机号码进行绑定，通过手机短消息、IVR、WAP、JAVA、WEB 等通信接入手段，以银行卡支付；二是建立手机钱包中支付账号，与移动 BOSS 系统的话费绑定，以话费来实现用户支付的需求。由于绝大多数国家的金融管制政策都比较严格，对非金融机构经营金融类业务有着严格的控制，为避免与国家金融、税务政策相抵触所以"手机钱包"第二种实现途径应用范围很窄，目前就我国来说，主要局限于运营商与门户网站联合推出的短信、点歌等服务以及与福利机构联合推出的募捐等服务。

普通居民用电费用正好符合移动小额支付条件的要求，它要求频繁的有时间限制的交易，数额不大，提供产品的商家是信誉良好的供电公司，所以电费移动支付具备发展的先天条件。结合网络调查报告，这一点也被充分证实。北京信索咨询公司在 2008 年对移动支付市场情况的调查问卷中，问及到受访者"什么场合下使用移动支付会带来方便"，按照提及率，排在前四位的是网上购物、公交车乘车费、购买公园/电影等门票、公共事业缴费（如水电费）。另外，移动网络覆盖远远大于传统电费缴纳网络的覆盖，尤其是对于偏远地区、山区等交通不便、人员分散的地区，移动电费支付在方便客户和节约供电企业成本方面具有无可比拟的优势，因此，电费移动支付拥有良好的发展前景。

2．移动支付的特点

移动支付的本质是借助移动通信的信息流到资金流之间的转换过程。在此过程中，涉及的各方包括消费者、移动通信运营商、相关银行、产品商家以及相应的认证机构等多个角色之间会发生关联，形成一个新的价值链。

在这个价值链中，不同的角色关心的重点不同。消费者最关心的是支付的安全性以及便利性甚至包括支付的隐私权是否能够得到保障等问题；移动通信运营商关心的问题主要在于系统的标准化程度、交互功能、增值业务种类以及收益模式；金融机构关心整个支付系统的完整性、风险性及可靠性；商家则希望支付过程对用户而言是透明的、便利的，因为这样会吸引更多的用户，同时，他们也能够及时获得支付。总体而言，移动支付业务的出现是一个新的价值形成过程，它为消费者和商家以及银行带来了巨大的便利和利益，同时它也对支付业务的提供者产生了巨大的压力，因为移动支付要求这些机构提供强有力的安全保证，并且要求系统具有交互式职能。

移动支付具有下面几个明显的特点。

（1）方便易行。与其他支付方式相比，移动支付方便易行，只需要拨打相应的电话号码或者发送短信息即可。

（2）兼容性好。以银行卡为例，目前中国的银行卡种类很多，要让 POS 机能够兼容所有的银行卡显然难度很大，而移动运营商有中国移动、中国联通和中国电信。因此，很容易解决兼容性的问题，广大手机用户可以很方便地使用移动支付业务。

（3）支付成本低。利用手机支付，移动运营商可以只收很低的电话费或短信息费用，甚至可以不收，移动运营商主要通过与商家利润分成或广告来实现业务收入。

（4）安全性好。移动支付一般是小额支付，相对于其他支付方式对安全性要求低。

移动支付是由移动运营商、移动应用服务提供商（MASP）和金融机构共同推出的构建在移动运营支撑系统上的个人移动数据增值业务。移动支付系统将为每个移动用户建立一个与其手机号码关联的支付账户，其功能相当于电子钱包，从而为移动用户提供一个通过手机进行身份认证和交易支付的途径。用户通过发送短信、拨打电话或者使用 WAP 功能接入移动支付系统，移动支付系统将此次交易的要求传送给 MASP，由 MASP 确定此次交易的金额，并通过移动支付系统通知用户，在用户确认后，付费方式可通过多种途径实现，如直接转入银行、用户电话账单或实时在专用预付账户上借记，这些都将由移动支付系统（或与用户和 MASP 开户银行的主机系统协作）来完成。

4.1.3　移动支付的应用

移动商务非常适合大众化的应用，移动商务不仅仅能提供在因特网上的直接购物，还是一种全新的销售与促销渠道。它全面支持移动因特网业务，可实现电信、信息、媒体和娱乐服务的电子支付。不仅如此，移动商务还能完全根据消费者的个性化需求和喜好定制各种服务，用户随时随地都可以使用这些服务。下面介绍几种移动支付应用。

1. 销售终端服务（POS）

日本移动电话业巨头 NTTDoCoMo 于 2004 年 7 月上旬开通了使用内置非接触 IC 卡的手机结算及认证服务——"i-modeFeliCa"，紧接着推出了 4 款支持该服务的手机，通过新款手机和 FeliCa 服务，用户只要将手机对着收款机的电子扫描设备晃一晃，收款机就可以通过无线射频身份识别技术将费用从手机中扣除。使用的过程像是在使用信用卡，而且完全不需要按键操作。这 4 款新手机都有上网功能，用户可通过互联网将信用卡上的钱最快最方便地充入手机。除了代替钱包，新款手机还可以充当火车票和其他身份证明卡。这种移动 POS 业务是有线 POS 业务上的延伸，它利用 SMS 或 GPRS 制式手机作为传递交易数据的通信载体，摆脱了营业场地和通信线路的限制，随时随地进行刷卡交易。基于 GPRS 的移动 POS 系统的出现，满足了以上不断发展的需要，使得各类消费活动不再受到场地和通信线路的限制；使得各种户外收费场所与移动电子商务交易做到真正的"边走边卖"，为商户带来了无限的商机。

2. 移动订票

这种服务可以通过定位技术将距离手机用户最近的餐馆、电影院或戏院的信息发送到移动手机上，用户通过手机订电影票或就餐消费。英国著名的市场调查公司 Juniper Research 的相关调查报告显示，2009 年手机订票业务的市场规模已扩大到 390 亿美元，占年移动商务市场 880 亿美元总体营业额的近半。用户开始对手机订票感兴趣，这一倾向在欧洲和日本尤其明显，多数手机订票将用于火车或公共汽车票、电影票或戏票以及汽车或泊车票据。

手机订票具有成为大规模市场的潜力，将在商品及票据销售中获得广泛应用，而且成本十分低廉，由于风险很小，因此有不少消费者愿意尝试。

3．移动博彩

通过手机参与赌博、彩票、赌马、体育运动赌博等各方面的活动。目前各类彩票在很多国家已经合法化，而国家是否允许其他类别的赌博性质的活动（如赌马、体育运动赌博等）是影响这类业务发展规模的最大因素，目前中国体育彩票的大范围推广为这种业务的成功打下了基础。移动博彩出现在 20 世纪 90 年代末的欧洲，流行于荷兰、德国、瑞典、英国、奥地利等国，在这些国家，一般的手机都能用来购买彩票、下注、加入抽彩赌博。2003 年，西门子移动业务发展公司与某博彩公司合作开发出赛马博彩专用 UMTS 平台 Scaraboo，以使用户能通过移动设备来进行赛马博彩下注活动，它做到了数字下注和实时赛场状况和结果传输。这一赛马博彩平台为用户带来了全新的互动感受，同时博彩公司和网络运营商也从中受益匪浅。

4．手机银行

手机银行也称移动银行，是利用移动电话办理有关银行业务的简称。它可以认为是金融机构借助移动通信运营商的新技术平台开展的一种"便民业务"。使用这种业务的银行用户可以利用手机办理多种金融业务，突破时空限制，只需使用手机，依照屏幕提示信息，即可享受手机银行提供的个人理财服务，实现账户信息查询、存款账户间转账、银证转账、证券买卖、个人实盘外汇买卖、代缴费、金融信息查询等功能。中国银行、中国工商银行、中国建设银行、中国招商银行等金融机构都推出了这种业务。在国外，做得比较有特色的是韩国 SK 电讯。该公司整合运营的手机汇款服务，推出了全新的"M-BANK"服务项目，作为移动金融服务品牌"MONETA"中的重要业务。用户使用一种内置智能型芯片的移动电话，进行银行存折、现金卡业务、互联网银行等电子金融服务。使用者可不受时间与空间的限制，在银行的 ATM 上使用，甚至可以在一些邻国进行漫游。

5．小额移动支付

随着移动通信用户的增多，手机逐渐成为很多人必须随身携带的通信工具，因此利用移动手机来补充甚至替代类似信用卡、钱包等其他功能的概念自然产生。对用户来说，移动支付业务提供了随时随地通过移动手机购买多种数字或物理商品的机会。移动商务的推动者对小额支付寄予了极大的希望。例如移动增值业务开展最好的日本和韩国，用户已经可以通过手机购买摆放在公众场所的自助饮料机上的饮料等，目前全球最成功的移动付费业务似乎还是在欧洲。移动娱乐将是这些业务的关键动力，而通过移动手机来获取业务必将涉及支付方面的问题。从发展的角度看，移动小额支付业务也面临一些挑战。一方面，小额支付要获取利润，必须以量来弥补，况且用户需要在第一时间内得到商品或服务，业务量现在距离达到盈利规模还有些距离。因此提供商品或服务的商家要有足够的资金和耐心来等待；另一方面，目前通过手机支付才能享受到移动支付所带来的便利优势可能受到更新潮、更低价的技术冲击。值得注意的是，在移动小额支付方面的价值链的直接配合，在没有涉及银行等金融机构的价值链中，有可能是业务提供者直接担当金融机构的角色。首先是移动电话公司已经有了计费软件，可以处理小额的交易，数字内容的提供商也希望拥有精确的计费系统，保证他们的利益。

6. 捆绑信用卡的移动支付

目前很多人已经习惯用信用卡进行消费，尤其是在欧美国家。根据统计，美国信用卡的使用程度和人均拥有数最高，15 周岁以上的每个人拿着 2～5 个信用卡是很平常的。通过与信用卡的捆绑，移动支付业务有了更广阔的商品空间，一方面支付的额度可以加大；另一方面，企业避免了很多的呆账风险。欧美的很多软件开发商和方案提供商纷纷在这方面推出产品。目前银行拥有的客户资源比较丰富，一类资源是有银行账户的个人用户，他们是移动付费的主动方；另一类资源是商家用户，他们是受支付方；第三类资源是因为银行作为清算中心已经进行过交易处理，拥有支付交易处理方面的经验。因此银行可以通过与移动公司的合作，为自己的信用卡用户提供另外一种更方便的服务，而由移动公司统一与商家打交道。不过根据目前开展的业务看，由于信用卡的使用需要进一步推广，使得很多银行还是比较乐意采用这种新业务形式的。

4.2　移动支付的方式

移动支付是一种在移动设备上进行商务活动的方式，是指参与交易的双方为了得到所需的产品和服务，通过移动终端交换金融信息的过程。移动支付系统为每个手机用户建立了一个与其手机号码关联的支付账户，用户通过手机即可进行现金的划转和支付。移动支付作为通信技术和金融服务结合的服务方式，在未来几年内将成为移动增值业务的新亮点。

4.2.1　移动支付分类概述

移动支付存在多种支付形式，使用的设备也不尽相同。根据目前移动支付的发展现状，可以对其进行如下的一些分类。

（1）根据交易金额的不同，可以将移动支付分为小额支付和大额支付（又称微支付和宏支付）两类。顾名思义，移动小额支付是指费用通过移动终端账单收取，用户在支付其移动终端账单的同时支付这一费用，但这种代收费的方式使得电信运营商有超范围经营金融业务之嫌，因此其范围仅限于下载手机铃声等有限业务；小额支付是指交易货款很小的电子商务交易，其主要用途是购买数字内容业务，例如下载游戏、视频、铃声等。大额支付是指交易金额较大的支付过程，大额的在线购物就是一种方式。根据移动支付论坛的定义，小额和大额支付之间的界限为 100 元。小额支付与大额支付之间最大的区别在于两者要求的安全级别不同，使用的技术手段也就不同。对于大额支付，一般就需要通过可靠的金融机构来进行交易验证；小额支付主要的重点在于使用快捷、运作成本低，因此使用移动网络本身的 SIM 卡鉴权机制就可以了。目前世界大多数流行的移动支付行为都是集中在小额支付上。

移动电子钱包是指费用从用户的银行账户（即借记账户）或信用卡账户中扣除，在该方式中，移动终端（尤其是手机）只是一个简单的信息通道，将用户的银行账号或信用卡号与其手机号绑定起来。移动电子钱包的客户若要使用移动支付业务，前提是须将手机号码与银行卡进行捆绑，此后在交易过程中所支付的金额会直接从银行卡上扣减。在此前提下，移动支付又可以分为两种形式。

①　非面对面支付方式。客户不希望亲临现场就可进行交易的需求。客户可使用手机短信息、微信、IVR、WAP、K-Java（基于 J2ME 的支付平台）、USSD（非结构补充数据业务，Unstructured Supplementary Service Data）等操作方式，完成日常生活中的水电煤气、物业管理、交通罚款等公共事业缴费，或者用于彩票购买、手机订票、手机投保等交易。这种支付模式不受时间、地点约束，无须排队，为客户提供了极大的便利。在国外如爱立信公司的 Mobile e-Pay 解决方案，在国内如北京联动优势科技有限公司的"手机钱包"业务。

在 2G/2.5G 的通信环境下，手机还只能浏览一些简单的网页，要进行网上购物还不太现实。因此，可以考虑将非面对面的移动支付与基于 PC 的网上支付结合起来，构建成统一的电子支付系统。例如与支付宝结合，支付宝是用客户的 E-mail 登录，如果服务提供商之间加强协作，使客户用手机号码也能登录，这样就可以将移动支付与网上支付合并为一个 ID，既方便了管理银行账户，又扩展了非面对面移动支付的应用范围。与支付宝一样，手机号码已采用实名登记，因此较好地保证了客户的信用度。在 3G、4G 通信环境下，情况大为改观，网速可以很好地满足网上购物的要求。

②　面对面支付方式。如今，人们虽然能够足不出户地在网上购物，但网上购物永远也满足不了人们在商场里亲身购物时所体验到的乐趣。亲身购物的过程就是一种休闲方式，那么在此过程中如何使交易最为便捷呢？类似于人们在商场内的刷卡消费，客户的终端与商家的终端之间采用近距离无线通信方式，客户只需将手机靠近终端，再输入密码就可以完成支付。客户可使用 NFC（短距离的无线连接技术，Near Field Communication）、RFID（无线射频识别，Radio Frequency Identification）等操作方式，完成商场内的购物消费。

（2）根据传输方式的不同可以分成远程交易和现场交易两种。远程交易是指支付需要使用移动终端，通过基于 GPRS/CDMA1x 等网络系统来实现。例如发送短信息购买电影票；现场交易是指移动终端在近距离交换信息，而不需要通过移动网络进行支付，如使用手机上的红外线装置在自动贩售机上购买方便面等物品。

（3）根据手机是否与银行卡绑定，可以将移动支付分为移动运营商代收费和银行卡绑定收费两种。移动运营商代收费是指移动运营商为用户提供服务，用户通过手机账户进行商品的购买，金额由移动运营商从其手机账户中扣除，再同金融机构进行结算。但是由于我国金融政策的严格管制，目前仅限于小额支付。银行卡绑定收费是指银行为用户提供信用，将用户的银行卡账号同信用卡号与手机号连接起来，费用从用户的银行账户中扣除。这种方式需要移动运营商和金融机构的协调合作，是移动支付未来最有前景的一种方式。

4.2.2　移动支付分类标准

根据基于支付金额可将移动支付类型划分为小额支付和大额支付。其中小额支付是指交易额少于 10 美元，通常是指购买移动内容业务或其他小额的业务，如手机游戏、手机视频下载、交停车费等；大额支付是指交易金额较大（大于等于 10 美元）的支付行为，如在线购物或者近距离支付。两者之间最大的区别就在于安全要求级别不同。对于小额支付来说，使用移动网络本身的 SIM 卡鉴权机制就足够了，而对于大额支付来说，就必须通过可靠的金融机构进行交易鉴权。

根据交易双方所处的位置，移动支付可分为非接触式移动支付和远程移动支付。非接触式移动支付利用手机在线从远程购买货物和服务，支付交易是在面对面的交易中，可以发生在人与人之间，也可以发生人与机器之间，例如通过自动售货机购买商品，通过售票机购买地铁乘票等应用，其主要技术实现方式有红外、NFC（Near Field Communication－近距离无线通信，以索尼公司开发的一种近距离非接触智能芯片 FeliCa IC 技术最为典型）以及 RFID（Radio Frequency Identification，射频识别）、DISIM（Double Interface SIM，双面 SIM 卡）等技术。非接触式移动支付小到购买彩铃、图片和电影等数字产品，大到用手机购买货物和服务等大宗实物产品。远程支付是通过移动网络进行，是一种在线支付方式，主要技术实现方式有 SMS（短信息）、WAP（无线应用协议）、IVR（交互语音应答）、Kjava/BREW、USSD（Unstructured Supplementary Service Data，非结构化补充服务数据业务）等。

根据业务种类不同，移动支付可分为卡类应用、宽带服务类应用、移动增值服务类应用和其他类应用四种。其中卡类应用主要是指购买电信业务卡、话费充值卡、游戏卡等付费卡服务；宽带服务类应用主要是指宽带内容包括流媒体服务、远程教育服务、网游等服务；移动增值服务类应用主要是指移动增值服务领域的移动支付，如移动娱乐服务、移动下载服务、移动音乐服务以及彩铃等；其他类应用主要是指彩票、保险、票务、旅游服务等其他行业应用。

移动支付分类的类型见表 4-1。

表 4-1 移动支付分类

分类的类型	分　类	定　义	区别要点	区　别
支付金额	小额支付	单笔金额在 10 美元以下	安全等级	可以使用移动通信网络基于 SIM 卡的鉴权机制进行鉴权
	大额支付	单笔金额在 10 美元（含 10 美元）以上		需要通过可靠的金融机构进行鉴权和交易
支付方式	接触式支付	直接利用手机在线进行远程的购物或服务	双方交易所处的位置	远程交易
	非接触式支付	在面对面的购买货物或服务中，使用移动网络，也可以不通过移动网络		面对面的交易可以发生在人与人之间，也可以发生在人与机器之间
业务种类	卡类应用	电话卡、游戏卡等的购买	业务应用领域	付费卡服务
	宽带应用	流媒体、网游等服务的支付		宽带服务
	移动增值服务类应用	移动下载、移动音乐、彩铃等		移动增值领域的服务
	其他应用	彩票、旅游、保险等其他扩展业务		行业应用

欧洲银行标准化协会也对移动支付给出了类似的分类和定义：基于支付价值的大小可将支付类型划分为微支付（支付金额低于 2 欧元）、小额支付（支付金额在 2 欧元到 25 欧元之间，含 2 欧元）和大额支付（支付金额大于 25 欧元）；按照地理位置可划分为远程支付和非接触式移动支付，其中远程支付可以不受地理位置的约束，独立或依托于网上购物、电话购物、银行业务等环境，以银行账户、手机话费或虚拟预存储账户作为支付账户，以短信、语音等方式提起业务请求，一般用以购买数字产品、订购天气预报、订购外汇牌价等银行服务、代缴水电费，为购买的现实商品付款等，非接触式移动支付利用红外线、蓝牙、射频识别技术，使得手机和自动售货机、终端、汽车停放收费表等终端设备之间的本

地化通信成为可能，真正用手机完成面对面的交易。

欧洲银行标准化协会和移动支付论坛对移动支付的分类基本上是相同的，而且国内外众多相关研究也表明移动支付发展所面临的最主要问题是安全问题。基于这种情况，目前移动支付的分类方式一般以移动支付论坛的分类方式进行。

4.2.3　移动支付的类型

按照分类标准的不同，移动支付可以进行以下不同的分类。

1．基于支付价值划分

按照欧洲银行标准化协会在 TR603 的定义，基于支付价值的大小可将支付类型划分为微支付、小额支付和大额支付。

微支付：支付金额低于 2 欧元（大约相当于 20 元人民币）的情况下，一般划分为微支付类型。

小额支付：支付金额在 2 欧元至 25 欧元（大约相当于 240 元人民币）之间，称为小额支付。

大额支付：支付金额在 25 欧元以上，则为大额支付。

2．基于地理位置划分

按照地理位置，可以把移动支付分为本地支付和远程支付。

本地支付：利用红外线、蓝牙、射频技术，使得手机和自动售货机、POS 终端、汽车停放收费表等终端设备之间的本地化通信成为可能，真正用手机完成面对面的（face-to-face）的交易。

远程支付：远程支付可以不受地理位置的约束，独立或依托于网上购物、电话购物、银行业务等环境，以银行账户、手机话费或虚拟预存账户作为支付账户，以短信、语音、WAP、USSD 等方式提起业务请求，一般用于购买数字产品、订购天气预报、订购外汇牌价等银行服务、代交水电费、为购买的现实物品付款等。

3．基于移动支付技术划分

基于不同的移动支付技术，可以把移动支付分为 SMS 支付方式、USSD 支付方式、STK 支付方式、WAP 支付方式、WWAN 支付方式等。

（1）SMS 支付方式。短信息是目前国内移动支付的最主要的方式。这主要是由于短信息能够被所有的移动设备终端所支持，不仅操作比较简单，而且用户在日常使用手机等移动设备时已经习惯于使用短信息，可以说使用短信息支付有着良好的用户基础。由于 SMS 具有高易用性和高普及性，因此已成为移动支付服务中最常用的支付媒介。

（2）USSD 支付方式。USSD 即 Unstructured Supplementary Service Data 的简称，即非结构化补充数据业务，是一种基于 GSM 网络的新型交互式数据业务，它是在 GSM 的短信息系统技术基础上推出的新业务，当然也可用于支付业务的处理。

USSD 对比短信息的主要优点在于 USSD 在会话过程中一直保持无线连接，提供透明管道，不进行存储转发；而 SMS 在物理承载层没有会话通道，只有储存转发系统，用户完成一次查询需要进行多次会话过程。因此 USSD 的信息响应率极高，在实时性要求较高的业务领域有很高的运用价值，比如股票买卖等。

（3）STK 支付方式。STK 是 SIM Tool Kit 的简称，即用户识别应用开发工具。它的基本原理是在移动通信运营商提供的手机 SIM 卡中，注入银行提供的功能服务菜单、银行的密匙，即成为提供银行服务的专用 STK 卡。而 STK 卡是基于 JAVA 平台的 Simera32K 卡片，是一种小型编程软件，允许基于智能卡的用户身份识别模块 SIM 运行自己的应用软件。利用 STK 卡，可以按照智能菜单进行操作，将手机银行服务的信息，通过移动通信网的短信息系统发送到银行，银行接到信息，对信息进行处理后，将其结果返送手机，完成手机支付服务。目前，招商银行、工商银行的手机银行业务采用的就是这样的 STK 方式。

（4）WAP 支付方式。WAP 即 Wireless Application Protocol 无线应用协议的简称，它提供了通过手机访问互联网的途径，WAP 站点即是手机上的网站。实现 WAP 上的移动支付有赖于 WAP 的安全技术——WTLS。WTLS（无线传输安全协议）是基于一种工业标准的传输安全协议，被专门设计用来与 WAP 配套使用。WTLS 提供了诸如数据完整性、私有性、鉴权和拒绝服务保护等安全功能，它既可以作为 WAP 协议栈中的安全传输层协议，也可以独立于 WAP 应用于无线终端之间的安全通信。WTLS 作为 WAP 协议栈中的重要组成部分，充分考虑到了移动网络的复杂性和移动设备的诸多限制，适合应用在大多数无线通信设备中。

（5）WWAN 支付方式。利用 WWAN（无线广域网）技术特别是 2.5G 和 3G 技术的手机、PDA 以及笔记本计算机等智能移动设备连接 Internet 后的在线支付，在流程上与普通的有线 Internet 应用差不多，但是需要采取适合移动通信的安全防护措施，实现在移动支付流程中对移动终端的信息加密、身份验证和数字签名以及信息传递过程中的安全。目前此种支付方式是中国研究的热门方向之一，安全的 WWAN 应用支付将大大扩大移动商务的发展规模。

4. 基于账号设立不同划分

根据移动支付账号设立的不同，还可以将移动支付分为移动运营商代收费和银行卡绑定收费两种。

（1）移动运营商代收费：移动运营商为用户提供信用，费用通过手机账户支付，有广泛移动用户群基础，操作简便，受到广大消费者的喜爱；但由于国内金融政策的严格管制，目前移动运营商代收费属于金融政策的"灰色地带"，仅适合于小额支付。

（2）银行卡绑定收费：银行卡绑定收费是指银行为用户提供信用，将用户的银行账号或银行卡账号与其手机号绑定，费用从用户的银行账户或银行卡账户中扣除。这一收费方式符合金融法规，但需要移动运营商与银行等金融机构相互沟通配合，操作上相对复杂。

5. 基于用户和商家的交互方式划分

根据用户和商家的交互方式不同，可以将移动支付分为"手机—手机""手机—移动POS 机""手机—专用设备"三种类型。

"手机—手机"支付方式：指付款方和收款方均为手机银行客户，付款方通过手机银行向收款方支付消费款项，买卖双方都通过手机银行得到结算结果的通知。这种支付方式适合于有固定营业人员的消费场所，如批发市场。

"手机—移动 POS 机"支付方式：指收款方为和银行联网的商户、超市等，付款方通

过手机银行支付消费款项，而收款方通过移动 POS 机接收收款信息。这种支付方式适合于大型商场、酒店、娱乐场所。

"手机—专用设备"支付方式：指收款方安装了红外线、蓝牙、USSD 等专用设备。这种支付方式适合于小型商店等营业人员不固定的场所。

6．微信支付

微信支付是由腾讯公司知名即时通信服务免费聊天软件微信（Wechat）及腾讯旗下第三方支付平台财付通（Tenpay）联合推出的互联网创新支付产品。有了微信支付，用户的智能手机就成为一个全能钱包，用户不仅可以通过微信与好友进行沟通和分享，还可以通过微信支付购买合作商户的商品及服务。

用户只需在微信中关联一张银行卡，并完成身份认证，即可将装有微信 APP 的智能手机变成一个全能钱包，之后即可购买合作商户的商品及服务，用户在支付时只需在自己的智能手机上输入密码，无须任何刷卡步骤即可完成支付。

4.3　移动支付的实现与流程

4.3.1　移动支付的实现技术

移动支付由于是一项涉及数据传输和交易货款的过程，因此它的实现需要接入技术和安全技术两方面的保证。

1．接入技术

移动支付使用的接入技术主要有以下几种。

（1）SMS

SMS 分上行、下行两种通道，用户使用短信发送到指定特服号完成支付，运营商发送下行短信推送商品和服务，下行通道也是用户确认消费的通道。SMS 的优点是技术成熟，使用方便；缺点是它面向非连接存储，信息量少，无法实现交互流程。

（2）WAP

这种方式是通过手机内嵌的 WAP 浏览器访问网站，来实现移动支付的流程。WAP 技术可以实现交易双方的互动，具有很强的业务能力；缺点是需要能够支持 WAP 的移动终端和网站，交易成本较高。

（3）STK

这种模式是使用银行提供的 STK（SIM Tool Kit，用户识别应用开发工具）卡替换客户的 SIM 卡，事先在 STK 卡中存储银行的应用前端程序和客户的基本信息，客户使用该卡完成银行交易业务。STK 卡可以内置密码，固化应用程序，提供文字菜单的操作界面。缺点是成本高，受到终端设备的制约。

（4）红外/射频

它主要实现的是对移动用户的身份认证，进行的一般是短距离的小额支付。目前主要在日本、韩国等地区应用。

（5）基于 GSM 用 USSD 的实现方式

USSD 是一种基于 GSM 网络的实时互动的新型移动增值业务平台。它以菜单方式和直接点播方式实现移动支付业务，支持现有的 GSM 系统网络和移动终端。它的优点是手机不需要做任何设置，传输速度快，提供交互式对话，使用方便。

（6）Java/BREW

这种方式主要是下载 Java、BREW 客户端程序，连接到移动互联网。它的优点是可以提供清晰高质的图形化界面、互动性强、实时通信、响应迅速，缺点是需要特定的支持终端。

2．安全技术

由于移动支付方式的多样性，相应的安全保障技术也不尽相同。移动支付的过程涉及交易双方，进行的是数据交换，流动的手机数字货币，因此涉及身份认证、交易信息的保密性和完整性、交易的不可否认性等各个方面。在安全保证方面，现有的安全技术主要有WPKI。它是一种公开密钥密码体制在无线环境下的安全保证机制。

在采用短信息实现支付时，利用 SIM 卡内的 DES 等加密算法来实现数据加密和数据的完整性检验。使用 Java、BREW 客户端软件的手机在实现支付时，客户端程序会通过 Java编程在手机内实现数据加密模块，实现数据加密和完整性检验。使用 WAP 方式进行支付时，采用的一般是 WAP 统一提供的技术解决方案，手机与 WAP 网关和商家 WAP 服务器以及前置机之间都采用 SSL 安全通道。

由于传输方式的不同，移动支付既可以通过基于移动通信网络的 SMS、WAP 等技术来实现，也可以通过不依赖移动通信网络的红外线、蓝牙、RFID 等技术来实现。目前，我国的移动运营商一般都采用基于移动通信网络的 SMS、WAP 等技术来实现。近年来，韩国的SK 等移动运营商通过与银行、信用卡机构、零售商店等机构和行业进行合作，相继推出了手机红外移动支付业务，其发展呈现良好势头。

现有的移动支付技术实现方式主要有：SMS、IVR、WAP、K-JAVA、USSD、WAP、红外线、蓝牙、RFID 等，如图 4-1 所示。

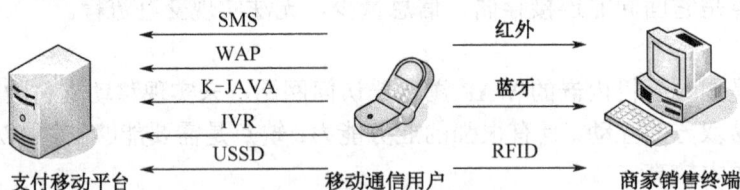

图 4-1　移动支付的技术实现方式

移动支付技术架构主要包括平台、鉴权技术、交互技术和传输四个方面。

4.3.2　移动支付交易

移动支付的交易过程至少包含四个当事方：用户、商家、发行方及收款方。与传统的付款方式不同的是，整个交易过程是基于移动网络进行的。所以对于移动支付来说，网络提供商作为主要的当事方，其作用贯穿于整个移动支付的交易过程。如图 4-2 所示，发行方通过银行账户为用户提供支付能力，发行方主要是金融机构；收款方根据具体的支付平

台不同，可以是商家、第三方移动支付服务商等。

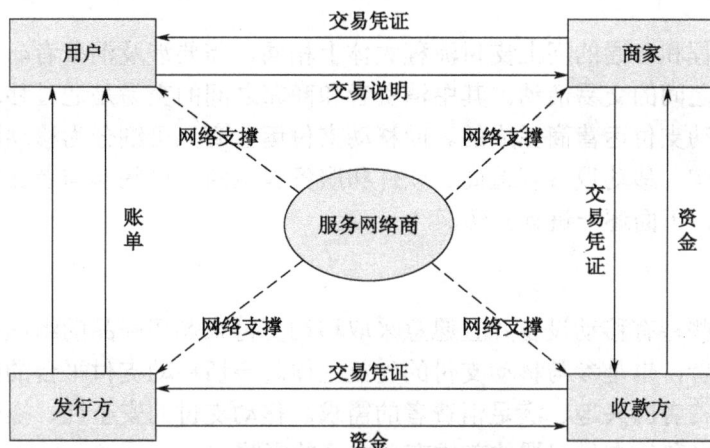

图 4-2　典型移动支付流程图

交易凭证包括账户信息、账户密码以及各种数字安全证书。交易的细节信息内网络提供商负责传递。在非接触式移动支付中，交易的细节信息利用基于浏览器的协议如 WAP 和 HTML，或者信息系统如 SMS 和 USSD 进行传递；在接触式移动支付中，交易的细节信息可以通过红外、蓝牙或 RFID 等进行传递。

根据移动支付不同的业务种类和业务实现方式，支付的流程也不尽相同。总结起来可以归纳成一般流程，大体涉及消费者、商家、支付平台、移动网络运营商、第三方信用机构和设备制造商。

整个支付流程基本上由 9 个步骤构成，根据支付流程参与方的多少可能略有增减。首先，由消费者向商家提出购买的请求，商家再向支付平台提出收费请求；其次，支付平台与第三方信用机构进行对商家和消费者身份的认证；再次，支付平台向消费者提出支付的授权申请，得到确认授权之后向商家支付费用，并通知消费者支付完成；最后，商家将商品交付消费者。

从上面描述的移动支付的基本流程和具体步骤中可以得到一个结论，即支付平台运营商在移动支付的整个环节作用非常重要，负责支付结算的全过程。他具有整合移动运营商和银行等各方面资源并协调它们进行运转的能力，他传递交易双方的各种请求，甚至可以记录交易双方的交易记录等信息。正因为支付平台运营商这个角色的重要，目前他主要是由移动运营商、银行或者信用卡组织等金融机构担当，同时也有一些独立的支付平台运营商存在。在一些移动多媒体下载的业务中，移动通信运营商就担任支付平台的角色。以购买彩铃为例，用户通过 Internet 对运营商的彩铃业务进行选择，用短信向运营商发出缴费申请，运营商在对用户身份进行认证后即进行收费，提供服务，完成支付过程。收费方式分为两种，一种是运营商代收费，他直接从用户手机账户中扣除金额；一种是从用户银行卡绑定的账户中扣除费用。

第三方信用认证机构在国外移动支付业务的发展中起到了很好的推动作用，在我国，由于第三方信用认证体系还不是很完善，移动支付业务完全是在运营商和银行的领导下，往往由它们自己提供对于身份和交易的识别认证等。

4.3.3 移动支付主体

移动支付流程和普通的网上支付流程大体上相同，需要涉及消费者、商家、移动支付运营商以及它们之间的交易活动。其中消费者和商家之间的交易是通过移动支付过程进行的，也是通过移动支付运营商完成的。而移动支付运营商又可细分为移动网络运营商、金融机构、政府机构、移动设备制造商、软件和服务提供商。这些参与者在支付流程中都扮演着自己的角色，下面逐一进行介绍。

1．消费者

消费者是那些持有移动设备并且愿意采取移动支付来购买商品的组织和个人，是参与移动支付的发起者，也是参与移动支付的受益主体。一切移动支付平台的建设与形成，必须首先考虑到消费者的兴趣、满足消费者的需求。移动支付的安全性、操作是否简便、费用高低都对消费者移动支付习惯的养成有着重要的影响。

2．商家

商家出售产品或服务给消费者。在商场和超市安装移动支付系统，在一定程度上能减少支付的中间环节，降低经营、服务和管理成本，提高支付的效率，接触更广的潜在顾客。不过在移动支付发展的初期，商家一般不会立即花费成本去引入移动支付终端设备，他们并不能确定这项引入是否可以带来很大的额外需求。而商户和顾客之间存在所谓的"间接网络外部性"，当顾客认为越来越多的商店接受移动支付也就愿意使用移动支付的设备，而越来越多的顾客使用移动支付设备也会吸引越来越多的商户引入移动支付的设备。

3．移动网络运营商

移动网络运营商为移动支付提供安全的通信渠道，在推动移动支付业务的发展中起到关键性的作用。但移动运营商作为移动支付平台的运营主体时，移动运营商会以手机话费账户或专门的小额账户作为移动支付账户，用户所发生的移动支付交易费用全部从用户的话费账户或小额账户中扣除。

4．金融机构

一般金融机构在电子支付中起到的是介于买卖双方的清算与结算功能，而目前以银行为运营主体的移动支付方式为银行带来新的角色和利益，例如拥有新的营销与增值服务管道以及具有更低的资金处理成本。银行通过自建计费和认证系统，与移动运营商协商将银行账户与手机账户绑定，用户通过银行卡账户进行移动支付。

5．政府机构

在移动支付中政府机构主要起到进行法律法规约束、政策监管的职能。目前各国在移动支付上还处于起步及发展阶段，所以政府在移动支付产业的发展中起到了至关重要的作用。特别是在移动支付收费角色上，政府需要更加明确的界定，这样会使移动支付产业中的各方更加良性地发展。

6．移动设备制造商

随着移动商务的发展，移动电话不再视为只是用于传输语音的工具，移动电话制造商

开始积极找寻潜在的收入来源。厂商在推出各种移动支付手机的同时也积极在安全性上持续加强，在使用者身份的辨识上会考虑一些新技术，如声音、指纹等识别方式，继而使相关技术的发展为解决目前信用卡严重被窃的情况提供帮助。

7．软件和服务提供商

软件和服务提供商在移动支付产业价值链上扮演着辅助者的角色，当信用卡业者或系统业者等规模较大的公司认同一套移动支付机制，想大力推广时，便会引发对软件或服务的衍生性需求，如人性化的使用操作界面、安全机制的解决方案等，目的是让使用者在使用移动支付平台时更加方便、灵活。

上文中提到移动支付流程主要涉及消费者、商家、移动支付运营商 3 个主要参与者。

4.3.4　移动支付流程

下面描述了一个完整的移动支付过程。

（1）预备工作。消费者和商家在银行机构申请注册，支付平台运营商取得认证资格。

（2）购买请求。消费者可以对准备购买的商品或服务进行查询，在确定了准备购买商品或服务之后，通过移动通信设备（移动 PC、手机等），发送购买请求给商家。

（3）收费请求。商家在接收到消费者的购买请求之后，发送收费请求给支付平台。支付平台利用消费者账号和这次交易的序列号生成一个具有唯一性的代码，代表这次交易过程。

（4）认证请求。支付平台必须对消费者和商家账号的合法性和正确性进行确认。支付平台把消费者账号和商家账号信息发送给第三方信用机构，第三方信用机构再对账号信息进行认证。

（5）认证。第三方信用机构把认证信息发送给支付平台。

（6）授权请求。支付平台在收到第三方信用机构的认证消息之后，如果账号通过认证，支付平台把交易的详细信息，包括商品或服务的种类、价格等发送给消费者，请求消费者对支付行为进行授权。如果账号未能通过认证，支付平台把认证结果发送给消费者和商家，并取消本次交易。

（7）授权。消费者在核对交易的细节之后，发送授权信息给支付平台。

（8）收费完成。支付平台得到了消费者的支付授权之后，开始对消费者账户和商家进行转账工作，并把转账细节记录下来。转账完成之后，传送收费完成信息给商家，通知他交付消费者商品或服务。

（9）支付完成。支付平台传送支付完成信息给消费者，作为支付凭证。

（10）交付商品或服务。商家在得到了收费成功的信息之后，把商品或服务交给消费者。

由此可见，在整个移动支付的过程中，支付平台处在核心的地位，所有的交易信息都要由它进行传递。

4.4　国外移动支付的现状

目前，移动支付在世界范围内迅速发展，但是各国移动支付的技术实现方式有较大的差异，而且商业模式也不尽相同、业务发展水平参差不齐。不同的国家根据自己的实际情况选取了不同的技术实现方式，如日本采用由公司索尼开发的 FeliCa IC 技术，韩国主要采用红外技术，非洲一些国家主要采用 SMS 技术等。总体上看，移动支付在亚洲发展得较好，特别是日本和韩国。欧洲和美洲的移动支付虽然发展较早，但是市场规模相对较小。日本和韩国主要是运营商主导模式，欧美主要以第三方联运模式为主。根据 TelecomTrends 的调查数据显示，使用移动支付的地区主要分布在欧亚地区，其中亚洲占据 48% 的市场份额，欧洲占 42%。亚洲的韩国、日本、新加坡以及欧洲的奥地利、挪威等国在移动支付的应用方面处于领先地位。据预测，到 2008 年亚洲将占据全球 54% 的移动支付市场（主要源于亚洲巨大的消费能力以及中国移动支付潜在市场的开拓）。移动支付消费的内容将集中在数字化产品（64%）、促销/广告信息（18%）、金融交易（9%）和在线购物（6%）。预测全球移动支付的用户数将在 2008 年达到 16 亿人，收入超过 5 500 多亿美元。截至 2006 年年底，手机在韩国和日本已经成为主流的支付设备。NTTDoCoMo 公司已经在日本销售了超过 110 万部具有支付功能的手机，有超过 13 000 多家的日本商店安装了能够与手机通信的读卡机。在韩国，由于其移动通信发展迅速，政府管制进行扶持，手机采用机卡不分离的销售模式，因此韩国消费者已经把手机作为信用卡使用。在欧洲，移动支付启动相比日韩较晚，但是在欧洲良好的信用体制和商业运作下，移动支付正迅速发展。

4.4.1 移动支付在日本的发展

日本移动支付发展迅速，其主要的推动力是日本的移动通信运营商，它们在整个产业链中处于中心环节，利用优势地位，整合了下游设备提供商的资源，联合上游的银行机构开展移动支付业务。NTTDoCoMo 是日本三大移动运营商之一，它是日本移动支付业务最忠实的推动者。NTTDoCoMo 所有的 3G 手机都配备了红外线装置以支持移动支付业务。同时日本的许多零售商都对收款设备进行了改造，增加红外线读取功能以配合移动支付业务。

2004 年 7 月，NTTDoCoMo 推出了第一款配备非接触 IC 卡方式"FeliCa"功能的 i-mode 手机。其终端可以实现电子货币和电子入场券等功能。NTTDoCoMo 随即把 i-mode 官方网站的内容和应用进行了修改，将移动银行业务放在了显著的位置，其目的就是向消费者推荐移动支付业务。在此之后，日本的其余两家主要的移动运营商 KDDI 以及 VodafoneK.K 都采用了上述技术推出移动支付服务。2005 年，NTTDoCoMo 又在其推出的手机中整合完整的信用卡支付功能。并且为了推广移动支付业务，NTTDoCoMo 开始联合上游的金融机构，建立稳固的产业链。NTTDoCoMo 出资收购了一家信用卡公司，持有了三井住友金融集团 34% 的股份，同日本的多家商业银行达成了合作协议。目前，日本的移动运营商通过资源的整合，建立了一条较为有效的移动支付产业链。

日本是移动支付业务发展最为成功的国家之一，移动支付已经具备相当的规模。2004 年 7 月，日本最大的移动运营商 NTT DoCoMo 推出了移动支付业务，紧跟着另外两家运营商 KDDI 和软银（原 VodafoneK.K）也分别于 2005 年 7 月和 2005 年 11 月推出了自己的移动支付业务，他们均采用索尼公司开发的 Felica IC 卡技术。日本移动支付市场发展的首要推动者是 NTT DoCoMo，为了发展移动信用卡业务，NTT DoCoMo 于 2005 年 4 月和三井住友金融集团（SMFG）及其旗下的三井住友卡和三井住友银行公司结成战略联盟，并以

10 亿美元的价格收购三井住友卡 34%的股权。同时三井住友将现有信用卡业务同 NTT DoCoMo 的手机信用卡业务合并，推广手机信用卡。2006 年 4 月，NTTDoCoMo 推出 DCMX 品牌的移动信用卡，进一步推动了移动支付业务在日本的发展。自 2004 年 7 月以来，NTT DoCoMo 已经售出 200 万芯片手机。目前主要提供一种非接触式移动支付电子钱包服务——移动钱包，其应用主要包括 6 大领域：购物、交通支付、票务、公司卡、身份识别、在线金融。移动支付的主要合作伙伴包括连锁便利店、航空公司、铁路公司以及票务公司等。日本最大的航空公司日航也于 2005 年初开始提供移动票务服务，顾客可以通过手机或互联网购买客票，并可在机场外通过在线或手机检票，到达机场后直接进入安检流程，只需用手机划过读卡器，得到打印的登机口与座位号。在登机口处再次用手机划过读卡器，不需要检验登机牌。

4.4.2 移动支付在韩国的发展

韩国移动支付采用的是红外技术，移动支付业务的发展非常成功，其渗透率甚至超过日本。2003 年 9 月，韩国移动运营商 LGT 联合金融机构开通移动支付业务，2004 年另外两大移动运营商 SKT、KTF 也紧跟其后开通了自己的移动支付业务。韩国移动运营商的移动支付业务体系非常清晰，业务规划中针对每个发展阶段制定了非常明确的发展目标。韩国最大的移动运营商 SKT 同友利银行（Woori Bank）和现代（Hyun dai）信用卡公司共同建立支持其配置 Moneta 芯片技术手机的移动支付系统。SKT 还同世界两大信用卡系统 Visa 和万事达卡结成联盟，以在国际范围内推广其 M - bank 服务的应用，如图 4-3 显示的是移动支付在交通领域中的应用。

图 4-3 韩国基于 Moneta 芯片的移动支付示意图

从 2002 年开始，韩国的三家主要移动运营商 LGTelecom，SKTelecom，KTF 都开始大规模开展手机——红外手机的支付业务，主推的是移动小额结算。2003 年 9 月三家移动运营商又与银行合作推出移动银行业务。移动电话小额结算服务是用户在 Internet 上购物或者使用服务时，通过输入自己的手机号码和认证号码，在下个月的手机话费中一起结算的一种服务。小额结算的最大优点是可以不用用户输入信用卡号码，减少了个人信息泄露的危险，使用方便，大大推动了韩国移动支付业务的推广和发展。到 2004 年年底，韩国移动电话小额支付的市场已经超过 8 000 亿韩元。

2005 年年底，韩国所有的商业银行都提供手机银行业务，在线银行账户达到 2 400 多万。包括通过手机交易在内的互联网银行的交易已经超过了传统的银行自动提款机的交易。同样 2005 年年底，韩国移动银行用户数超过了 1 000 万。韩国中央银行 2006 年公布的数据显示，2005 年通过移动电话完成的银行业务量平均每天达到 28.7 万笔。

韩国的移动支付业务能够得到如此迅猛的发展，主要的原因在于韩国的移动运营商和银行业敏锐地把握到了移动支付这一新的电子交易方式，对它高度重视，投入了大量的资源，并且形成了一条完整有效的产业链。在韩国，手机用户数量要超过拥有计算机的人数，而使用手机支付处理业务的费用仅仅为银行柜台处理业务费用的 1/5，因此韩国银行从成本的角度考虑，纷纷向用户推广移动支付业务。同时，韩国的移动运营商每个月可以从移动银行用户那里收取 0.7 美元的服务费；更重要的是，运营商与银行合作之后，银行的营业点也成了运营商提供手机销售和服务的营业点，为运营商增加了利润的来源。就此，银行和移动运营商构成了双赢的局面。

4.4.3　移动支付在欧洲的发展

欧洲早期的移动银行业务主要采用 WAP 方式，但是由于技术问题没有得到很好的发展。SMS 方式由于操作简单得到了快速发展。随着欧洲移动通信向 3G 过渡，运营商更多地将移动支付重点放在流媒体、MP3 下载等业务上。目前移动银行业务仅仅得到小规模的开展。例如在英国，爱立信公司提供的手机支付服务可以让汽车驾驶员使用手机支付停车费。使用者通过手机与收费系统连接（通过语音系统或 SMS 方式），提供注册的号码和购买的停车时间，负责收费的计算机系统会纪录并提交该用户的运营商从其手机账户中扣除费用。随着移动支付技术的成熟，德国、瑞典、西班牙等欧洲国家也开始推广移动支付业务。

欧洲移动支付主要采用多国运营商联合运作的模式。该模式中，金融机构是移动支付产业链的合作者，而不仅仅是参与者。目前欧洲有很多国家已经开始全面提供移动支付业务，其中包括法国、德国、瑞典、芬兰、奥地利、西班牙、英国等主要国家。欧洲移动支付的业务模式是通过 WAP（无线应用协议）、SMS（短信息业务）、IVR（交互语音应答）等接入方式来验证身份，因此多用于 WAP 业务、电子票务等。随着现场支付技术 NFC 日趋成熟，欧洲电信标准协会认为基于 NFC 的手机支付功能将被集成到手机 SIM 卡内，并成为新的移动支付标准。

目前，在欧盟国家已经被广泛接受的移动支付商有 Paybox 与 Vodafone，VISA 电子智能卡和 Ebay/PayPal（贝宝）等。

1．Paybox

总部位于德国 Raunheim 的 Paybox 成立于 2000 年。Paybox 交易付款的范围业务范围包括：

（1）网络电子商务付款；

（2）个人对个人付款；

（3）付款至银行账户；

（4）移动支付。

2．Vodafone（沃达丰）

2002 年，欧洲最大移动运营商之一 Vodafone 宣布进入移动支付产业。Vodafone 采用信用卡与借记卡来完成移动支付方案，Vodafone 的使用者必须先在线注册成为会员，注册时输入使用者的手机号码、使用者名称、密码与 PIN 码，辨认其移动装置，并在使用者购物消费时输入 PIN 码来确认与授权每一个交易。Vodafone 移动支付有两大方案为 M-payCard 与 M-payBill，M-payCard 是使用信用卡与借记卡的方式完成扣款交易，M-payBill 是利用手机账单的方式，将购物消费的交易金额记入手机账单中。

3．VISA 电子智能卡

2000 年，Nokia 与 VISA 签订一个使用手机标准化的安全付款的合约，Nokia 研制出双插槽芯片手机，一个芯片有 SIM 卡功能，用于手机用户打电话和登录网络，另一个芯片将使用于鉴定信用卡或储值卡功能，使其实现付款功能。2007 年，VISA 针对移动支付的应用，对全球移动用户建立了统一的移动平台来支持移动支付服务，实现传送与付款相关的服务并促进金融机构与移动网络商之间的合作。此平台可灵活转换到现在已经存在的移动无线网络技术中，整合全球移动无线技术与付款机制，目前移动平台的最初版本是提出无线的移动支付方案，未来的版本将会包括远程付款形式与个人与个人之间的付款方案。

4.4.4　移动支付在美国的发展

移动支付领域的业务在美国发展比较滞后，相比日韩等国其自身的移动支付市场还处于初级阶段。早在 1999 年，贝宝支付就计划开发用于手机支付的软件，但是经过调查他们很快发现，最大的在线支付平台 eBay 上的买家和卖家更喜欢使用基于互联网的支付方式进行结算，于是他们就暂时放弃了移动支付业务的推出。直到 2006 年才推出"贝宝移动"手机短信支付服务。除贝宝移动外，金融领域的万事达和 Visa 也在将其非接触 IC 卡标准拓展到配置 NFC 芯片的手机中。美国最大移动通信运营商 Cingular 于 2005 年 12 月同诺基亚、大通银行、Visa 美国和亚特兰大的若干运动队和运动场等合作推出基于 NFC 及类似的非接触式芯片技术的试点项目，但是还没有进行大规模的推广和使用。虽然美国近两年移动数据业务发展日新月异，但移动上网、图片铃声下载、PTT、MMS/SMS 和流媒体是其业务发展的重点，在移动支付业务领域没有太多的举措。在美国，支付领域的新贵 PayPal 的应用是人们关注的焦点。PayPal 原来就是一个电子支付业务提供商。PayPal 提供的移动支付业务通过短信的方式不仅能购买数字产品，还能买真实的商品，并且提供货到付款服务。

4.4.5　移动支付在非洲的发展

非洲一些国家，如赞比亚、南非、肯尼亚、尼日利亚、刚果等国都推出了移动支付业务。

在非洲的移动支付业务有以移动运营商的名义推出的，如肯尼亚的 Safaricom、赞比亚的 CelTel 等；有以银行的名义推出的，如肯尼亚联合银行；有第三方推出的，如南非的 Fundamo。

一些业务提供者除了采用短信方式提供支付业务以外，还提供一些金融服务的短信提醒服务，如短信提醒用户的工资到账、每笔信用卡交易短信提醒等。赞比亚移动运营商 CelTel 也曾于 2000 年 7 月将 WAP 应用于移动支付业务，但最终由于速度慢、缺乏终端支持等原因没有发展起来。非洲移动支付业务之所以能够发展起来，甚至比一些发达国家发展得还好，主要是因为在非洲移动支付业务对传统银行业务的补充作用明显。在一些没有传统银行分支机构的地方，消费者可以通过移动支付的方式购买商品。

4.5　移动支付的发展前景

4.5.1　移动支付在中国的发展

国内移动支付的发展最早可追溯到银行与移动运营商合作开展的手机银行业务。通过该业务，客户可以在手机上实现银行账户的理财和支付功能。虽然这一业务由于种种原因而未能取得成功，但它打开了移动通信和金融业务结合的大门，为移动支付业务的发展铺垫了道路。国内的移动支付业务从 2003 年开始正式起步。至 2005 年，用户数已达 1 560 万，产业规模达 3.4 亿元，其中非面对面的移动支付业务占了绝大多数份额。2007 年，随着人们消费心理的日趋成熟，运营商、银行、商家等各方从中获取利润的逐渐增多以及基础设施的进一步完善，移动支付业务将进入产业规模快速增长的拐点。根据诺盛电信咨询提供的数据，到 2008 年，移动支付的用户数将达到 1.39 亿人，占移动通信用户总数的 24%，产业规模将达到 32.8 亿元，届时面对面的移动支付将占相当大的份额。从以上数据可以看出，移动支付虽然还存在着一些不完善之处，但是与传统支付方式相比，它的方便、快捷、安全等特点是毋庸置疑的。况且 3G 日益临近，无线移动的应用将进一步加强，各家服务提供商（SP）和内容提供商（CP）已经蓄势待发，准备在无线增值市场大展拳脚，移动支付正是各方关注的热点。因此有理由相信，移动支付的发展壮大已是潮流所趋，它在中国的全面普及将会很快到来。可以把中国移动支付分为四个阶段，下面是每个阶段的基本特征。

（1）2002—2004 年：中国移动支付产业的起步阶段。

移动运营商尝试性地推出一些移动支付服务，如彩票的投注、自动售货机零售商品的购买、E-mail 服务费的代收等，同时媒体也进行大量炒作性的报道。但由于技术上的安全问题尚未解决、产业链不成熟、用户基础缺乏，移动支付产业处于缓慢的业务导入期。

（2）2005—2007 年：移动支付业务市场预期的快速发展阶段。

移动支付技术不断改进，进一步提高服务的安全性，同时硬件基础（移动通信网络及其他相关技术）也在不断完善。移动支付领域中的不少业务（手机交费充值、手机购买彩票、公用事业费支付等）的商业模式成熟、用户使用习惯得到培养，其应用的地区快速增加，已经进入了地域快速扩展的发展期，但市场规模仍然是其"瓶颈"，业务种类比较单一。

（3）2008—2009 年：移动支付业务的商业模式探索阶段。

基于较好的用户使用习惯和产业链的逐渐成熟，移动支付业务种类迅速丰富，消费者使用比例逐渐增加，移动支付进入商业模式探索阶段。但此时移动支付产业环节复杂，相关规范和标准的不统一使得许多商家和第三方机构处于观望中，价值链构建和合作机制处于磨合阶段；移动运营商和金融机构的议价能力相当，两者的主导地位不明显，整体来说

处于产业价值链的建立和商业模式的探索发展时期。

（4）2009 年以后：移动支付业务的稳定发展阶段。

2009 年以后移动支付业务的渗透率达到 20% 以上，提供业务种类丰富，用户使用习惯成熟。移动运营商和金融机构通过扩展服务内容和支付通道增强业务的吸引力，双方展开进一步的合作，市场推广力度加大，价值链不断完善。而由于不断改善的硬件环境和丰富的支付业务，越来越多的用户开始使用移动支付服务，同时广阔的移动支付市场又吸引了许多第三方机构和 SP 的成功加入，形成了一个良性发展的支付平台系统。监管政策的完善、商业模式的创新有效地平衡了价值链上环节的利益，促使价值链的发展。

随着短信业务的蓬勃发展，以短信为基础、基于银行卡支付的移动支付开始得到发展。2002 年以来，中国银联分别和中国移动、中国联通合作，在海南、广东、湖南等地开展了移动支付业务，并取得了可喜的成绩，如湖南移动支付客户目前已经超过 100 万，甚至吸引了国外同行如韩国 SK 公司前来取经。从 2004 年开始，基于试点成功的经验上，银联开始在全国范围内推广移动支付业务。

此外，以第三方为主体的移动支付模式也在国内兴起。在这种模式下，移动支付平台的运营由独立于银行和移动运营商的第三方经济实体承担，具有独立的经营权。平台运营商作为桥梁和纽带，连接客户、银行及 SP，并负责客户银行账户与服务提供商银行账户之间的资金划拨和结算。目前，广州的金中华、上海的捷银等公司均采用这种模式提供数字化产品销售、电子票务等增值服务。移动支付在 2013—2014 年得到高速发展。在线上增长相对缓和后，各大第三方支付机构开始扩展线下，如餐馆、超市、商场等，使其线下消费场景的业务得到增长。数据显示，2015 年中国第三方移动支付市场交易总规模达 9.31 万亿元，同比增长 57.3%。

我国移动支付的发展是从手机银行业务开始起步的。手机银行业务是由移动运营商和银行合作发展的，它结合了移动通信技术和金融业务，允许客户使用手机对银行账户进行理财和支付，也为后面移动支付的发展打下坚实的基础。

中国移动早在 2000 年 5 月就开始与中国银行展开合作，通过更换手机用户的 SIM 卡推出了手机银行业务。但是由于必须更换 SIM 卡，而且涉及的业务范围较小、功能有限，因此该业务没有得到推广。2002 年 5 月，中国移动开始在浙江、上海、广东、福建等地进行小额支付试点，引起了以中国银联为主的金融机构对该业务的极大关注。2003 年，中国移动的各地分公司纷纷推出自己的移动支付业务：2003 年初湖南移动与中国银联长沙分公司推出银行账号捆绑的移动支付业务；2003 年 9 月份北京移动通信公司推出手机钱包的移动支付业务；同年，广东移动和广东发展银行合作推出了移动支付业务。目前，中国移动的移动支付业务主要涵盖手机缴费、手机理财、移动电子商务付费等个性化服务。具体包括购买彩票、手机订报、手机订票、购买数字点卡、电子邮箱付费、手机捐款、公共事业缴费等多项业务。

中国联通 2002 年开始和中国银联合作，将手机和银行卡结合起来，开展基于移动支付的手机银行业务。2004 年，中国联通的移动支付业务开始增速，中国联通一方面加强和银行系统合作（如建设银行），另一方面结盟多家第三方支付平台，扩大移动支付的交易面，如上海捷银等。目前有超过 30 家第三方支付企业与中国联通合作进行移动支付业务。目前，中国联通的移动支付可实现小额消费、缴费、转账以及银行卡账户查询等业务。

133

中国电信是中国新的移动通信运营商，重组后的中国电信也加紧步伐，与交通银行合作，于 2009 年 5 月 26 日在上海正式推出"天翼"移动支付业务，提供的服务包括订购电子电影票、支付名医专家预约费用、缴纳电信和水电煤公用事业账单等；只要将手机卡与银行卡绑定，便可以直接用手机进行转账汇款、缴费、手机股市、基金业务、外汇业务、黄金业务、银期转账、信用卡还款等金融服务。同时电信还计划提供超市、便利店、商场等商户的 POS 机上直接刷手机消费的非接触式手机刷卡支付业务。具体见表 4-2。

表 4-2 中国移动支付现状

运 营 商	业 务	开 通 时 间	内 容	范 围
中国移动	手机钱包	2003 年	提供软件付费、邮箱付费、数字点卡购买、手机保险、电子杂志购买等服务。由北京联动优势科技有限公司提供运营支持	全国
	银信通	2007 年	针对金融客户，提供面向银行的客户信息服务等	全国
中国联通	手机银行	2004 年年底	与中国建设银行联手推出，具有手机理财、手机支付及手机电子商务功能	全国
	银行卡电话充值	2006 年	将个人银行账户与手机信息关联之后，即可通过拨打服务电话为自己或他人的手机充值缴费	北京、内蒙古
	手机钱包	2007 年	提供查缴手机话费、个人账务查询及购买游戏点卡、影视音乐、财经资讯、彩票、电子客票等服务	广东、安徽等
中国电信	手机订购、缴费	2009 年	提供预约名医专家门诊和订购电子电影票服务；缴纳通信费用、公共事业费用等	上海

4.5.2　移动支付服务存在的问题

移动支付服务虽已推出数年，但发展尚存在一些问题。当前，移动支付服务发展中存在的主要问题有以下 5 点。

1．运营商和金融机构间缺乏合作

在提供移动支付业务方面，移动运营商和金融机构之间，一方的优势恰好是另一方的劣势，双方是互补的关系。移动运营商在支付流程管理上缺乏经验，而这恰恰是金融机构的优势所在；金融机构缺乏对移动支付业务传输渠道的控制，而移动运营商不仅控制着移动支付业务的传输渠道——移动通信网，还拥有庞大的移动用户群。移动运营商和金融机构的通力合作是移动支付业务成功开展的必备因素之一。

但从移动运营商和金融机构在实际开展移动支付业务的表现来看，双方的合作不容乐观。移动运营商和金融机构从自身利益考虑，都想成为移动支付产业链的主导者。移动运营商希望借助移动支付提升移动通信业务收入，金融机构希望移动支付成为其支付业务的新发展渠道。另外，移动支付业务带来新的竞争者——移动运营商，这是金融机构不愿意看到的。因此，移动运营商和金融机构的竞争关系大于合作关系。

另外，还有一点不可忽略，绝大多数国家的金融管制政策比较严格，对非金融机构经营金融类业务有着严格的控制，这就使得运营商和金融机构的合作不可能太深入。

产业链相关环节的合作仍然薄弱，还有待加强。移动支付的各个合作方之间在利益分配、权利和责任、费用结算等方面还存在一定的分歧，这在一定程度上影响了移动支付的

推广。移动运营商和相关的产业环节，需通过各种方式将移动支付的优势和特点向目标用户群体持续宣传，争取尽量多的用户使用；通过提供优惠政策和合理的收入分配方式，争取尽量多的商户的加盟。

2．安全问题

移动支付最大的问题是安全性问题。用户挥之不去的安全疑虑难以消除，不仅仅是密码控制，除了移动通信环节引入的安全问题之外，整个支付流程的各个环节都需要可靠、安全的技术保障。除了实际安全问题的忧虑，还有用户心理上的安全忧虑问题。Forrester Research 在调查中就发现只有低于 15%的人完全信任移动支付，而 65%的用户拒绝通过移动网络发送自己的支付卡资料。可见移动支付要想取得成功，除了解决实际的安全问题，还需要克服用户的心理安全问题。与所有的支付业务相同，安全问题是影响移动支付业务成功开展的关键因素之一。用户在考虑是否采用移动支付业务时，考虑的首要问题是交易的安全性。实际上，在开放的移动通信网络上传输这些涉及用户支付信息的敏感数据，不可能保证完全的交易安全性。由于存在被窃取的威胁，交易的安全认证和数据传输的机密性要求必不可少。

（1）客户端的安全认证

客户端的安全认证一种是基于手机终端的设计，主要包括如表 2 设计的几种设计方案。

基于手机终端设计的安全认证限制了消费者更换手机的范围。为此，一些移动支付业务提供商采用基于 SMS 和 USSD 的安全认证解决方案。

（2）网络传输层的机密性

除了在客户端进行交易的安全认证以外，在网络传输层还要保证数据传输的机密性。在现有网络传输层安全草案（如 TLS 和 WTLS）中，提供一个接入到应用层的编解码系统。当前主要采用的编解码系统是 SHA-1 和 3DES。

传统支付业务的安全标准主要有两个：Visa3-D 标准和 MasterCardSPA。在移动支付领域，一些金融机构和社会团体（如 MeT、Mobey 论坛、移动支付论坛等）都在进行交易安全标准的制定工作，但仍然缺乏统一的被广泛认可的交易安全标准。

3．缺乏统一的行业标准

行业没有统一标准这一问题虽然在移动支付业务发展的初期没有明显体现出来，但终将随着移动支付业务的发展日益突出。韩国的移动支付业务就因为两大运营商 SKT 和 KTF 使用的标准不统一而导致发展受阻。三家运营商在最初提供移动支付业务时都不愿意合作开发这个市场。SKT 的 Moneta 业务和 KTF 的 K-merce 业务需要不同的红外接收器，两种不同的接收器不能互联互通。GSM 协会于 2007 年 2 月公布制定 NFC 移动支付全球统一标准的新计划——"Pay-BuyMobile"，该计划旨在建立一个在不同设备提供商和金融机构之间实现互操作的全球统一 NFC 移动支付标准。统一的行业标准使参与生产和研发的终端和设备厂商数量更多，有利于降低 NFC 移动支付手机和读卡器的成本，从而使该业务的受众面更大、业务更加普及。

4．使用习惯还需要进行长期培养

中国人根深蒂固的消费习惯难以改变。从技术而言，国内的移动支付手段完全与发达国家同步，但在实际的应用环境上存在较大的差距，国人对现金交易的依赖是推广移动支付业务的较大障碍。因此，观念的转变更加重要，需要政府的鼓励和支持。

5. 尚无信用体系和实名制

这就为恶意透支等欺诈行为留下了潜在的机会，坏账和欺诈的风险使得移动运营商和银行对此有所顾忌，影响其对移动支付业务推广的积极性。

4.5.3 移动支付的发展趋势

从日韩到欧洲，移动支付业务的发展步伐在不断加快。尤其是在日韩两国，移动支付业务日益走向普及，成为颇具发展潜力的业务增长点。有关电信业内人士称，2008 年是移动支付应用的基础年，2009 年就是移动支付的发展年。据最新的电信行业分析调查报告称，未来几年，全世界的移动支付应用将逐步替代现金或信用卡、借记卡等支付手段，预计到 2011 年，将有 360 亿美元的交易通过移动非接触式方式进行支付。

作为世界第一大手机用户国，我国的手机用户已经突破 7 亿，目前移动支付业务与产业模式也在逐渐成熟与清晰。各大运营商也推出了自己具有特色的移动支付业务。据最新的行业分析调查报告称，2009 年上半年，我国手机支付用户总量突破 1 920 万户，实现交易 6 268.5 万笔，支付金额共涉及 170.4 亿元。移动支付在 2013—2014 年得到高速发展。2015 年中国第三方移动支付市场交易总规模达 9.31 万亿元。以上数据表明，未来移动支付的发展前景不可限量，市场空间十分巨大。从某种意义上讲，对于我国手机用户的庞大数量，移动支付的推广与普及，除了可观的利润空间，对于人们生活的方方面面还具有重要意义。

英国市场调研公司 Juniper Research 发表研究报告指出，到 2013 年，全球移动支付金额将达 6 000 亿美元，目前该市场以音乐与铃声等数字商品为主，但其最大的前途在于 NFC 技术的应用；到 2013 年手机将成为虚拟钱包，这种趋势将从发达国家向发展中国家扩散，移动支付应用广泛的三个主要地区，即远东与中国、西欧、北美，2013 年将占全球移动转账总交易额的 70%以上。

移动支付条件正在成熟，它以简单易行、避免现金交易等优点获得不少人青睐。极大方便了用户"随时、随地、随身"完成支付的需求，也契合了当前"便捷、节约、环保"的发展趋势和服务理念。随着手机在中国的高度普及，以手机为终端，以无线通信网络为基础，通过移动支付手段进行支付的移动电子商务市场空间广阔。不久的将来，移动电子商务必将成为人们首选的电子商务模式。

本章案例

手机短信借款纠纷案

2004 年 1 月，杨先生结识了女孩韩某。同年 8 月 27 日，韩某发短信给杨先生，向他借钱应急，短信中写道："我需要 5 000 元，刚回北京做了眼睛手术，不能出门，你汇到我卡里"。杨先生随即将钱汇给了韩某。一个多星期后，杨先生再次收到韩某的短信，又借给韩某 6 000 元。因都是短信来往，两次汇款杨先生都没有索要借据。此后，因韩某一直没提过借款的事，而且又再次向杨先生借款，杨先生产生了警惕，于是向韩某催要。但

一直索要未果，于是起诉至海淀法院，要韩某归还其 11 000 元钱，并提交了银行汇款单存单两张。但韩某却称这是杨先生归还以前欠她的欠款。

为此，在庭审中，杨先生在向法院提交的证据中，除了提供银行汇款单存单两张外，还提交了自己使用的号码为"1391166××××"的飞利浦移动电话一部，其中记载了部分短信息内容。如：2004 年 8 月 27 日 15:05，那就借点资金援助吧。2004 年 8 月 27 日 15:13，你怎么这么实在！我需要五千，这个数不大也不小，另外我昨天刚回北京做了个眼睛手术，现在根本出不了门，见人都没法见，你要是资助就得汇到我卡里！等韩某发来的 18 条短信内容。

后经法官核实，杨先生提供的发送短信的手机号码拨打后接听者是韩某本人。而韩某本人也承认，自己从去年七八月份开始使用这个手机号码。

法庭判决：

法院经审理认为，依据《最高人民法院关于民事诉讼证据的若干规定》中的关于承认的相关规定，"1391173××××"的移动电话号码是否由韩女士使用，韩女士在第一次庭审中明确表示承认，在第二次法庭辩论终结前韩女士委托代理人撤回承认，但其变更意思表示未经杨先生同意，亦未有充分证据证明其承认行为是在受胁迫或重大误解情况下作出，原告杨先生对该手机号码是否为被告所使用不再承担举证责任，而应由被告对该手机没有使用过承担举证责任，而被告未能提供相关证据，故法院确认该号码系韩女士使用。

依据 2005 年 4 月 1 日起施行的《中华人民共和国电子签名法》中的规定，电子签名是指数据电文中以电子形式所含、所附用于识别签名人身份并表明签名人认可其中内容的数据。数据电文是指以电子、光学、磁或者类似手段生成、发送、接收或者储存的信息。移动电话短信息即符合电子签名、数据电文的形式，同时移动电话短信息能够有效地表现所载内容并可供随时调取查用；能够识别数据电文的发件人、收件人以及发送、接收的时间。经本院对杨先生提供的移动电话短信息生成、储存、传递数据电文方法的可靠性；保持内容完整性方法的可靠性；用以鉴别发件人方法的可靠性进行审查，可以认定该移动电话短信息内容作为证据的真实性。根据证据规则的相关规定，录音录像及数据电文可以作为证据使用，但数据电文虽然可以直接作为认定事实的证据，还应有其他书面证据相佐证。

通过韩女士向杨先生发送的移动电话短信息内容中可以看出：2004 年 8 月 27 日韩女士提出借款 5 000 元的请求并要求杨先生将款项汇入其卡中，2004 年 8 月 29 日韩女士向杨先生询问款项是否存入，2004 年 8 月 29 日中国工商银行个人业务凭证中显示杨先生给韩女士汇款 5 000 元；2004 年 9 月 7 日韩女士提出借款 6 000 元的请求，2004 年 9 月 27 日韩女士向杨先生询问款项是否汇入。2004 年 9 月 8 日中国工商银行个人业务凭证中显示杨先生给韩女士汇款 6 000 元。2004 年 9 月 15 日至 2005 年 1 月韩女士屡次向杨先生承诺还款。

杨先生提供的通过韩女士使用的号码发送的移动电话短信息内容中载明的款项往来金额、时间与中国工商银行个人业务凭证中体现的杨先生给韩女士汇款的金额、时间相符，且移动电话短信息内容中亦载明了韩女士偿还借款的意思表示，两份证据之间相互印证，可以认定韩女士向杨先生借款的事实。据此，杨先生所提供的手机短信息可以认定为真实有效的证据，证明事实真相，本院对此予以采纳，对杨先生要求韩女士偿还借款的诉讼请求予以支持。

（资料来源：找法网 FindLaw，09-11-27）

问题：

1. 从此案法官判决中可以看出，法官引用了《电子签名法》中的规定，您认为在此案中，手机短信是否能作为证据？

2. 如何来确定短信的法律效力？

3. 这个案子有何法律意义？

本 章 小 结

通过本章的学习要了解移动支付的基本背景，包括移动支付的定义、移动支付的特点、移动支付的分类以及移动支付的发展和前景等内容。在一定支付的概念中，要掌握以移动支付发展组织和欧洲银行标准化协会以及中国人民银行关于移动支付的描述和定义；熟悉移动支付具有便捷性、安全性等基本特点；在分类中，主要了解移动支付论坛以及欧洲银行标准化协会给出的不同分类，并会分析它们的相似性；然后要熟悉移动支付的类型、移动支付的实现、移动支付的交易、移动支付的主体及移动支付的流程。随后阐述国外移动支付的现状和移动支付在中国的发展，最后了解移动支付存在的问题和移动支付发展趋势。移动支付在国内尚处于市场培育阶段，其发展面临着诸多问题，要想成功发展移动支付产业，则需要看清移动支付发展的方向和影响移动支付业务发展的关键因素，进而找出移动支付发展所应采取的策略。

思 考 题

1. 请给出移动支付的定义。

2. 试述移动支付有何优点？

3. 试述移动支付有哪些分类？

4. 试述移动支付的技术实现。

5. 试论移动支付的交易及流程。

6. 试分析移动支付未来发展的趋势和前景。

第 5 章　移动商务安全

学习目标

- 熟悉移动商务安全的现状、原则和技术
- 掌握移动商务的安全机制
- 掌握移动商务的安全协议与标准
- 理解移动商务的系统安全

案例导入

淘宝"错价门"引发争议

互联网上从来不乏标价 1 元的商品。近日，淘宝网上大量商品标价 1 元，引发网民争先恐后哄抢，但是之后许多订单被淘宝网取消。随后，淘宝网发布公告称，此次事件为第三方软件"团购宝"交易异常所致。部分网民和商户询问"团购宝"客服得到自动回复称："服务器可能被攻击，已联系技术紧急处理。"这起"错价门"事件发生至今，导致"错价门"的真实原因依然是个谜，但与此同时，这一事件暴露出来的中国电子商务安全问题不容小觑。在此次"错价门"事件中，消费者与商家完成交易，成功付款下了订单，买卖双方之间形成了合同关系。作为第三方交易平台的淘宝网关闭交易，这种行为本身是否合法？蒋苏华认为，按照中国现行法律法规，淘宝网的行为涉嫌侵犯了消费者的自由交易权，损害了消费者的合法权益，应赔礼道歉并赔偿消费者的相应损失。

5.1　移动安全的现状与意义

从国内的"暗云Ⅲ"病毒，到席卷全球的"WannaCry"敲诈勒索病毒，再到"Petya"恶性破坏性病毒，层出不穷的网络病毒正在不断刺激互联网用户的神经。腾讯安全发布的《2017 年上半年互联网安全报告》显示，2017 年上半年，针对 PC 端的病毒攻击环比增加30%，恶意程序数量逐年攀升；超过 1 亿的手机用户感染过手机病毒，二维码已成为主流病毒渠道来源。

5.1.1 移动安全的现状

中国互联网络信息中心（CNNIC）发布的数据显示：截至 2017 年 6 月，我国网民规模达到 7.51 亿，半年共计新增网民 1 992 万人，半年增长率为 2.7%。互联网普及率为 54.3%，较 2016 年年底提升 1.1 个百分点。我国手机网民规模达 7.24 亿，较 2016 年年底增加 2 830 万人。网民中使用手机上网的比例由 2016 年年底的 95.1%提升至 96.3%，手机上网比例持续提升。各类手机应用的用户规模不断上升，场景更加丰富。其中，手机外卖应用增长最为迅速，用户规模达到 2.74 亿，较 2016 年年底增长 41.4%；移动支付用户规模达 5.02 亿，线下场景使用特点突出，4.63 亿网民在线下消费时使用手机进行支付。可见，手机支付用户的增长速度远远高于网民总规模的增长速度和手机网民规模的增长速度。移动支付的时代已经到来，移动支付是互联网竞争的下一个主战场。报告显示，中国手机用户面临的手机安全威胁依然严峻。一方面，以恶意扣费类软件为主的手机病毒数量翻番，骚扰电话数量大幅度上升，新型"伪基站"高科技诈骗短信泛滥；另一方面，移动支付面临的安全风险持续上升，仍然是广大用户关心的手机安全问题核心。

截至 2014 年，发现的手机病毒样本超过 600 万，感染手机数超过 2 000 万，平均每 20 部手机中就有一部携带手机病毒。恶意高危软件情况也十分严峻，总数已经突破了 200 万，其中恶意扣费类和隐私窃取类所占比重最高，达到 91%。众多恶意软件开发者专门针对网银、支付、购物等涉及移动支付的应用进行山寨，目前仅各种网银应用的山寨版本就超过了 500 款。除了增长快以外，支付类病毒的技术也在不断演进。目前，窃取网银账户密码的病毒已经进化到了第四代，能力更强大，让人防不胜防。第四代病毒可以远程操作恶意代码，通过正常的应用扫描用户手机银行，再远程操作下载一个山寨网银应用替换，在用户不知情的情况下窃取了用户的银行账户和密码。百度手机卫士此前发现的"山寨网银""银行悍匪"病毒便属于这一类。

2015 年 1 月 6 日，全球领先的移动互联网第三方数据挖掘和整合营销机构 iiMedia Research（艾媒咨询）发布了《2014Q3 中国手机安全市场季度监测报告》。报告数据显示，在手机安全应用的不满意因素调查中，占用手机资源最为用户诟病，占比为 64.3%；其次为响应速度缓慢，占比为 50.0%。在功能设计及达到效果方面，认为功能冗杂的用户占比为 32.6%，效果达不到预期的用户占比为 28.6%。iiMedia Research 分析认为，在手机内存资源稀缺的情况下，手机安全应用若占用大量的手机资源，手机运行、响应速度将变慢进而影响用户的体验效果；实现"降耗"与"提速"，有助于改善手机安全应用的用户体验，或将成为厂商增加自身用户数的关键所在。如图 5-1 所示。

流量无故消耗、骚扰电话和垃圾短信、手机被恶意扣费是中国手机网民面临的主要安全问题，分别占比为 46.9%、35.8%与 27.5%。由于消费者防范意识不高，经济利益很容易受到侵害，从而影响消费体验，进而影响到消费者网上购物的信心。

图 5-1　2014Q3 中国手机网民遇到的手机安全问题分布

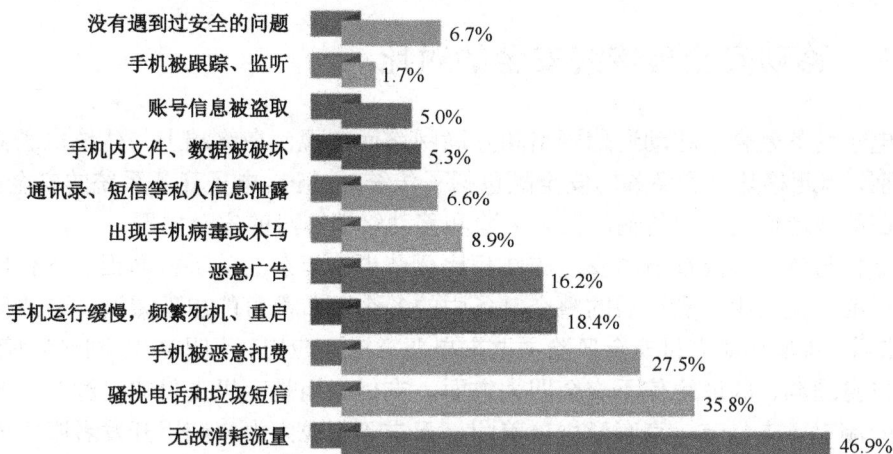

注：部分手机网民可遇到多个手机安全问题，故比例相加之和大于100%。

■ 案例

2014 年，中国互联网协会曾做过一份关于互联网信息泄露可能性的问卷调查，其中91%的网民认为自己的身份证和手机号曾经通过网络被公开过，超过 80%的网民承认自己家庭住址、姓名和银行卡号遭到网络泄露；逾 50%以上的网民确认其学历、医疗、体检记录、个人社会关系、工作单位、婚姻状况和地理位置等重要信息可能遭泄露。

在日常生活中，一次旅游、一次住酒店、结婚、去医院看病、买房买车……都有可能出卖你的信息。就算你足不出户，社保、医保系统的漏洞也可能让你的参保信息暴露无遗；哪怕你是一个刚刚出生的小宝贝，甚至是在监狱服刑的犯人，卫生系统和司法系统的漏洞也会导致信息泄露。这并不是耸人听闻，从补天、乌云等漏洞平台曝出的多个数据显示，录入了信息的多个政府系统都存在着可导致信息泄露的漏洞。

2014 年 12 月 25 日，12306 网站被曝出现用户数据泄露漏洞，大量用户数据在互联网遭疯传，包括用户账号、明文密码、身份证、邮箱等。12306 网站随后通报称公安机关已经介入调查。据悉，此次遭泄露的账户数约 13 万。该事件一时间引起全国哗然。有网友在漏洞平台乌云发表一篇题为《大量 12306 用户数据在互联网疯传包括用户账号、明文密码、身份证邮箱等（泄露途径目前未知）》的帖子，称当前有黑客获取了 12306 的所有用户信息并在一些黑客群体中进行流传、买卖。据了解，该样本数据的文件标题为《12306 邮箱-密码-姓名-身份证-手机（售后群：31109xxxx）.txt》，共计 131 653 条记录、文件大小 14 M。

网络安全公司知道创宇研究部总监对腾讯科技表示，经过仔细分析，该批 13 1653 条的 12306 用户数据是真实的。此外，该批数据基本确认为黑客通过"撞库攻击"所获得。

黑客获取数据主要有三种方式：直接攻击网站、散播刷票软件等木马程序及上述的撞库攻击。前两种攻击方式比较常见，而撞库攻击对于普通网友来说相对比较费解。很多用户在不同网站使用的是相同的账号密码，因此黑客可以通过获取用户在 A 网站的账户从而尝试登录 B 网址，这就可以理解为撞库攻击。

另一位安全专家也认为，从已有证据来看，撞库攻击是最接近事实的。他还强调，从泄露的数据格式看，不像直接从 12306 数据库偷出来的。

5.1.2　移动安全与传统安全的对比

移动电子商务融合了移动通信网络和互联网络而实现，在终端上与传统电子商务也有很大的区别，因此移动电子商务的安全既包括了传统 Internet 电子商务系统的安全问题，也包括信息在移动通信网络中传输的安全风险和移动终端本身的安全问题。

移动支付与传统涉及钱财的安全威胁相比环节更为复杂。从手机网银、支付应用的下载，到支付前、支付中、支付后的整个链条中的各个环节都可能出现漏洞，造成风险的叠加。目前来看，新型移动支付安全风险主要来自恶意山寨应用、不明 WiFi 网络环境不安全、支付应用自身漏洞、验证短信不安全四大方面。支付应用是手机支付的"源头"，因此用户最常用的淘宝、支付宝、京东商城、美团、天猫等都成为山寨应用开发者眼中的"香饽饽"。免费 WiFi 也是黑客们重点部署的"基地"。黑客们通过搭建山寨的免费 WiFi 陷阱，诱骗用户"蹭网"，从而监视并窃取用户所有网络传输的数据流，盗取网银等隐私信息。除此以外，网银、社交等应用本身的漏洞及支付的验证短信息也成为不法分子觊觎的对象。

技术决定了商务活动的内容和方式，也决定着商务活动的可行性与安全性能。移动安全与传统安全技术上的区别主要体现在网络设施、应用开发、终端设备、关注内容、无线窃听 5 个方面。

1．网络设施

电子商务的成功开展得益于互联网的快速成长，互联网的基础是被人们广为接受的通信协议（TCP/IP 协议），这不仅解决了全球网络互联的问题，而且保证了计算机之间通过一种可靠的方式进行通信。而移动电子商务源于移动通信系统，这些系统架构在不同的无线通信技术之上，有些无线通信企业由于使用的标准互不兼容，导致了移动通信的高成本和全球移动通信互联的困难。

2．应用开发

互联网的访问方式主要是 WWW，大部分的电子商务也都是基于 Web，统一资源定位器（URL）是确定网络资源位置的工具。而在分布和动态的移动环境下，没有一种统一的服务发现机制可以满足高度的动态性、互操作性的要求。传统电子商务的网站非常容易与企业后端的信息系统通过互联网进行连接，而移动电子商务由于分属不同的供应商，或者使用不同的通信协议，在应用中实现多个系统间的互操作具有一定的困难。

3．终端设备

传统的电子商务应用主要以个人计算机为主，计算机具有很大的屏幕、完整的文本输入键盘、大量的内存和很强的处理能力。移动电子商务使用的终端设备主要有手机、PDA、便携式计算机，这些手持设备屏幕很小，软件应用相对粗糙，没有 Cookie 和进程控制功能，网络速度很慢。人们使用计算机消费通常带有一定的盲目性，他们也许会在电子邮箱中收到商家开展营销活动的电子邮件，但是不能确保什么时候可以看到这个消息。移动终端设备通常是随身携带并且长时间开机的，这使得消息能够更快、更可靠地传递到客户手中。同一台计算机使用的用户经常会有不同，而同一移动设备一般是固定的某一用户使用的，因此，移动电子商务的个性化服务更有针对性。

4．关注内容

除了传统的安全关注外，移动安全更关注认证、隐私保护、支付安全。

5．无线窃听

在无线通信网络中，所有的通信内容（如移动用户的通话信息、身份信息、位置信息、数据信息等）都是通过无线信道传送的，无线信道是一个开放性信道，是利用无线电波进行传播的，在无线网络中的信号很容易受到拦截并被解码，只要具有适当的无线接收设备就可以很容易实现无线监听，而且很难被发现。对于无线局域网络和无线个人区域网络来说，他们的通信内容更容易被窃听，因为他们都工作在全球统一公开的工业、科学和医疗频带，任何个人和组织都可以利用这个频带进行通信。而且，很多无线局域网和无线个人区域网络采用群通信方式来相互通信，即每个移动站发送的通信信息，其他移动站都可以接收到，这些使得网络外部人员也可以接收到网络内部通信内容。无线窃听可以导致信息泄露，移动用户的身份信息和位置信息的泄露可以导致移动用户被无线跟踪。另外，无线窃听可以导致其他一些攻击，如传输流分析，即攻击者可能并不知道消息的真正内容，但他知道这个消息的存在，并知道消息的发送方和接收方地址，从而可以根据消息传输流的信息分析通信目的，并可以猜测通信内容。

5.1.3　移动安全对移动支付的意义

对移动电子商务安全问题的研究，具有以下两方面的重要意义。

1．移动电子商务安全是移动电子商务的生存保障

移动电子商务的安全威胁是在电子化、网络化、数字化技术发展的背景下产生的，许多传统意义上形成的安全解决办法不能被用来简单地"照搬照抄"。在移动环境下开展电子商务活动，客户、商家、银行、移动运营商等诸多参与者都会担心自己的利益是否能够真正得到保障。因此，各国政府、国际组织及 IT 业界人士都在致力于安全问题的解决方案，期望逐步把网上混沌世界变得有序、可信、安全。只有保证了移动电子商务的安全，才能够吸引更多的社会公众投身移动电子商务、运用移动电子商务和发展移动电子商务，才能够保证移动电子商务健康地生存、高速地发展。

2．移动电子商务安全涉及国家经济安全

商务活动是国家经济生活中的重要环节。在信息化进程中，国家安全与经济安全密不可分，而经济安全依赖于信息化基础设施的安全程度。面对计算机、通信、多媒体的广泛应用，国际社会对信息安全空前关注，除了重视传统意义的军事安全外，也越来越重视信息攻击的威胁性。保证移动电子商务安全、健康的发展，是维持社会生产和生活的正常秩序、建立效率与公平兼顾的社会发展机制、促进国家经济高效运行的便捷通道，是实现国家经济体制与秩序安全、金融与货币安全、产业与市场安全、战略物资与能源安全、对外贸易与投资安全在数字化、网络化环境中顺利开展的有效保障。因此，从国家战略的高度讲，移动电子商务安全是国家经济安全的重要组成部分，是实现信息社会可持续发展的重要一环。

5.1.4 针对移动安全的威胁

针对移动安全的威胁主要包括：
（1）手机漏洞；
（2）支付类；
（3）欺诈类。

5.2 手机漏洞与移动支付安全

漏洞的发现与修复，是智能手机操作系统安全性的根本保证。但与个人计算机不同，手机操作系统，特别是市场占有率超过 70%的安卓系统，呈现出显著的碎片化现象。手机操作系统的发布与更新往往是由各个手机厂商独立完成的，而且几乎每个手机厂商都会根据自己的软硬件设计，对原生的安卓操作系统进行或多或少的定制化开发。因此，即便是安卓系统的原始开发者 Google 公司，也无法掌控所有手机的漏洞修复与版本更新。手机操作系统更没有形成 Windows 那样的全球统一的漏洞发布与补丁更新机制。这就使得手机操作系统的安全性面临更加复杂的挑战，手机漏洞也层出不穷。

近年来，移动互联网的高速发展，廉价智能终端设备的加快普及，随之而来的网络、设备和信息安全问题也越来越受到用户、厂商、运营商和国家的关注。在传统互联网中存在的安全隐患在移动互联网的环境下依然存在，而且有被加重的趋势。

由于智能终端通过移动互联网是实时在线的，终端病毒和非法软件对终端和移动互联网提供商的攻击更加具有持续性。在给终端用户提供的内容方面也需要更加严格的监管，大量的垃圾信息和骚扰消息在移动互联网下会给用户造成更大的威胁。

2013 年，360 互联网安全中心针对较为流行的 9 大品牌、18 款典型型号的安卓手机进行了一次专门的漏洞测试分析。具体品牌及型号见表 5-1。

表 5-1　参与漏洞检测的 9 大手机品牌及 18 个具体型号

厂商	型号	版本	厂商	型号	版本	厂商	型号	版本
Google	Nexus S	2.3.6	中兴	C N880	2.2.2	三星	Galaxy S2	2.3.4
	Nexus 4	4.2		N881F	4.0.4		Galaxy S3	4.0.4
华为	C8650+	2.3.6	HTC	Wildfire S	2.3.5	酷派	8150	2.3.7
	Ascend Mate	4.1.2		One X	4.0.4		7295	4.1.2
LG	Optimus P350	2.2	联想	A65	2.3.5	索尼	Xperia Arc S	2.3.4
	Optimus P880	4.0.3		K860	4.2.1		Xperia SL	4.0.4

以上典型机型的系统版本主要为安卓 2.x 和 4.x 两大类，在出厂默认设置条件下对这些型号的手机进行测试分析后发现，安卓 2.x 版本中的 9 款手机平均存在 20 个已知的安全漏洞，最少的是 8 个漏洞，而最多的则达到 40 个漏洞；安卓 4.x 版本中的 9 款手机平均存在 19 个已知的安全漏洞，最少的是 3 个漏洞，最多的同样达到了 40 个漏洞。

研究发现，使用 Google 原生安卓系统 Nexus 系列的手机漏洞是最少的，其次是索尼手机。国产手机漏洞数量通常介于 10～20 个之间，少数国际知名品牌的某些手机型号中，检测出存在 30～40 个安全漏洞。从 360 互联网安全中心对上述机型手机预置应用的调查结果

来看，因厂商定制产生的手机安全漏洞，约占被测试手机已知漏洞总数的 70%。

在针对上述机型的安全检测中，360 互联网安全中心还对 6 类危害较大且比较常见的漏洞类型进行了统计。具体统计结果见表 5-2。

表 5-2　6 类漏洞在各型号手机中的分布

漏洞类型	漏洞危害	涉及机型数	涉及机型比例	检出漏洞个数
后台消息	恶意程序可在用户不知情的情况下在后台向指定号码发送消息	18	100%	70
签名漏洞	恶意程序可在不改变正常程序签名的情况下篡改这些程序	18	100%	18
短信欺诈	恶意程序可向机主手机发送欺诈短信	17	94%	57
后台电话	恶意程序可在用户不知情的情况下在后台向指定号码拨打电话	17	94%	29
清除数据	恶意程序可以恶意删除手机中的文件或信息	5	28%	8
静默安装	恶意程序可以在用户不知情的情况下在后台静默安装	4	22%	7

手机漏洞的修复周期长也是一个重要的安全隐患。这主要是由以下几方面的原因造成的：第一，手机行业尚未形成如 Windows 系统那样定期统一推送补丁的机制；第二，不同厂商对系统安全的重视程度也不同，因此厂商修复系统漏洞的周期也长短不一，某些山寨手机厂商甚至从手机出厂之后就从不修补任何手机漏洞；第三，同样是由于厂商定制开发的原因，使得某些厂商开发的安卓系统没有办法随着 Google 原生安卓操作系统一起升级；第四，出于对手机系统升级可能带来的其他方面问题的担忧，很多用户也不愿意主动升级自己的手机操作系统。

5.3　购物与支付类恶意程序

从绝对数量上看，专门针对手机网银、支付工具和网上购物设计的木马程序并不是很多。但此类木马往往会使用最新的攻击技术和方法，使得此类木马的发现和查杀难度大大增加。

1. 手机恶意程序综述

2013 年，360 互联网安全中心共截获 Android 平台新增恶意程序样本 67.1 万个。其中，约有吸费木马 45 万款，占比为 67%，吸费木马中包括 46% 的资费消耗（主要是消耗上网流量）类恶意程序和 21% 的恶意扣费类恶意程序（主要是暗中发送扣费短信定制增值服务或在后台偷偷拨打吸费电话）。由于手机话费本身也可以用来进行多种网上支付，因此，占总量近七成的吸费恶意程序，从某种程度上说，也是对移动支付安全的威胁，如图 5-2 所示。

而专门针对移动支付和网上购物设计的木马程序数量则要少得多。2013 年，360 互联网安全中心共截获支付及购物类恶意程序 2 962 个。这些恶意程序可以盗取支付账号和密码，拦截并转发银行发来的短信，或者是直接洗劫支付账户中的资金余额。

这些恶意程序通常会以两种形式出现：一种是篡改特定官方客户端程序并植入恶意插件的篡改类木马；另一种是纯粹假冒其他应用程序的假冒类木马。统计显示，在所有的支付及网购木马中，篡改类木马占比约为 26%，假冒类木马占比约为 74%。

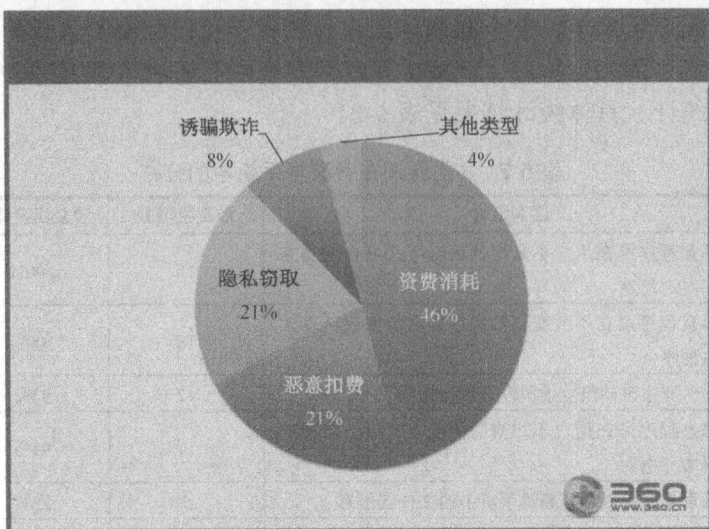

图 5-2　Android 平台恶意程序感染量分布

从恶意程序篡改或假冒的对象来看：淘宝及相关应用最多，占比约为 25%；其次是安卓系统或安卓系统组件，占比约为 14%；接下来是微信相关应用和网银客户端，占比分别为 12% 和 9%。还有假冒图片和相册，假冒支付宝及相关应用，假冒金融证券软件、安全组件和京东等各种应用的木马程序也不在少数，如图 5-3 所示。

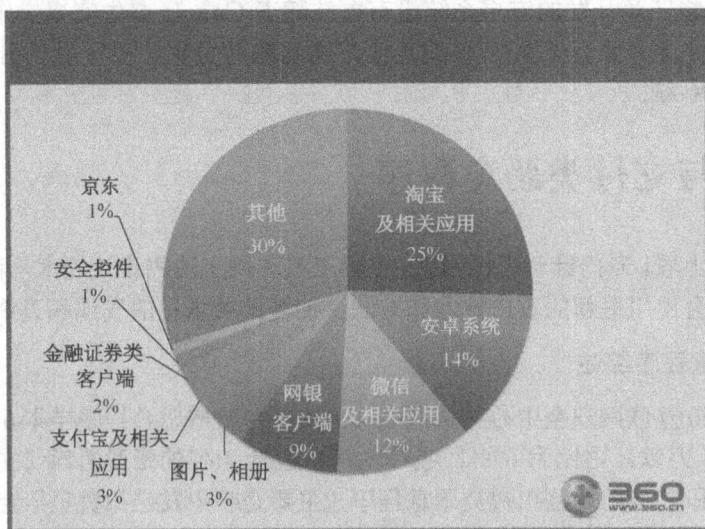

图 5-3　手机购物及支付类恶意程序篡改或假冒对象

2．恶意程序传播途径

从传播途径上看，点对点的发送是购物及支付类木马的主要传播方式，具体包括短信链接、短链接和二维码三种形式。

（1）短信链接就是在短信中含有的网址链接。就目前情况而言，短信链接仍然是最为主要的恶意网址传播方式。骗子经常利用银行电子密码升级、账户到期、账户扣费等短信内容诱骗受害者打开带有木马程序的网站链接，进而中招感染木马。

146

（2）来自微博、微信等手机应用中的网址短链接，特别是随着微信的快速普及，通过微信群发带有木马程序的恶意网址或钓鱼网站，已经成为一种非常普遍的网络攻击方式。特别值得关注的是，人们在 PC（个人计算机）上通常使用浏览器来打开网址，安全软件通常都能有效地发现和拦截恶意网址。但在手机上则有所不同，通过微博、微信等手机客户端软件打开的网址往往无法被手机安全软件捕获。这就使得人们通过手机访问恶意网址的概率大大提升。

（3）通过二维码传播恶意程序的比例在 2013 年增长迅速，这一方面是由于二维码应用越来越广泛，扫二维码已经成为很多手机用户的日常习惯，另一方面也是由于多数二维码扫码工具并不具有识别恶意网址的能力，只是简单将二维码翻译成网站地址。这就给恶意程序通过二维码传播创造了更加有利的条件。另外，恶意二维码目前也是钓鱼网站在手机上传播的重要途径。

■ 典型盗号木马案例

"支付鬼手"专偷用户手机支付账号密码

2013 年 5 月，360 互联网安全中心截获了一款名为"支付鬼手"的手机木马，该木马伪装成淘宝客户端，将用户输入的淘宝账号、密码及支付密码通过短信暗中发送至黑客手机，同时诱导用户安装木马子包，木马子包会劫持用户收到的包含验证码在内的所有短信，并联网上传或直接转发至黑客手机。而黑客一旦收到这些信息，就会将用户支付宝财产洗劫一空。"支付鬼手"是当时截获的唯一一个具有完整盗窃支付账号能力的手机木马。如图 5-4 所示为 360 手机卫士拦截"支付鬼手"木马安装，及拦截该木马向黑客手机发送短信时的手机截图。

图 5-4 360 手机卫士拦截"支付鬼手"木马安装

如图 5-5 所示为"支付鬼手"木马诱导用户安装名为"账户安全服务"的恶意子包的手机截图。

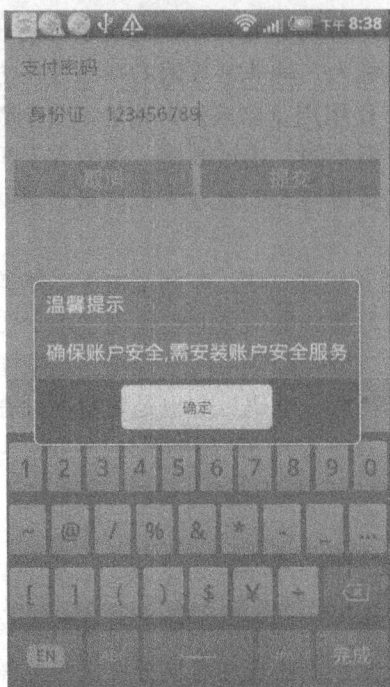

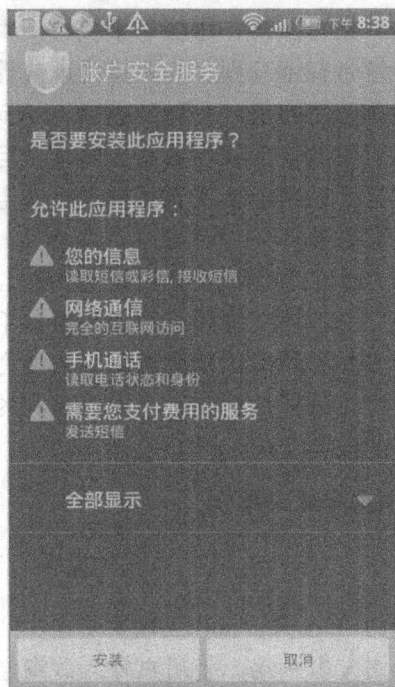

图 5-5 "支付鬼手"木马诱导用户安装"账户安全服务"恶意子包

"支付鬼手"木马主要是通过二维码、论坛等渠道进行传播的。黑客会将木马下载地址制作成二维码图片在网站及论坛传播，诱骗用户扫描下载，其安装包显示名称为"旺信内测版"或"跳蚤街"等名称。

3. "隐身大盗"拦截用户手机验证短信

很多网上支付工具都会与手机绑定，用于发送验证码和交易信息通知。进入 2013 年以来，以拦截和窃取交易短信为目标的手机木马迅速泛滥，最典型的是名为"隐身大盗"的安卓木马家族。此类木马运行后会监视受害者短信，将银行、支付平台等发来的短信拦截，然后将这些短信联网上传或转发到黑客手机中。黑客利用此木马配合受害者身份信息，可重置受害者支付账户。国内已出现多起"隐身大盗"侵害案例，有受害者损失高达十余万元。

图 5-6 "咖啡科技"卖出手机木马后，黑客的手机短信截屏

目前有网站以 1 000 元的价格公开售卖短信拦截类木马。图 5-6 是一个名为"咖啡科技"的不法公司卖出手机木马后，使用该木马的黑客的手机短信截屏。从图中可以看出，一条支付宝发给用户的"找回密码"短信被劫持到了黑客的手机上。这名黑客实际上正在尝试登录并修改某用户的支付宝账户。由于木马劫持了支付宝发给用户的短信，因此，黑客就可以通过"找回密码"这种方法修改用户的账户密码。

5.4　移动认证

随着移动商务的普及和应用，移动商务的安全性已成为人们关注的焦点。身份认证是第一道安全屏障，通信安全总是始于身份认证的握手过程。基于密码技术的认证协议是实现身份认证最安全的方式，因此，移动商务的身份认证协议是保证移动商务安全通信的必要条件。国内移动商务的身份认证主要采用基于用户名口令的静态口令认证机制，这种认证方式易于实现且操作简单，但其安全性仅依赖于用户口令的保密性。一次性口令，认证机制可以实现一次一密，具备较高的安全性，同时，其实现简单、成本低、无须第三方公证，十分适合于受限的移动商务环境，但其难以抵御小数攻击及没有实现双向认证。认证机制的安全隐患主要在于生成一次性口令的随机数及认证信息都以明文方式传送，因此，可以采取密码体制对随机数及认证信息进行加密。公钥密码体制具备较高的安全强度，即椭圆曲线密码体制，是现有公钥密码体制中运算效率、安全性最高且无须第三方的体制。存储空间小、带宽要求低、计算量小和处理速度快的特点使其十分适合于移动商务的认证环境。

5.4.1　移动互联网身份管理

传统互联网中，用户信息和账号信息分散在不同的网络站点上，易用性低，安全运维成本较高。联合身份管理正是用来解决将一个实体的多个身份或账号信息联合管理和维护的问题。作为移动通信网和传统互联网的结合，移动互联网络中存在着与传统互联网中类似的问题——对每个业务用户都需进行身份信息（包括用户名、密码等基本身份信息，以及姓名、爱好等高级身份关联信息）注册方能使用。而在使用业务过程中，因为业务间切换而不得不多次输入用户名密码进行不断的认证和授权。移动互联网中业务多样性也迫使用户为使用业务而不得不维护在网络中的所有身份信息。此外，移动互联网终端屏幕偏小、处理能力较弱也使得用户在申请每个业务时都填写一次用户信息，或在使用移动互联网访问业务时需反复输入用户名、密码而产生极大的不便，多次输入也很容易带来安全问题，并可能最终导致用户放弃对该业务的使用，影响移动互联网向前发展。

因此，在融合的移动互联网服务环境中如何提供一种身份基础设施在跨网、跨业务中建立可靠的身份认证和用户信息的共享服务，提高业务使用便利性，提升用户服务体验及身份信息安全性，是移动互联网安全稳定发展的一个重要研究方向。例如，基于短信的多系统单点登录中对后端认证技术的需求就是一个很好的案例。

移动互联网身份管理体系（简称体系）的三要素是移动用户（User）、服务提供方（SP）、身份信息提供方（IDP）。

1. 移动用户（User）

移动用户是指使用移动终端访问移动互联网上各种服务的移动主体。用户是服务提供商业务服务的消费者，也是身份信息提供方身份服务的消费者。

移动互联网身份管理体系中，在各个要素间流动的是 User 所提供的用户信息——基本身份信息和身份关联信息。基本身份信息通常用于身份认证，认证目的是为了鉴别用户在业务应用中所处的角色地位，据此来限定用户对各业务的访问权限；身份关联信息，用于为用户提供及时、个性化、高体验的服务。用户会根据对业务的信任度，开放不同种类和数量的用户信息供业务使用。总之，在业务使用过程中，用户和 SP 间的信任是双向的。

2. 服务提供方（SP）

服务提供方是指移动互联网上为移动用户提供服务的服务提供方，它提供各种服务供用户使用，它是用户身份信息的消费者。

3. 身份信息提供方（IDP）

身份信息提供方作为用户信息服务提供商和移动互联网身份管理的核心，可作为可信方和其用户的代理。一方面，为用户提供身份服务，如接受用户的注册请求，对用户身份信息进行验证；同时，也接受认证请求，对用户身份合法性进行认证，然后再为用户提供相关应用服务。特别提出的是，通过为用户提供用户信息隐私等级评定及为提供信任等级评定，最终实现对访问用户信息的管理。

在移动互联网服务中，电信运营商可天然作为向第三方用户提供身份及用户信息服务的优势，主要表现如下。

通过提供跨域的服务，来提高用户访问服务的效率，并向第三方提供可重复使用的认证信息；自身不需要建立单独的用户身份管理和认证体系，可以极大地节省成本。

作为用户信息的存放地，移动运营商可通过进一步向新业务开放用户信息（如用户喜好、设备功能、位置信息、社会关系等）来直接提升用户对新业务的体验。

运营商利用自身品牌影响力提供宣传效应，扩大知名度，并提升业务使用量。

移动互联网身份管理体系所提供的功能主要包括身份联合、单点登录及统一访问三部分。

建立信任关系和信任域是进行身份联合、实现和统一访问的基础。移动互联网身份管理体系中的信任关系包括两种。一种是 SP 与 IDP 之间的信任关系，它通过协商或按两者之间相关的协议及其扩展建立，而信任域就是通过 SP 与 IDP 之间建立的信任关系而形成的信任区域。在统一认证过程中，在 SP 和 IDP 之间建立信任关系以后，SP 才能进一步确认 IDP 用户身份的认证信息是真实可靠的，进一步为用户提供相关服务。另一种是 User 和 SP 之间的信任关系，它体现了 User 对 SP 所开放用户信息的种类及数量的程度。User 可以通过参考 SP 与 IDP 之间所形成的信任关系的程度来生成 User 和 IDP 之间的信任关系。

5.4.2 身份认证方式

本节将介绍目前主要的身份认证方式，并对它们的优缺点进行分析比较。

1. 静态口令

静态口令技术是最常见的认证方式，它采用"用户名密码"的方式进行认证。该方式简便易行但安全性不高，适用于对于安全性要求不是很高的封闭性系统中，如图 5-7 所示。

静态口令身份认证方式的优点在于简单易

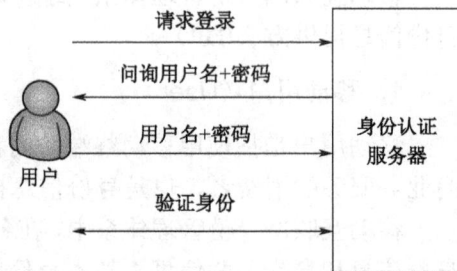

图 5-7 静态口令方式

行，适用于对安全性要求不高的小型系统。其缺点有以下几点。

（1）用户以明文方式输入用户名密码易被木马程序等记录窃取。

（2）静态口令无法抵御字典攻击、暴力破解等攻击方式。

（3）静态口令方式用户名和密码在传输过程中易被窃取，没有安全保障。

（4）静态口令身份认证服务器中用户信息在存储时易被攻击者非法获取，存在安全性问题。

（5）为提高安全性，用户往往定期更改密码，当用户密码过多时易发生密码遗忘等问题。

（6）静态口令方式为单向的身份认证，用户无法对应用系统进行身份认证。

2．动态口令

动态口令是为了解决静态口令的安全性问题，在静态口令方式基础上发展而来的。动态口令的思想首先是由美国科学家 Leslie Lamport 在 20 世纪 80 年代提出的，并在 20 世纪 90 年代得到了应用。动态口令方式采用双因子认证，实现了"一次一密"。目前动态口令产品主要有动态口令牌（One Time Password，OTP）、短信密码、手机令牌等，该方式在国内外的网上银行、网络游戏等领域得到应用。

动态口令方式包括同步动态口令和异步动态口令两种形式。同步方式在初始化时服务器端对客户端进行密钥、时钟或事件的同步，认证时客户端基于密钥、时钟或事件进行运算，将结果发送至服务器端，服务器端进行计算比较验证。异步动态口令方式又称为挑战应答（Challenge-Response）方式，该方式在认证时客户端对自身口令和由服务器端发来的随机数通过函数生成字符串发送至服务器端，服务器端进行计算验证。

动态口令方式的优点在于：采用双因子认证方式增强了安全性；采用"一次一密"的方式，能够有效地防止窃听；动态口令中有随机因子，因此增加了破解难度，穷举、暴力破解等方式对动态口令无效。

动态口令方式的缺点在于：动态口令认证方式是单向认证，用户无法对服务器端进行认证；动态口令中口令的变化存在时间周期，有安全隐患；不能保证信息的完整性和不可否认性；动态口令方式实现成本较高，且产品容易遗失。

3．生物识别

生物识别技术（Biometric Identification Technology）是通过可以测量采集的身体或者行为等生物特征进行身份认证的技术。生物特征是指可测量识别的唯一的生理特征或行为模式，主要有虹膜、声纹、指纹、血管、DNA、签名、声音等。

生物识别方式首先采集用户的生物特征数据存放于数据库中，当需要对用户进行身份认证时，首先采集提取用户的身份特征信息，然后与数据库中存放的信息进行比较验证。

生物识别方式的优点：易携带；生物特征不易伪造；随时可用。

生物识别方式的缺点：技术不完全成熟，生物识别准确性和稳定性亟待提高；成本高，不易推广；认证时匹配速度较慢，限制其实用性。

目前国内外有很多公司致力于生物识别领域研究，如美国公司 Identi、Visage、加拿大公司 Bioscript 等。中国也有很多研究生物识别领域的公司。

5.4.3　基于 PKI 技术的身份认证

目前基于 PKI（Public Key Infrastructure）技术体系的身份认证方式已被广泛应用。该认证方式通过数字证书来标识用户身份，通常采用 USB 接口、SD 接口等智能密码硬件作为数字证书的载体，这些载体能够提供双因子的身份认证。基于 PKI 技术的身份认证方式的优点：采用公钥密码体制进行身份认证安全性高；PKI 体系具有统一的标准是目前应用较多的身份认证方式；PKI 体系可以提供完整的信息安全服务。

基于 PKI 技术的身份认证方式存在的问题：PKI 体系需要建立可信的 CA 机构，在中国由于盲目的建设，CA 认证机构众多，造成了身份认证过程中的交叉认证问题，增加了认证难度。

1．认证技术的结合

通过对前面几种身份认证方式的分析可以了解到不同的身份认证方式有着不同的优缺点，因此最好的解决方案便是将几种身份认证方式相结合，取长补短。例如，动态口令和静态口令结合，静态口令和智能卡方式结合等。目前最为安全可行的方式是将指纹识别、智能卡方式和基于 PKI 的认证方式相结合。体系有着完善的安全框架，智能卡方式的安全存储可以有效地保护用户的私钥或证书信息。这两种方式的结合可以有效地提高身份认证的安全性和可靠性。

2．PKI 技术体系简介

PKI 公钥基础设施技术是网络环境下公认有效的信息安全技术之一。它是建立在公钥密码体制上为应用提供加密、身份认证等安全服务的基础和规范。传统的安全问题解决方案采用将安全应用与密码服务结合，致使密钥管理服务分散，功能冗余，维护管理成本高，工作复杂，不能保证相互之间的互操作性。而 PKI 采用统一的方式和提供通用的安全服务解决网络应用中面临的共同的安全性问题，相比于传统的解决方案更为合理、适应性更高。

PKI 体系具有统一的标准和规范，可以提供在线身份认证，具有数字证书、CA 证书、数字签名等相关安全应用组件。PKI 技术体系是实现保证数据完整性、机密性和不可否认性的技术基础。PKI 体系从建立发展到现在制定了许多标准。

3．无线 PKI

PKI 即公开密钥体系，是利用公钥理论和技术建立的提供信息安全服务的基础设施。它是国际公认的互联网电子商务的安全认证机制，它利用现代密码学中的公钥密码技术，在开放的 Internet 网络环境中提供了数据加密和数字签名服务的统一的技术框架。公钥密码是目前应用最广泛的一种加密技术，在这一体制中，加密密钥与解密密钥各不相同，发送信息的人利用接收者的公钥加密发送信息，而接收者利用自己专有的私钥进行解密。这种方式既保证了信息的机密性，又保证了所传送信息的不可抵赖性。目前，PKI 已广泛用于 CA 认证、数字签名和密钥交换等领域。

4．无线公开密钥体系的概念

WPKI 即"无线公开密钥体系"，它是将互联网电子商务中 PKI 安全机制引入到无线

网络环境中的一套遵循既定标准的密钥及证书管理平台体系，它可以用来管理在移动网络环境中使用的公开密钥和数字证书，有效地建立安全和值得信赖的无线网络环境。WPKI并不是一个全新的 PKI 标准，它是传统的 PKI 技术应用于无线环境的优化扩展。它同样采用证书来管理公钥，通过第三方的可信任机构——认证中心（CA）验证用户的身份，从而实现信息的安全传输。

与 PKI 系统相似，一个完整的 WPKI 系统必须具有以下部分：PKI 客户端、注册机构（RA）、认证机构（CA）和证书库及应用接口等，其构建也将围绕这五大系统进行。CA作为数字证书的签发机关，是 WPKI 系统的核心。RA 提供用户和 CA 之间的一个接口，作为认证机构的校验者，在数字证书分发给请求者之前对证书进行验证，它捕获并认证用户的身份，向 CA 提出证书请求，认证处理的质量决定了证书中被设定的信任级别。一个完整的 WPKI 必须提供良好的应用接口系统，使各种各样的应用能够以安全、一致、可信的方式与 WPKI 交互，确保安全网络环境的完整性和易用性。

PKI 和 WPKI 最主要的区别在于证书的验证和加密算法。WPKI 采用了优化的 ECC 椭圆曲线加密和压缩的 X.509 数字证书。例如，一个 1 024 位的加密算法，手机需要半分钟才能完成，因此传统的 PKIX.509 就不适合移动计算。WPKI 采用的椭圆曲线密码机制，密码长度仅有 165 位，但实际应用时和传统 PKI 的 1 024 或 2 048 位安全强度一样，运算量却要小得多，复杂度也随之降低。

目前，全世界移动终端的数量已经接近 10 亿，而互联网用户早已超过 10 亿。这些数字表明随着时代与技术的进步，人类对移动性和信息的需求在急速上升，越来越多的人希望在移动的过程中高速接入互联网，获取急需的信息。无线通信的安全性因此显得愈发重要，WPKI 技术为解决移动环境下的安全认证和支付奠定了基础。目前，WPKI 可以用于网上银行和网上证券这两种移动电子商务中。

1）网上银行

网上银行的应用主要有无线电子支付和转账两种方式。用户可以利用手机完成实时的支付。在付款过程中，用户通过认证后输入相应的银行卡账号，支付系统会从远程账号上自动减掉这笔账目，主要处理交易完成之后回传给用户相应信息，并加以确认。用户也可以通过手机连接到银行，执行登录操作后进行转账交易。此时，银行的相应服务器必须确认用户的转账交易资料，它会要求用户端做电子签章的确认，也会发给用户一份电子收据。

2）网上证券

通过移动终端设备进行无线网上证券交易给用户带来了极大便利，减少了操作时间，提高了办事效率，但也面临着安全性和可靠性的问题。类似于网上银行系统的实现，网上证券交易采用 WPKI 体系作为安全技术框架，移动用户可以通过使用个人拥有的数字证书，使信息获得更有效的、点到点的安全保障。

5．保密信息和资料的传输

WPKI 技术可以解决保密信息传输的问题。由于商业活动信息的交换比较频繁且实时性较强，商业人士可能会随时用电子邮件交换一些秘密的或是具有商业价值的信息，用手机或 PDA 无线上网收发信息就成为一种易用、高效的信息交换工具，由此也引出了一些安全方面的问题：信息可以在不为通信双方所知的情况下被读取或篡改；同时，发信者的身份也会被人伪造，可能造成不可挽回的经济损失。在遵从可以发送加密和有签名邮件的安全电子邮件协议的前提下，WPKI 技术可以解决这一问题。

当发送信息给一位或多位接收人时，发送者可以先将信息加密、签名。这样，只有指定的接收人才可以在 CA 中心的服务器上取得公钥并开启邮件。这样即使该信息被其他人截获，这些人也会因为得不到公钥而无法阅读信息。这项技术已经在国防及安全部门得到了应用。

目前，WPKI 研究领域的主流体系有如下 3 种：WAPFORUM 制定的 WAPPKI、美国 PALM 公司的安全体系及日本 NTT DoCoMo 的 i-Mode 安全体系。这些组织制定的 WPKI 体系已经在无线数据业务中得到了实际应用。国内的一些机构也正在着手 WPKI 技术的研究和开发，目前已取得了一定程度的进展。

5.5　短信诈骗与支付安全

5.5.1　诈骗短信综述

1. 垃圾短信与诈骗短信

垃圾短信中重要的一类就是诈骗短信，某些诈骗短信会诱骗用户登录钓鱼网站或下载木马程序，从而对网上购物和网上支付构成威胁。特别是 2013 年下半年开始流行至今的伪基站技术，使诈骗短信的危害成倍增加。

据 360 互联网安全中心统计，2013 年全年共收到用户举报垃圾短信总量约为 4.46 亿条，360 手机卫士全年共为用户拦截各类手机垃圾短信 971 亿条，其中诈骗短信占据垃圾短信总量的 5%，约为 49 亿条。如图 5-8 所示为各种类型垃圾短信在数量上的比例分布情况。

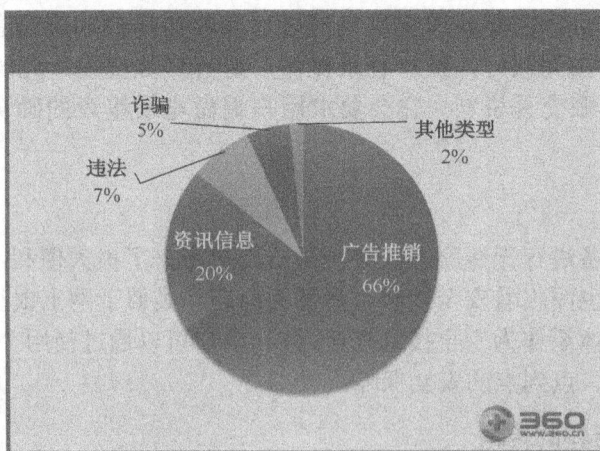

图 5-8　各种类型垃圾短信在数量上的比例分布情况

2. 垃圾短信热词与网上支付

根据统计，在所有垃圾短信中，有 23 个典型词汇的出现频次最高，分别是（按照出现频次由高到低排序）：

优惠、热线、发票、农行、信用卡、积分、贷款、现房、抵押、投资、租房、计算机、礼品、开业、放款、产权、担保、抽奖、治疗、招商、房产、餐饮、特殊服务。

其中，与支付或金融相关的关键词有 8 个，占比超过热词榜的三分之一。它们分别是：发票、农行、信用卡、贷款、抵押、投资、放款、担保。

特别值得一提的是，"农行"是上榜的唯一一个对应特定经济实体的名词，而且大多出现在"打款类"诈骗短信中。例如，"我是房东，租金请打我爱人卡上"，或"钱准备好了直接打到这张新卡上"等诈骗短信中，短信中留下的收款账号大多是农行的。农行在此类诈骗短信中的出现频次是其他银行的 5 倍以上。另据统计，农行也是目前国内个人储户数量最多的银行。

5.5.2 伪基站短信诈骗

2013 年，一种名为伪基站的强发垃圾短信和诈骗短信的攻击方式逐渐泛滥。不法分子将与电信运营商的无线基站同频的伪基站放入车中，在人群密集的街道和小区自动搜索附近的手机卡信息，发送广告或诈骗短信，甚至冒充 95588 等银行号码诱骗中招者访问虚假网银，盗刷银行账户资金。另外，冒充电信运营商号码，如 13800138000 的伪基站短信也不在少数。

进入 2013 年下半年，又出现了大量伪基站伪装运营商、银行等官方号码发送欺诈短信，诱导受害者下载可以拦截和转发用户短信的手机木马（如"隐身大盗"木马）的案件。该类木马可以实现盗刷支付账户的目的。

据某不法商家宣称，其一个月就能卖出伪基站上百台，而一台伪基站每小时最多可以发送 3 万条短信。保守估计，2013 年国内由伪基站发出的短信已经达到上百亿条的规模。

由于伪基站使用的发信号码多为银行或电信运营商的官方号码，这些号码对于用户来说很具有迷惑性，而且这些号码通常也会被手机安全软件列入白名单，因此，目前市面上的绝大多数手机安全软件和号码管理软件也不能识别和拦截伪基站短信。目前，针对日益泛滥的伪基站攻击，360 手机卫士已率先推出拦截功能，并可标记这些短信为"伪基站推送短信"。

5.6 移动安全解决方案

在移动电子商务应用过程中要提升移动商务的技术防范能力，是提高移动商务安全性的关键和核心环节。因为移动安全技术在移动商务中守护着商家和客户的重要机密，维护着商务系统的信誉和财产，同时为服务方和被服务方提供极大的方便，因此，只有采取了必要和恰当的技术手段才能充分提高移动商务的可用性和可推广性。

1．端到端策略

端到端在移动电子商务中意味着保护每个薄弱环节，确保数据从传输点到最后目的地之间完全的安全性，包括传输过程中的每个阶段，即找出每个薄弱环节并采取适当的安全性和私密性措施，以确保整个传输过程中的安全性并保护每条信道。移动电子商务带来了许多的设备，它们运行不同的操作系统且采用不同标准，因此安全性已经成为更加复杂的问题。公司需要实用的安全解决方案，这些解决方案应能够被快速简便地修改以便满足所有设备的要求，除此之外还要考虑全局。安全策略将对一系列商业问题产生影响，单独考虑安全性是远远不够的。实施 128 位鉴权码也非理想选择，因为程序太长会影响到用户使用的方便。同样，性能、个性化、可扩展性及系统管理等问题都会对安全性产生影响，它们全是制订安全策略时必须考虑的因素。

2．采用无线公共密钥技术（WPKI）

可通过部署无线公共密钥基础设施（WPKI）技术来实现数据传输路径的真正的端到端安全性、安全的用户鉴权及可信交易。WPKI 使用公共密钥加密及开放标准技术来构建可信的安全性架构，该架构可促使公共无线网络上的交易和安全通信鉴权。可信的 PKI 不仅能够安全鉴权用户、保护数据在传输中的完整性和保密性而且能够帮助企业实施非复制功能，使得交易参与各方无法抵赖。

3．加强交易主体身份识别管理

贸易各方信息的完整性是电子商务应用的基础，影响到交易和经营策略。要保证网络上传输的信息不被篡改，预防对信息随意生成、修改和删除，防止数据传送中信息的丢失和重复并保证信息传送次序的统一。在移动商务的交易过程中通过强化主体资格的身份认证管理，保证每个用户的访问与授权的准确，实名身份认证解决方案的应用，可以增强移动商务交易的安全性，保证交易双方的利益不受到侵害。

4．加强对病毒的防护技术的管理

（1）预防病毒技术，即通过自身常驻系统内存，优先获取系统控制权，监视系统中是否有病毒，阻止计算机病毒进入计算机系统和对系统进行破坏。

（2）检测病毒技术，即通过对计算机病毒特征进行判断的侦测技术，如自身校验、关键字、文件长度变化。

（3）消除病毒技术，即通过对计算机病毒分析，开发出具有杀除病毒程序并恢复原文件的软件。另外要认真执行病毒定期清理制度，可以清除处于潜伏期的病毒，防止病毒突然暴发，使计算机始终处于良好工作状态。

5．加强移动商务安全规范管理

为了保证移动商务的正常、安全运作，必须建立起移动商务的安全规范，加强移动商务的法制建设，提升移动商务主体的安全意识，营造移动商务的整体诚信意识、风险营销意识和安全交易意识。通过移动商务安全规范的建设，完善管理体制，优化交易环境，加强基础网络设施建设，提高整体的安全交易环境和服务质量，充分发挥法律法规在交易中的规范作用，建立整个交易过程的良性互动机制，促进移动商务的健康发展。

本章案例

手机银行安全隐患——手机病毒

随着智能手机的快速普及，目前国内大多数银行都已推出手机银行业务，但受当前支付环境和安全形势的影响，手机银行业务一直不尽如人意。来自艾瑞市场调研的一组数据显示，由于网络欺诈、网络"钓鱼"等现象的持续泛滥，近六成智能手机用户表示最担心手机支付安全。这在很大程度上影响了手机银行业务的推广。

手机病毒可盗听客户密码

广州某大学学生张××平时喜欢通过手机银行管理自己的个人资产，不久前，他通过互联网搜索下载了一款某国有银行手机网银支付客户端，但在登录使用几天后发现再也无法登录，一再提示密码错误。

在懂技术的同学的提示下，张××赶紧到银行进行柜台查询，发现密码已被更改。张××告诉本报记者，幸亏那个账号平时只用来网购一些小额的东西，钱不多。

安全厂商分析，张××的智能手机是感染了手机操作平台下知名的"终极密盗"手机病毒，其典型特征为侵入手机后会自动在后台监听用户的输入信息，捕获到用户的银行密码后通过短信外发给黑客，对方一旦远程修改密码，则可进行转账操作。

欺诈短信暗含"钓鱼"网站

市民陈女士向记者反映，其春节期间收到内容为"新春送豪礼，抢 iPhone 4S"的短信，邀请其参加抽奖。陈女士用手机浏览了短信附带的网站，且"幸运"地抽中了头等奖，但该网站提醒陈女士在领奖前要缴纳手续费，并要求在网站中输入自己的手机银行账号、密码。

出于安全考虑，陈女士以此网站和此信息为关键字在网上搜索，发现该网站正在被大量网友举报，称任何人都能中奖，同时都会被要求支付手续费。

安全专家分析，陈女士收到的是典型的"钓鱼网站"短信，一旦输入相关信息将被盗用客户银行卡密码。

现状：国内手机银行业务低端化

中国互联网络信息中心（CNNIC）的数据显示，中国手机银行这一巨大市场的背后却是业务的低端化现实。从国外来看，手机银行可以汇集账户管理、转账汇款、支付、存取款、投资理财、三方存管、代缴费、信用卡、咨询等各种银行服务功能，一部手机可以管理个人所有的金融账户。相比之下，中国手机银行发展一直受到软硬件环境的制约，目前还停留在消费、转账层面。

农业银行电子银行部门一位高级工程师对记者表示，目前手机银行业务主要面临"软硬件标准化"问题。由于移动终端的软硬件系统不断变换，银行需要不断更新调试系统，在此过程中就有可能产生一些技术漏洞或盲点，让犯罪分子有可乘之机。

"对于银行而言，手机银行平台与软硬件如果能统一规范，手机银行的安全性就能大幅提高。"该工程师对记者表示。

专家：用完手机银行后清除密码信息

网秦手机安全专家邹仕洪博士对记者表示，整个手机支付行业需要通过构建安全的支付环境来提升用户的信心，这包括对信息的安全审核、对卖家或商铺采用全面认证、增强手机端的安全保护机制以屏蔽病毒木马入侵等，捍卫用户的支付安全。

而对于手机支付用户，邹仕洪则建议提高安全意识，选择正规电商网站进行交易，安装专业的手机安全软件，查杀和拦截手机盗号病毒，并识别短信、网页中可能存在的"钓鱼"网站链接。

专家建议，用户要做好以下几条：妥善保管好手机和密码、设置合理的转账支付限额、开通及时语音短信通知服务、提防虚假 WAP 网址和网络钓鱼、使用完手机银行后应及时清除手机内存中临时存储账户、密码等敏感信息等。

银行：会不断进行安全升级

对于客户对手机银行的忧虑，中国银行业务人员对记者表示，银行会针对潜在的系统漏洞与病毒问题，不断进行系统开发和功能优化。工商银行一位业务部门负责人对记者表示："手机银行业务下一步将会进行硬件等物理认证、UK 码识别等方面的突破，增加开放权限，未来还会不断进行安全升级。"

专家认为，目前韩国、日本手机银行的发展较成功，手机中内置智能芯片，可通过外插特殊记忆卡进行电子金融服务。

（资料来源：广州日报，2012-02-03，作者：王亮、段郴群、薛松）

问题：
1. 手机中毒导致的用户损失，应该由谁负责？
2. 用户使用手机时应该注意哪些安全问题？

本 章 小 结

中国移动互联网技术越来越成熟，移动电子商务随之迅速发展，安全问题成为影响其发展的重要因素。相关部门应该与移动运营商紧密联系与互相配合，并开发出从技术、管理、法律法规上均可行的安全策略及管理体制，使中国的移动电子商务成为一个良性的互动系统。同时，用户在进行移动商务的同时，自身也需要注意安全问题。

思 考 题

1. 举例说明移动商务面临的安全威胁。
2. 无线通信网络面临哪些威胁。
3. 应从哪些方面建立移动商务的安全规范？
4. 加强移动商务安全的防护技术有哪些？
5. 什么是 WPKI 安全防范体系？

第6章 移动商务平台

- 理解移动商务平台规划，熟悉移动电子商务环境及平台构建的主要因素
- 掌握移动商务的需求分析的流程和内容
- 掌握移动商务平台设计的体系结构和客户端、服务器端功能设计
- 掌握移动数据库体系结构和关键技术
- 熟悉移动商务平台的软硬件环境
- 了解移动商务平台的实现技术和开发环境

案例导入

惠普 SDK

1. 背景

惠普研发有限合伙公司（Hewlett Packard Development Company，L.P.），位于美国加州的帕罗奥多，是从事打印机、数码影像、软件、计算机与资讯服务等业务的全球性资讯科技公司。

中国惠普有限公司成立于 1985 年，是 HP 全球业务增长最为迅速的子公司之一，业务范围涵盖 IT 基础设施、全球服务、商用和家用计算及打印和成像等领域，客户遍及电信、金融、政府、交通、运输、能源、航天、电子、制造和教育等各个行业。致力于以具有竞争力的价格为中国用户提供科技领先的产品与服务，提供最佳客户体验。

在竞争日趋激烈的发展环境下，高效而准确地为客户提供售后服务，已经成为 IT 企业全程销售和服务模式中的重要环节。基于售后服务电话、纸质工单的传统客服系统效率低、成本高昂，特别是在客户群体庞大而又需要及时反馈信息的情况下，很难有效控制客户投诉率。这种状况如果不积极加以改进，将会对公司的良性发展产生负面影响。

在对用户售后服务需求、同业竞争者的售后服务方式等方面进行了细致的市场调查之后，惠普产生了通过移动通信技术手段来完善现有的售后服务体系的新需求，并选择了国内领先的移动商务服务商——北京亿美软通科技有限公司为其提供移动售后管理方面的服务。

2. 解决方案

惠普原有的售后服务流程主要包括以下几个步骤。

（1）客服人员接收来自售后电话系统的服务申请，转至售后服务部门。

（2）售后服务部门管理员整理服务申请，派发纸质工单至售后工程师。

（3）售后工程师打电话与客户沟通，约定服务时间。

（4）售后工程师上门服务，完成服务后，客户在工单上签字确认。

（5）售后工程师返回公司上交工单，供系统管理员录入信息，完成售后步骤。

调查发现，原有售后服务流程有 3 个缺陷：客户响应时间长；派工效率低且流程难以控制；运营成本高。针对以上积弊，亿美软通提出了一系列基于亿美 SDK 短信应用引擎的解决方案，利用移动技术实现售后服务流程的无缝链接。

亿美软通为惠普量身定制的嵌入型移动管理平台，将亿美活力短信 SDK 系统与惠普的售后服务管理系统相结合，通过其后台服务器与售后工程师的手机进行双向数据传输，帮助工程师及时获取派工信息，并能将作业完成情况实时上传至企业售后管理平台；派工作人员根据工程师的状态可以对派单路径进行调整，提高派工效率；同时整个售后流程避免了数据人工录入，提高了工作效率的同时又能节省运营成本。

1）方案优势

亿美活力短信 SDK 应用接口是针对系统集成商和企业软件定制，为其系统提供移动商务的应用方案，如图 6-1 所示，具备以下优势。

（1）全网覆盖。接入中国移动、中国联通、中国电信短信业务平台，实现多种通信方式、多种通信网络全面覆盖。

（2）智能化短信内容。支持 500 个汉字或 1 000 个英文的提交，自动分割短信内容。

（3）标准化开发包。支持 ASP、NET、Delphi、Vb、VC++、Java 等多种主流开发语言，Windows、Linux、Unix 等多种运行环境。

（4）发送优先级。在通信结束和业务开始的中间层实现优先级算法，先处理优先级高的短信，真正做到随需应变。

（5）标准 API 编码。采用国际标准的 API 编码方式，并提供标准的 API 开发文档，提高开发效率。

（6）先进的系统架构。多层架构、均衡负载，保证通信效率与质量。

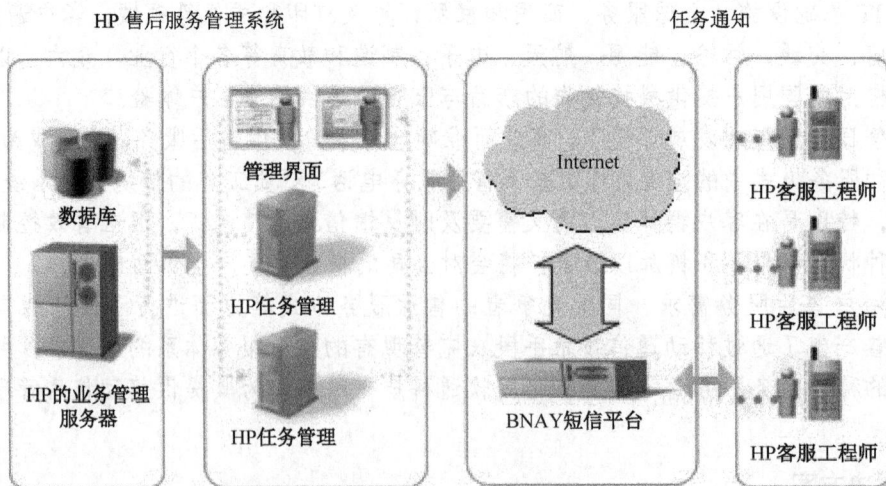

图 6-1　SDK 结构图

2）功能实现

（1）派工管理。惠普任务管理系统分析服务申请类型，制订作业计划，通过 SDK 短信开发组件向售后工程师发送派工短信，包括用户的需求和约定的维修时间，另外还可以向工程师发送维修服务定时提示。

（2）作业管理。惠普任务管理系统通过 SDK 向客户发送短信，告知上门时间、服务人员信息。售后工程师随时发送短信上报作业过程中发现的问题和作业进度，通过 SDK 反馈至管理系统。维修结束，工程师上行发送短信至系统汇报作业完成；系统下行发送短信至客户询问完成情况，客户再通过上行发送短信确认完成售后流程。

（3）流程管理。根据售后工程师实时上报的信息，掌握作业完成进度，动态调整作业分派。作业结束后，通过短信确认完成工作流程，工程师无须返回公司上交工单便可进行下一份维修任务。

（4）客户信息管理。SDK 系统对客户基本信息、服务申请记录、客户服务完成情况进行全面管理。

3．方案效果

按照改进的移动客服流程，HP 售后工程师到达客户的时间缩短 2 小时，提高了客服效率，提升了客户满意度。亿美活力短信 SDK 系统帮助了 HP 全国超过 2 万名工程师的日常工作。同时，通过在企业内部管理中使用短信对员工进行重要的工作通知、信息发布，在员工生日、节假日时发送祝福信息等方式，使每一位惠普的员工对企业的归属感和认同感不断加强，团队的凝聚力和工作积极性得到了全面的提升。

伴随着移动商务技术的发展，IT 行业的领先企业分别从自身对移动商务的理解和技术优势出发，提出了各种移动商务解决方案。尽管不同厂商提供的移动商务系统解决方案有所侧重和不同，但它们在基本结构上是一致的。下面对移动商务平台规划和实施进行简要介绍。移动商务平台的规划与实施，就技术层面和项目管理的层面而言，同一般的电子商务平台的规划实施没有本质的区别。因此，本章仅就移动商务平台规划中较为特殊的问题进行讨论，其他相关内容参考电子商务平台的规划与实施。

6.1　移动商务平台规划

随着手机智能化程度的不断提高，4G 网络的普及及未来 5G 网络的发展，移动用户数量必将超过互联网用户，这意味着巨大的商机，势必会引起企业的关注，并推动移动商务平台的建设进程。移动商务平台与传统电子商务平台存在较大差别，构建移动电子商务平台不能期望通过简单地照搬传统电子商务平台来实现。

6.1.1　移动商务战略分析

SWOT 分析法常常被用于制定企业发展战略和分析竞争对手情况，在战略分析中，它是最常用的方法之一。运用 SWOT 分析法，分析移动电子商务的优势、劣势、机会与威胁。

1．优势

移动商务最主要的优势是具有随时随地、不间断地提供服务的移动基础设施。同时它还具有不同于电子商务的定位识别功能。

2．劣势

移动商务最大的劣势是指由于移动基础设施中不适当的技术而导致的移动设备安全问题、宽带上网的局限性，移动技术的安全漏洞，以及可能滥用顾客的信息等。众所周知，基于定位的服务是可行的，也给用户带来极大的方便。例如，在紧急情况下，用户拨打紧急求救电话寻求帮助，通过精确地定位，救护人员很快抵达用户所在位置。另一方面，用同样的方式，通过无线设备的定位服务可能泄露隐私和安全问题。此外，由于移动设备缺乏对信息的过滤能力，大量的信息被储存并锁定目标顾客，用户甚至失去对自己移动设备控制的能力。例如，使用推式业务迫使用户阅读大量的广告，同样给用户带来烦恼和困扰。

3．机遇

移动商务在如下 3 个方面给企业带来巨大的潜在商机。

（1）增值服务。通过新的商业模式或修改原有商业模式建立企业核心竞争力。具体的表现是移动电子商务能根据消费者的需求和喜好提供个性化的、定制化的服务，用户还可以自己选择设备，以及提供服务与信息的方式。例如，发送手机短信或电子邮件通知移动用户关于安全预警提示，投资咨询或保险费用通知等。

（2）移动和无线应用。日本的 i-mode 移动设备在用户中非常流行，甚至他们的铃声听起来也和其他国家的不同。和诺基亚手机相比，i-mode 移动设备的界面更友好，色彩更鲜艳，显示屏的尺寸也更大些。如果企业或组织提供支持这样无线设备的服务，世界任何地方的消费者都会考虑购买它。

（3）改进现有无线基础设施。现有的无线基础设施仍然存在安全风险。黑客可能随时侵入、操纵用户的无线设备，并因此导致窃听信息或进行欺诈活动。同时，从移动银行交易到金融交易，移动交易变得越来越普遍。如果企业能够从安全方面，消除移动用户的顾虑，增强用户的信心；从服务方面，提升顾客满意度。那样现有的大量移动用户，包括手机用户都会成为移动电子商务的忠诚客户。

4．威胁

尽管电子商务和移动商务在很多方面都有类似的地方，但移动商务有他自身独有的特征。移动性、定位服务和个性化、定制化服务构成了移动电子商务独一无二的特点。如果客户不能真正地认识、了解移动商务真正的价值，那么移动电子商务可能被其他商业模式所替代。因此，移动电子商务企业应该谨慎小心，不要将自己的商业模式转变为电子商务商业模式。移动电子商务至少应该具有定位识别的特征，然后将无线设备和固定网络有机结合，就不会引起客户的迷惑不解。确立错误商业模式的影响是引发竞争，并因缺乏保持核心竞争力的准备，失去竞争优势，而最终走向失败。

6.1.2 移动商务环境

构成移动商务环境的要素主要包括移动用户、使用环境、移动设备、浏览器、互联网

接入、网站结构和内容等，如图 6-2 所示。

图 6-2　移动商务环境

（1）移动用户是指参与移动电子商务过程的人。

（2）使用环境是指用户使用移动设备进行电子商务时所处的物理环境、社会环境、时间环境等。其中，物理环境包括地理位置、天气情况等；社会环境包括经济状况、文化、宗教信仰及其他人对用户的影响力等；时间环境指用户执行某个任务的时间点及时间限制。

（3）移动设备即通常所指的具备联网能力的手机、iPod、掌上计算机等；浏览器指安装在移动设备上的网站浏览软件。

（4）互联网接入是指移动设备与无线网络和有线网络的连接。

（5）网站结构与内容是指企业为用户提供产品和服务的平台，是移动电子商务网站商业目的、信息和技术的综合体现。

6.1.3　移动商务平台构建的主要因素

在建设移动商务平台过程中，需要考虑用户、使用环境、移动设备与浏览器、互联网接入、网站结构与内容等因素对网站产生的影响。只有这样才有可能制订出有效、可行的策略，使企业的移动电子商务取得成功，使用户在移动设备上使用传统的计算机（台式 PC、笔记本计算机）平台进行在线交易。

1. 用户及使用环境

移动电子商务的最大特点是移动性，即用户可能在任何地方、任何情况下访问网站。这就意味着，移动电子商务网站必须满足用户在特定使用环境下的特定需求。因此，需要对用户和使用环境两个因素进行综合考虑，即不仅要考虑用户的需求、以往经验、期望、精神状态等对移动电子商务网站产生直接影响，而且应该考虑用户所处的环境，关注用户的需求、期望、精神状态等如何随着使用环境的改变而改变。只有这样，才能充分了解用户在不同环境下希望通过网站实现什么目标；从用户角度看网站应该提供什么信息或服务；信息或服务是否与预期一致。

2. 移动设备

移动设备与浏览器在设备屏幕大小、运算能力、输入方式、联网速度等方面的条件限制很大程度上决定了网站设计所采用的技术，主要体现在以下几方面。

（1）移动设备性能较弱。移动设备不但在运算能力、屏幕色彩表现、稳定的高速联网能力等方面与传统计算机存在较大差距，而且不同移动设备所具备的能力也有差异。这些差异使得移动电子商务网站在不能采用复杂的多媒体技术和人机交互技术的同时，还必须尽最大可能兼容最广泛的移动设备。

163

（2）移动设备屏幕限制。移动设备屏幕普遍较小，无法在移动设备上展示大段文字信息或者大尺寸图片，从而影响用户获得信息的质量。因此，移动电子商务网站必须考虑如何在不同尺寸屏幕上展示出尽可能一致的效果，这对网站页面设计提出了很高的要求。

（3）信息输入不便利。移动设备一般通过有限的按键来实现信息输入，用户无法快速、高效地输入大量信息。移动电子商务网站必须考虑如何在尽可能减少输入的前提下，帮助用户顺利完成信息查找和交易等操作。

（4）浏览器导航操作不方便。在移动设备上访问网站不能像传统计算机那样通过鼠标方便快捷地浏览网页，仅能通过具备向上或向下功能的按键来实现页面翻滚或者切换。

3．互联网接入

互联网接入对移动电子商务网站的影响主要体现在接入的可获得性、安全性、可靠性、联网速度、费用等方面。目前，中国通过移动网络联网的速度不快，而且资费偏高，这在一定程度上使得网站无法大量使用音频、视频、flash 多媒体手段展示信息。因此，为了减少用户等待时间，网站需要考虑将篇幅较长的信息拆分成若干页面，让用户通过使用移动设备的浏览功能按键以翻页的形式依次浏览。

4．网站结构和内容

移动设备访问网站缺少窗口技术（Windows）支持，无法像传统计算机那样同时打开多个网页并且在多个网页之间来回切换，一次只能打开一个网页。因此，与传统电子商务网站尽可能提供给用户丰富、全面的信息不同，移动电子商务网站应该向用户提供最有价值的信息，同时提供强大的搜索功能，以尽可能少的信息输入和点击次数来帮助用户方便、快捷地获得最希望得到的信息。

由此可见，网站信息结构的合理性、信息的可用性与表现力、页面浏览的便捷性都能对用户产生重大影响。精确的信息、良好的信息结构有助于提升移动电子商务网站的商业价值。它能向用户提供更准确的信息，满足其最迫切的需要。同时，能帮助网站突破移动设备和技术的限制，实现方便阅读、快速浏览。

6.1.4　移动商务平台的构建

用户与环境、硬件与软件技术、互联网接入、网站结构与内容条件等因素决定了移动商务网站只有采取与传统电子商务网站不同的策略，才能使用户得到很好的体验并取得成功。这些策略包括综合考虑商业目标和各种因素确定总体目标、确定目标客户、确定网站适用的移动设备、合理的信息结构、良好的页面设计等。

1．确定网站总体目标

构建移动商务网站首要工作就是确定网站总体目标。只有明确网站总体目标才能为寻找网站目标用户、确定合适的移动设备与技术提供依据。为了便于确定网站的总体目标，可以从以下问题入手：企业的总体目标是什么；移动商务网站将会如何帮助企业实现总体目标；使用移动商务网站能否提高企业的盈利能力；能否创造新的商机；在现有商业模式下，是面向移动用户提供完整的产品与服务还是简单地创建一个网站供用户获取信息；采用什么样的信息结构能体现企业的商业价值。

2．确定目标客户

移动商务网站总体目标决定了网站会提供什么样的产品和服务，从而决定了哪些用户是目标用户。在中国，移动电子商务网站的用户大多数是年轻人和商务人士。需要在资费、网站的色彩与表现效果、可用性、易用性等方面作充分的市场调研，以便在明确和了解目标用户的同时，验证总体目标的可行性。

为了更好地了解移动商务网站的目标用户，可以关注以下几个问题：哪些用户会访问移动电子商务网站并完成哪些工作；用户会在什么情况下使用网站的功能；用户最常用、最关注的功能有哪些；用户在不同环境下需求会发生怎样的变化；网站需要对哪些变化予以支持等。

3．确定网站适用的移动设备

移动设备的千差万别对移动商务网站所能采用的技术产生重大影响。例如，移动设备的屏幕至关重要，不但要考虑屏幕大小的差异，还需要考虑如何较好地在较小的屏幕上展示网站。

在明确目标用户过程中，有必要对目标用户所使用的移动设备进行调查，以使用最广泛的某种或几种类型设备作为网站的主要适用设备。这样，能从一定程度上降低设备差异对移动商务网站的不利影响，在实现尽可能适应最多移动设备的同时，降低构建网站的成本。

在技术角度需要考虑以下几个问题：哪些技术可以帮助网站实现良好的人机交互界面；如何实现美观生动的页面以吸引用户的注意力；采用哪种技术能将信息有效地组织在一起；如何能帮助用户快速查找和浏览信息；所采用技术在移动设备上的适用程度如何。

4．合理的信息结构

移动商务网站只有提供快速地查找产品与服务、方便地浏览产品与服务信息、简化的交易等功能，才有可能使用户在移动设备上使用传统的计算机（台式 PC、笔记本计算机）平台进行在线交易。因此，必须在信息结构上进行以下优化。

（1）精简信息。移动用户具有很明确的目的性，移动电子商务网站要在合适的地方提供给用户最需要的信息，而且越简单越好。这样也避免了用户因浏览大数据量页面而等待较长时间。

（2）整合栏目。在精简信息的基础上，以帮助用户完成特定目标为出发点，将关联度较高的栏目按照"任务"的形式进行整合。

（3）采用向下钻取的方式组织复杂内容。使用页面链接的方式对信息进行扩展，方便用户进一步深入了解其感兴趣的内容。

（4）提供有限的选择。遵循"二八原则"，提供最有价值、最常用的信息和功能给用户，其他特殊功能暂时不予考虑。

（5）提供强大的搜索功能。尽管能通过精简信息和栏目的方式帮助用户快速找到最需要的信息，但还应该在网站的首要位置（如首页）提供模糊搜索功能。同时，尽量做到在网站任何地方都能让用户方便地使用搜索功能。

5．良好的页面设计

在进行移动商务网站页面设计时，时刻要考虑用户是在什么地方以哪种方式访问网站

并使用其功能的；在充分理解用户需求的基础上使网站功能和交易过程更加人性化，并与用户的期望始终保持一致。

（1）使用 XHTML 代替 WAP。采用 WAP 技术制作的网站交互能力较差，极大地限制了移动电子商务系统的灵活性和方便性。使用 XHTML 能很好地解决这个问题。

（2）适应不同大小的屏幕。采用流体布局，使网页适应不同宽度的屏幕。同时，方便用户通过向上或向下功能按键浏览网页。

（3）采用样式表美化网页。这样不但能使网页更美观，风格更统一，而且能通过字体和颜色的变化减轻网站对图片的依赖。

（4）尽可能减少用户输入。使用若干选项或者辅助程序能有效地减少用户输入。例如，让用户选择所在城市，或者通过获取用户位置信息确定运费。

（5）优化页面跳转流程。让用户随时都了解当前他在网站的位置，并提供便捷的导航让用户去任何他想去的地方。

6.2　移动商务需求分析

6.2.1　移动商务需求分析概述

要进行移动商务的需求分析，首先需要清楚需求是什么，它是怎样产生的。经济学定义需求，是从定义"需要"开始的。"需要"是指人所感受到的匮乏的状态。"需要"经文化和个性塑造后以"欲望"的形式表现出来，"欲望"可用满足需要的实物或服务来描述。而当有了购买力作为后盾时，"欲望"就变成了"需求"。

移动商务需求，是指企业为适应生产经营环境的变化、改善或发展业务而产生的开展移动电子商务的需要，并有满足这种需要所需的资源。发现、识别移动电子商务的需求，是产生移动电子商务项目的第一步，也是移动电子商务项目生命周期第一阶段的首要工作。企业之所以会产生移动电子商务需求，一般来说有以下几个原因。

（1）企业为了自身发展的需要产生需求。绝大多数企业为了自身发展的需要，都会考虑如何利用新技术来节约成本、提高效率、提高竞争力，考虑如何在一个新的、比较高的起点上来发展新的业务；考虑调整经营方针，进行业务扩张。移动商务的应用普及为企业解决现存问题、发展业务提供了一个新的机遇和方法，从而形成了对移动商务的需求。

（2）移动商务领域本身处于发展时期产生需求。移动商务领域和产业正处于发展、上升时期，有很好的发展前景，其中蕴藏着许多新的商业机会，激发企业去探索、去开拓，从而形成了对移动电子商务的需求。

（3）社会的发展、经济和经营环境的变化产生需求。随着电子商务的发展，企业开展电子商务的基础条件在不断改善，原来制约企业开展电子商务的许多瓶颈问题（如网络带宽、网上支付、物流配送、安全认证等）将逐步得到解决，每一个问题的解决，都是对电子商务需求的一个刺激，也是产生新的电子商务（移动电子商务）需求的契机。

移动商务项目需求分析实质上就是要清楚地了解企业现阶段有哪些移动商务需求，以便确定是否有必要开展移动商务。而要准确地发现和识别移动商务需求，就必须对企业的运行状况、经营环境、竞争态势和市场机遇进行细致的观察和准确的分析。移动商务需求

分析主要包括开展移动电子商务需求调研和进行需求分析两个任务。

6.2.2　移动商务需求调研

要准确地分析企业的移动电子商务需求，必须充分了解企业的内部和外部情况，包括企业的运行情况、经营环境、竞争态势和市场机遇等，掌握大量一手或二手资料，这样才能得出企业开展移动电子商务的真实需求。为此，开展需求调研是必不可少的一项工作。

要确保需求调研的质量，必须事先制订出科学、严密、可行的工作规划和组织措施，来保证需求调研有序地进行，以减少盲目性。一般来讲，移动电子商务项目的需求调研流程大体上可以分为 4 个阶段，即制订调研计划、实施需求调研、调研资料分析整理及撰写调研报告。

（1）制订调研计划。为了更好地开展移动商务需求调研，需要进行事先的策划、设计和安排，以保证调研任务的实现，而正确制订调研计划是顺利进行需求调研的保证。需求调研计划的制订包括以下几个方面的内容。

① 确定调研目标。确定调研目标就是明确本次调研要达到什么目的，是了解企业存在什么问题、有哪些移动商务需求，还是发现移动商务能给企业带来哪些新的商机，又或者是了解企业的经营环境和竞争情况，明确的调研目标是确定后续工作内容的基础。

② 选定调研对象。调研对象是指移动商务系统的使用者或者管理者，既可能是企业内部相关人员与部门，也可能是相关的供应商或渠道商，还可能是普通（网络）客户。调研对象可以是一个企事业单位，也可以是某个单位的一些部门或某些个人。调研对象应该尽量明确，只有通过调研人员与调研对象的直接沟通，才能取得第一手的资料。

③ 确定调研方法。它是指通过什么方式来收集资料。目前，常用的调研方法包括现有资料分析法、问询法、座谈会法和观察法等。为了达到调研的总体目标，应该根据每次调研的目标、调研对象等因素采用不同的调研方法。在互联网高度发达的今天，有些调研项目可以通过网络来完成。

④ 确定调研时间、人员、资金预算。调研人员应根据调研内容的多少和时间要求，有计划地安排调查研究的进度，以使调研工作有条不紊地进行。例如，应该什么时候做好准备工作，什么时候开始并在多长时间内完成某一调研项目等。调研时间表应包括调研计划的制订、实施需求调研、调研资料整理分析及撰写调研报告等时间安排。

调研人员数量是根据调研工作量与调研时间表的安排而确定的。通常，调研团队由领队、调研员、需求分析人员等组成。在调研过程中，与调研对象协调是极其重要的工作，往往由调研小组的领导人员担任或者专门设立协调机制，以保证最大可能搜集到调研对象的信息。

调研的资金预算主要包括调研所需要的交通费、场所使用费、人力资源费用、耗材费等。

（2）实施需求调研。

① 调研准备。它是指在调研计划的基础上，对调研小组的每个成员进行分工，让每个调研人员了解调研目标及任务，做好实施前的准备。例如，对于问卷方式，要设计好调查问卷；对于座谈方式，则对每一个调研对象分别列出需要调研的问题，由此制作出有针对性的调研问题列表。

② 实施调研。实施调研是将调研计划付诸实践的行为，这一工作就是以调研计划为指导，执行事先设计好的调研表中所列的任务。例如，采取座谈方式，就要针对所列问题与调研对象进行沟通，明确业务流程与调研对象的期望，搜集相关的文字资料与数字资料。

这个环节成本最高、耗时最久，并且由于信息的质量直接影响到对其进行分析所得的报告结果的可靠性，因此在此环节一定要采取各种监管措施，保证能收集到所需要的全部信息，并保证信息的准确可用性。

（3）调研资料分析整理。由于调研过程搜集的资料是杂乱的，有的是重复无用的，这就需要按照调研目标进行归类整理，剔除与调研目标无关的因素及可信度不高的信息，对余下的信息进行全面、系统的统计和理论分析，使资料系统化与条理化。在进行该项工作时，首先，应审查信息的完整性，如所需信息并不完备，则需要尽快补齐；其次，应根据本次调研的目的及对所收集信息的质量要求，对信息进行取舍，判断信息的真实性；再次，对有效信息进行编码、登录等，建立数据库文件；最后，依据调研方案规定的要素，按统计清单处理数据，把复杂的原始数据变成易于理解的解释性资料，并应用科学的方法对其进行分析综合，从而得出有价值的结论。在分析的过程中，应严格以原始资料为基础，实事求是，不得随意扩大或缩小调查结果。

（4）撰写调研报告。调研报告是调研成果的文字反映，其主要内容包括调研目标、调研过程、调研方法、调研总结，是调研工作的最终成果，应该具有真实性、客观性和可操作性，能切实为企业提供有用的信息和建议，为企业规划电子商务提供各种依据和参考。

6.2.3 需求调研分析

需求分析（Requirement Analysis）又称为要求分析，需求分析的目的是完整、准确地描述用户的需求，跟踪用户需求的变化，将用户的需求准确地反映到系统的分析和设计中，并使系统的分析、设计和用户的需求保持一致。在移动电子商务建设过程中，需求分析作为建设的第一阶段，它的总任务是回答"移动电子商务网站必须做什么"，并不需要回答"移动电子商务网站将如何工作"。

1. 市场需求分析

信息技术、网络技术的发展和日趋激烈的市场竞争给消费者带来方便、快捷和多样化的产品和服务，消费者对产品和服务的要求越来越高，没有市场，企业就没有生存的基础，就会被淘汰，因此有人说"顾客是上帝"。乔治·拜尔曾激动地说："送货速度越快，网络效率就越高，消费者的力量就越大。"在网络时代，顾客的选择不受地域、时间等的限制，他们的选择越来越多，因此他们必然会选择性能好、服务好、价格低的产品。如果不考虑顾客的需求，你的产品、服务就不能满足顾客的需要，顾客就会选择你的竞争对手的产品，你的企业就会被竞争对手所淘汰。为了企业的生存，就必须进行顾客需求分析，了解顾客，开发满足顾客需求的产品和服务。要做好市场分析、了解顾客，就必须分析企业的目标市场规模和企业的具体顾客。针对具体的移动电子商务系统，对其目标市场，应该做有针对性的研究。而在产品生命周期的不同阶段上，顾客具有明显的不同需要及相应的购买行为。

2．内部环境分析

企业可通过分析其内部环境确定企业移动电子商务应用的优势和劣势，内部环境因素包括以下几方面。

（1）高层领导对移动电子商务系统和新信息技术的态度。

（2）信息技术利用的深度和广度。

（3）过去利用新技术的经验。

（4）移动电子商务应用的内部用户的特征：受教育程度、技术程度、对新技术的接受能力等。

（5）可以从内部获得的必要信息技术和技能。

3．竞争对手分析

竞争对手是企业经营行为最直接的影响者和被影响者，这种直接的互动关系决定了竞争对手分析在外部环境分析中的重要性。分析竞争对手的目的是了解每个竞争对手的战略目标、可能采取的战略及可能实施战略的方法；了解竞争对手所拥有的资源和能力；了解各竞争对手对其他公司的战略行动可能做出的反应，以及各竞争对手对可能发生的产业和环境的变化做出的反应等。

企业开展移动电子商务，竞争对手分析主要包括以下几方面。

（1）建立竞争对手分析档案，并进行系统分析。

（2）了解竞争对手的移动电子商务战略及所开展的主要网上业务。企业是通过投入资产、技术及发挥自己的竞争优势获取成功的，可以通过全面浏览、测试与研究竞争对手的网站，查找介绍竞争对手的相关资料，来分析竞争对手的移动电子商务战略、网上市场定位及在网上开展的主要业务。

（3）研究竞争对手移动电子商务网站的设计结构与运行效果。研究竞争对手网站的设计结构与运行效果主要包括对竞争对手网站的功能和信息结构进行分析、对竞争对手网站的设计风格进行评价、对竞争对手提供的产品种类与服务特色进行分析、对竞争对手的商务模式和业务流程进行分析、对竞争对手网站的客户服务效率进行分析、对竞争对手网站的信息更新频率进行分析等内容。通过对成功的竞争者进行深入分析，就能发现他们成功的原因所在，从而帮助企业构建自己的商业蓝图；对竞争者的弱点进行分析，可以让企业吸取竞争对手失败的教训，从而发现市场机会。

4．可行性分析

在对移动电子商务系统建设进行需求分析以后，需要对初步规划进行可行性分析，只有可行的规划才有意义。移动电子商务系统的可行性分析，是指在当前所处的内外环境下，对移动电子商务项目建设是否具有开展研制工作的必要的技术、资金、人员及其他条件，规划的方案是否先进可行，企业的管理制度和管理方式是否适合移动电子商务系统应用等一系列问题所作的分析。这些问题不解决，再好的移动电子商务系统建设方案也无法变为现实。对这些问题的分析就是可行性分析的主要任务。

移动电子商务系统的可行性分析主要对以下三方面进行分析。

（1）管理可行性。移动商务系统的开发建设是现代管理、移动通信技术和电子商务的需要，但同时它又需要有一定的环境支持，否则不仅会影响移动电子商务系统作用的发挥，甚至会造成系统开发过程的夭折。所以管理可行性分析的目的是研究企业或组织是否在管理方面具有系统开发与运行的基础条件和环境条件。

（2）技术可行性。技术方面的可行性分析，就是根据现有的技术条件，分析规划所提出的目标、要求能否达到，以及所选用的技术方案是否具有一定的先进性。信息系统技术上的可行性可以从硬件（包括外围设备）的性能要求，软件（包括操作系统、程序设计语言、软件包、数据库管理系统及各种软件工具）的性能要求，能源及环境，辅助设备及配件条件等几方面去考虑。

移动电子商务中，客户使用具有移动互联网接入功能的移动终端，通过底层的无线网络，以及联系无线网络与 Internet 之间的 WAP 网关，通过必要的身份认证和安全技术及相应的收费方式和物流配送体系，进行各种移动电子商务应用。移动电子商务平台的技术可行性分析包括目前有关的技术能否支持所开发的移动电子商务系统，系统开发人员的数量和水平，硬件和软件资源。

（3）经济可行性。经济可行性分析主要是对开发项目的投资与效益做出预测分析，即从经济的角度分析移动电子商务系统的规划方案有无实现的可行性和开发的价值；分析系统所带来的经济效益是否会超过开发和维护系统所需要的费用。系统的投资包括硬件设备支出和软件系统支出、开发费用及培训成本、运营费用及维护、更新的支出等多项内容。系统的效益也要从提高效率、减少库存、改善服务质量、增加订单、提高企业竞争力及可获得的社会效益等方面进行分析。

5. 可行性分析报告

在可行性分析的基础上，要向企业决策层提交可行性分析报告，目的是由他们决定网站系统的开发是否可以继续进行。可行性分析报告一般包括如下一些内容。

（1）市场需求分析。市场需求分析包括相关行业的市场是怎样的，有什么特点，是否能够在互联网上开展公司业务；市场主要竞争对手情况，包括竞争对手的上网情况及其网站规划、功能作用等。

（2）业自身条件分析。企业自身条件分析包括分析公司的概况、市场优势、利用移动电子商务系统可以提升哪些竞争力、企业对网站的功能需求如何等。

（3）移动电子商务平台建设的初步方案。移动电子商务平台建设的初步方案包括网站的目标和定位、网站的商业模式、网站的功能模块、网站的技术方案等。

（4）经济可行性分析。经济可行性分析包括新系统的投资分析、运行费用分析、经济效益及社会效益分析等。

（5）技术可行性分析。技术可行性分析包括对所提供的技术的评估，分析使用所提供技术建立网站系统达到预期目标的可行性。

（6）系统运行的可行性分析。系统运行的可行性分析包括分析网站系统对管理的思想、管理体制和方法变更的要求，分析实施各种有利于新系统运行的改革建议的可行性及人员的素质和适应性等。

（7）结论。

结论是对可行性分析研究结果的简要总结。可行性分析报告的结论是有关网站系统开发能否继续的基本依据之一。它不一定是可行的，应是以下 6 种可能的情况中的一种。

① 可以立即开始网站系统的开发。

②　需要增加资源才能进行系统的开发。

③　需要推迟到某些条件具备后才能进行系统的开发。

④　需要对目标进行某些修改后才能进行系统的开发。

⑤　方案完全不可行，需要推倒重做。

⑥　没有必要进行系统开发，终止该项工作。

可行性分析是系统开发的关键环节之一，它在一定程度上决定移动电子商务系统是否能继续开发。

6.3　移动商务平台设计

随着 4G 时代的到来，移动终端上网已经慢慢地进入了人们的生活，未来基于移动终端上的无线互联网的发展趋势究竟是客户端上网还是手机 WAP 上网，目前这个阶段还很难过早地下定论，但是有一点可以肯定，那就是用户体验得好坏将直接决定两者的前途命运。在目前的无线互联网网络环境及各种条件之下，手机客户端上网与手机 WAP 上网各自的优缺点，做一个简单的评测。目前，无线互联网行业以手机客户端为主的产品很多。客户端软件，需要在手机上安装才能使用。而利用手机 WAP 上网，第一次则需要手动输入网址，当然可以将该网址保存为标签，之后也可以做到较为方便地访问。在手机上完成输入网址或者在众多保存的标签中查找需要的网址，确实是需要一定时间的。目前除了游戏类客户端，商务应用的客户端也渐渐被大家熟悉和应用，为我们的生活、工作带来了便捷。

手机客户端为企业开辟全新的营销推广手段，手机客户端通过软件技术将公司的产品和服务介绍安装于客户的手机上，相当于把公司的名片、宣传册和产品等一次派发给用户，而且用户还会主动地保留它们。通过手机客户端进行这些宣传的花费都是很低的，用户使用次数也不受限制。在手机上可轻松携带大容量的企业资讯，解决企业宣传资料携带不便的问题，随时随地洽谈客户企业成本，也不会随着客户下载数量的增加而增加。

6.3.1　移动商务平台的体系结构

一般来说，运营商在移动商务平台的基础上为用户提供了一个范围更广、使用更方便的信息交换平台。在这个交换平台上实现简单的通话、处理电子邮件等功能的互动沟通形式，从而使用户能够方便地进行各种信息的交流。同时也增加了用户对运营商的依赖，达到增加运营收入和增加用户忠诚度的目的。因此，移动商务平台的系统主要包括移动商务平台、运营商和用户。如图 6-3 所示为移动商务平台的系统组成。

面对不同的软件需求，系统平台的体系结构发生了变化，系统平台的选择成为移动商务系统设计的关键问题。一般来说，目前有 3 种不同体系结构的移动商务系统，即 C/S 结构、B/S 结构和混合结构。

1．客户机/服务器结构（Client/Server，C/S）

通常在 C/S 结构中，商业规则和用户界面结合在一起构成客户应用程序，负责用户与数据的交互。不过，商业规则是定义在 Client 端还是在 Server 端并没有完全的界限，如进行销售业务时，可以把库存数量、客户优惠等级等有关商业规则的判断和销售交易数据的提交放在存储过程中实现。这样做是考虑到存储过程是在数据库服务器上进行存储和执行的，因此减少了网上的传输量，可以提高应用响应速度。数据的存取和管理则由单独的服务器程序负责。

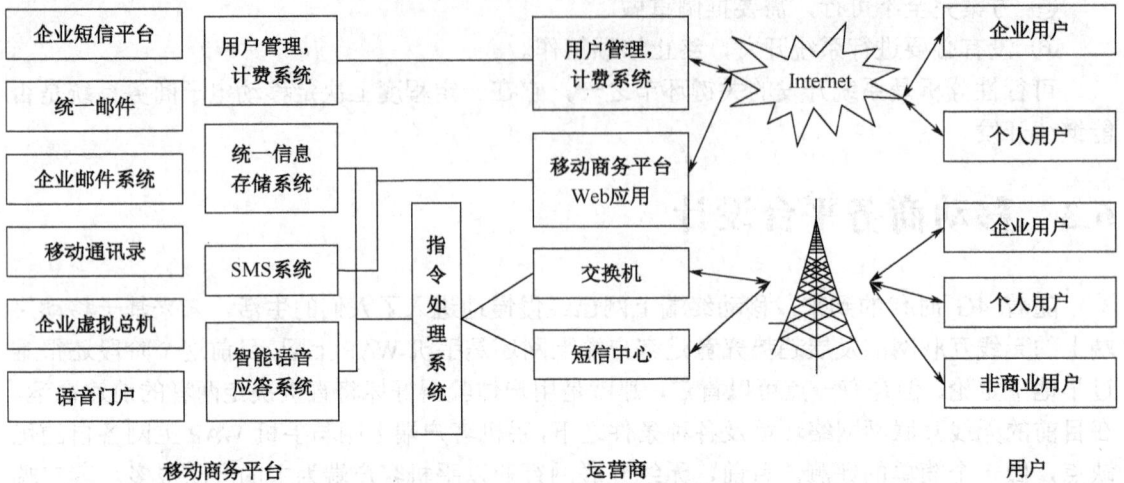

图 6-3　移动商务平台的系统组成

为了能够满足随时随地的销售等移动业务，以及所选用的 C/S 体系机构，需要进行分布式数据管理，如图 6-4 所示。基于这样一种服务器群的体系架构，把产品管理、采购管理、成本管理、绩效管理及结算等综合业务放于与中心服务器连接的局域网中；在各地基层销售网点、库房设置独立的本地局域网和数据库服务器，分别处理各自的业务和数据，实现本地自治；在移动节点上安装相应的应用，建立必要的本地数据库（即移动数据库），进行移动业务处理。

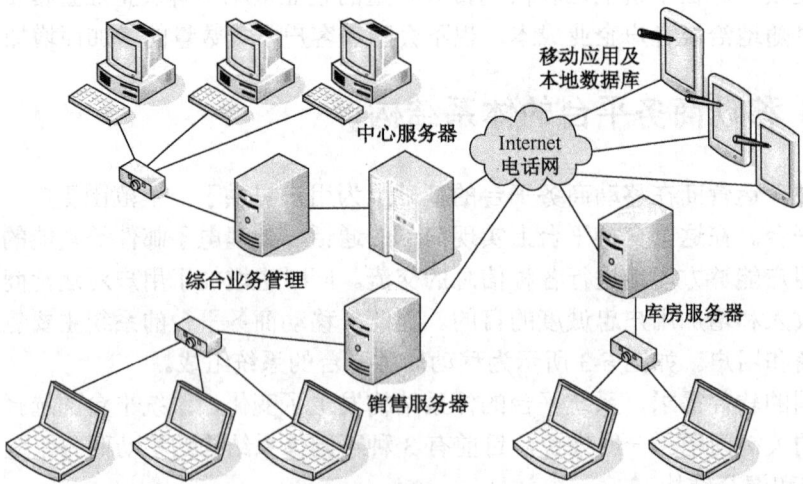

图 6-4　客户机/服务器（C/S）结构

2. 浏览器/服务器结构（Browser/Server，B/S）

B/S 结构把商业规则从客户端独立出来，形成应用服务层，该层接受来自客户端的服务请求，传递给数据库服务器，并将返回来的数据提供给客户端。此外，应用服务器一般

172

都提供了数据库连接和缓冲池服务，因此通过该层可以进行有效的数据库连接。此时，客户端的应用程序则精简到一个通用的浏览器软件。当用户需要进行数据交换时，不允许直接访问数据库服务器，而是通过应用服务层提供的服务内部接口进行访问，保证了数据的安全性。

采用集中式数据管理的方式来构建这种移动电子商务平台，即所有的数据存放在一台数据库服务器上，所有的客户端（固定的 PC 机和用于移动业务的笔记本）都通过浏览器的方式完成相关业务操作。具体设计包括以下两种方案：方案一是采用以通用浏览器内嵌 JavaApplet 作为客户端，以传统 CGI+Web 服务器+数据服务器作为服务端的方式构建。这种方案的缺点是分层结构不清晰，业务逻辑大多封装于客户端，从某种角度而言更接近于传统的 C/S 结构，不易进行修改维护；方案二是构建独立的三层结构，常用的方式是通过 JSP/Servlet-+-JavaBeans/EJBs 来处理表示层和业务层逻辑。

3．混合结构

B/S 结构相对于 C/S 的改进与日益流行，使 B/S 成为当前建立系统平台的首选。这使得人们忽略了 B/S 不成熟的一面，以及 C/S 所固有的一些优点。其实，并不是所有的应用程序都适合采用多层模型，一个应用程序采取哪种体系结构应根据实际情况而定。因此，混合结构思路是根据该移动电子商务系统的应用特点，为不同的应用程序选择不同的平台，通过两种结构的交叉并行使用，体现 B/S 结构和 C/S 结构相结合的优势，如图 6-5 所示。

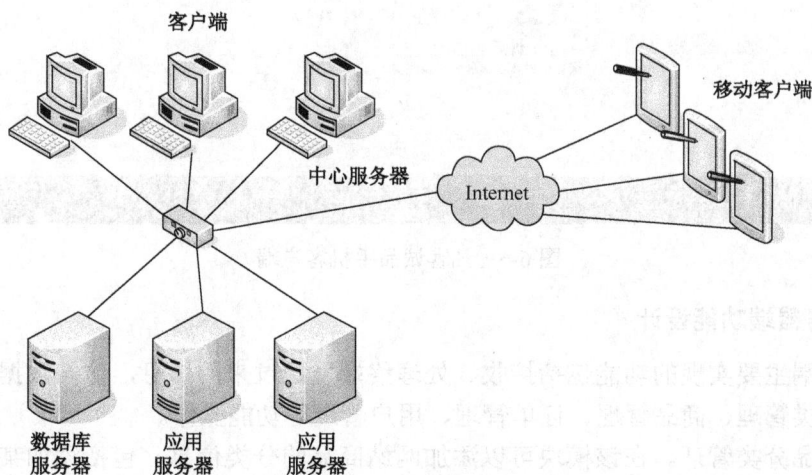

图 6-5　混合结构

6.3.2　移动商务系统的功能设计

1．移动终端客户端功能设计

移动电子商务平台客户端的用户操作全都是通过向服务器发送请求实现的，因此客户端的功能主要是处理用户在界面接口中的各类操作，捕获用户的请求类型和相应的数据，通过消息包发送给服务器端进行处理，服务器端处理完成后需要返回处理成功或失败的消息，客户端再根据服务器返回的消息来更新用户界面并通知用户所请求服务的执行情况。

移动电子商务平台客户端需要具备的主要功能包括用户注册、用户登录、账户管理、商品信息查询、加入购物车、购买支付、订单确认等功能操作。

例如，凡客诚品手机客户端（见图 6-6）与其网上产品库实时对接，拥有商品搜索、浏览、收藏、查物流、购物车等功能，拿着手机就能实时查询物流状况，随时掌控商品的运输状况。在充分确保用户的购物体验之外，还做了一些特色的创新。例如，客户端首页以专题图片及视频的形式展现，方便触摸屏手机用户使用习惯；具备共享的特色功能，用户看到喜欢的商品后，不仅可以添加到收藏夹，还可以保存到手机相册，或者添加到电子邮件发送，极大地丰富了用户的个性化购物体验需求。同时，凡客诚品不同版本的客户端还将给用户提供不同的推荐首页。另外，根据手机用户所在的区域地点，以及此前的购买记录和习惯，也会提供个性化的页面。最新更新的 iPhone 客户端 1.9.2 版本还新增了网银支付功能，方便用户为亲朋好友购物时不用让对方现金支付。

图 6-6　凡客诚品手机客户端

2. 服务器端功能设计

服务器端主要实现的功能包括接收、处理终端发送过来的信息，访问数据库等。主要包括商品分类管理、商品管理、订单管理、用户管理等功能操作。

（1）商品分类管理。在该模块可以添加网站商品的分类信息，包括添加某个大类，或者在已存在的某个大类下继续添加某个小类等，也可以对已存在的某个分类记录进行删除。

（2）商品管理。该模块实现了对商品的管理功能，包括删除商品、推荐/取消推荐某一个商品、特价/取消特价某个商品、修改某个商品的信息等操作，在后台的管理过程中对这个网站中的商品的管理，并不局限于某一家店铺的管理。

（3）订单管理。在该模块的管理员可以查看整个网站中的订单情况，但是考虑到商家的信息不被破坏，目前不支持管理员去修改订单的状态，但是管理员可以删除某个订单。

（4）用户管理。该模块包括添加用户、删除用户、修改用户信息等操作。

6.3.3 移动商务和互联网电子商务的整合设计

网络电子商务是为了实现企业与相关利益者（包括媒体和消费者）的共同利益，借助网络营销工具，充分利用网络媒体的特性，将消费者有序地纳入企业营销的价值工程中。也就是说，以有限的营销预算可靠地实现营销的目的，使参与各方都得到超值的满意度，并借以积累企业的品牌资产。网络电子商务的基本形式包括网上调查、网上采购、网上营销、网上支付和网上资金结算等形式。在此基础上，企业可以根据商务开展的具体需求，策划衍生出很多新的商务运营模式和网络营销模式。而移动电子商务是利用手机、掌上计算机、呼机等移动通信设备与 Internet 有机结合进行的电子商务活动，包括移动支付、无线 CRM、移动股市、移动银行与移动办公等。移动电子商务能提供 PIM（个人信息服务）、银行业务、交易、购物、基于位置的服务（Location-Based Service）、娱乐等服务。移动电子商务的主要特点是灵活、简单、方便，它能完全根据消费者的个性化需求和喜好定制，设备的选择及提供服务与信息的方式完全由用户自己控制。通过移动电子商务，用户可随时随地获取所需的服务、应用、信息和娱乐。

移动商务与网络电子商务的整合首先是网络信息的共享。网络经济产生了一种独特的资源——网络信息，并使其迅速成为当今经济发展的重要战略性资源之一。随着互联网资源的急速膨胀，用户几乎可以在网上找到所要的任何信息，信息的搜集不再是"踏破铁鞋无觅处"，而是在网上用鼠标一点就可找到大量信息。网络信息因其时效性强、准确性高和便于存储等优点，日渐受到人们的青睐。信息资源不是物质资源，不能直接物化，但信息与其他商品一样，具有劳动价值和使用价值，信息的搜集、筛选和评价都要付出劳动，因而信息是具有劳动价值的；信息能够传递给用户，为用户所接受、理解和应用，信息又是具有使用价值的。对于现代企业来说，如果把人才比作企业的支柱，信息则可看作企业的生命，是企业不可须臾离开的法宝，信息资源在网络经济中是主要资源。移动电子商务应用的通信技术丰富了获取信息的途径，不再局限于网络线路的限制，使应用终端更加多样化、便捷化，但是与网络电子商务相对比，其信息量受到局限，不能满足发展的需求。因此，网络信息的共享是移动电子商务与网络电子商务整合的前提条件。

其次是网络技术与通信技术的融合，带动商业模式的创新。毋庸置疑，以移动技术的发展带动的移动电子商务，改变了商务活动的沟通和互动形式，将网络电子商务的网络营销、网上采购、网站管理、电子支付等有关于网络信息资源的应用功能扩展和延伸，并且与网络电子商务整合和创新出新的营销手段、互动模式和支付模式等。在营销模式方面，企业不仅仅限于网络营销、移动营销的简单使用，多种手段和方法融合的整合营销、精确营销越来越广泛地应用，为企业带来更多商务融合解决方案。在互动模式方面，移动电子商务的交互优势与网络电子商务的互动互补，势必将企业商务推到更高的发展平台。

2005 年有 25%的数据业务通过移动通信设备来传输。移动电子商务的发展，导致移动电子商务信息需求的扩大，而移动电子商务信息量远远不能满足这样的发展需求，网络电子商务信息的利用和共享可以有效地解决这样的瓶颈。显然，将移动电子商务的技术平台优势和网络电子商务信息量的优势有机地融合，将现代商务提升到新的平台，实现移动电子商务和网络电子商务的融合和互补，创造出新的业务模式和商业模式是研究的主要课题，也是企业商务发展的必然趋势。

■ **案例：中国申网商城移动电子商务平台**

1. 中国申网商城简介

中国申网家电城（见图 6-7）成立于 2004 年 6 月，是一家以网络商城为主，销售进口及国产知名品牌商品的电子商务公司。公司以上海为核心，辐射长江三角洲及全国各地，代理销售进口及国产知名品牌的家用电器、家装建材、高档奢侈品等领域的高中档品牌商品。经过多年的发展，公司已经成为上百个国际国内知名品牌的网络指定经销商，并与很多高信誉度公司进行深度合作。为企业用户、家庭用户、工程用户提供高中档家电、建材等商品，通过多年的实际操作经验，可以将所有商品安全地配送至全国各地，为客户提供价廉物美的商品及周到的服务。中国申网家电城将努力通过更好的资源渠道和完善的平台优势，优化商品结构、物流体系，为客户打造最"物美价廉、迅捷安全"的一站式进口家电、建材购物平台。

图 6-7 中国申网商城首页

2. 系统总体构架

2010 年开始实施中国申网商城移动电子商务平台（见图 6-8），该系统功能设计可概括为 "514+X"："5" 是指 5 个基础体系，即门户系统、应用平台、支撑系统、数据库和硬件网络体系；"1" 是指 1 个综合数据资源中心；"4" 是指由统一认证、统一授权、统一数据管理、统一数据交换这 4 个特性构成的基础支撑平台；"X" 是指由重点应用系统及其扩展功能所形成的应用体系，包括综合展示移动门户、订单综合处理系统、会员注册管理子系统、移动购物车子系统、客户投诉处理系统、MobileInfo 基础支撑平台。

3. 项目内容

本项目拟定位为一个日用家电和建材为特色的电子商务 B2C 平台，在 "申网商城" 已有的互联网服务平台基础上，建立一个面向以手机为代表的移动终端用户的服务平台（见图 6-9）。

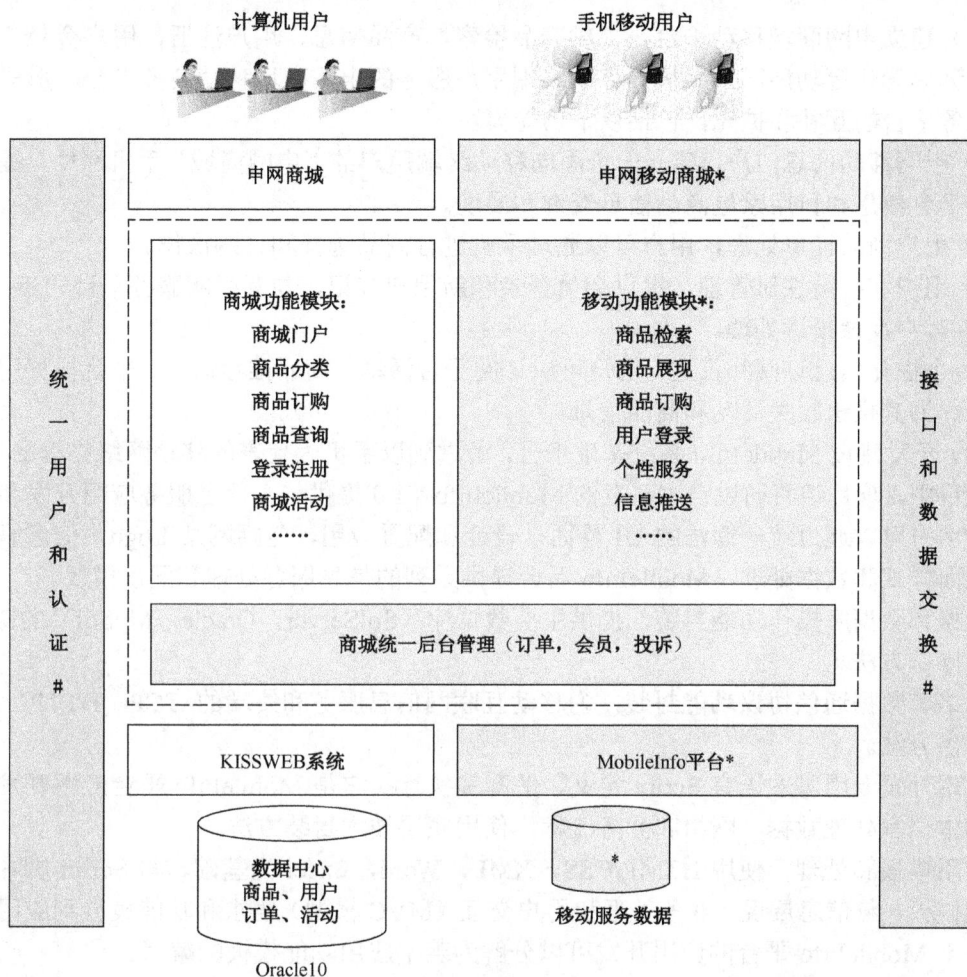

图 6-8　申网电子商务平台总体构架

图 6-9　申网商城的项目内容

　　为落实移动电子商务建设的需求与目标任务，实现中国申网商城移动电子商务平台的全面开发与共享，根据（手机）移动终端操作系统多、尺寸小、操作便捷性要求高的特点，本项目拟建设如下内容。

（1）建立申网商城移动平台，提供产品检索，产品信息，用户注册，用户登录，用户留言，订单确认等功能，为手机等移动终端用户服务的申网商城移动商务平台，形成与互联网服务平台的互补和扩充，包括以下功能模块。

① 申网移动信息门户，建立一个面向移动终端用户的"申网商城"手机网站，提供电子商务平台信息和日用家电商品信息查询和展现。

② 用户商品订单处理，用户可以通过手机进行商品选择和订购操作。

③ 用户和会员注册管理，提供会员登录和新用户登记，与互联网服务平台同步。

④ 客户反馈投诉处理。

⑤ 个性化信息订阅和推送，用户可以订阅平台活动、商品推荐信息，平台根据用户操作分析，为其推送相关活动和商品信息。

（2）开发建设 MobileInfo 系统基础平台，考虑到以手机为代表的移动网络终端的特点，在本项目中，项目组将通过自主研发的 MobileInfo V1.0 提供一个信息服务应用开发和运行平台，用户可以通过统一简洁的 UI 界面，设计和配置应用，包括网站 Logo，信息服务内容，页面样式和数据处理，MobileInfo 后台提供系列的信息服务处理和展现模板。

数据和数据库操作功能封装，提供主要数据库（SqlServer，Oracle，MySql）的链接、安全和操作方法。

网络和数据通信协议功能封装，为移动互联网信息服务和终端的 TCP，HTTP，XML 协议提供方法。

应用开发专用脚本语言 Script 定义、解释和执行；它是 MobileInfo 平台应用开发的核心，脚本语言处理数据、网络和业务流程，使用底层技术封装方法。

应用模板和处理；使用 HTML/CSS，XML，Word，Excel 为基础，与 Script 脚本结合的应用模板，将信息展现、业务处理和用户交互（MVC 模型）需求和功能集合到应用模板中。基于 MobileInfo 平台的应用开发可以分解为若干应用功能模板的编写。

（3）申网商城电子商务平台统一后台管理系统。原有的申网商城互联网服务系统加上本项目建设的移动商务系统构成了一个完整的申网商城电子商务平台，其用户覆盖范围和功能都有较大的扩展和提升，项目组估计随着移动智能终端的普及，使用智能手机浏览申网商城的用户量会超过计算机终端的用户数量。这样对平台运营和后台管理提出了新的需求，需要完善和建立一个统一的申网商城后台管理系统，处理互联网和移动信息服务和商务，包括用户、订单、支付、投诉、促销处理和系统维护。

（4）考虑到网络的安全性，平台会需要一个统一的数据中心，其中对外移动电子商务应用的数据将部署在互联网，对内业务管理应用的数据则部署在内部网，两者之间使用数据交换机制进行数据的即时同步。申网商城移动门户的核心数据信息来自 KISS 系统，包括产品信息、图片信息、促销信息、用户信息等，因此需要整合这些资源，以实现移动电子商务平台网页采集、数据交换、数据库操作和 URL 资源共享等多种功能。

中国申网商城移动电子商务平台完成后，平台的外部门户将成为集宣传平台、互动平台、资源平台为一身的信息发布和产业资源集散中心，并通过数据交换中间件与内部业务管理系统进行基于网络安全隔离技术的信息交换。在本项目建设时，会充分利用中国申网商城现有系统中的资源，建立统一的管理界面，同时实现双方业务数据库的整合。

6.4 移动数据库设计

随着移动通信技术的迅速发展及移动设备（如手机、PDA、笔记本计算机等）的大量普及，人们越来越希望能够利用手中的移动设备方便地接收和处理各种业务数据，在任何地点都能接入信息网络获得所需的信息。移动计算技术由此应运而生，它使计算机或其他信息智能终端设备在无线环境下实现数据传输及资源共享，将有用、准确、及时的信息提供给任何时间、任何地点的任何客户，从而极大地改变人们的生活方式和工作方式。

6.4.1 移动数据库系统概述

移动数据库技术是指支持移动计算环境的分布式数据库技术，它涉及数据库、分布式计算及移动通信等多个学科领域，已成为分布式数据库一个新的研究方向。由于移动数据库系统的终端设备通常不是传统的台式计算机，而是诸如掌上计算机、PDA、车载设备、移动电话等嵌入式设备，因此，它又被称为嵌入式移动数据库系统。

随着无线通信技术和便携式设备的飞速发展，造就了一种新的计算技术——移动计算（Mobile Computing）。移动计算是建立在移动环境上的一种新型的计算技术，它使得计算机或其他信息设备在没有与固定的物理连接设备相连的情况下能够传输数据。移动计算的作用在于，将有用、准确、及时的信息与中央信息系统相互作用，分担中央信息系统的计算压力，使有用、准确、及时的信息能提供给在任何时间、任何地点需要它的用户。移动计算环境由于存在计算平台的移动性、链接的频繁断接性、网络条件的多样性、网络通信的非对称性、系统的高伸缩性和低可靠性及电源能力的有限性等因素，将比传统的计算环境更为复杂和灵活。这使得传统的分布式数据库技术不能有效支持移动计算环境，因此嵌入式移动数据库技术（Mobile Database）由此而产生，它涉及传统的数据库技术、分布式计算技术，以及移动通信技术等多个学科领域。

6.4.2 移动数据库系统的特点及体系结构

嵌入式移动数据库系统是支持移动计算或某种特定计算模式的数据库管理系统，数据库系统与操作系统、具体应用集成在一起，运行在各种智能型嵌入设备或移动设备上。其中，嵌入在移动设备上的数据库系统由于涉及数据库技术、分布式计算技术，以及移动通信技术等多个学科领域，目前已经成为一个十分活跃的研究和应用领域——嵌入式移动数据库或简称为移动数据库（EMDBS）。

1. 移动数据库系统的特点

移动数据库的计算环境是传统分布式数据库的扩展，它可以看作客户端与固定服务器节点动态连接的分布式系统。因此，移动计算环境中的数据库管理系统是一种动态分布式数据库管理系统。与传统的分布式数据库系统相比，移动数据库系统具有以下特性。

（1）移动性及位置相关性。移动数据库可以在无线通信单元内及单元间自由移动，而且在移动的同时仍然可以保持通信连接；此外，应用程序及数据查询可能是位置相关的。这要求移动数据库系统支持这种移动性，解决过区切换问题，并实现位置相关的处理。

179

（2）频繁的断接性。移动数据库与固定网络之间经常处于主动或被动的断接状态，这要求移动数据库系统中的事务在断接情况下仍能继续运行，或者自动进入休眠状态，而不会因网络断接而撤销。

（3）网络条件的多样性。在整个移动计算空间中，不同的时间和地点联网条件相差悬殊。因此，移动数据库系统应该提供充分的灵活性和适应性，提供多种系统运行方式和资源优化方式，以适应网络条件的变化。

（4）系统规模庞大。在移动计算环境下，用户规模比常规网络环境庞大得多，采用普通的处理方法将导致移动数据库系统的效率极为低下。

（5）系统的安全性及可靠性较差。由于移动计算平台可以远程访问系统资源，从而带来新的不安全因素。此外，移动主机遗失、失窃等现象也容易发生，因此移动数据库系统应该提供比普通数据库系统更强的安全机制。

（6）资源的有限性。移动设备的电源通常只能维持几个小时。此外，移动设备还受通信带宽、存储容量、处理能力的限制。移动数据库系统必须充分考虑这些限制，在查询优化、事务处理、存储管理等诸环节提高资源的利用效率。

（7）网络通信的非对称性。上行链路的通信代价与下行链路有很大的差异。这要求在移动数据库的实现中充分考虑这种差异，采用合适的方式（如数据广播）传递数据。

此外，如果系统所嵌入的某种移动设备支持实时应用，则嵌入式数据库系统还要考虑实时处理的要求。这是由设备的移动性所致，如果应用请求的处理时间过长，任务就可能在执行完成后得到无效的逻辑结果或有效性大大降低。因此，处理的及时性和正确性同等重要。

2．移动数据库系统的体系结构

如图 6-10 所示是被广泛接受的移动数据库系统的体系结构。在此结构中，整个移动数据库系统由以下 3 类节点组成。

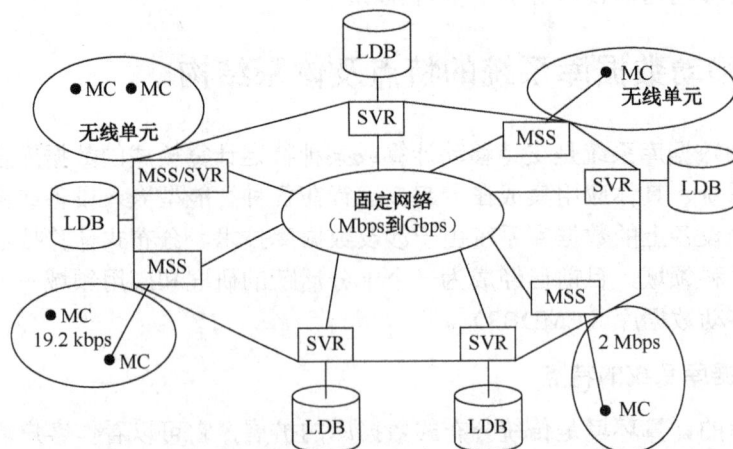

图 6-10　移动数据库系统的体系结构

（1）服务器（SVR）。SVR 一般为固定节点，每个服务器维护一个本地数据库，服务器之间由可靠的高速互联网络连接在一起，构成一个传统意义上的分布式数据库系统。服务器可以处理客户端的联机请求，并可以保持所有请求的历史记录。

（2）移动支持节点（MSS）。MSS 也位于高速网络中，并具有无线联网能力，用于支持一个无线网络单元（cell），该单元内的移动客户端既可以通过无线链路与一个 MSS 通信，从而与整个固定网络连通，也可以接收由 MSS 发送的广播信息。服务器与 MSS 可以是同一台机器。

（3）移动客户端（MC）。MC 的处理能力与存储能力相对于服务器来说非常有限，且具有移动性（即可以出现在任意一个无线单元中），经常与服务器断接（指 MC 无法与服务器联机通信）。即使在与服务器保持连接时，由于 MC 所处的网络环境多变，MC 与服务器之间的网络带宽相差也很大，且可靠性较低、网络延迟较大。

6.4.3　移动数据库的关键技术

（1）复制和缓存技术。在移动数据库环境中，通过采用一种弱一致性服务器级复制机制，提高了响应时间。缓存技术是通过在客户机上缓存数据服务器上的部分数据，降低客户访问数据库服务器的频率。

（2）数据广播技术。利用从服务器到移动客户机的下行带宽远远大于从移动客户机到服务器的上行带宽的这种网络非对称性，把大多数移动用户频繁访问的数据组织起来，以周期性的广播形式提供给移动客户机。

（3）位置管理。移动用户的位置管理主要集中在两个方面：一是如何确定移动用户的当前位置；二是如何存储，管理和更新位置信息。可以采用移动计算机都在自己的宿主服务器上作永久登记，当它移动到任何其他区域时，向其宿主服务器通报其当前位置。

（4）查询处理及优化。在移动数据库环境中，由于用户的移动，频繁的断接及用户所处网络环境的多样性，移动查询优化必须采用动态策略，以适应不断变化的环境。

（5）移动事务处理。事务处理是数据库管理系统的一个基本功能，主要用于维护数据的一致性，支持多用户的并发访问，使用户可以可靠地查询和更新数据库。一般来说，用户对数据库系统的访问都是通过事务来完成的。在传统的数据库系统中，一个事务由一系列读写操作组成。事务处理必须满足 4 个准则，即原子性、一致性、隔离性和永久性（简称 ACID）。

6.4.4　现有移动数据库产品

目前，世界上几家著名的大型数据库软件公司相继推出了各自的移动计算解决方案和产品，主要有 Sybase SQL Anywhere Studio，Sybase 在移动和嵌入式计算领域保持着长期的领先地位。事实上，在过去的三年中，Sybase 已经被公认为移动数据库市场的领导者，拥有 400 万个用户和四百多个 OEM 合作伙伴。通过业界领先的技术，Sybase 可将零售业信息分布到任何地方，从销售点及嵌入设备（如扫描仪和票据打印机）到客户自服务摊点、存货跟踪和基于 Web 的应用等。Sybase 的低开销、易于使用的移动和嵌入式数据库技术，满足了开放式的开发及灵活的解决方案。这些解决方案有效地满足了大型零售商的需求，然而价格是小型零售商也能够承受的。目前，零售商在寻找他们所需的系统来帮助他们在竞争激烈的行业中处于领先位置；他们会看到 Sybase 数据库技术提供给他们较为明显的优势，即无论业务发生在哪里，他们都可以立即访问到前端数据，并传递客户服务信息。

Oracle 作为数据库领域的老大，在移动数据库方面推出了支持移动计算机访问数据库的产品——Mobile Agent（移动代理），通过引入 Mobile Agent 将传统的客户/服务器结构扩展到了移动计算环境，形成了客户/代理/服务器三层结构来支持移动用户对信息的高效、安全的访问。这种客户/代理/服务器结构是一种无连接结构，移动计算机与服务器之间的通信全部交给代理完成。因此，移动计算机与服务器之间没有直接的连接。而且，客户机与代理之间的连接是面向消息的。这种面向消息的机制可以大大优化在低速无线网络链路上的通信量，从而提高事务处理的总体性能。最近，推出了 Oracle Database Lite 10g。

Oracle Database Lite 10g 是一个集成的完整解决方案，适用于为移动和嵌入式环境快速开发和部署影响较大的应用程序。Oracle Database Lite 10g 是 Oracle 数据库 10g 中的新增特性，适用于要提高员工生产力、降低运营成本和提高客户满意度的企业。它将网络环境扩充至移动和嵌入式设备，允许移动工作者即使在没有网络连接的情况下也能访问企业数据。此外，Oracle Database Lite 还使用数据同步允许这些工作者以可靠的方式与公司 Oracle 数据库进行安全的数据交换。Oracle Database Lite 的主要组件是在多个平台（包括各个版本的 Windows 32 位、Windows Mobile、Linux 和 Symbian OS）上均可用的客户端堆栈（Oracle Lite 数据库的特色），用于应用程序、用户和设备同步与可伸缩部署与管理的移动服务器，以及可加快并简化应用程序开发的开发人员工具。

IBM 公司为了在数据库领域对抗 Oracle，于 2001 年 8 月对 Infomix 公司的数据库资产进行收购。Infomix 的移动计算解决方案也基于一种三层的体系结构：移动计算机、应用 Agent 服务器、数据库服务器。在移动计算机与 Agent 服务器之间，还有一个基于消息的移动中间件（Middleware），它负责建立各种有线或无线数据传输通道。Infomix 的移动计算体系结构采用多种优化技术：通过采用存储—转发式消息传递技术，客户机不必持续保持高代价的无线网络连接；通过采用移动中间件来支持各种有线或无线的网络协议，为移动计算机提供了网络连接的透明性。IBM 公司本身也开发了移动数据库产品 DB2 Everywhere。

相应的，微软也开发了多种平台的移动数据库系统 SQL Server CE。这些产品的能力都非常强大，使用 DB2 或 SQL Server 数据库工作的开发者也将很快熟悉其他数据库产品。

6.4.5　移动数据库发展的趋势

移动数据库技术的许多特性都与信息时代的不断进步的需求相吻合，有着广阔的发展空间。移动数据库技术配合 GPS 技术，可以用于智能交通管理、大宗货物运输管理和消防现场作业等。移动数据库技术还在零售业、制造业、金融业、医疗卫生等领域展现了广阔的应用前景。随着移动计算、移动数据库和无线数据通信等相关技术的迅猛发展，移动数据库将成为信息社会的重要支柱。近年来，嵌入式移动数据库的研究取得不少进展，以下几个趋势值得关注。

（1）数据库内核。由于移动计算机等智能设备的内存大小限制，使得其存储的数据十分有限，因此数据库的内核大小是实用中的一个关键问题。目前，大多数采取的方法是牺牲数据库的功能，以此来换取小的内核。如何使数据库在拥有小的内核的基础上，又能拥有完善的功能，是一个需要研究的方向。

（2）数据库可靠性。嵌入式移动数据库的应用越来越广泛，其功能也将不再限于简单的添加数据、删除数据等操作，尤其是在移动事务处理中，MC 可能不只在同一个服务器

进行数据处理。因此，如何提高数据库可靠性也是一个需要研究的方向。

（3）数据库安全性。嵌入式移动数据库不同于其他数据库，MC 可以在不同的地方、不同的网络中出现或者消失，带来了一些新的安全问题。因此，安全性也是一个重要的研究方向。

（4）数据库可移植性。目前，市场上的大多数嵌入式移动数据库都是针对某一个具体的操作平台或应用开发的，如何使嵌入式移动数据库能在各个平台上安全地跨平台操作，对嵌入式移动数据库的研究提出了新的挑战。因此，嵌入式移动数据库的移植性也是一个需要研究的方向。

6.5　移动商务平台的软硬件支持环境

移动商务平台的搭建需要软、硬件环境的支持。

6.5.1　硬件环境

硬件环境主要包括移动终端、无线网络和无线网络中常用的设备。

1．移动终端

移动终端（或者称为移动通信终端）是指可以在移动过程中使用的计算机设备，广义地讲包括手机、笔记本、POS 机甚至包括车载计算机。但是大部分情况下是指手机或者具有多种应用功能的智能手机。

随着网络和技术朝着越来越宽带化的方向发展，移动通信产业将走向真正的移动信息时代。另外，随着集成电路技术的飞速发展，移动终端已经拥有了强大的处理能力，正在从简单的通话工具变为一个综合信息处理平台，这也给移动终端增加了更加宽广的发展空间。

现代的移动终端已经拥有极为强大的处理能力（CPU 主频已经接近 1 GB）、内存、固化存储介质及像计算机一样的操作系统，是一个完整的超小型计算机系统，可以完成复杂的处理任务。移动终端也拥有非常丰富的通信方式，既可以通过 GSM、CDMA、EDGE、3G、4G 等无线运营网络通信，也可以通过无线局域网、蓝牙和红外进行通信。

今天的移动终端不仅可以通话、拍照、听音乐、玩游戏，而且可以实现包括定位、信息处理、指纹扫描、身份证扫描、条码扫描、RFID 扫描、IC 卡扫描及酒精含量检测等丰富的功能，成为移动执法、移动办公和移动商务的重要工具。有的移动终端还将对讲机也集成到移动终端上。国外已将这种智能终端用在快递、保险、移动执法等领域。最近几年，移动终端也越来越广泛地应用于我国的移动执法和移动商务领域。

2．无线网络

无线网络（Wireless Network），既包括允许用户建立远距离无线连接的全球语音和数据网络，也包括为近距离无线连接进行优化的红外线技术及射频技术，与有线网络的用途十分类似，最大的不同在于传输媒介的不同，利用无线电技术取代网线，可以和有线网络互为备份。

与有线网络一样，无线网络可根据数据传输的距离分为以下几种不同类型。

1）无线广域网

无线广域网 WWAN（Wireless Wide Area Network）技术可使用户通过远程公用网络或专用网络建立无线网络连接。通过无线服务提供商负责维护的若干天线基站或卫星系统，这些连接可以覆盖广大的地理区域，如若干城市或者国家和全球范围内。与无线个域网、无线局域网和无线城域网相比，它更强调的是移动的快速性。目前，正在广泛使用的无线广域网主要有移动通信全球系统（GSM）、4G 网络与卫星通信系统。所谓 4G，一般是业界人士对第四代移动通信的通俗称呼，而国际上的官方称呼是 IMT-Advanced。4G 通信技术优于 3G 的一个非常明显的特点是可以有效地引入高质量的视频通信。

2）无线城域网

无线城域网（WMAN）技术使用户可以在城区的多个场所之间创建无线连接（如在一个城市或大学校园的多个办公楼之间），而不必花费高昂的费用铺设光缆、铜质电缆和租用线路。此外，当有线网络的主要租赁线路不能使用时，WMAN 还可以作备用网络使用，WMAN 使用无线电波或红外光波传送数据。为用户提供高速互联网接入的宽带无线接入网络的需求量正日益增长。尽管目前正在使用各种技术，如多路多点分布服务（MMDS）和本地多点分布服务（LMDS），但负责制定宽带无线访问标准的 IEEE 802.16 工作组仍在开发统一规范以便实现这些技术的标准化。

3）无线局域网

无线局域网（WLAN）技术可以使用户在本地创建无线连接。如在公司或校园的大楼里，或在某个公共场所（如机场宾馆、酒店、候车厅等）。WLAN 可用于临时办公室或其他无法大范围布线的场所，或者用于增强现有的 LAN，使用户可以在不同时间，在办公楼的不同地方工作。WLAN 以两种不同方式运行。在基础结构 WLAN 中，无线站（具有无线网卡或外置调制解调器的设备）连接到无线接入点，后者在无线站与现有网络中枢之间起桥梁作用。在点对点（临时）WLAN 中，有限区域（如会议室）内的几个用户可以在不需要访问网络资源时建立临时网络，而无须使用接入点。

1997 年，IEEE 批准了用于 WLAN 的 802.11 标准，指定的数据传输速度为 1～2 Mb/s。802.11b 正在发展成为新的主要标准，在该标准下，数据通过 2.4 GHz 的频段以 11 Mb/s 的最大速度进行传输。另一个更新的标准是 802.11a，它指定数据通过 5 GHz 频段以 54 Mb/s 的最大速度进行传输。

4）无线个人网

无线个人网（WPAN）技术使用户能够为个人操作空间（POS）设备（如 PDA、移动电话和笔记本计算机等）创建临时无线通信。POS 指的是以个人为中心，最大距离为 10 m 的一个空间范围。目前，两个主要的 WPAN 技术是蓝牙"Bluetooth"和红外线。蓝牙是一种电缆替代技术，可以在 10 m 以内无线传送数据。蓝牙数据可以穿过墙壁、口袋和公文包进行传输。"蓝牙专门利益组（SIG）"推动着蓝牙技术的发展，于 1999 年发布了蓝牙版本 1.0 规范。作为替代方案，要近距离（1 m 以内）连接设备，用户还可以创建红外链接。

为规范 WPAN 技术的发展，IEEE 已为 WPAN 成立了 802.15 工作组。该工作组正在发展基于蓝牙版本 1.0 规范的 WPAN 标准。该标准草案的主要目标是低复杂性、低能耗、交互性强并且能与 802.11 网络共存。

3．无线网络常用设备

在无线局域网里，常见的设备有无线网卡、无线网桥、无线天线等。

1）无线网卡

无线网卡的作用类似于以太网中的网卡，作为无线局域网的接口，实现与无线局域网的连接。无线网卡根据接口类型的不同，主要分为 PCMCIA 无线网卡、PCI 无线网卡和 USB 无线网卡三种类型。

（1）PCMCIA 无线网卡仅适用于笔记本计算机，支持热插拔，可以非常方便地实现移动无线接入。

（2）PCI 无线网卡适用于普通的台式计算机。其实 PCI 无线网卡只是在 PCI 转接卡上插入一块普通的 PCMCIA 卡。

（3）USB 接 VI 无线网卡适用于笔记本计算机和台式计算机，支持热插拔，如果网卡外置有无线天线，那么 USB 接口就是一个比较好的选择。

2）无线网桥

无线网桥用于连接两个或多个独立的网络段，这些独立的网络段通常位于不同的建筑内，相距几百米到几万米。因此，它可以广泛应用在不同建筑物间的互联。同时，根据协议不同，又可以分为 2.4 GHz 频段的 802.11b 或 802.11g 以及采用 5.8 GHz 频段的 802.11a 无线网桥。无线网桥有三种工作方式：点对点、点对多点、中继连接，特别适用于城市中的远距离通信。

在无高大障碍（山峰或建筑物）的条件下，一对速组网和野外作业的临时组网，其作用距离取决于环境和天线，限 7 km 的点对点微波互联。一对 27 dbi 的定向天线可以实现 10 km 的点对点微波互联。12 dbi 的定向天线可以实现 2 km 的点对点微波互联。对只实现到链路层功能的无线网桥是透明网桥，而具有路由等网络层功能、24 dbi 的定向天线可以实现异种网络互联的设备称为无线路由器，也可作为第三层网桥使用。

3）无线天线

当计算机与无线 AP 或其他计算机相距较远时，随着信号的减弱，传输速率会明显下降，或者根本无法实现与 AP 或其他计算机之间的通信。此时，就必须借助于无线天线对所接收或发送的信号进行增益（放大）。

无线天线有多种类型，常见的有两种：一种是室内天线，优点是方便灵活，缺点是增益小、传输距离短；另一种是室外天线，其类型比较多，包括锅状的定向天线和棒状的全向天线等。室外天线的优点是比较适合远距离传输。

6.5.2　软件环境

这里主要介绍几种常见的支持移动商务平台的移动操作系统。

1．Symbian OS

1998 年 6 月，Psion 公司联合手机业界巨头诺基亚、爱立信、摩托罗拉等组建了 Symbian 公司。该公司继承了 Psion 公司 EPOC 操作系统软件的授权，并且致力于为移动信息设备提供一个安全可靠的操作系统和一个完整的软件及通信平台。

作为一种开放式平台，任何人都可以为支持 Symbian 的设备开发软件。这意味着开发

移动 商务

伙伴具有更多可供选择的应用，同时拥有更大的市场。为此，Symbian 推出了白金合作计划，吸引了包括 ARM、Motorola SPS Real Networks、TI 德州仪器等大量的厂商加入。Symbian 公司还大量参与 WAP、Wireless Java 和 Bluetooth 的制定工作，确保 EPOC 将完全支持市场的内容和服务需求模块化、可伸缩性、低能耗及与 Strong ARM 这类 RISC 芯片的兼容性。诺基亚全资收购 Symbian 公司并宣布开源计划，将 Symbian 操作系统开源，使 Symbian 成为一个开放的、可扩展的智能手机平台。

Symbian OS 系统按照人机交互界面大致分为$60、$80、UIQ 等。不同的用户界面对应不同的手机和模拟器屏幕尺寸、分辨率及不同的输入方式。其中$60、$80 等对应的手机采用键盘输入方式，UIQ 对应的手机采用触摸屏方式与用户交互。

2010 年由 Symbian 基金会开发的 Symbian 3 在之前的 Symbian 平台上进行了升级，整合了 Symbian OS 各种界面，推出的手机包括 N8、C7 和 C6-01 等机型。

2. Android

Google 于 2007 年 11 月宣布，与 30 多家业内企业联合成立开放手机联盟（Open Handset Alliance，OHA），共同开发 Android 开源移动平台。Android 其实是 Google 在 2005 年收购的一家手机软件公司的名字，后来他们用 Android 来命名全新的智能手机操作系统。

Android 向手机厂商和手机运营商提供了一个开放的平台，供他们开发创新性的应用软件。Android 基于 Linux 技术，由操作系统、用户界面和应用程序组成，允许开发人员查看源代码，是一套具有开放源代码性质的手机终端解决方案。

Google 的 Android 平台现在宣布公布源代码，并允许所有手机厂商加入开发，免费使用，这无疑让手机企业和第三方软件企业都为之振奋。Google 宣称 Android 联盟成员目前有 34 家，其中芯片制造商包括英特尔、高通、德州仪器、Nvidia 公司；手机制造商包括摩托罗拉、三星、LG 和宏达（HTC）；运营商包括中国移动、美国的 Sprint 和 T-Mobile、日本的 NTT DoCoMo 和 KDDI、10 个欧洲国家的 T-Mobile 等，再加上做应用层面的 Google、SkyPop。截至 2011 年 6 月，Android 集合了 36 家 OEM 厂商、215 家移动运营商和超过 45 万名开发者。目前，在 Android 市场里总计有 20 万个应用。

2008 年 10 月，Google 的 G1 手机正式推出，该手机是第一款采用 Android 操作系统的手机。由于 Android 的开放性吸引了众多手机制造商，HTC、摩托罗拉、三星、LG、华为、联想、酷派等手机制造商不断推出 Android 新手机，截至 2011 年 6 月，Android 设备超过 1 亿台，新增日激活量 40 万台。

3. Windows Mobile

Windows Mobile 系列操作系统是在微软计算机的 Windows 操作系统的基础上变化而来的，因此，其操作界面与 Windows 的操作界面非常相似。Windows Mobile 系列操作系统的功能更强大，支持该操作系统的智能手机多数具备了音频、视频文件播放、上网冲浪、MSN 聊天、电子邮件收发等功能，而且多数都采用了英特尔嵌入式处理器，主频比较高，在其他硬件配置（如内存、储存卡容量等）上也较采用其他操作系统的智能手机要高出许多，因此性能比较强劲，操作起来速度会比较快。

但是，此系列手机也有一定的缺点，如因配置高、功能多而产生耗电量大、电池续航时间短、硬件采用成本高等。Windows Mobile 系列操作系统包括 Smart Phone 及 PocketPC

186

Phone 两种平台。Pocket PC Phone 主要用于掌上计算机型的智能手机,而 Smart Phone 则主要为单手智能手机提供操作系统。

Windows Phone 7 是微软公司推出的一个触控操作模式操作系统。

4. iOS

iOS 是苹果公司为 iPhone 开发的操作系统,它主要是给 iPhone、iPod Touch 及 iPad 使用的。就像其基于的 Mac OS X 操作系统一样,它也是以 Darwin 为基础的。原本这个系统名为 iPhone OS,在 2010 年 6 月 7 日 WWDC 大会上才宣布改名为 iOS。iOS 的系统架构分为 4 个层次:核心操作系统层、核心服务层、媒体层、Cocoa 界面服务层。操作系统占用大概 240MB 的存储器空间。

iOS 的用户界面的概念基础是能够使用多点触控直接操作。控制方法包括滑动、轻触开关及按键,与系统交互包括滑动、轻按、挤压及旋转。此外,通过内置的加速器,可以让用户旋转设备改变其 Y 轴而使屏幕改变方向,这样的设计使 iPhone 更便于使用。屏幕的下方有一个 home 按键,底部则是 dock,有 4 个用户最经常使用的程序的图标被固定在 dock 上。屏幕上方有一个状态栏能显示一些有关数据,如时间、电池电量和信号强度等。

5. J2ME 平台

Java ME 以往称为 J2ME(Java Platform Micro Edition),是为机顶盒、移动电话和 PDA 等嵌入式消费电子设备提供的 Java 语言平台,包括虚拟机和一系列标准化的 Java API,它和 Java SE、Java EE 一起构成 Java 技术的三大版本,并且同样是通过 JCP(Java Community Process)制定的。

根据 Sun 的定义,Java ME 是一种高度优化的 Java 运行环境,主要针对消费类电子设备,如蜂窝电话和可视电话、数字机顶盒、汽车导航系统等。Java ME 技术在 1999 年的 JavaOne Developer Conference 大会上正式推出,它将 Java 语言的与平台无关的特性移植到小型电子设备上,允许移动无线设备之间共享应用程序。

6. 其他移动平台

其他移动平台还有很多,包括诺基亚和英特尔推出的用于智能手机与平板计算机的免费移动平台操作系统 MeeGo,Palm 公司(被惠普收购)推出的 Web OS(又称 Palm OS),RIM 公司研发的黑莓手机操作系统 BlackBerry OS,三星公司自行研发的智能手机平台 Bada(于 2009 年 11 月 10 日发布)等。

6.6 移动电子商务平台的实现技术

移动电子商务的实现已备受瞩目,关于各种实现技术孰优孰劣的争论也从未停止过。而这些争论主要在两大实现技术中进行:WAP 和 J2ME。这二者在结构体系、运行机制、数据传输模式等各方面都存在很大的差别。加上移动网络与移动终端固有的一些特性,使得这二者在实际开发中所处的地位相当微妙。

6.6.1 WAP 的应用

1．WAP 简介

正当人们为电子商务展现的巨大商机而兴奋不已时，移动电子商务已经成为新一轮网络科技的热门话题。无线通信产业和互联网的融合，为双方共同创造出了空前巨大的市场。移动电子商务就是利用移动通信手段来完成电子商务的，它为电子商务的发展创造了更为广阔的发展空间。移动电子商务的实施当然离不开无线通信技术的支持，而目前无线通信技术中最为成熟的一种技术就是 WAP 技术，因此 WAP 技术的发展与移动电子商务的发展有很大的相关性，而 WAP 技术也一度被称为"移动电子商务的发展基石"。

WAP 是移动通信的爱立信、诺基亚、摩托罗拉等公司于 1998 年联合发布的，WAP 支持在不同的无线网络上访问电子邮件和 Internet 内容，其目的就是要把 Internet 业务、服务和信息推向手机等终端。WAP 位于 GSM 网络和 Internet 之间，一端连接现有的 GSM 网络，一端连接 Internet，用户通过支持 WAP 协议的设备就可以进入 Internet，实现一体化的信息传送。WAP 提供的关键特征如下。

（1）与 Internet 模型相似的编程模型。因为服务开发商和制造商对于 Internet 的概念很熟悉，所以重用 Internet 上的概念使人们能够快速了解基于 WAP 的服务。

（2）无线标记语言（Wireless Markup Language，WML），这是一种书写服务的标记语言，与 Web 上的 HTML 的目的相同。但是与 HTML 不同的是，WML 为适应小型手提设备而设计。

（3）无线标记语言脚本（WML Script）。无线标记语言脚本可以用来加强服务的功能，是 WML 的扩展，其用途与 HTML 中的 Java Script 类似，可以为基于 WAP 的服务添加一些过程逻辑和计算函数。

（4）优化的协议栈。WAP 中使用的协议是以著名的网际协议为基础的，如 HTTP 和传输控制协议（TCP），但是它们已经经过了优化，用来解决无线环境的局限性，如窄带和较长的延时。

WAP 允许无线设备在 Internet 上浏览特别制定的页面，这些页面只使用无格式的文本或者非常简单的图片。页面本身必须很小，因为移动电话上的数据率是有限的。并且，支持 WAP 设备的屏幕大小和形状是多样的，因此同样的页面看起来会很不同，这取决于用户实际使用的设备，与电话中使用的微浏览器的版本没有关系。

Internet 的巨大增长似乎令人吃惊，如果我们把注意力集中到其提供的较好的通信、娱乐与商贸机会，就很能理解这一点了。"要记住人是社会动物，并乐于沟通，因此世界各地移动电话的销售额实现惊人增长。对于用户而言，让母亲知道您晚上在什么地方总是很重要，并且无论使用什么技术让她知道您的信息一直很重要"。在相当长一段时间里，Internet 与移动电话几乎就像两条平行线一样，互不干涉，各自发展。它们分别由不同的 ISP 来运营，用户在网上冲浪、娱乐，同时通过移动电话进行语音服务。它们处在不同的物理网络上，具有完全分离的功能，除了短信服务（Short Message Service，SMS）外，没有其他任何交叉处。但是，短信息服务也只是从移动电话到移动电话的通信。随着 WAP 的出现，这一切都发生了改变。它使用户可以通过移动电话或其他通信设备，方便地访问现存的大规模的 Internet 数据资源。"计算机网络的覆盖面相当大，但是由于其终端是相对固定的，这

事实上就降低了用户对 Internet 的访问质量：用户可以在办公室或家庭里方便地访问计算机网络，但是在下班路上、在公交车上、在约会的等待过程中，还能做到这一点吗？事实上这也是一种极大的资源浪费。将 Internet 上的大量有用数据及移动电话的携带方便性和通信的及时性结合起来，是 WAP 的真正优点。

现在，WAP 的作用领域已经发生了很大的变化。通过 WAP 用户不仅可以在世界的任何地方、任何时间利用移动电话与朋友、同事与家人通过语音交流；他也能及时地获得他的股票的最新价格、看最近的新闻、读电子邮件等。用户甚至能申请服务，通过发送信息的形式，将自己定制的服务信息在第一时间发送给自己。而服务提供商也将从这种连接中获益，因为服务的展开与用户的位置无关。正是由于 WAP 的这些优点，将其应用到移动电子商务中是必然的选择。

2. WAP 的协议栈与网络架构

WAP 是通过移动通信设备进行数据传输的标准，旨在将 Internet 先进的数据业务引入到移动电话、PDA 等无线数字终端中，使移动通信网与国际互联网结合起来，让用户能够随时随地接入因特网。WAP 适用于 GSM、GPRS、IM-T2000 等不同的移动通信系统，并已经成为国际工业标准。通过 WAP 终端，人们能进行股票交易、银行业务、产品定购等电子商务活动。WAP 由一系列协议规范组成，用来标准化无线通信设备进行 Internet 访问，并提供了稳定可靠的安全机制。WAP 协议规范如图 6-11 所示。

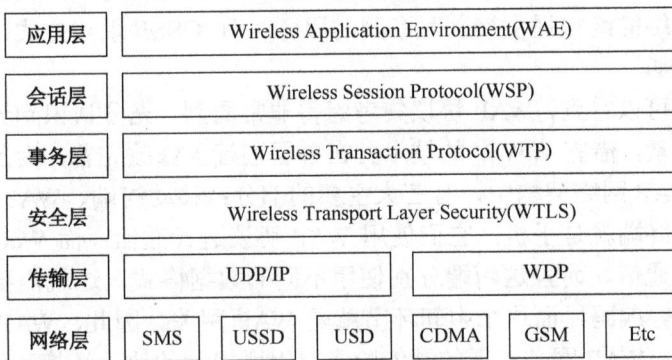

图 6-11　WAP 协议规范

WAP 的最高层仍然是应用层，WAE（Wireless Application Environment）定义了一系列可以运行在 WAP 设备上的业务，确保这种业务能很好地适用于 WAP 模型并被 WAP 的其他部分所支持。WAE 定义了一些技术，常用的是 WML（Wireless Markup Language）、WMLscript 和 WTA（Wireless Telephony Application，无线电话应用）。

会话层采用 WSP（Wireless Session Protocol）。它使用已知的接口为 WAE 层提供两种会话服务：来自于 WTP 层的基于连接的服务以确保数据传输；不确保数据传输的无连接服务。HTTP 不能在无线网上有效地运行，因此 WAP 定义了新的传输协议 WSP，它是 HTTP 的修改版本，其内核是 HTTP1.1。WSP 会话并不用 TCP 方式保证数据传输，因其与 HTTP 一样，在无线网中效率不高。

WTP（Wireless Transaction Protocol）是轻量级的基于事务的协议，能在无线数据网络中有效地运行。WTP 执行用来支持 WSP 浏览请求和应答的功能。WTP 采用数据报服务（UDP 或 WDP），提供给 WSP 比纯数据报更可靠的传输服务。WTP 执行重传和确认，但它和 TCP 不同，没有连接建立/关闭功能，当事务第一次启动时分配一个事务指针，用来跟踪属于同一事务的包。WTP 执行 WSP 需要的可靠性特性，用以请求/应答和可靠的 PUSH 操作，主要用于提高数据包服务的可靠性，是基于消息的，能较好地为浏览等应用服务。

安全层 WTLS（Wireless Transport Layer Security）是可选的，它应用于 WAP 应用业务及数据报业务之间。GSM 网络本身有很好的安全机制，空中加密算法对大多数 WAP 业务足够了。但如果 WAP 要实现一些需求严格的端对端安全的业务，如在线银行及其他金融交易，还需要增加数据的安全性。WAP 应用业务可以选择是否采用安全性业务，这样不需要安全性的 WAP 业务就可不必增加额外的开销。WTLS 为 WAP 应用提供机密性、数据完整性、认证等安全因素。

WDP 运行于不同网络类型支持的数据承载。WDP 是一般数据报服务，使用下层承载为上层提供一致的服务，为上层协议提供通用接口，使其上层适配到指定的下层承载网络中，这使得上层协议可以与下层承载网络无关。WDP 设计为 UDP 的替代，像 UDP 一样提供相同的 WAP 数据报服务接口，它在下层没有 IP 承载时可使用短信平台。在实际使用中，手机浏览 WAP 内容拨号接入要经过服务器设备，它提供 IP 的承载，采用 UDP 的方式，WDP 在实际中很少使用。

对于承载层，WAP 制定者的出发点是力图采用各种承载方式，如 GSM、CDMA、CDPD 等，为所有无线网络的终端提供接入互联网的服务。对 GSM 承载方式，又有基于短信、CSD、GPRS 等多种。

通过以上分析可以看到，WAP 协议集考虑得非常周到，充分认识到无线网带宽受限和网络环境复杂等因素，借鉴 WWW 的技术并在各层进行了修改完善，为各种无线承载方式预留了接口。在 WAP 网络架构中，有三大主要的部分：移动终端、WAP 网关和 Web 服务器。最常见的移动终端就是手机，它们使用 WAP 协议进行通信；而 Web 服务器则是采用 HTTP 协议在进行通信。而且这两端分别使用不同的数据格式，这就需要一个中间环节来进行协议转换和内容编码，而这个中间环节就是 WAP 网关。因此，WAP 网关用来连接无线通信网和有线网。WAP 网关实现的功能除了以上所提到的协议转换和消息编解码之外，还具有以下的功能：①将来自不同 Web 服务器上的数据聚合起来，并缓存经常使用的消息，减少对移动设备的应答时间；②提供于数据库的接口，以便使用来自无线网络的信息（如位置信息）来为某一用户动态定制 WML 页面。

WAP 网络架构大致如图 6-12 所示。

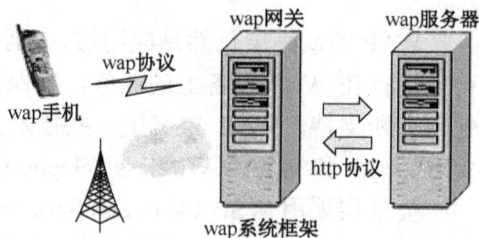

图 6-12　WAP 网络构架

6.6.2　J2ME 的应用

1．J2ME 简介

随着 Java 技术的不断发展，Java 自身也根据市场进行了版本的细分。Java 2 分为针对企业级应用的 J2EE（Java 2 Enterprise Edition）、针对普通 PC 应用的 J2SE（Java 2 Standard

Edition）和针对嵌入式设备及消费类电子产品的 J2ME（Java 2 Micro Edition）3 个版本，如图 6-13 所示。

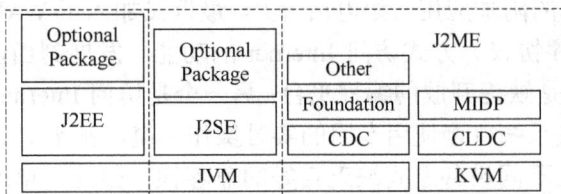

图 6-13　Java 2 的 3 个版本

J2ME 推出之后，全球各大计算机和消费类电子产品生产厂商积极响应，如诺基亚、摩托罗拉、索尼爱立信、三星、TCL 等公司都推出了自己的支持 J2ME 技术的手机和其他电子产品。其中 J2ME 主要用于以下需求：①消费者和嵌入式设备制造商希望生产多样性的信息设备；②服务提供商希望通过这些设备将内容传递到他们的用户；③内容创建者希望为小型的、资源受限的设备提供吸引人的内容。

Sun Microsysterms 将 J2ME 定义为"一种以广泛的消费性产品为目标的高度优化的 Java 运行时环境，包括寻呼机、移动电话、可视电话、数字机顶盒和汽车导航系统。"J2ME 为小型设备带来了 Java 语言的跨平台功能，允许移动无线设备共享应用程序。有了 J2ME，就可方便地开发出能够适应集成了或针对小型计算设备的用户产品。

J2ME 背后的高层思想就是要为创建动态可扩展、可联网的设备提供一个全面的应用开发平台及为用户和嵌入市场提供应用。它允许设备制造商将他们的产品向全球的第三方应用开发商和动态可下载内容敞开大门，同时又不会使制造商丢掉对底层特有平台机密的掌握和控制。

J2ME 的目标设备可以分为以下两个大类。

（1）高端消费类设备。此类设备由图 6-13 中标有 CDC（连接设备配置，Connected Device Configuration）的那一栏来代表。该类设备的典型例子有电视机顶盒、Internet 电视、可访问 Internet 的可视电话、高端无线通信设备及车载娱乐/导航系统。它们的典型特点是具有处理大数量用户接口的能力，总的内存容量较大（至少 2 兆），具有高带宽的网络连接功能，常常使用 TCP/IP 协议。

（2）低端消费类设备。此类设备由图 6-13 中标有 CLDC（连接受限设备配置，Connected Limited Device Configuration）的那一栏来代表。其典型的例子是手机与传呼机。这些设备的用户界面相对简单，内存也较小。低带宽，网络连接非连续。一些先前生产的老终端的网络通信一般不是基于 TCP/IP 协议。多数该类设备由电池供电。此类设备就是移动电子商务的终端。

2．J2ME 与手机编程的关系

Sun 公司为了使 Java 语言进入嵌入式系统和消费类电子产品领域，在 Java 2 中推出了 J2ME。摩托罗拉是 J2ME 的主要支持者，第一个在手机上移植了 KVM，又领导全球手机厂家制定了 MIDP 规范。在 2000 年的 JavaOne 大会上，摩托罗拉总裁宣布："摩托罗拉的主要手机机型都将支持 J2ME"。到目前为止，几乎在所有厂商生产的手机上都支持运行 J2ME 程序。

1）手机编程的历史

回顾手机的发展历史，可以看到手机上的软件经历了 3 个阶段。最早只有基本的语音服务，而后增加了简单的附加应用（如电话簿），最近又加入了 WAP（Wireless Application Protocol，无线应用程序协议）方式访问 Internet 的功能。发展到当前这个阶段，手机厂商遇到了两个问题：一个是缺乏开放的编程平台；另一个是访问 Internet 只能通过 WAP 方式。

传统手机类嵌入式系统普遍使用专用的实时操作系统，基于 C 语言开发应用软件，软件开发速度慢，软件在不同设备之间缺乏良好的兼容性。因此，单纯依靠手机厂商自身的软件开发能力难以满足市场的需求；另一方面，由于没有开放的编程平台，广大软件开发商又无法开发适用于手机的应用程序。

Wireless Internet（无线 Internet）是未来 Internet 发展的必然方向，但现在的 WAP 解决方案要求手机通过 WAP Gateway（WAP 网关）才能访问 Internet，并且只能访问 WML（WAP Markup Language，WAP 标记语言），而不是主流的 HTML（Hypertext Markup Language，超文本标记语言）。这种 WAP 和 HTML 的不同，将无线网络和 Internet 隔成了两个世界。技术的发展已经显现出来了这样的趋势：未来无论是无线网络，还是 Internet，都会使用统一的页面语言——HTML。在技术上，WAP 最终将被抛弃。因此，WAP 不能解决手机网络的通信问题。

利用 J2ME，正好可以解决两个问题：首先，Java 语言是跨平台运行的，软件开发商可以很容易地开发应用程序，也可以方便地安装在手机上；其次，J2ME 提供了 HTTP 等 Internet 协议支持，Java 程序可以自由地访问 Internet。

2）手机上的 Java 开发平台——J2ME

为了进一步讨论 J2ME 技术的细节，需要了解 J2ME 的术语。Java 内部分为 3 层，从下到上分别是 VM（Virtual Machine，虚拟机）、Configuration（配置）和 Profile（框架）。VM 负责建立 Java 虚拟机，解释 Java Byte Code（Java 字节代码）。Configuration 建立了核心类库，功能较少，如没有 UI（User Interface，用户界面），主要面向水平市场（水平市场，是指多个厂商生产的同一类产品所形成的市场）。Profile 建立了高级类库，功能丰富，主要面向垂直市场（是指某个厂商生产的同一类产品中的不同型号产品所形成的市场）。

针对手机内存少、速度慢和 I/O 差的特点，J2ME 对 VM、Configuration 和 Profile 3 层做了特殊的实现。在 VM 层，J2ME 在手机上移植了 kVM，只需要几百 kB 的内存就可以运行；在 Configuration 层，J2ME 规定了 CLDC（Connected Limited Device Configuration，连接的有限设备配置），CLDC 适用于拥有双向网络连接，但是硬件资源有限的设备；在 Profile 层，J2ME 规定了 MIDP（Mobile Information Device Profile，移动信息设备框架），适用于手机或其他的移动设备。

J2ME 的设计初衷是运行在不同的嵌入式系统和消费电子设备上。为了适应不同的设备，J2ME 首先对不同的设备进行了抽象。

3．使用配置对不同设备进行抽象

J2ME 在设计规范时，遵循"对于各种不同的设备设定一个单一的开发系统是没有意义的事"这一基本原则。因此，J2ME 先将所有的嵌入式设备大体上分为两种：一种是运算功能有限且电力供应也有限的嵌入式设备（如 PDA 和手机）；另一种是运算能力相对较佳并在电力供应上相对比较充足的嵌入式装置（如冷气机、电冰箱和机顶盒）。Java 引入了

一个 Configuration 的概念，把上述运算功能有限、电力有限的嵌入式设备定义在 CLDC 规范中，而将另一种装置定义在 CDC（Connected Device Configuration，连接设备配置）规范中。也就是说，J2ME 利用 Configuration 的概念把所有的嵌入式设备区分成两种抽象的类别。

Configuration 可以当作是 J2ME 对于两种类型嵌入式设备的规范。在这些规范中，定义了这些装置至少要符合的运算能力、供电能力和内存大小等规范，同时也定义了一组在这些装置上执行的 Java 程序所能使用的基本类库。在这些规范中所定义的基本类库为 Java 核心类库的子集及与该类别设备特性相符的扩充类库。就 CLDC 规范而言，能支持的核心类库有 java.1ang.*、java.io.*和 java.util.*，能支持的扩充类库是 java.microedition.io.*。

4．使用框架对 API 进行定义

区分出两种主要的 Configuration 后，接着 J2ME 定义了框架（Profile）。Profile 是架构在 Configuration 之上的规范。之所以有 Profile 的概念，是为了要更明确地区分出各种嵌入式设备上 Java 程序该如何开发、具有哪些功能。因此，Profile 中定义了与特定嵌入式设备非常相关的扩充类库。当然，这些扩充类库也是建立在底层 Configuration 所定义的核心类库基础上的。

5．J2ME 系统体系结构

嵌入式系统上的 Java 程序、Profile、Configuration、虚拟机、操作系统及硬件设备之间的关系如图 6-14 所示。根据某个 Profile 规范所编写的 Java 程序，除了可以直接调用 Profile 中定义的扩充类库外，也可以直接调用 Configuration 中所定义的核心类库子集与扩充类库。

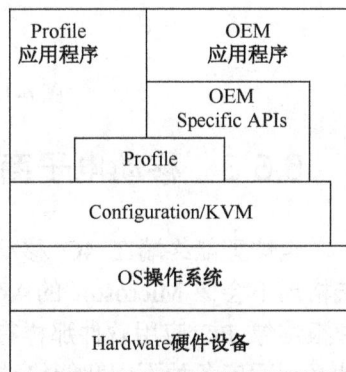

图 6-14　J2ME 系统体系结构

6．基于 J2ME 的移动商务的构架

在基于 J2ME 技术的电子商务中，数据的传输需要经过无线网络和有线网络。在通信过程中，移动设备端发送数据到无线基站，无线基站将接收到的数据发送到 GPRS/3G/4G 网络中，根据 GPRS/3G/4G 的特点，它们可以很方便地接入到 Internet 中，在 Internet 上，数据进行传输，发送到企业网络中进行会话。设备终端能够访问到数据库系统，必须要使用 J2EE 技术。

在建立移动电子商务平台时，由于移动终端设备资源有限，它不提供直接对后台数据库的访问能力。因此，要想使移动需求，一个移动电子商务系统必须建立移动终端程序（使用 J2ME 技术）和服务器端应用程序（使用 J2EE 技术）。基于 J2ME 的移动电子商务系统的架构如图 6-15 所示。在 J2ME 客户端，移动设备通过 HTTP（Hyper Text Transfer Protoco1）协议或 HTTPS（Hyper Text Transfer Protocol Secure）协议或者 XML （Extensible Markup Language）连接到 Web Server 上，Web Server 使用 Scrvlet 容器来处理客户端的连接和请求。然后再将这些请求发送到企业级服务器上，企业级服务器使用 EJB 进行会话，处理请求，并通过 JDBC 连接到数据库系统上。当数据库系统处理完 SQL 语句后，将会形成一个数据集，并将这个数据集发送到企业级服务器，企业级服务器把接收到的信息提交给 Web Server。Web Server 再通过 HTTP 或 HTTPS 或 XML 将信息发送到客户端。

193

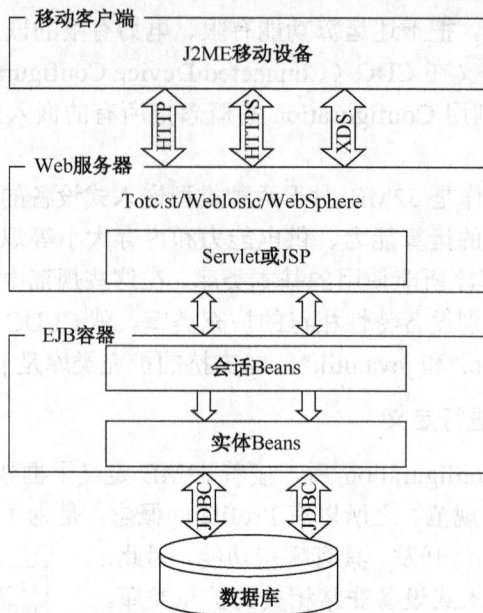

图 6-15　基于 J2ME 的移动电子商务系统的架构

6.6.3　移动电子商务平台的开发环境

全球智能终端在 4G 移动互联网的带动下呈现逐年递增的局面，全球智能终端操作系统格局不会像 Microsoft 的 Windows 一样占据绝对垄断地位，这导致智能终端的应用的软件很难像 PC 应用软件那样有统一的开发平台及相应的标准，这就需要智能终端应用的软件必须适应各种不同智能终端操作系统，从而对软件开发人员提出了更高的要求。除此之外，智能终端软件开发人员还必须熟悉各种智能终端的不同参数、规格及运营商对软件的各种标准和规范，这样才能针对不同的智能终端、不同的运营商开发出相应的软件，因此移动电子商务平台在不同的智能终端、不同的运营商有不同的开发环境。

本节重点介绍主流移动电子商务平台的特点及开发环境。

1．移动开发特点

相对于 PC 而言，手机等移动终端具有屏幕较小、存储容量较小、处理器的计算能力相对较低、电池电量有限等特点，因此在开发应用时需要注意。基于手机等移动终端的应用应具备如下特点。

（1）有效管理内存。因为移动设备的内存相对 PC 而言偏小，所以在开发应用时需要更加注意内存泄漏的问题，否则可能导致系统无法正常运行。

（2）更强的容错处理能力。移动平台开发需要对错误的包容性更强，因为移动设备的用户比 PC 用户更不能容忍需要重启的错误，所以在开发时必须尽可能地在程序中捕捉异常，通过重试、自动关闭某个程序等手段来解决问题。

（3）不同的操作方式。手机的输入设备有别于 PC，在 PC 上用户可以很方便地通过鼠标和键盘来完成输入操作，而手机等移动设备则没有鼠标的概念，高端智能设备提供了触摸屏，因此在设计界面的时候必须考虑用户如何操作才能更加便捷的问题。

（4）有限的电量。移动设备的电池容量虽然在逐渐增加，但是相对 PC 而言还是有限的，因此在开发时需要注意及时关闭耗电量比较大的功能，提供给用户更方便的选择。

（5）有限的屏幕尺寸。相对 PC 而言，移动平台设备屏幕尺寸偏小，因此在 UI 设计时需要考虑用户界面的分辨率等实际效果。

（6）设备的多样性与软件的适配。由于移动设备需要满足多种用户需求，导致移动设备种类繁多，往往同一平台的设备有多个版本，不同版本之间具有不同的软硬件配置，会导致同一款软件无法安装或者安装后无法正常运行，因此存在同一平台不同设备之间的适配问题，也需要做相应的移植。

（7）开发周期相对传统软件较短。一般的移动平台应用软件或者游戏软件项目，规模往往偏小，因此开发周期比传统软件开发周期可能会短，参与的研发人员也会相对少一些。（这个也不是绝对的，在移动平台一样也可以开发具有复杂而强大功能的软件，这样开发周期也会比较长）。

2．Android 开发环境

Android 在英文中本义是指"机器人"，它是 Google 公司于 2007 年 11 月宣布的基于 Linux 平台的开源手机操作系统。该系统由底层的 Linux 操作系统、中间件和核心应用程序组成。Android 是基于 Java 并运行在 Linux 内核上的操作系统，Android 应用程序使用 Java 语言编写，也支持其他一些语言，如 C、Perl 等语言。

（1）操作系统配置。具备以下其中的一个条件方能正常地开发 Android 程序。

① Windows XP（32-bit）、Windows Vista（32- or 64-bit）或 Windows 7（32- or 64-bit）。

② Mac OS X 10.5.8 或 Later（x86 only）。

③ Linux（Ubuntu Linux，Lucid Lynx）。GNU C 库（Glibc）2.11 或者最新的。Ubuntu Linux、Lucid Lynx 新版本。

（2）开发环境配置要求。

① Eclipse 工具。

② Eclipse 3.4（Ganymede）或者更新版本。

③ Eclipse JDT 插件（包含在大多数的 Eclipse IDE 包中）。

④ 安装或者更新 Eclipse，可以从下面的网址中下载：http://www.eclipse.org/downloads/。

⑤ JDK 5 or JDK 6（仅安装 JRE 是不够的）。

⑥ Android Development Tools plugin（ADT）。

⑦ 不适宜用 GNU 编译器来编译 Java。

⑧ Apache Ant 1.8 或者最新版本。

（3）安装 JDK。由于所有基于 Android SDK 的应用都是使用 Java 开发的，因此，首先安装 JDK（Java Development Kit，Java 开发工具包）。下载地址为 http://java.sun.com/javase/downloads/widget/jdk6.jsp。下载成功后，双击安装包开始安装，安装界面如图 6-16 所示。

安装好 JDK 后，会自动安装 JRE。余下的步骤按照安装向导界面提示进行，整个安装过程比较简单，在这里不再赘述。

（4）安装 Eclipse。Eclipse 是一款开源的集成开发环境，它能够极大地提高开发应用的效率。最重要的是，它提供了丰富的插件来帮助用户开发 Android 应用。开发人员可以访问网址 http://www.eclipse.org/ downloads/下载 Eclipse 软件。

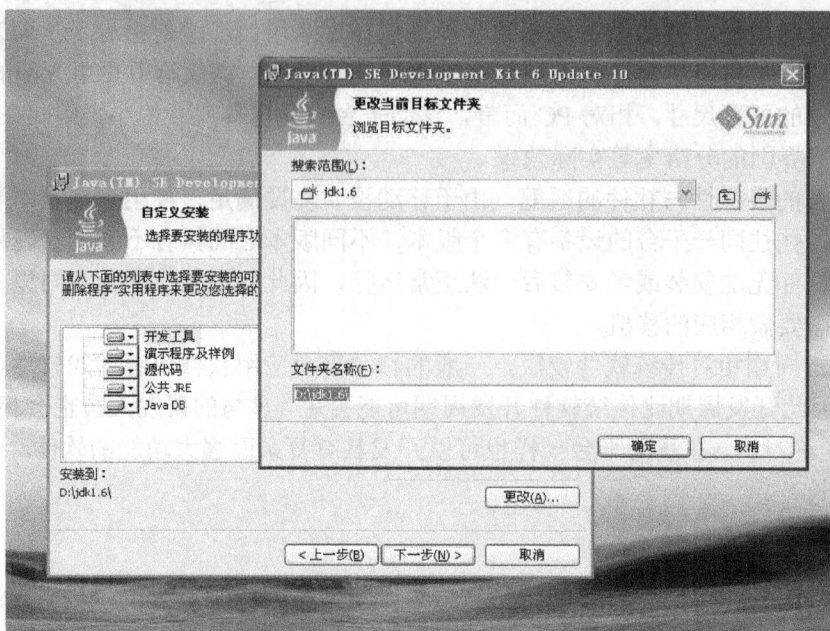

图 6-16　JDK 安装界面

Eclipse 具有多个版本，开发 Android 应用只需要下载"Eclipse IDE for Java Developers"版本即可。

下载得到的是一个压缩包文件，只需要将其解压到指定目录（如 C:\eclipse）。

进入解压后的目录，双击可执行文件 Eclipse.exe，得到如图 6-16 所示的 Eclipse 启动界面，表示 Eclipse 已经安装完成并成功启动。

（5）安装 ADT。ADT 是 Eclipse 的一个插件，全称为 Android Development Tools。是 Google 用来给 Android 开发人员开发 Android 应用软件的集成开发工具。用户可以轻松地通过 ADT 工具来快速建立一个新的工程，创建应用程序界面。还可以通过使用 Android SDK 工具来调试应用程序，为应用程序签名。

ADT 下载网址：http://developer.android.com/sdk/eclipse-adt.html。

（6）安装 Android SDK。有过软件开发经验的读者可能都知道，SDK 是软件开发工具包，是进行软件开发的基础。与其他开发工具的 SDK 一样，Android SDK 也是进行 Android 应用程序开发的基础，因此要进行 Android 应用程序开发，必须首先在系统中安装 Android SDK。Android SDK 的官方开发网站是 http://developer.android.com，可以从该网站下载最新版的 Android SDK。

3. Symbian OS 开发环境

要开发 Symbian 平台的智能终端软件，可以采用多种开发工具，如微软研发的 Visual C++6.0/Visual Studio 2005、飞思卡尔（Freescale）半导体公司推出的支持多种硬件平台的集成开发环境 CodeWarrior，或者是诺基亚研发的 ADT（Application Developer Toolkit）集成开发环境工具包。ADT 的目标是为开发手机应用软件的开发者提供方便的开发环境，其中集成了 Carbide.C++，可以用来开发 Symbian $60 应用程序。

196

需要安装的软件是：

（1）Java SDK。

（2）Active Perl（使用 5.6.1 系列版本，其他版本可能产生不兼容现象，导致搭建环境失败）。

（3）ADT（包含 Carbide.C++集成开发环境）。

（4）Symbian$60 Platform SDK（包含编译工具、模拟器及开发帮助文档）。

依次安装完后，即可启动 ADT 中的 Carbide.C++集成开发环境，进行 Symbian 项目的开发。

另外，诺基亚扩展了 Qt 开发库，推出了 Nokia Qt SDK，其中也包含了集成开发环境及 Symbian 平台应用软件开发的 SDK 等软件，可以用来开发 Symbian 平台的应用程序。

4．Windows Mobile 开发环境

直接到微软的网站可以下载开发环境所需要的软件安装包。注意，如果开发 Windows Phone 7 的应用程序，需要在 Windows 7 中进行，安装 Visual Studio 2010 Express for Windows Phone CTP 即可，其中包含了以下组件。

（1）Visual Studio 2010 Express for Windows Phone CTP。

（2）Windows Phone Emulator CTP。

（3）Silverlight for Windows Phone CTP。

（4）XNA Game Studio 4.0 CTP。

5．iOS 开发环境

Cocoa Touch 是从 Mac OS X 上的 Framework 裁剪和修改而来的，用于开发 iPhone、iPod 和 iPad 上的软件。Cocoa Touch 是苹果公司针对 iPhone 应用程序快速开发提供的一个类库，此库以一系列框架库的形式存在，支持开发人员使用用户界面元素构建图像化的事件驱动的应用程序。iPhone 上的 Cocoa Touch 与 Mac OS X 上的 Cocoa 和 AppKit 类似，并且支持在 iPhone 上创建丰富、可重用的界面。

苹果公司为 iOS 开发人员准备了 iPhone SDK，当然 iPhone SDK 只能基于苹果的 MACOS 系统进行开发。iPhone SDK 包括了界面开发工具、集成开发工具、框架工具、编译器、分析工具、开发样本和模拟器。

（1）Xcode。Xcode 是 iPhone 开发工具库中最为重要的一款工具，它提供了一个全面的项目开发和管理环境，包括源文件编辑、丰富的文档和一个图形化调试器。Xcode 由多款开源 GNU 工具构建而成，即 gcc（编译器）和 gdb（调试器）。

（2）Interface Builder。Interface Builder（IB）提供了一个快速的原型工具，可用于以图形化的方式布局用户界面及从 Xcode 源代码链接到这些预构建的界面。借助 IB，可以使用可视设计工具绘制界面，然后将这些屏幕元素连接到应用程序中的对象和方法调用。

（3）模拟器（Simulator）。iPhone 模拟器运行于 Macintosh 之上，借助它，无须连接到实际的 iPhone 或 iPod touch，就可以在台式机上创建和测试应用程序，当然，并不是 iPhone 所有的特性都可以由模拟器模拟。模拟器提供的 API 与在 iPhone 上使用的 API 相同，并针对概念设计的效果提供相应的预览。在使用模拟器时，Xcode 将编译在 Macintosh 上运行的 Intel x86 代码，而不是 iPhone 上使用的基于 ARM 的代码。

197

（4）Instruments。Instruments 用于分析 iPhone 应用程序的内部运行原理，它对内存利用率进行采样，并监视性能。这样，用户可以准确识别并锁定应用程序中的问题区域，并采取有效措施。Instruments 提供基于时间的图形化性能图，把应用程序中占用资源最多的地方显示出来。Instruments 由 Sun Microsystems 开发的开源 DTrace 包构建而成，它在跟踪内存泄漏及确保应用程序在 iPhone 平台上有效运行方面发挥着重要作用。

6．J2ME 开发环境

开发 Java ME 程序需要开发者装上 Java SDK 及 Sun Java Wireless Toolkit 系列开发包，开发 IDE 可以选择 Eclipse、NetBeans 等。

Java 开发工具包括：Java SDK 5.0 或更高；Sun Java Wireless Toolkit 2.X 系列开发包；主流 IDE（Eclipse、NetBeans、MyEelipse）。

有些手机开发商如 Nokia、Sony Ericsson、Motorola 等都有自己的 SDK，供开发者再开发出与其平台兼容的程序。

本章案例

SLBS 移动商务平台模式

基于"声波室内定位技术"（SLBS）的移动商务平台商业模式从本质上说是一种 O2O（Online-to-Offline，线上线下融合）商业模式。SLBS O2O 平台需要移动互联网、移动智能通信终端、软硬结合三个方面的高度融合，因此涉足该领域的成功企业并不多。最早的 SLBS O2O 平台商业模式由 SHOPKICK 于 2010 年在美国推出，并获得成功。有人说 O2O 给了中国电子商务一个和谐未来的可能性，要成就更具革命性的线上线下 O2O 模式，离不开新技术的运用和对用户需求的精细化挖掘。

一、基于声波室内定位技术的 O2O

在日本的互联网、电商业界，一个较通行的说法是将 O2O 理解为"通过线上的方式将顾客吸引到实体店内"。相对于一些行内人士乐于把团购、开放式电商平台统统打包归入 O2O 的范畴，这种理解虽偏于狭义，但反映了一种不同的 O2O 思路：第一，在 O2O 平台搭建的博弈中，线下企业（实体店）应有争取更多话语权的机会；第二，O2O 的首要目的在于"来店促进（诱导顾客进店）"，更着眼于营销，而非简单的促销。

在此背景下，2011 年以来，声波室内定位技术（姑且称作 Sound LBS，SLBS）与移动互联网、移动智能通信终端融合，在日本逐步发展成为一种有新意的来店促进 O2O 平台模式。由于其技术实现上需要软硬结合及 O2O 平台发展的特点，涉足于该领域的企业仍不多，具有代表性的平台有两个，互联网创业企业 Spotlight 的 Smapo 平台和移动电信运营商 NTT docomo 的 Shoplat 平台。这两家企业的 O2O 平台商业模式上多有类似，本例着重介绍 NTT docomo Shoplat。

二、Shoplat 的概要

9 月 1 日，NTT docomo 开发的 Shoplat O2O 平台正式投入商业运营。试运营一个月后，加盟的实体店数即从最初的 177 家增加到 400 多家；整个试运营期间，通过 Shoplat 平台的智能手机客户端，加盟实体店获得了超过 20 万次的"check in"（顾客进店），而 check in 之后，又约有半数的用户在实体店内实际购买了商品。

按照 NTT docomo 的定义，Shoplat 是一个通过对特定属性的用户（消费者）提供奖励积分、电子优惠券等在线方式来拉动的"来店促进"式的开放 O2O 平台。Shoplat 平台的核心功能是"check in"，即顾客进店。这基于声波室内定位技术的创新运用，而其硬件基础则是 NTT docomo 专为 Shoplat 开发的"声波装置"（高频的声波发生器）。这些装置预先设置于加盟实体店内，当开启了 Shoplat 智能手机客户端应用的用户进入店内，智能手机自动感知声波发生器发射的高频声波，同时 NTT docomo 后台服务器向用户端推送奖励积分、优惠券等内容信息，达成吸引顾客来店、用户数据积累、促进销售等线下目的，功能概要如图 6-17 所示。

图 6-17　Shoplat 的功能概要

三、Shoplat 平台的模式要素

（一）用户服务：以"来店促进"为切入口

NTT docomo 的开发团队深入百货店、饮食店等传统零售企业一线，实际倾听了实体店管理人员的声音。他们发现实体店对以线上方式吸引潜在顾客，"不管怎样，先请惠顾本店"，有很大的热情。开发团队对进店用户的行为进行分解，将其内含的潜在、隐含需求通过手机客户端应用 Shoplat App 一一予以实现，如图 6-18 所示。

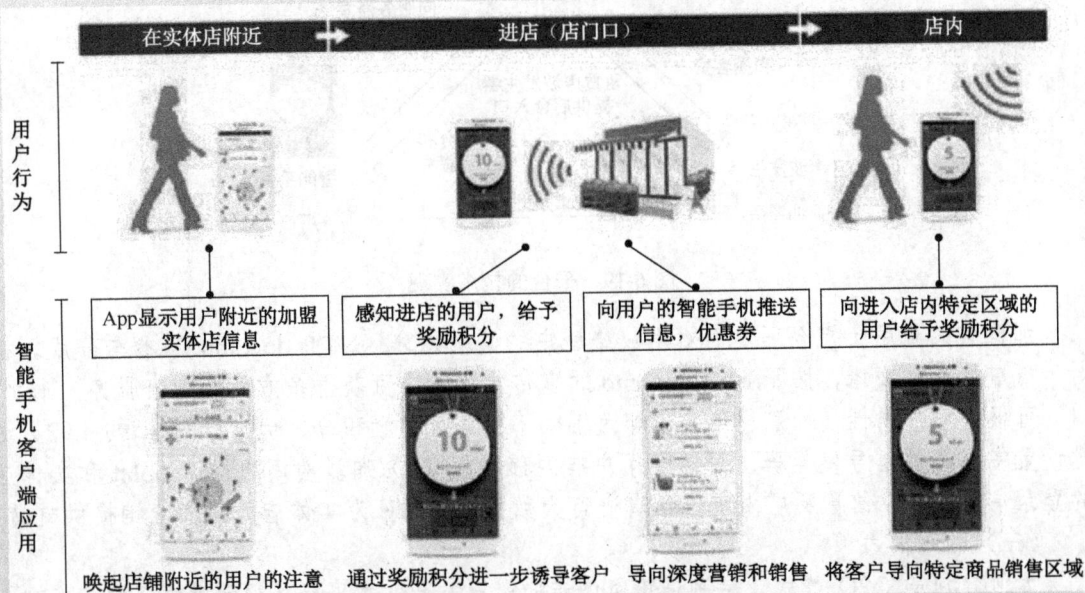

图 6-18　基于用户行为设计 Shoplat App

Shoplat App 构建了一个从线上到线下的无缝交互过程。场景一，用户来到实体店附近。

具体的场景比如逛街、下班路过实体店、约会等人，等等，一般用户会有一个了解周围店铺状况的需求（比如想去专卖店看看新上柜的衣服）。这时候如果用户打开 App，App 就会显示附近的加盟店、如果进店可以获得的"Star"（奖励积分），以及简单的导购信息——基本上这是中规中矩的基于 GPS 的 LBS 服务。下一步，场景二，在 App 推荐的实体店里，用户选择去其中的一家。顾客走入店内，按下 App 上的 check in 按钮，就发现 App 画面变换成积分奖励及推送优惠券活动。再下一步，场景三，用户发现感兴趣的商品在店内新品区，而进入该区域又可以获得一定积分奖励（这当然需要另设一台声波装置）。于是用户移步到新品区，重复在场景二的行动，获得积分和促销内容信息。

Shoplat App 可以从 App Store 和 Google Play 免费下载。从用户反馈的意见来看，负面的评价多与平台处于试运营、App 功能不够完善相关，如服务范围仅限于东京部分区域，加盟店铺太少，等等。

（二）平台搭建：以低投入-高收益吸引实体店加盟

整个平台的技术实现如图 6-19 所示。相对于 WLAN、可见光通信及 IMES 等其他室内定位技术，SLBS 除在成本、设置方法方面具有优势之外，更突出的优势在于 Customer Friendly（用户友好）上：声波室内定位技术可利用 18 k～20 kHz 的声波，不会对用户和其他设备造成干扰，发射出的信号通过智能手机自带的麦克风接收，技术实现上非常简便；通过改变声波输出功率，可在大约 3～10 m 的范围内自由设定声波感知区域。另外，后台管理也比较简单。加盟店只需上网登录 Shoplat 后台管理平台，即可进行店铺介绍、奖励积分、优惠券等的设定，获得进店用户属性统计、移动路线分析等管理信息。

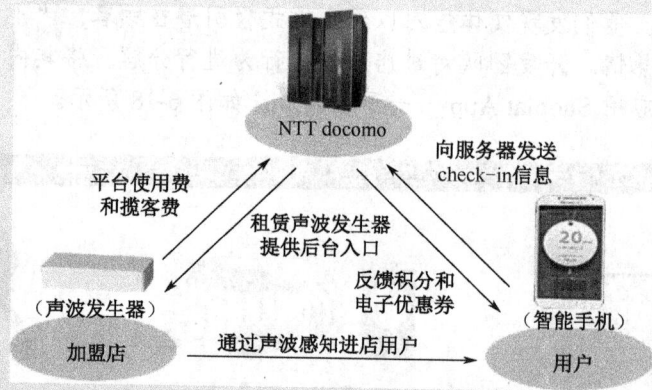

图 6-19 平台的技术实现

加盟店的费用负担合理，而对发放给用户的奖励积分，NTT docomo 不参与分成。相对于低廉的投入成本，按照 NTT docomo 的宣传，实体店可获得多方面的增值服务，比如：（1）可根据用户属性（性别、年龄、邮政编码），进行奖励积分、优惠券的推送；（2）通过设置多个声波信号发生器，可诱导用户店内移动；（3）通过对用户在 Shoplat 和实体店的登录信息、LBS 信息及店内定位信息进行大数据分析，可为实体店的深度营销提供支持。

（三）盈利模式

如何盈利是 O2O 模式，特别是跨实体店的第三方开发式平台必须面对的问题。直观上来看，短期内 NTT docomo 的收入应主要来源于上述加盟店缴纳的平台使用费和揽客费。而实际上的收益远远不限于此。按照国内行业人士的说法，NTT docomo 真正的目的是"争夺

互联网入口"，而 NTT docomo 开发团队也承认其目标是将 Shoplat 平台打造成为"像通信服务一样的社会基础设施服务"。如果这一目标实现，NTT docomo 将获得对另外两家主要移动通信运营商 au、softbank 的竞争优势，既增加其既有通信事业的份额，又获得一条打造垂直前向的产业生态链的新路径。单就这个层面来说，NTT docomo 的 Shoplat 平台模式对于我国电信运营商和互联网企业加速移动互联网转型、O2O 模式创新有一定的参考意义。

本 章 小 结

本章主要介绍了实施一个移动商务平台的一般流程，包括移动商务平台的规划、需求分析、移动商务平台设计、数据库设计、移动商务平台的实现技术和开发环境。企业要实施移动商务平台，首先需要进行规划，考虑构建移动商务平台的主要因素，然后进行需求调研和分析，接下来进行移动商务平台的设计和数据库的设计，最后开发和实施移动商务平台。

思 考 题

1. 说明实施移动商务平台的流程。
2. 用 SWOT 方法对某一企业的移动商务战略进行分析。
3. 构建移动商务平台的主要因素有哪些？
4. 简述移动商务需求调研的流程。
5. 简述移动商务平台的体系结构有哪几种。
6. 移动数据库的关键技术有哪些？体系结构主要由哪几部分组成？
7. 简述基于 J2ME 的移动商务系统的架构。

第7章 基于Android的移动商务开发

学习目标

- 清楚 Android 操作系统的架构
- 熟悉 Android 开发环境的建立
- 掌握 Android 项目的构建
- 掌握 Android 工程代码的结构
- 能够实现移动电子商务的常规功能

案例导入

即时通信类

适用于 Android 平台的即时通信类软件数量很多,较为热门的软件有 QQ、微信、YY 语音、Whata App Messenger、Viber 等。这里只对 YY 语音进行介绍,YY 语音的开发团队是 Internet 团队,该公司与时俱进,开发适应不同地区用户要求的 YY 语音。

YY 语音是广州多玩信息技术有限公司研发的一款基于 Internet 团队语音通信平台,YY 是一款音质清晰、安全稳定、不占资源、适应游戏玩家的免费语音软件。在网络上通常用 YY 表示,是多玩游戏为针对 YY Logo 中文用户设计的多人语音群聊天工具。YY 语音从单纯的语音软件发展成为多种功能于一身,用户群庞大的 IM 软件、YY 万人群、YY 语音频道、YY 好友聊天等功能均可在 YY 这款软件上实现,除此之外,YY 还具有娱乐互动平台如视频、卡拉 OK 等。

Android 操作系统已被广泛使用,成为最受欢迎的智能手机平台。本章对 Android 操作系统和其开发环境进行了简单介绍,以一个简单移动商城 APP 的基本功能开发为例,讲解了基于 Android 的移动商务实现。

7.1 Android 简介

Android 是 Google 于 2007 年 11 月 5 日宣布的基于 Linux 内核的开源手机操作系统的名称,主要使用于便携设备。

Android 不存在专有权障碍,是为移动终端打造的真正开放和完整的移动软件。

7.1.1　Android 系统结构

Android 系统架构为四层结构，如图 7-1 所示，从上层到下层分别是应用程序层、应用程序框架层、系统运行库层以及 Linux 内核层。

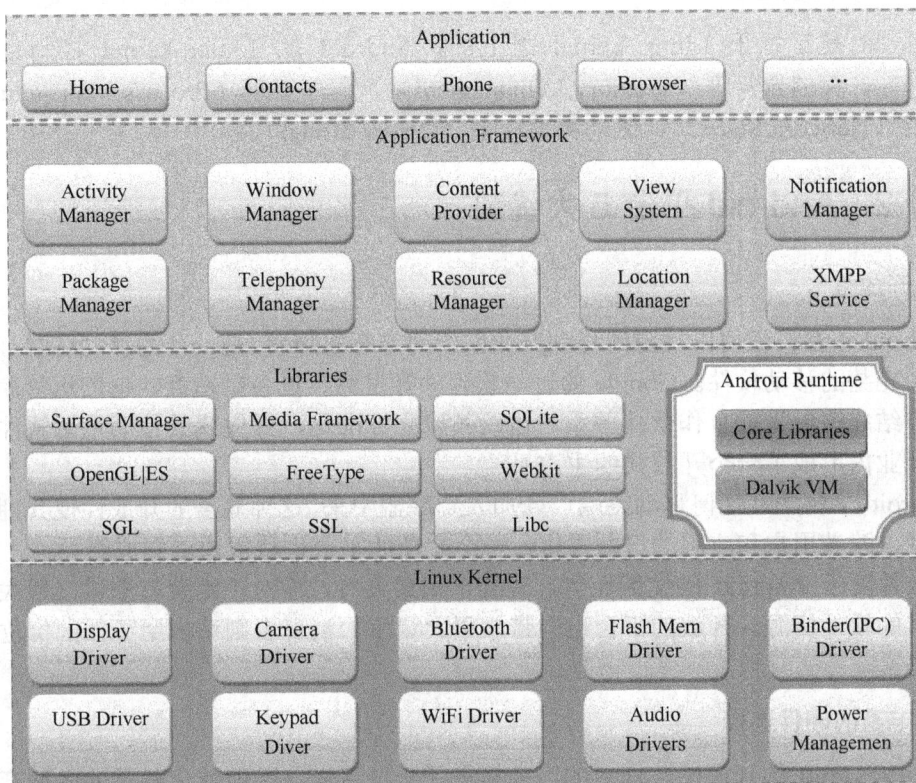

图 7-1　Android 系统架构

1．应用程序层

Android 平台不仅仅是操作系统，也包含了许多应用程序，诸如 SMS 短信客户端程序、电话拨号程序、图片浏览器、Web 浏览器等应用程序。这些应用程序都是用 Java 语言编写的，并且这些应用程序都是可以被开发人员开发的其他应用程序所替换，这点不同于其他手机操作系统固化在系统内部的系统软件，更加灵活和个性化。

2．应用程序框架层

应用程序框架层是我们从事 Android 开发的基础，很多核心应用程序也是通过这一层来实现其核心功能的。该层简化了组件的重用，开发人员可以直接使用其提供的组件来进行快速的应用程序开发，也可以通过继承而实现个性化的拓展。

3．系统运行库层

从图 7-1 中可以看出，系统运行库层可以分成两部分，分别是系统库和 Android 运行时。

系统库是应用程序框架的支撑，是连接应用程序框架层与 Linux 内核层的重要纽带。其主要有 Surface Manager、Media Framework、SQLite 等。

Android 应用程序时采用 Java 语言编写，程序在 Android 运行时中执行，其运行时分为核心库和 Dalvik 虚拟机两部分。

4．Linux 内核层

Android 是运行于 Linux kernel 之上的，Android 的 Linux kernel 控制包括安全（Security）、存储器管理（Memory Management）、程序管理（Process Management）、网络堆栈（Network Stack）、驱动程序模型（Driver Model）等。

7.1.2　Android 平台 5 大优势

1．开放性

Android 不存在任何以往阻碍移动产业创新的专有权障碍，是一个为移动终端打造的真正开放和完整的移动软件。Google 通过与软硬件开发商、设备制造商、电信运营商等其他有关各方结成深层次的合作伙伴关系，借助其建立标准化、开放式的移动电话软件平台，在移动产业内形成了一个开放式的生态系统。

Android 平台允许任何移动终端厂商加入到联盟中来，这种显著的开放性使其拥有更多的开发者，随着用户和应用的日益丰富，一个崭新的平台也将很快走向成熟。

开放性对于 Android 的发展而言，有利于积累人气，而对于消费者来讲，最大的受益是其丰富的软件资源。开放的平台也会带来更大竞争，消费者则可以用更低的价位购得心仪的手机。

2．丰富的硬件选择

由于 Android 的开放性，众多的厂商推出了千奇百怪，功能特色各具的多种产品。功能上的差异和特色，却不会影响到数据同步甚至软件的兼容。

3．不受任何限制的开发商

Android 平台提供给第三方开发商一个十分宽泛、自由的环境，不会受到各种条框的阻挠，从而会促使更多新颖别致的软件诞生。

4．无缝结合的 Google 应用

如今的 Google 已经有十多年的历史，从搜索巨人到全面的互联网渗透，Google 服务如地图、邮件、搜索等已经成为连接用户和互联网的重要纽带，而 Android 平台手机可以无缝结合这些优秀的 Google 服务。

7.2　Android 的开发环境

曾经，搭建 Android 开发环境所需的软件包有 JDK、Eclipse 和 Android SDK。自从 2013年 5 月 Google 发布了 Android Studio 至今，由于 Android Studio 在开发体验上已经完全超越 Eclipse，越来越多的用户已喜欢用 Android Studio，故本教材实例采用 Android Studio 作

开发平台。

7.2.1　准备所需软件包

搭建 Android 开发环境所需的软件包有 JDK、Android Studio 和 Android SDK。

1．软件下载

① JDK 使用 JDK1.6 及以上版本，在官网的下载地址为 http://www.java.com/zh_CN。

② 到 http://developer.android.com/sdk/index.html 下载 Android Studio，如图 7-2 所示。

图 7-2　下载 Android Studio 页面

在 Windows 下开发，选择下载第一个安装包即可，如图 7-3 所示。

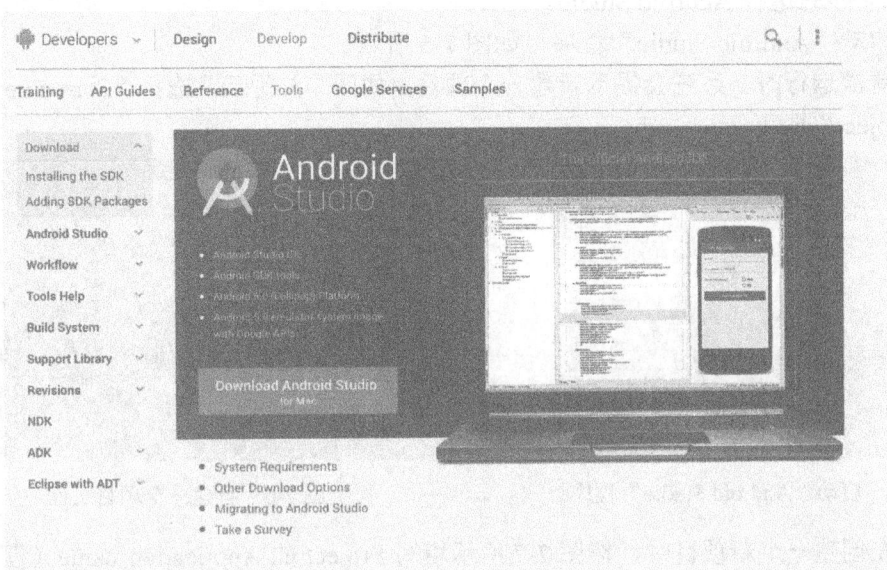

图 7-3　下载 All Android Studio Packages 页面

此版本 Android Studio 安装文件自带了 SDK，不必另行安装。

2. Android Studio 的安装

运行下载的安装文件 android-studio-bundle-135.1740770-windows.exe 即可完成 Android Studio 的安装，完成安装后可在 Windows "开始" 菜单中找到如图 7-4 所示的应用程序图标。

图 7-4　Windows "开始" 菜单中的 "Android Studio" 应用程序图标

7.2.2　运行 Android Studio

按以下步骤运行 Android Studio。

① 启动 "Android Studio" 程序，如图 7-5 所示。

② 首次运行时，系统会提示新建一个项目，如图 7-6 所示，选择 "Start a new Android Studio project" 即可。

图 7-5　启动 "Android Studio" 程序

图 7-6　新建一个项目页面

③ 在创建一个新项目时，按图 7-7 所示填写 Project 的 Application name（程序名）、Company Domain（公司域名）等信息。

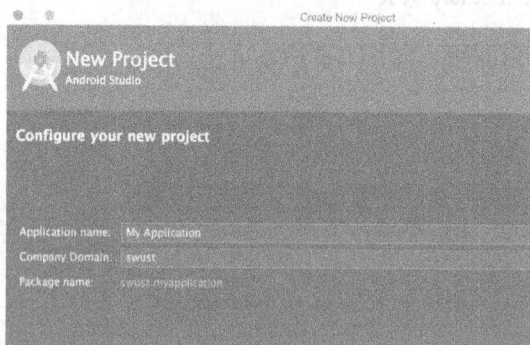

图 7-7　填写 Project 的相关信息

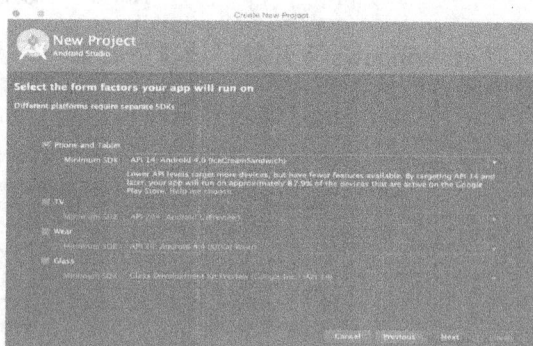

图 7-8　选择支持的 Android 设备

④ 按图 7-9 所示，选择一个 Android Studio 自带的程序模板。对于初学者来说，Android 中的一个 Activity 可以暂时理解为一个用户界面。此处我们选择的是 "Blank Activity"。

⑤ 按图 7-10 所示，为这个空 Activity 添加相关信息，包括 Activity 名称，所使用的界面文件名，资源文件名等。

⑥ 单击 "Finish" 后 Android Studio 会自动为我们生成项目文件，如图 7-11 左侧窗口所示和进入如图 7-11 所示的 Android Studio 开发环境首页。

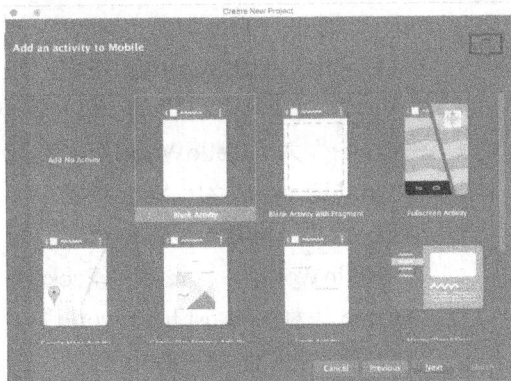

图 7-9 选择 Android 程序模板

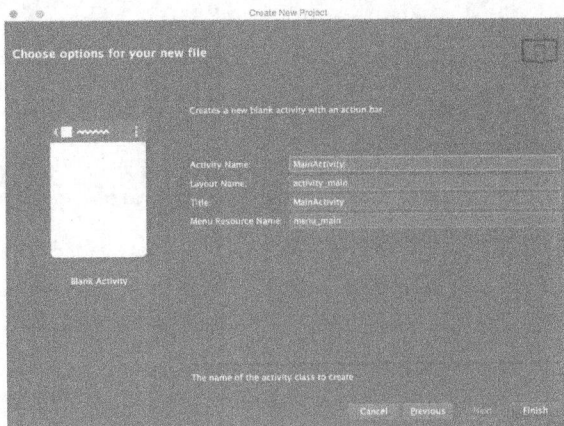

图 7-10 为项目文件添加相关信息

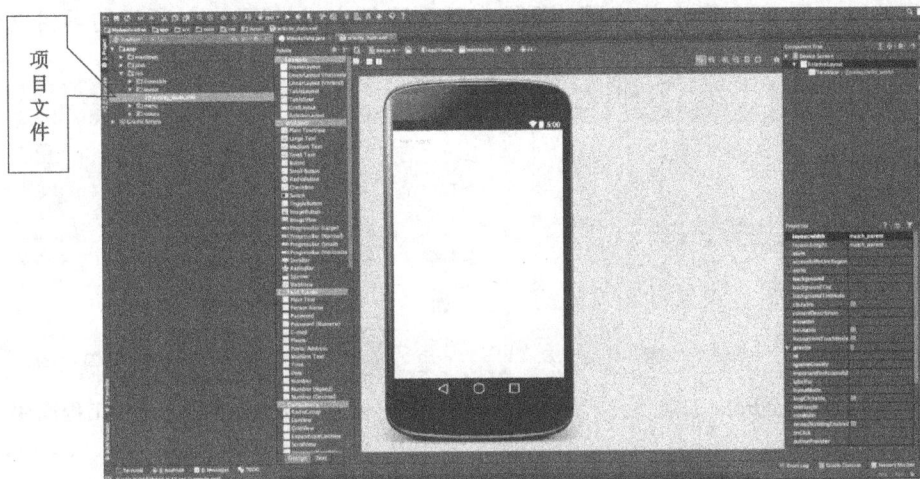

图 7-11 Android Studio 开发环境首页

⑦ 插入移动 Android 设备，并在设备的设置中，将移动设备端"开发者选项"中的"USB 调试"勾选，如图 7-12 所示。

⑧ 如不用移动设备调试，则可使用手机模拟器代替，如 Genymotion。

7.2.3 Android Hello World 项目的建立

在正式学习编写 Android 应用之前，先学习一下如何建立一个 Android 项目，并使这个最简单的"Hello World"程序运行起来。

按照惯例，同时也是为了更好地引导初学者进入精彩的 Android 世界，我们接下来要实现一个简单的"Hello World"例子。这里以 Android SDK 2.1 为基础来完成开发，使用

图 7-12 勾选移动设备端
"开发者选项"中的"USB 调试"

207

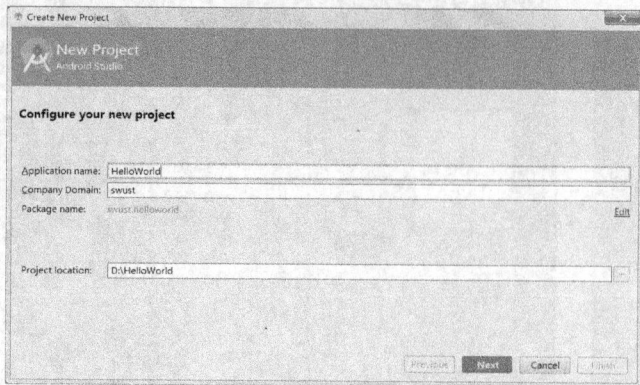

图 7-13　创建 Android 工程——设置工程基本信息

Genymotion 来进行调试。

通过 "File" → "New" → "Project" 创建 Android 工程，如图 7-13 所示，设置 "Project name:" 为 "HelloWorld"，设置 "Build Target" 为 "Android 2.1"，设置 "Application name" 为 "HelloWorld"，设置 "Package name" 为 "Swust.helloworld"，设置 "Create Activity" 为 "HelloWorld"。然后单击 "Finish" 按钮即可完成工程的创建。

经过如图 7-14～图 7-17 所示的步骤，系统自动为我们生成如图 7-18 所示的项目文件。

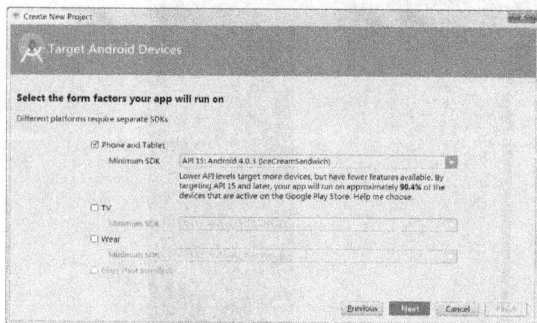

图 7-14　创建 Android 工程

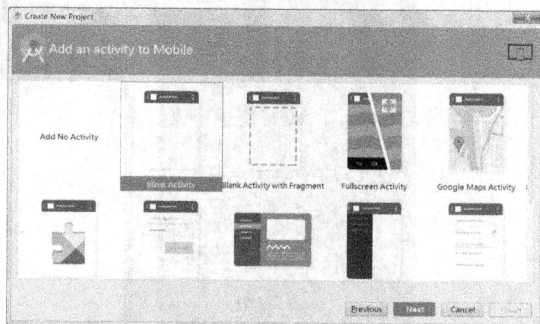

图 7-15　创建 Android 工程——为工程添加一个空 Activity

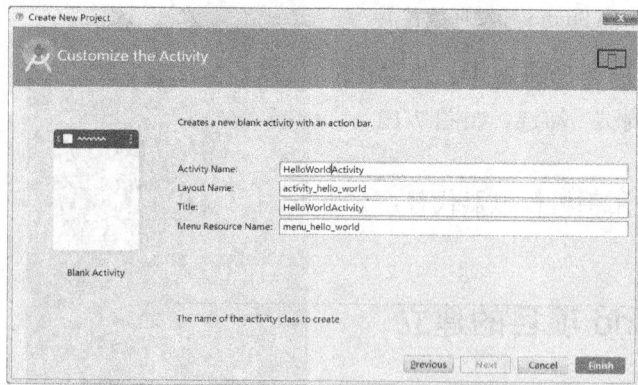

图 7-16　设置 Activity

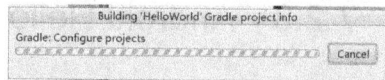

图 7-17　Hello World 创建中

单击如图 7-19 所示的 "运行"（Run）按钮和选择 "运行设备"，如图 7-20 所示，此时出现的是如图 7-21 所示的画面，证明模拟器启动成功。

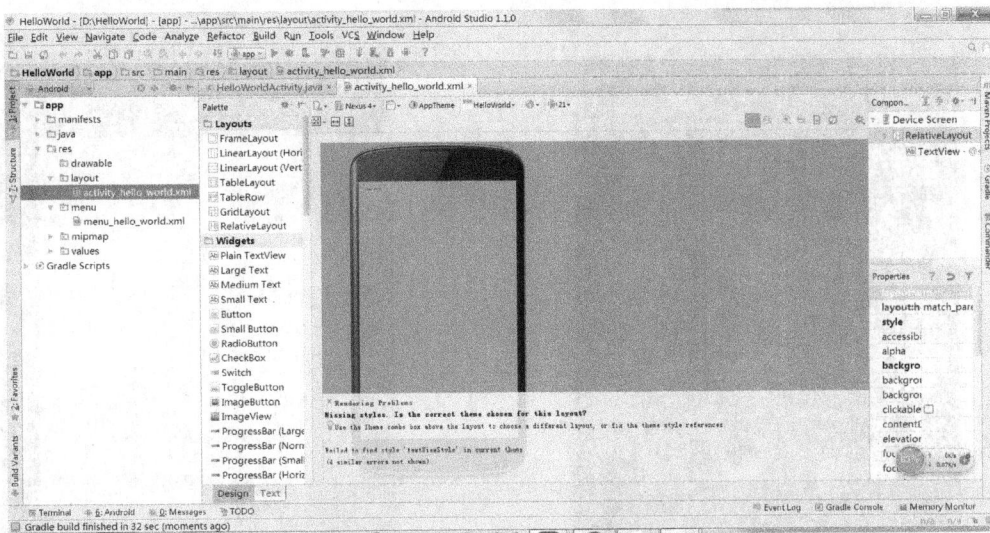

图 7-18　Hello World 的项目文件

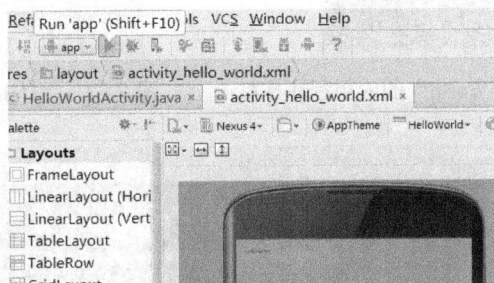

图 7-19　运行程序

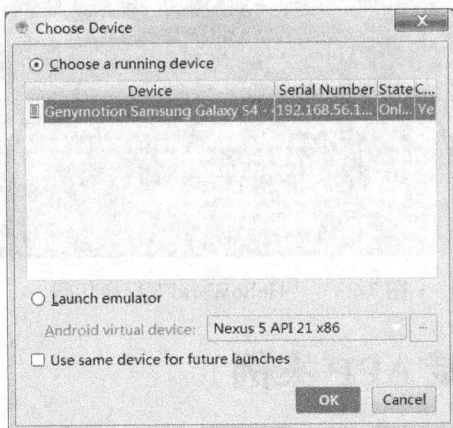

图 7-20　选择"运行设备"

　　单击如图 7-21 所示的"HelloWorld"应用，即可在手机模拟器上看到如图 7-22 所示的运行结果。

　　该应用程序对应的程序代码如图 7-23 所示。

209

图 7-21　Android 下的"HelloWorld"的应用程序图标

图 7-22　"HelloWorld"程序的运行结果

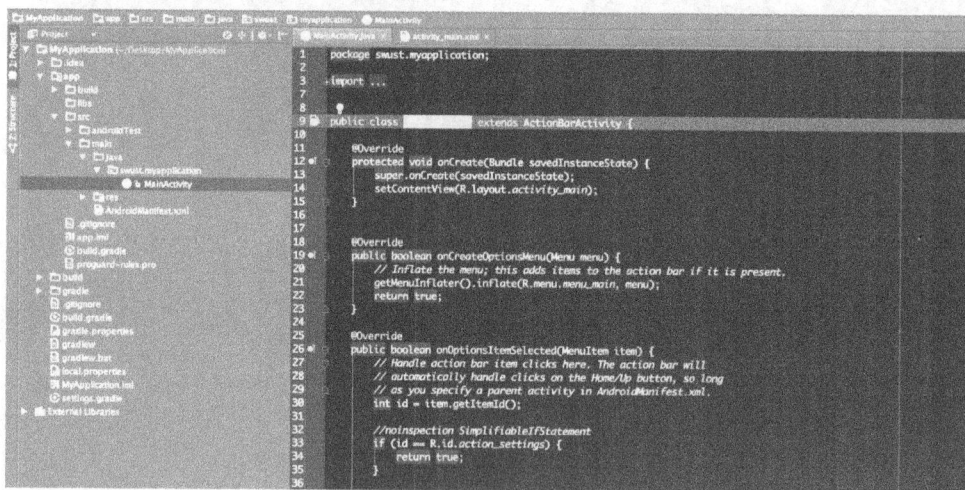

图 7-23　"HelloWorld"程序代码

7.3　移动电子商城 APP 案例

在本节中，以一个移动电子商城 APP 的商品浏览功能实现为例，说明 Android 下的移动商务开发。

7.3.1　移动电子商城 APP 案例的商品浏览功能

下面的移动电子商城拟实现以下功能：

（1）用户进入电子商城，实现如图 7-24 所示的登录；

（2）用户可进行商品浏览，显示如图 7-25 所示的商品列表；

图 7-24　移动商城用户登录

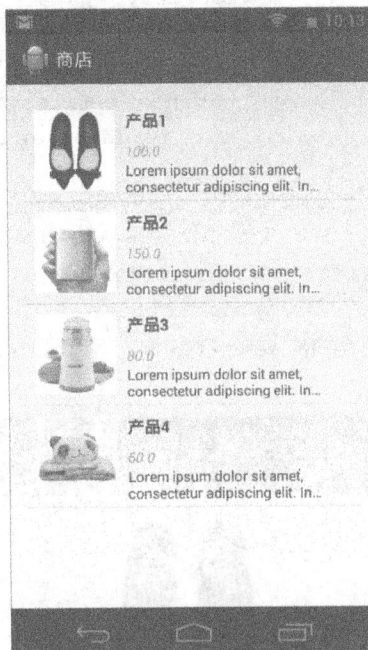

图 7-25　移动商城商品列表

（3）对用户选择的商品显示如图 7-26 所示的详细信息。

7.3.2　商品浏览功能的实现

为实现 7.3.1 确定的功能，本例相应地要设计用户登录、商品列表、商品详细信息显示3 个用户界面。

1．工程代码结构

如图 7-27 是基于 Android 实现本功能的工程代码整体结构。

图 7-27 中的"java"文件夹中存放 java 源代码；"res"文件夹中存放程序要用到的图片及界面描述文件；"drawable"文件夹中均为图片文件；"layout"文件夹中存放所有界面描述文件，格式为 xml；"values"下包含了项目要用到的属性值，如所有字符串变量、色彩及屏幕分辨率的定义等。

"AndroidManifest.xml"是 Android 工程配置文件，其作用是告诉 Android 系统如何编译、打包、加密 APP 等。其内容如下：

```xml
<?xml version="1.0" encoding="utf-8"?>
<manifest xmlns:android="http://schemas.android.com/apk/res/android"
    package="swust.myapplication" >
    <application
        android:allowBackup="true"
        android:icon="@drawable/ic_launcher"
```

```
            android:label="@string/app_name"
            android:theme="@style/AppTheme" >
            <activity
                android:name=".MainActivity"
                android:label="@string/app_name" >
                <intent-filter>
                    <action android:name="android.intent.action.MAIN" />

                    <category android:name="android.intent.category.LAUNCHER" />
                </intent-filter>
            </activity>
        </application>
    </manifest>
```

图 7-26　商品详细信息显示

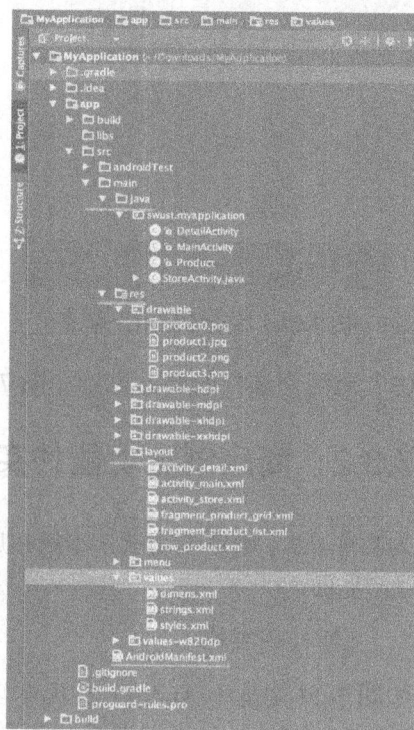

图 7-27　工程代码结构图

2. Android 程序运行流程

Android 系统运行程序时先检查"AndroidManifest.xml"文件，该文件中"android:name=".MainActivity""语句定义了 APP 的入口 java 类是 MainActivity。

（1）MainActivity.java

MainActivity.java 用于用户登录，提供用户名、密码的输入界面，其内容如下：

```
package swust.myapplication;

import android.app.Activity;
import android.app.AlertDialog;
```

```java
import android.app.Dialog;
import android.content.Intent;
import android.os.Bundle;
import android.util.Log;
import android.view.Menu;
import android.view.MenuItem;
import android.view.View;
import android.widget.Button;
import android.widget.EditText;

public class MainActivity extends Activity {

private EditText mPasswordInput;
private EditText mUsernameInput;
private Button mLoginBtn;

@Override
protected void onCreate(Bundle savedInstanceState) {
super.onCreate(savedInstanceState);
setContentView(R.layout.activity_main);

mUsernameInput = (EditText) findViewById(R.id.usernameInput);
mPasswordInput = (EditText) findViewById(R.id.passwordInput);
mLoginBtn = (Button) findViewById(R.id.loginBtn);

final Activity activity = this;
mLoginBtn.setOnClickListener(new View.OnClickListener() {
@Override
public void onClick(View v) {
    String username = mUsernameInput.getText().toString();
    String password = mPasswordInput.getText().toString();

    if (checkPassword(username, password)) {
        Intent intent = new Intent(getApplicationContext(),
          StoreActivity.class);
        startActivity(intent);
    } else {
        AlertDialog.Builder builder  = new AlertDialog.Builder(activity);
        builder.setMessage("用户名密码错误");
        Dialog dialog = builder.create();
        dialog.show();
    }
}
});
}

private Boolean checkPassword(String username, String password) {
```

213

```
    Log.d("allenlsy", "MyActivity::checkPassword (45): " + username + " | "
      + password);
    return username.equals("user") && password.equals("password");
    }


    @Override
    public boolean onCreateOptionsMenu(Menu menu) {
    // Inflate the menu; this adds items to the action bar if it is present.
    getMenuInflater().inflate(R.menu.menu_main, menu);
    return true;
    }


    @Override
    public boolean onOptionsItemSelected(MenuItem item) {
    // Handle action bar item clicks here. The action bar will
    // automatically handle clicks on the Home/Up button, so long
    // as you specify a parent activity in AndroidManifest.xml.
    int id = item.getItemId();

    //noinspection SimplifiableIfStatement
    if (id == R.id.action_settings) {
    return true;
    }


    return super.onOptionsItemSelected(item);
    }
    }
```

在 MainActivity.java 中，Android 系统默认首先运行的函数是 onCreate 函数，它定义了该 Activity 一开始时要运行的代码。在 onCreate 中定义了如果用户名和密码正确，则进入下一个用户界面——商品列表，对应的程序文件是 StoreActivity.java。

MainActivity 中，"setContentView（R.layout.activity_main）；"语句的意思是它的界面描述文件是 activity_main.xml，此文件存在于前述的 layout 文件夹中。activity_main.xml 说明了用户名、密码要用到的文本框、标签、按钮等界面元素的相关信息。后面所涉及的 Activity 文件也同理载入界面。

（2）StoreActivity.java

StoreActivity.java 文件内容如下：

```
    package swust.myapplication;

    import android.app.Activity;
    import android.content.Context;
    import android.content.Intent;
    import android.os.Bundle;
    import android.view.LayoutInflater;
    import android.view.View;
    import android.view.ViewGroup;
    import android.widget.BaseAdapter;
```

214

```java
import android.widget.ImageView;
import android.widget.ListView;
import android.widget.RelativeLayout;
import android.widget.TextView;

import java.util.ArrayList;
import java.util.List;

class ProductAdapter extends BaseAdapter {

    private final Activity activity;
    private List<Product> result;

    public ProductAdapter(Activity activity) {
        this.activity = activity;
        setupData();
    }

    @Override
    public int getCount() {
        return result.size();
    }

    @Override
    public Product getItem(int position) {
        if (position < result.size())
            return result.get(position);
        else
            return null;
    }

    @Override
    public long getItemId(int position) {
        return 0;
    }

    @Override
    public View getView(int position, View convertView, ViewGroup parent) {
        LayoutInflater inflater = (LayoutInflater)(activity.getSystemService
            (Context.LAYOUT_INFLATER_SERVICE));
        RelativeLayout rowView = (RelativeLayout) inflater.inflate
            (R.layout.row_product, null);
        TextView titleView = (TextView) rowView.findViewById(R.id.title);
        TextView priceView = (TextView) rowView.findViewById(R.id.price);
        TextView infoView = (TextView) rowView.findViewById(R.id.info);
        ImageView imageView = (ImageView) rowView.findViewById
            (R.id.productImage);
```

```
            final Product product = result.get(position);
            final int imageId = activity.getResources().getIdentifier
               ("product" + position, "drawable", activity.getPackageName());
            titleView.setText(product.getName());
            infoView.setText(product.getInfo());
            priceView.setText(product.getPrice().toString());
            imageView.setImageResource(imageId);


            rowView.setOnClickListener(new View.OnClickListener() {
                @Override
                public void onClick(View v) {
                    Intent intent = new Intent(activity, DetailActivity.class);
                    intent.putExtra(Product.IMAGE_ID, imageId);
                    intent.putExtra(Product.NAME, product.getName());
                    intent.putExtra(Product.PRICE,
                        product.getPrice().toString());
                    intent.putExtra(Product.INFO, product.getInfo());

                    activity.startActivity(intent);

                }
            });
            return rowView;
        }


    private void setupData() {
        result = new ArrayList<Product>();

        result.add(new Product
("产品1", activity.getResources().getString(R.string.lorem), 100.0));
        result.add(new Product
("产品2", activity.getResources().getString(R.string.lorem), 150.0));
        result.add(new Product
("产品3", activity.getResources().getString(R.string.lorem), 80.0));
        result.add(new Product
("产品4", activity.getResources().getString(R.string.lorem), 60.0));
    }
}

public class StoreActivity extends Activity {

    private ListView mListView;
    private ProductAdapter mAdapter;
    private List<Product> mProducts;
```

```
        @Override
        protected void onCreate(Bundle savedInstanceState) {
            super.onCreate(savedInstanceState);
            setContentView(R.layout.activity_store);

            mListView = (ListView) findViewById(R.id.productList);
            mAdapter = new ProductAdapter(this);
            mListView.setAdapter(mAdapter);

            // mProductFragment = fm.findFragmentById (R.id.fragmentContainer);
        }

    }
```

StoreActivity.java 中的 setupData()函数加载所有商品的简略信息。

由于本例是一个简单示例，故商品信息来自于本地而非来源于网络。在本例中，从 StoreActivity.java 中可看到 4 件商品。StoreActivity.java 还定义了当每件商品区域被点击时，即进入下一个界面——商品详细信息。

被点击的过程定义如图 7-28 所示。

```
rowView.setOnClickListener((v) → {
    Intent intent = new Intent(activity, DetailActivity.class);
    intent.putExtra(Product.IMAGE_ID, imageId);
    intent.putExtra(Product.NAME, product.getName());
    intent.putExtra(Product.PRICE, product.getPrice().toString());
    intent.putExtra(Product.INFO, product.getInfo());

    activity.startActivity(intent);

});
```

图 7-28　商品被点击过程定义

（3）DetailActivity.java

商品详细信息显示对应的程序文件是 DetailActivity.java，其内容如下：

```
package swust.myapplication;

import android.app.Activity;
import android.os.Bundle;
import android.widget.ImageView;
import android.widget.TextView;


public class DetailActivity extends Activity {

    @Override
    protected void onCreate(Bundle savedInstanceState) {
        super.onCreate(savedInstanceState);
        setContentView(R.layout.activity_detail);

        Bundle extra = getIntent().getExtras();
        String name = extra.getString(Product.NAME);
        String price = extra.getString(Product.PRICE);
```

```
        String info = extra.getString(Product.INFO);
        int imageId = extra.getInt(Product.IMAGE_ID);

        ImageView image = (ImageView) findViewById(R.id.productImage);
        TextView nameView = (TextView) findViewById(R.id.title);
        TextView priceView = (TextView) findViewById(R.id.price);
        TextView infoView = (TextView) findViewById(R.id.info);

        image.setImageResource(imageId);
        nameView.setText(name);
        priceView.setText(price);
        infoView.setText(info);

    }
}
```

此段程序用于显示商品的名称、价格等信息和图片。

每件商品是一个 java 类，在本例中产品类的源代码在 Product.java 文件中，它定义了上述商品信息。

"Product.java"内容如下：

```
package swust.myapplication;

public class Product {
    public static final java.lang.String NAME = "name";
    public static final java.lang.String PRICE = "price";
    public static final java.lang.String INFO = "info";
    public static final java.lang.String IMAGE_ID = "image_id"
        ;
    private String name;
    private Double price;
    private String info;

    public Product(String name, String info, Double price) {
        this.name = name;
        this.info = info;
        this.price = price;
    }

    public String getName() {
        return name;
    }

    public void setName(String name) {
        this.name = name;
    }

    public Double getPrice() {
        return price;
    }
```

```
public void setPrice(Double price) {
    this.price = price;
}

public String getInfo() {
    return info;
}

public void setInfo(String info) {
    this.info = info;
}

@Override
public String to String() {
    return name + " | " + info;
}
}
```

本章案例

网络商店应用

Android Market

Google 公司创建了 Android Market，该服务允许 Android 系统的手机和平板计算机用户从 Android Market 浏览和下载一些应用程序。用户可以购买或免费试用这些应用程序，从而保证客户利用 Android 系统能够获得内容丰富的应用。通过"Android Market"可以迅速、轻松地访问专门为 Android 平台所开发的各种应用程序。这些程序由世界各地的开发人员创建，而且有其他 Android 用户的评分。

Android Market 分五大部分：第一，精选，用户可以通过滚动图标查看精选应用程序；第二，应用程序，用户可以浏览所有应用程序或者按类别浏览应用程序；第三，游戏，用户可以浏览所有游戏或按类别浏览游戏；第四，搜索，让用户在 Android Market 中搜索应用程序；第五，我的下载，查看用户已安装在设备上的应用程序。

亚马逊市场

亚马逊市场是 Android 平台上除了 Google 官方的 Android Market 以外使用最为广泛的第三方 Android 应用商店，很多游戏与应用开发者都会将自己开发的程序首先发布到 Amazon App Store，然后再转移到 Android Market 上。亚马逊利用其现在的数字发行销售渠道向用户推广 Android 应用，内容包括电子书、音乐、移动软件等。在亚马逊市场中，用户能够搜索和购买上百万的应用程序与游戏，并允许用户进行价格比较和评论。Amazon App Store 允许非注册用户查看提供的资源列表，默认页面上包括每日促销应用和收费、免费最受欢迎应用排行。

安卓市场

安卓市场是一款可适用于 Android 系统各版本的商店类应用软件，该系统是 3G/4G 门户针对 Android 系统开发的。安卓市场提供近三万款精心筛选的软件和游戏，支持断点续传、双任务下载，具有强大的软件管理功能，支持云备份及批量恢复安装应用程序。进行分类管理，同时还具有排行及软件管理功能，从而帮助用户全面掌握应用程序从下载到安装以及卸载的所有过程，是用户 Android 手机装机的首选实用工具。从分类角度来看，将市场内超过 4 000 款应用分为应用和游戏两个大类，共包括 20 个小类，全面涵盖当前 Android 手机主流应用；此外，用户还可以对每个应用列表按照下载量和上架时间进行排序，满足不同用户。从软件下载量的角度来看，对市场内所有软件精选无类别的降序排序，用户可看到当天、本周、本月以及从上架时间到现在的下载排行情况，直接展现当前最受欢迎的应用和游戏，帮助用户好好把握当前主流应用趋势，方便用户的需求。按照用户的浏览习惯，自上而下分别介绍软件的基本信息、简介以及用户的评论，让用户全面了解软件的信息后，还能以最便捷的方式进行下载、卸载、更新以及加入收藏等操作。"正在下载"列表展现当前用户正在下载的应用，用户可以随时暂停与取消该下载任务；"我的下载"集中管理用户从市场下载应用，通过该列表用户可以对每一款应用进行安装、查询简介以及删除等操作；"我的收藏"记录了用户收藏的应用；"软件升级"显示当前用户已安装软件中发现的可更新的应用；"进程管理"直接帮助用户查看当前系统正在运行的任务，一站式管理，操作简单方便。

本 章 小 结

Android 是基于 Linux 内核的操作系统，它采用了软件堆层架构，系统主要分为 4 部分：底层 Linux 内核提供基本功能；其他的应用软件则由各公司自行开发。自从 2013 年 5 月 Google 发布了 Android Studio 以来，Android Studio 成为开发人员首选的开发环境。Android Studio 以工程的形式管理程序代码，包括"java""res""drawable""layout""values"等文件夹。Android 系统运行从 AndroidManifest.xml 中定义的 APP 入口开始，通常用户先要登录或注册，再进行移动商务的相关功能操作。

在本章的实例中，Android 系统运行程序时先检查 AndroidManifest.xml 文件，从该文件定义的 APP 的入口运行 MainActivity.java，用于用户登录，提供用户名、密码的输入，如果用户名和密码正确，则进入商品列表，运行程序文件 StoreActivity.java，显示商品列表界面。当每件商品区域被用户点击时，即进入商品详细信息显示界面，运行程序文件 Product.java。

思 考 题

1. 搭建 Android 需要用到哪些软件？怎样搭建 Android 的开发环境？
2. 如何理解 Android 中的 Activity？
3. 基于 Android 的工程代码整体结构是怎样的？
4. AndroidManifest.xml 文件有什么作用？
5. 在 MainActivity.java 中的 onCreate 函数有什么作用？

第 **8** 章　移动商务终端

- 了解移动商务终端的发展历程及技术体系
- 熟悉移动商务终端常见的操作系统,并对各操作系统的特点做出对比
- 了解移动商务终端的安全要求和标准
- 在应用层面了解影响移动商务终端客户体验的创新。

案例导入

我国已将"信息化"工作的开展提到了全新的历史高度,信息化已成为社会科学发展的重要推动力量。作为信息化科技发展的最新成果,"移动办公"的出现,为现代社会提供了一种全新的工作模式。"移动办公"也称为"3A 办公",即办公人员可在任何时间(Anytime)、任何地点(Anywhere)处理与业务相关的任何事情(Anything)。这种全新的办公模式,可以让办公人员摆脱时间和空间的束缚,信息可以随时随地通畅地进行交互流动,工作将更加轻松有效,整体运作更加协调。利用手机的移动信息化软件,建立手机与计算机互联互通的企业软件应用系统,摆脱时间和场所局限,随时进行随身化的公司管理和沟通,能助您有效提高管理效率。它的使用简便、适用性广、功能性强等特性,使其在改造和提升各产业竞争力,更大程度发展社会生产力,推动节约型社会建设等方面都有出色的助力作用,移动智能办公正在受到政府各界和社会各产业越来越多的重视。

在移动互联网迅猛发展的时代,越来越多的企事业单位也在往移动化方向拓展业务,紧跟移动办公、移动电子商务、移动娱乐、移动游戏等的发展脚步,随之而来的就是备受关注的移动智能终端。

8.1　移动商务终端概述

8.1.1　移动商务终端的概念

移动商务终端,又称为移动终端或者移动通信终端,是指可以在移动中使用的计算机设备,广义地讲包括手机、笔记本计算机、平板计算机、POS 机甚至包括车载计算机。但是多数情况下是指手机或者具有多种应用功能的智能手机及平板计算机。

随着网络和技术朝着越来越宽带化的方向的发展,移动通信产业将走向真正的移动信息时代。另一方面,随着集成电路技术的飞速发展,移动终端已经拥有了强大的处理能力,

移动终端正在从简单的通话工具变为一个综合信息处理平台，这也给移动终端增加了更加宽广的发展空间。

现代的移动商务终端已经拥有极为强大的处理能力（CPU 主频已经接近 2G），内存、固化存储介质及像计算机一样的操作系统，是一个完整的超小型计算机系统，可以完成复杂的处理任务。移动终端也拥有非常丰富的通信方式，既可以通过 GSM、CDMA、WCDMA、EDGE、3G、4G 等无线运营网通信，也可以通过无线局域网，蓝牙和 RFID 进行通信。

目前的移动终端不仅可以通话、拍照、听音乐、玩游戏，而且可以实现包括定位、信息处理、指纹扫描、身份证扫描、条码扫描、RFID 扫描、IC 卡扫描及酒精含量检测等丰富的功能，成为移动执法、移动办公和移动商务的重要工具。有的移动终端还将对讲机也集成到移动终端上，移动终端已经深深地融入我们的经济和社会生活中，为提高人民的生活水平，提高执法效率，提高生产和管理效率，减少资源消耗和环境污染以及突发事件应急处理等增添了新的手段。国外还将这种智能终端延伸到了快递、保险等领域。

8.1.2　移动商务终端的分类

移动商务终端分为有线可移动终端（如 U 盘、移动硬盘等计算机设备）、无线移动终端（如手机、小灵通等）和智能终端三大类。其中移动智能终端（Smart mobile terminal）配备了高速 CPU 处理器，能够接入移动通信网，具有能够提供应用程序开发接口的开放操作系统，并能够安装和运行第三方应用软件。

1. 智能手机

智能手机，是指像个人计算机一样，具有独立的操作系统，独立的运行空间，可以由用户自行安装软件、游戏、导航等第三方服务商提供的程序，并可以通过移动通信网络来实现无线网络接入手机类型的总称。

智能手机同传统手机外观和操作方式类似，不仅包括触摸屏手机，也包括非触摸屏数字键盘手机和全尺寸键盘操作的手机。传统手机使用的是生产厂商自行开发的封闭式操作系统，所能实现的功能非常有限，不具备智能手机的扩展性。

智能手机是针对功能手机（Feature phone）来说的，"智能手机"是可以随意安装和卸载应用软件的手机（就像计算机那样），而功能手机是不能随意安装卸载软件的，如图 8-1 所示。

图 8-1　智能手机

智能手机具有如下特点。

（1）具备无线接入互联网的能力。即需要支持 GSM 网络下的 GPRS 或者 CDMA 网络的 CDMA1X 或 3G（WCDMA、CDMA-2000、TD-CDMA）网络，甚至 4G（HSPA+、FDD-LTE、TDD-LTE）。

（2）具有 PDA 的功能。包括 PIM（个人信息管理）、日程记事、任务安排、多媒体应用、浏览网页。

（3）具有开放性的操作系统。拥有独立的核心处理器（CPU）和内存，可以安装更多的应用程序，使智能手机的功能可以得到无限扩展。

（4）人性化。可以根据个人需要扩展机器功能。根据个人需要，实时扩展机器内置功能，以及软件升级和智能识别软件兼容性，实现了与软件市场同步的人性化功能。

（5）功能强大。扩展性能强，第三方软件支持多。

2．笔记本计算机

笔记本计算机（NoteBook Computer，简称为 NoteBook、NB），又称为笔记本、手提或膝上计算机（Laptop Computer，简称 Laptop），是一种小型、可携带的个人计算机。

笔记本计算机与台式计算机相比，笔记本计算机有着类似的结构组成（显示器、键盘、鼠标、CPU、内存和硬盘），笔记本计算机（见图 8-2）的主要优点为体积小、重量轻、携带方便、移动性强，在移动商务领域广泛应用。

3．平板计算机

平板计算机（Tablet Personal Computer，简称 Tablet PC、Flat PC、Tablet、Slates），是一种小型的方便携带的个人计算机，以触摸屏作为基本的输入设备。它拥有的触摸屏允许用户通过触控笔或数字笔来进行操作而不是传统的键盘或鼠标。用户可以通过内建的手写识别、屏幕上的软键盘、语音识别或一个外接的键盘实现输入，如图 8-3 所示。

图 8-2　笔记本计算机

图 8-3　平板计算机

平板计算机可随身携带。不仅轻薄，还带有电池，可延长你的使用时间。启动迅速，可以稳定地连接到电子邮件、社交网络和应用，让你随时随地获知最新资讯。

8.2 移动智能终端的发展历程

1973 年，摩托罗拉公司发明了世界上第一台手机，开启了移动通信时代。自 2007 年起，以苹果公司 iPhone 为代表的移动智能终端，逐步取代传统移动通信终端，颠覆了原始的移动通信终端作为移动网络末梢的概念，一夜之间成为互联网业务的关键入口，开启了移动互联网新时代。移动智能终端引发了新一轮技术、产业变革，引领了 ICT 产业创新方向，孕育了一批具有影响力的企业，并成为国家科技竞争的战略制高点。

移动智能终端经历了从功能手机到增强型功能手机再到智能手机的发展历程，智能手机的应用处理器功能已类似于 PC 的处理器芯片，其计算能力、多媒体功能、应用表现能力越来越强，顺理成章地成为继大型机、小型机、PC 后的第四代个人计算机设备。当前，移动智能终端正在逐步突破手机形态，融合语音控制、手势识别、微投影、骨传导、增强现实等多种技术，向可穿戴设备延伸。

8.2.1 移动智能终端

当前，移动智能终端（如智能手机、平板计算机）已经成为个人接入互联网的主要设备，但移动互联网业务体系的建立也有特殊的发展轨迹，表现为利用移动位置与个人身份改造提升现有互联网业务的特点；在终端形态上，主要的技术创新则围绕着位置、交互、计算、传感等技术体系发展，比技术创新更常见的是技术应用场景的创新，即如何使得这些技术体系中已有的成果集中在智能手机上，更加人性化地服务于个人用户在移动环境中的使用习惯；这些业务与终端的改造，大幅度提升了移动互联网的接入流量，推动移动通信制式加速升级，并与固定互联网无线接入协同发展，改写了互联网的整体流量结构。

这些发展也有其特殊的历史过程，并非是必然结果。

一是业务体系和业务坏境的问题。在 2007—2008 年前后，人们对移动互联网业务发展主要考虑的是业务重用问题，即如何复用已有的固定互联网应用生态的问题。从内容和应用角度来看，"究竟是一张互联网还是两张互联网"曾经是业界关注的重点问题。

当时的移动终端应用主要有两种方式，一种是"互联网适应手机（Internet for mobile）"，即针对移动终端专门设计内容，如 WAP 网站，它将固定互联网的 Web 内容根据移动终端和移动通信网络速率的特点进行重新设计，牺牲部分功能从而适合在移动终端上呈现，这种方式需要二次开发，用户的业务体验与固定互联网差异也较大；另外一种是"手机适应互联网（Mobile for Internet）"，即通过移动终端的适配完全接入固定互联网的内容，在这种方式下，无须对网站内容进行二次开发，移动终端对内容的适配通过移动浏览器进行（其中也包括中心服务器方式的浏览方式和直接浏览方式）。

从发展看，"一个互联网"是方向，也即 1 套内容，2 套展现，通过软件自动进行适配，从而使移动互联网尽可能呈现与固定互联网相似的业务体验。另外，由于天然的差异性，适合移动终端特点的业务与应用创新也将非常活跃，如移动短视频、与位置相关的业务应用、移动游戏等，这也是 Mobile for Internet 的另一个展现。

依据这样的移动互联网内容建设思路，移动浏览器由互联网上的网页浏览窗口这种基础化的业务应用工具概念，上升为平台化的技术核心。无论是通过 WAP 还是 WWW，移

动浏览器都成为移动用户访问互联网业务的重要途径，也成为软件服务公司与终端服务公司占领市场的技术制高点。

手机浏览器不能只用于浏览，它还需要承担起平台的功能，以支持诸如 Mobile Web 2.0 这样的应用。从长远发展趋势来说，因为 PC 并没有看到类似转换技术的大规模应用，所以可以预期手机最终和 PC 一样不太需要转换。目前，另一种流行趋势是手机直接支持全功能的浏览器。

二是移动智能终端的外观发生了根本变化。在功能手机时代，由于基本的通信功能较为稳定，所以终端外观服务于人们的个性化选择，在是否可翻盖、彩屏、键盘触感上进行差异化设计，以产品质量、产品外观和产品渠道为终端制造的竞争点。而当苹果 iPhone 问世后，一个较大的触摸屏（输入/输出设备）、一块 ARM 架构芯片、两三个简化的菜单按钮几乎成为所有智能手机的共同选择。而基于系统软件和应用软件，改变同一块屏内部的菜单结构、展现方式、设计风格成为终端竞争的热点，整合多种传感器、提供新的操作方式或输入方式成为智能手机的主要卖点。伴随着互联网公司及消费电子公司等积极参与到移动终端产业链中来，移动终端产品得以海纳百川，向更人性化的设计、更丰富的功能、更强的硬件能力等方向蓬勃发展。

近期，移动智能终端如何突破智能手机边界成为产业的下一个发展方向。例如，可穿戴设备是能直接穿戴在身上或整合进用户的衣服、鞋帽等其他配件中，集成了软、硬件而具备一定计算能力的新形态终端设备。

三是移动终端改变了互联网流量贡献结构。近年来，互联网发展主要源自于无线互联网连接。从 2001 年起，互联网的发展速度越来越快。互联网无线互联网用户数量的增长率一直在不断攀升，据估计，截至 2011 年 12 月，经合组织无线宽带连接的数量（6.67 亿）是固定宽带用户数量（3.15 亿）的两倍多，如图 8-4 所示。

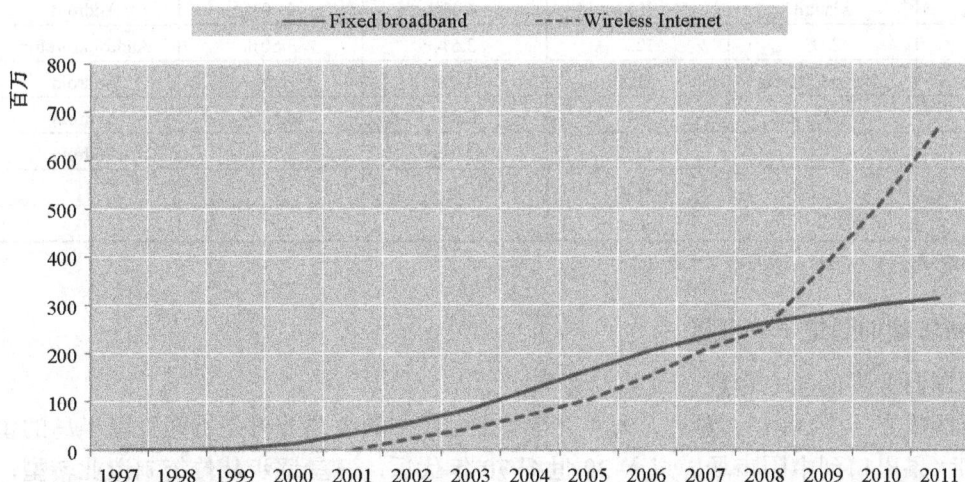

Figure Note: Data for 2011 include estimates for some countries

图 8-4　无线互联网接入超过固定宽带开通量

随着接入方式朝着移动智能终端的扩展，互联网发展出现了明显的飞跃，它正处在朝着通常与通信功能无关的对象大规模扩展的前沿。电视机、电源插头、GPS 设备、汽车甚至灯泡和防洪堤都接入了互联网，以提供新的功能。即将来临的第三次互联网连接的浪潮会将更多数量的新型智能终端接入互联网，特别是移动互联网。

8.2.2 技术进化背后的伟大企业

在移动终端技术的演化发展史中，涌现出三星、苹果、诺基亚、微软等许多伟大的企业，这些企业的出现，不仅对移动智能终端的发展起到了革命性作用，同时也推动了信息产业技术周期发展进程。智能手机市场就是一个变化莫测的地方。前些年，诺基亚在榜首，近些年，三星在榜首，这两年已又发生变化。前些年，前十的排名很少有中国品牌，而 2015年第一季度的数据显示，在世界十大手机厂商中有 9 个来自亚洲，其中 7 个就是来自中国。中国手机制造厂商包括了联想、华为、小米、中兴、酷派、TCL 及 vivo 等。两个著名的品牌——索尼和微软，已经退出了世界十大手机厂商的竞争。这些企业的沉浮变化，共同描绘出产业发展的态势，展现出移动智能终端产业的微观图景。未来，将有更多电子消费制造企业、互联网企业进入移动智能终端领域，改变技术、产业现有格局，形成一批又一批有影响力的企业。见表 8-1。

表 8-1 企业列表

Rank	Manufacturer	Units	Market share Q1 2015	Market share Q4 2014	OS systems supported
#1(1)	Samsung	82.8	24.3%	20.10%	Android,Tizen, Windows Phone
#2(2)	Apple	61.6	17.9%	20.10%	iOS
#3(3T)	Lenovo*	18.7	5.5%	6.60%	Android
#4(3T)	Huawei	17.5	5.1%	6.60%	Android
#5(7)	LG	15.4	4.5%	4.20%	Android
#6(5)	Xiaomi	15	4.4%	4.60%	Android
#7(9)	ZTE	12.5	3.5%	3.60%	Android,Firefox
#8(8)	Coolpad/Yulong	11.5	3.4%	4%	Android
#9(6)	TCL/Alc atel	9.7	2.8%	4.50%	Android
#10(-)	Vivo	9.3	2.7%	3.10%	Android
Others		97.1			
TOTAL		340.8			

*联想数据包括摩托罗拉销量，所有单位在数百万

1. 安卓阵营的翘楚——三星

（1）韩国商业界的航空母舰

三星集团成立于 1938 年，创始人为李秉哲。公司最初的主要业务是将朝鲜南半岛的鱼干、蔬菜和水果出口到中国市场。进入 20 世纪 70 年代后，三星逐步从传统制造业转型，主要业务包括航空、造船、半导体、家电制造等。

（2）Android 军团的主力军

1999 年，三星发布了最早的一批手机，此后，三星在手机制造领域占据一席之地，并在 2007 年超越摩托罗拉，成为全球第二大手机制造企业，紧随诺基亚之后。在功能手机时代表现中规中矩的三星一直未能超越诺基亚成为领导者。当苹果引领的智能手机时代来临

之时，三星凭借其快速反应能力，迅速选取 Android 阵营，抓住机遇，制定了智能手机时代新战略。三星将智能手机定位在中高端市场，2010 年推出了它的首款旗舰 Android 手机 Galaxy S，该系列手机成为三星电子在智能手机领域的代表性产品，在国际智能终端市场始终紧随 iPhone 之后，成为与 iPhone 抗衡的一匹黑马，并在 Android 阵营中一枝独秀。此外，Galaxy Note 系列在大屏领域引领发展步伐，Galaxy Tab 系列在与 iPad 的竞争中也占有了一席之地。2012 年，三星智能手机的全球市场份额达到 29%，使其成为世界第一大智能手机厂商。不仅如此，三星、苹果以两强对峙的姿态共同盘踞产业的利润制高点。Strategy Analytics 研究报告称，2013 年第一季度，全球 Android 智能手机总利润达到 53 亿美元，其中三星独占鳌头，获得 95%的利润份额。

虽然市场形势一片大好，但三星在手机制造领域经常被人诟病为快速跟随者——在功能机时代，跟随学习诺基亚的产品；在智能机时代，跟随苹果的步伐。而现在的三星产品在功能和技术上已经具有了一定的领先优势，如近场通信技术、体感拨号、翻转屏幕开启静音或暂停播放。在最新的 Galaxy S4 中，新增了非接触式的浮窗预览、手势感应，以及眼动识别技术，相比创新稍显不足的 iPhone 5，三星正在树立起智能手机技术引领者的形象。从跟随者到创新领导者的蜕变，是源于三星对技术研发创新不遗余力的投资。

2．智能终端的领军者——苹果

（1）沉浮中的公司和传奇 CEO

苹果计算机公司成立于 1976 年，当时的主营业务为个人计算机。

2007 年，苹果公司推出具有颠覆意义的移动智能终端 iPhone，重新定义了智能终端的含义，一经推出就震惊了世界。2010 年，苹果公司又推出平板计算机 iPad，传统台式机的时代几乎被终结。这一个个具有划时代意义的数码产品彰显了乔布斯天才般的远见卓识和艺术家气质，他跌宕起伏、极富传奇色彩的人生长期以来让人津津乐道。2012 年 8 月 21 日，苹果公司成为世界市值第一的上市公司，也成为智能手机时代的开辟者和独一无二的领袖。

（2）苹果公司具有划时代意义的产品

苹果公司以创新而闻名于硅谷乃至全球，甚至以一款终端、一个应用商店、一种创新交互模式颠覆终端产业，成为当今业界举足轻重的巨型企业。在创新之路上，苹果公司推出了众多具有划时代意义的产品。

2007 年，苹果公司推出了颠覆通信行业的、具有划时代意义的产品 iPhone。当时，手机行业仍以功能手机为主导，诺基亚雄霸手机制造领域长达十年。移动互联网正在飞速发展，用户对于手机的上网功能要求逐渐变强，智能手机正迎来前所未有的发展机遇。苹果公司作为一家计算机制造企业，进军手机制造领域，极大地提升了手机的处理能力。第一代 iPhone 不仅支持电邮、移动通话、短信、网络浏览及其他的无线通信服务，还采用多点触摸（Multi-Touch）技术，使得 iPhone 没有键盘，只有一个 home 键，用户用手指轻点屏幕就能拨打电话，从而彻底变革了输入方式。它同时是世界上第一部批量生产商业用途的使用电容屏的智能手机。虽然没有键盘的这种设计在推出之前备受质疑，且 iPhone 不能更换电池也饱受诟病，但这款产品一经推出就获得了极大的轰动，其精美的设计使 iPhone 堪称艺术品，业界和用户对 iPhone 的赞叹之声也不绝于耳，3.5 英寸屏+home 键的设计模式更成为之后智能手机的通用版本。此后，苹果公司在 6 年中陆续推出了 iPhone 3G、iPhone 3GS、iPhone 4、iPhone 4S、iPhone 5、iPhone 5C 和 iPhone 5S，这一系列 iPhone 产品持续引领了智能手机的技术和外观发展潮流，成为时尚的代名词。

2010 年，苹果公司推出平板计算机 iPad，它具备浏览网页、收发邮件、普通视频文件播放、音频文件播放、游戏等基本的多媒体功能。2011 年，苹果公司推出具有接入 3G 网络功能的 iPad 2。2012 年 3 月，第三代 iPad 取名为 new iPad，其电池容量更大，芯片处理速度更快。2012 年 12 月，苹果公司同时推出 iPad mini 和 iPad 4，其产品线更为丰富。平板计算机的推出，可能终结 PC 时代。微软 2012 年中预测 2013 年平板计算机的销量将超过桌面操作系统。IDC 报告预测，全球平板计算机的出货量到 2015 年将超越 PC 的出货量。

（3）苹果公司颠覆移动智能终端产业

在人机交互技术方面，苹果公司不断丰富人机交互界面，从图形交互界面到多点触控，再到智能语音识别，持续占据交互技术领先地位。早在 Macintosh 之前，交互式窗口界面就出现在施乐公司，乔布斯在一次参观后，模仿了尚在实验阶段的施乐公司的交互式图形界面，并把它运用在苹果公司的操作系统之中。从那时开始，苹果公司就已经将友好的人机交互方式作为其产品的重要特征。iPhone 的多点触控技术成为智能手机必备的交互方式；iPhone 4S 中新增的 Siri 技术作为语音识别技术的代表，通过人工智能和云计算技术实现高智能化的人机交互，支持用户通过语音实现与移动终端的交互，成为继键盘输入、触屏输入的第三代革命性技术。不同于计算性能等指标，人机交互技术能够让手机具备更好的用户体验，因此苹果公司更容易获得用户的认可。

在应用生态系统方面，苹果公司通过操作系统平台构建应用程序商店，这也成为目前几乎所有终端厂商纷纷仿效的一种模式。乔布斯在生态系统的构建上，一方面保持封闭体系，另一方面吸取了当年 Macintosh 失败的经验，充分调动了软件开发者的积极性。为保持主导地位，苹果公司的应用生态依然非常封闭，苹果公司严格控制了应用的测试认证、应用的下载渠道、开发 SDK 和开发者审核四个关键点，使苹果公司保持了应用生态体系的绝对主导者地位。同时，苹果公司应用的巨大成功还有若干特定要素：一是苹果公司的终端十分单一，且有继承性，其应用开发不但在 iPhone 的各版本中均可使用，还可拓展到平板计算机和未来的融合终端中去，这种单纯性极大提升了苹果公司应用开发的效率和购买的含金量，开发者与用户都因此受益；二是苹果公司的利润并不依赖应用，在应用程序运营中只收取极低的分成，从而鼓舞了开发者的热情。目前，苹果公司的这种清晰、成熟、具有良好延续效应的应用程序商店模式仍然未被超越。

3．联想 Lenovo

联想（Lenovo）——全球 PC 领导品牌。联想是一家极富创新的个人科技产品公司。作为全球第二大 PC 厂商，联想为全球用户提供 Think 品牌商用 PC、Idea 品牌消费 PC、服务器、工作站及包括平板计算机、智能手机和智能电视在内的家庭移动互联网终端。

联想名列《财富》世界 500 强，在全球前四大计算机厂商中增长最快。自 1997 年起，联想一直蝉联中国国内市场销量第一，占中国个人计算机市场超过三成份额。

联想集团一贯秉承"让用户用得更好"的理念，始终致力于为中国用户提供最新最好的科技产品，推动中国信息产业的发展。面向未来，作为 IT 技术与服务的提供者，联想将以客户需求导向为原则，满足家庭、个人、中小企业、大行业大企业四类客户的需求，为其提供针对性的信息产品和服务。

2003 年 4 月，联想集团在北京正式对外宣布启用集团新标识"lenovo 联想"，以"lenovo"

代替原有的英文标识"Legend"（legend，英文含义为传奇），其中"Le"取自原标识"Legend"，代表着秉承其一贯传统，新增加的"novo"取自拉丁词"新"，代表着联想发展理念的核心是创新精神。

现在的联想，来自于两大富有传奇色彩的科技公司的结合，即中国联想控股集团与美国 IBM 公司个人计算机部的结合。这次的合并被视为全球商业市场的重要事件，也看出联想整合两种不同文化、语言、流程与市场的潜力。

借由中国与北美洲科技业者的结合，联想汲取并整合了东方与西方文化与科技的精华，成为全球个人计算机领导厂商，其业务在已开发国家和新兴国家都持续成长，现在，年度营收超过 160 亿的联想，在全球消费性与商用个人计算机市场都具有举足轻重的地位。

4．华为 HUAWEI

华为终端隶属于华为技术有限公司，是华为四大业务群之一。华为终端的研发起始于 1993 年，在 WCDMA、CDMA、GSM、视讯、接入终端、应用终端等多个终端技术领域积累了丰富的经验。

华为终端产品覆盖手机、移动宽带、融合终端、视讯等多种形态的产品系列。华为终端在美国、瑞典、俄罗斯、印度、北京、上海和深圳建立了研发中心，销售服务网络覆盖 70 多个国家，建立了以乌法、阿姆斯特丹、开罗、迪拜、里约热内卢为中心的物流网络，覆盖全球市场，为客户提供优质快速的服务。华为作为全球领先的信息与通信解决方案供应商，围绕客户的需求持续创新，与合作伙伴开放合作，在电信网络、终端和云计算等领域构筑了端到端的解决方案优势。华为致力于为电信运营商、企业和消费者等提供有竞争力的综合解决方案和服务，持续提升客户体验，为客户创造最大价值。目前，华为的产品和解决方案已经应用于 140 多个国家，服务全球 1/3 的人口。

华为以丰富人们的沟通和生活为愿景，运用信息与通信领域专业经验，消除数字鸿沟，让人人享有宽带。为应对全球气候变化挑战，华为通过领先的绿色解决方案，帮助客户及其他行业降低能源消耗和二氧化碳排放，创造最佳的社会、经济和环境效益。

5．LG 集团

韩国 LG 集团于 1947 年成立，是领导世界产业发展的国际性企业集团。LG 集团目前在 171 个国家和地区建立了 300 多家海外办事机构，业务领域覆盖化学能源、电子电器、通信与服务等领域。LG 电子（LG Electronics Inc.）2013 年 11 月推出柔性屏智能手机，以此和长期竞争的对手三星电子（Samsung Electronics Co.）在一个新的领域展开了竞争。LG 集团在世界 6 个国家设立了 31 所研究中心，科研开发的投入已占集团总收入的 5%。通过海外研究机构，进一步加强着自身的技术力量，其中在美国芝加哥、圣佛塞、圣地亚哥，在日本的仙台，德国的杜塞尔多夫和爱尔兰的都柏林等地的科研机构正在利用高尖端的科研设备，大力开展各项科研活动，为实现高科技社会的早日到来而努力。

6．小米

小米的 Logo 为"MI"形，是 Mobile Internet 的缩写，小米手机是小米公司（全称为北京小米科技有限责任公司）研发的高性能发烧级智能手机。小米坚持"为发烧而生"的设计理念，采用线上销售模式。2013 年 4 月 9 日的米粉节上，搭载高通骁龙 600 四核 1.7G 的小米手机 2S 在官网销售，小米 2A 同时发布。2014 年 3 月 13 日，红米手机在新加坡开始第三轮网上限量销售，被抢购一空。小米手机研发的主要产品有，小米 M1、小米青春版、小米 1S、小米 1S 青春版、小米 2、小米 2S、小米 2A、红米 1、小米 3、小米 4、小米 note 等。

7. 中兴 ZTE

中兴通信是全球领先的综合通信解决方案提供商。公司通过为全球 140 多个国家和地区的电信运营商提供创新技术与产品解决方案，让全世界用户享有语音、数据、多媒体、无线宽带等全方位沟通。公司成立于 1985 年，在香港和深圳两地上市，是中国最大的通信设备上市公司。

中兴通信拥有通信业界最完整的、端到端的产品线和融合解决方案，通过全系列的无线、有线业务、终端产品和专业通信服务，灵活满足全球不同运营商的差异化需求及快速创新的追求。2009 年，中兴通信无线通信产品出货量跻身全球第四，其中 CDMA 产品出货量连续 4 年居全球第一，固网宽带接入产品出货量稳居全球第二，光网络出货量达到全球第三，手机产品累计出货超过 2 亿部，成为全面服务于欧美日高端市场的顶级运营商。自 2005 年以来，中兴通信营业收入实现了超过 29% 的年复合增长率，2009 年超过 600 亿元人民币，成为全球第五大电信设备商、第六大通信终端厂商。

中兴通信坚持以持续技术创新为客户不断创造价值，并引领全球通信行业技术革新。公司在美国、法国、瑞典、印度、中国等地共设有 15 个研发机构，2.5 万名国内外研发人员专注于行业技术创新并取得 3 万多项技术专利。公司依托分布于全球的 107 个分支机构，凭借不断增强的创新能力、突出的灵活定制能力、日趋完善的交付能力赢得全球客户的信任与合作，为全球百强运营商中的 59 家提供服务。

8. 其他中国公司

国内还有酷派、TCL、Vivo 等知名的移动智能终端企业。

8.3 移动智能终端的技术体系

移动智能终端的技术体系涉及系统和应用软件技术、微电子、微机电技术、下一代显示和语音识别等人机交互技术、新型金属和高精度玻璃等原材料技术及整机设计和制造技术等，分支十分庞杂。其发展关键要素包括移动终端的技术体系、产业体系、标准化体系、标识资源体系，以及促进和规范移动终端发展的安全评测体系和知识产权保护体系等。

从支撑移动智能终端智能性的角度来讲，其功能主要体现在 4 个方面：

（1）具备开放的操作系统平台，支持应用程序的灵活开发、安装及运行；

（2）具备 PC 级的处理能力，可支持桌面互联网主流应用的移动化迁移；

（3）具备高速数据网络接入能力；

（4）具备丰富的人机交互界面，即在 3D 等未来显示技术和语音识别、图像识别等多模态交互技术的发展下，以人为核心的更智能的交互方式。

下面，移动智能终端的技术体系主要从移动芯片技术、系统软件技术、人机交互技术和应用开发技术四个方面讲解。

8.3.1 移动芯片技术

集成电路（IC）是移动智能终端的核心关键器件，通常称为芯片（Chip）。一般来说，传统移动终端芯片包含了基带芯片、射频芯片、电源管理芯片和存储芯片，其中基带芯片相当于传统移动终端的 CPU，能够实现传统移动终端最核心的通信信号处理功能，射频芯片负责信号的收发，存储芯片负责数据的存储，电源管理芯片负责电力供应。随着移动终端智能化的发展，支持操作系统、应用软件及音视频等功能的应用处理芯片的重要性日益提升，已经与基带芯片一起成为移动智能终端的 CPU，这两个芯片也是当今移动终端芯片平台中最重要和发展最迅速的部分。

在产品形态上，上述各类模块均可以独立形式存在，也可高度集成于一个 SoC（System-on-a-chip，片上系统）芯片之上。

无论是独立芯片还是片上系统，其技术体系都可分为三个层次，分别是处理器 IP 核技术、芯片工艺和材料技术、芯片设计技术。

（1）IP 核技术一家独大

目前，全球有超过 400 家的处理器 IP 核提供商，但无论是计算机领域还是移动通信终端领域，均出现了一家独大的局面，DEG、SGI、HP 等微处理器核研发企业早已出局，IBM 和 SUN 公司的市场份额持续萎缩。随着移动智能终端崛起而出现的"Google-ARM 模式"对原有的"WINTEL 体系"形成了巨大挑战。基于低功耗协议 ARM CPU 核的嵌入式处理器已占据移动芯片市场总销售量的 75%以上。而 PC 芯片巨头 Intel 正加紧面向移动计算领域的战略布局，以工艺制程优势缓解功耗压力，在平板计算机领域（Atom）和智能手机领域（Medfield）加大投入。芯片基础架构格局长期存变，Intel 进入移动芯片领域多年，但始终未取得实质性突破。2012 年，基于双核平台 Medfield 的多款终端面世，代表着 Intel 的 X86 架构已取得进入移动互联网市场的实质性突破。Intel、摩托罗拉及中国移动在 2012 年联合推出了摩托罗拉自被收购之后的第一款真正意义的终端产品 iMT788，更是 Intel 在移动智能终端市场的重要一步。从目前来看，Intel 在移动芯片领域市场的份额依然较低，仅有 0.2%，但从长期看，随着 Intel 推出四核平台，持续放大自身在计算性能方面的优势，顺应市场需求不断降低价格，工艺始终保持领先，并进一步优化能耗，Intel 有望进一步提升市场空间。

（2）芯片工艺和材料技术高位攀升难

单处理器性能在主频和能耗方面遭遇了明显的障碍，但近期移动芯片市场的持续升温及芯片企业的强化竞争，推动了制造技术高位突破，在 22 nm 制程中采用的三栅极（Tri-Gate）技术具有革命意义，意味着基础电路设计和制造有望从二维转向三维。

（3）核心芯片扩充核数与功耗及优化是发展重点

随着四核芯片的推出，智能手机实质上已出现性能过剩的迹象，四核芯片的性能并没有得到有效使用，一方面，现有操作系统技术及应用服务与多核硬件平台并不匹配；另一方面，四核全开时功耗仍偏高，使得只在极少数应用场景下才能充分发挥四核性能。鉴于目前四核芯片的发展现状，未来演进中由四核向八核发展的趋势将放缓。芯片厂商的布局焦点主要有三方面，一是集中在现有四核平台的优化及规模性降低成本上，实现由高端向低端市场的扩散；二是集中在通过基础架构的升级来满足更多的硬件能力需求；三是继续优化 GPU 能力，实现图形和视频表现能力的提升。

（4）以可复用 IP 核为基础的片上系统（SoC）成为芯片设计技术主流

片上系统指的是在单个芯片上集成一个完整的系统，它包括三大核心要素：可复用 IP 核、集成多功能模块、面向应用需求的嵌入式系统。在 SoC 中，除南北桥、显卡、网卡外，支持音视频的增强功能模块也开始集成其中，多核架构成为现阶段的发展主流，其设计技术也变得更为复杂。

（5）GPU 成为移动芯片未来发展的又一重点方向

回溯 PC 发展轨迹，在用户对高清视频及游戏的诉求下，显卡曾一度超过 CPU 成为硬件平台发展的关键。今天，移动芯片正重蹈 PC 旧辙，视频类应用已经成为增速最快的移动互联网应用类型，带动 GPU 能力逐渐凸显成为衡量芯片能力的重要指标。

8.3.2　系统软件技术

操作系统是终端软件平台体系的核心，其向下适配硬件系统发挥终端基础效能，向上支撑应用软件决定用户最终体验。开放成为移动智能终端操作系统的主旋律，开放模式聚集产业链实现协同创新，打造完备业务生态系统，苹果公司正是通过应用商店开放运作获得极大成功的。开源成为移动智能终端操作系统的主模式，开源极大降低了第三方进入门槛，提升了产业链上下游支持效率，且免费的系统软件调动了产业的多方积极性，谷歌 Android 是开源模式的典范。兼顾运行效率和开发效率，各操作系统进行了不同的技术选择。Android 为提升开发效率，选择 Java 路线，但提升了硬件要求，在 600 MHz 以上的芯片平台上才可较顺畅运行；iOS、WP7、Bada、WoPhone 选择原生语言，对硬件平台降低了要求，但应用软件开发过程较 Java 复杂。当前的各移动智能终端操作系统均有相应的应用开发环境，也各具专长。

以 HTML5 技术为代表的下一代 Web 运行环境将是今后一个时期内移动互联网产业发展的重要技术辅线。但从目前来看，以 HTML5 技术为代表的下一代 Web 远行环境距成熟的距离仍较远，短期内难以对移动智能终端操作系统技术的主线地位构成挑战。其原因有以下几个方面。

一是 HTML5 技术本身远未成熟，它仍处在标准完善发展阶段，运行效率、设备能力调用、安全性等方面远难匹敌原生应用；同时，其标准组织（W3C 与 WHATWG）又发生分裂，统一 Web 运行环境的构建遥遥无期，严重削弱了其核心竞争力。

二是运行支撑能力仍待升级。移动智能终端的基础硬件性能仍落后于 PC，而 Web 技术固有的低效导致移动端应用体验进一步下降，电源功耗的制约也对其用户体验构成了严峻挑战。同时，HTML5 技术对时时在线和实时交互的需求更为突出，在当前产业发展已对移动通信网络造成巨大冲击的基础上，它又对网络支撑能力提出了新的重大挑战。

三是产业生态力量弱且分散。HTML5 背后的拥趸主要为互联网公司、浏览器厂商、电信运营商等，与原生应用主导者苹果、谷歌相比，其实力相对弱小，产业界缺少能协调各方利益的主导企业，且出于对第一入口的争抢，各方技术方向虽统一，但实现方式差异颇大，生态体系零散且规模较小，短期内难以合力共同构建统一的移动 Web 产业生态。

四是商业模式仍未成型。商业模式是整个 Web 产业生态能否成功运行的关键，而传统的广告模式在移动互联网时代已遭遇危机，限于移动终端屏幕、投放能力等制约，移动广

告价值与变现能力远未达到桌面互联网广告水平，基于下一代 Web 运行环境的整个产业生态如何赢利运转仍待产业界进一步探索。

8.3.3　人机交互技术

人机交互技术是当今移动终端技术体系中发展最为初级，也最有潜力的技术。与其他三类旨在提升计算性能的技术不同，人机交互技术旨在让计算设备有更好的用户体验。它包括未来显示技术、多模态交互技术、无处不在的普适交互环境和支持特殊应用的交互技术，其中后两者与智能空间、脑机交互等学科的相关性较强，属于技术发展愿景。当前商用领域的人机交互技术集中体现在前两部分。

显示技术是最基本的人机交互技术，与高精度芯片、生物电池相比，近年内创新机遇更多，目前 OLED、3D 显示、电子纸等热门技术相继商用，大幅提升了视觉体验。在多模态交互技术领域，近年来随着语音识别、图像识别、多点触控等技术的应用，传统的交互手段将得到大大加强，键盘、窗口等传统的人机交互手段在移动通信设备上的使用感受将大大提升。

8.3.4　应用开发技术

通过 API（应用编程接口，运行在上层的程序可通过 API 获取下层平台拥有的各种能力与信息）面向第三方开发者开放终端、网络、云服务的各种能力已成为移动互联网时代应用开发的重要趋势。移动互联网已经深刻地改变了移动智能终端操作系统 API 的开放模式，面向终端厂商通过预置引入第三方应用的传统模式沦为配角，而面向开发者开放 API接口并由用户自行安装应用的新模式成为主流，其通过协同创新以较小力量调动和集聚了庞大产业群，形成了"我利大家、人人为我"的乘数效应。

移动应用技术同时也包括面向 HTML5 的移动 Web 应用开发技术，可运行在 Web 操作系统下或通过浏览器内核或中间件运行在 native 系统下，Web 应用开发无须过多考虑终端系统与硬件的差异性，在使用中可基于云端直接应用等基本特性正逐步成为应用开发中的新宠。

8.4　移动智能终端操作系统

随着移动互联网的高速发展，移动智能终端操作系统日益成为产业的战略制高点。智能终端操作系统决定了其上层的应用与服务，因此智能终端操作系统就成为了产业生态环境的基石，对生态环境上下游具有强大的支配权。

移动智能终端操作系统主要应用在智能终端设备上。目前应用在智能终端上的操作系统主要有 Android（安卓）、iOS（苹果）、Windows Phone（微软）、BlackBerry OS（黑莓）。根据 Strategy Analytics 发布的数据，2013 第三季度，Android 占有的市场份额为 83.6%，iOS 占有的智能手机市场份额为 12.3%，随后是 Windows Phone 和黑莓的市场份额分别是3.3%和 0.7%，逐渐形成三分天下的格局。此外，智能终端操作系统还有 Symbian（塞班）、Palm OS 等。

8.4.1　Android 操作系统

1．简介

Android 是 Google 于 2007 年 11 月 5 日宣布的基于 Linux 平台的开源手机操作系统的名称，该平台由操作系统、中间件、用户界面和应用软件组成。

Android 是一种基于 Linux 的自由及开放源代码的操作系统，主要使用于移动设备，如智能手机和平板计算机，由 Google 公司和开放手机联盟领导和开发。Android 操作系统是一个完全免费的手机平台，平台上拥有极其丰富的应用程序。Android 底层使用开源的 Linux 操作系统，同时开放了应用程序开发工具，使所有程序开发人员都在统一、开放的开发平台上进行开发，保证了 Android 应用程序的可移植性，同时大幅度降低了应用程序的开发费用，可以节约 15%～20%的手机制造成本。

Android 平台支持 Java 语言开发，支持 SQLite 数据库、2D/3D 图形加速、多媒体播放和摄像头等硬件设备，并内置了丰富的应用程序，如电子邮件客户端、闹钟、Web 浏览器、计算器、通讯录和 MP3 播放器等。

2．发展历程

2005 年 8 月由 Google 收购注资。2007 年 11 月，Google 与 84 家硬件制造、软件开发商及电信营运商组建开放手机联盟共同研发改良 Android 系统。

2008 年 10 月，第一部 Android 智能手机发布。Android 逐渐扩展到平板计算机及其他领域上，如电视、数码相机、游戏机等。

2011 年第一季度，Android 在全球的市场份额首次超过塞班系统，跃居全球第一。

2013 年第四季度，Android 平台手机的全球市场份额已经达到 78.1%。

2014 年第一季度 Android 平台已占所有移动广告流量来源的 42.8%，首度超越 iOS。但运营收入不及 iOS。

3．Android 的优势

（1）开放性

在优势方面，Android 平台首先是其开放性，开放的平台允许任何移动终端厂商加入到 Android 联盟中来。显著的开放性可以使其拥有更多的开发者，随着用户和应用的日益丰富，一个崭新的平台也将很快走向成熟。

（2）丰富的硬件选择

这一点与 Android 平台的开放性相关，由于 Android 的开放性，众多的厂商会推出千奇百怪，功能特色各具的多种产品。功能上的差异和特色，却不会影响到数据同步、甚至软件的兼容。

（3）方便开发

Android 平台提供给第三方开发商一个十分宽泛、自由的环境，不会受到各种条条框框的阻挠，可想而知，会有多少新颖别致的软件诞生。

（4）无缝结合的 Google 应用

Google 已经走过 10 年多历史，从搜索巨人到全面的互联网渗透，Google 服务如地图、邮件、搜索等已经成为连接用户和互联网的重要纽带，而 Android 平台手机将无缝结合这

些优秀的 Google 服务。

8.4.2　iOS 操作系统

1. 简介

iOS 是由苹果公司开发的移动操作系统。苹果公司于 2007 年 1 月 9 日的 Macworld 大会上公布了这个系统，最初是设计给 iPhone 使用的，后来陆续套用到 iPod touch、iPad 以及 Apple TV 等产品上。

iOS 与苹果的 Mac OS X 操作系统一样，属于类似 Unix 的商业操作系统。iOS 的系统架构分为 4 个层次，分别是核心操作系统层、核心服务层、媒体层和可轻触层。

为了便于应用程序开发，苹果公司提供了 SDK，为 iOS 应用程序进行开发、测试、运行和调试提供工具。多点触摸操作是 iOS 的用户界面基础，也是 iOS 区别于其他手机操作系统的特性之一。此外，iOS 还通过支持内置加速器，允许系统界面根据屏幕的方向而改变方向。iOS 自带大量的应用程序，包括 SMS 简讯、日历、照片、相机、YouTube、股市、地图、天气、时间、计算机、备忘录、系统设定、iTunes 和通讯录等。

2. iOS 的优势

（1）安全性高

iOS 专门设计了低层级的硬件和固件功能，用以防止恶意软件和病毒；同时还设计有高层级的 OS 功能，有助于在访问个人信息和企业数据时确保安全性。

（2）支持多语言模式

iOS 设备可在世界各地通用。30 多种语言供你挑选，你还可以在各种语言之间轻松切换。由于 iOS 键盘基于软件而设计，因而有 50 多种支持特定语言功能的不同版式供你选择，其中包括字符的变音符和日文关联字符选项。此外，内置词典支持 50 多种语言，VoiceOver 可阅读超过 35 种语言的屏幕内容，语音控制功能可读懂 20 多种语言。

（3）商务使用便捷

全球的企业都开始选用 iOS 设备，因为它具有企业专属功能和高度的安全性。iOS 兼容 Microsoft Exchange 和标准服务器，可发送无线推送的电子邮件、日历和通讯录。iOS 在传输、设备内等待和 iTunes 备份三个不同阶段为信息分别加密，确保用户的数据安全。用户可以安全地通过业界标准 VPN 协议接入私人企业网络，公司也可以使用配置文件轻松地在企业内部署 iPhone。

8.4.3　Windows Phone 操作系统

Windows Mobile 是微软进军移动设备领域的重大品牌调整，是其为手机而专门开发的，主要面向个人移动电子消费市场。由于大多数机型支持彩色显示，因此耗电量极大，而且 Windows CE 本身也对于资源有很大的吞噬作用。在功能扩展方面微软比较倾向于集成使用，大多具有标准的 CF 卡插槽，用户可以根据自己的需要增加内存、加装摄像头、调制解调器等设备。

Windows Mobile 系列操作系统包括 Smart Phone 及 Pocket PC Phone 两种平台，在不

同的平台上实现的功能互有重叠也各有侧重。Smart Phone 提供的功能侧重点在联系方面，它主要支持的功能有电话、电子邮件、联系人、即时消息等。Pocket PC 等的功能侧重个人事务处理和简单的娱乐，主要支持的功能有日程安排、移动版 Office、简单多媒体播放功能等。

微软在 2009 年 2 月 16 日的全球移动通信大会（MWC）上正式把 Windows Mobile 更名为 Windows Phone，采用的操作系统仍然是 Windows Mobile，只是添加了新功能的这一平台被称为 Windows Phone，它相当于操作系统、硬件和品牌的统一。

Windows Phone 具有桌面定制、图标拖拽、滑动控制等一系列前卫的操作体验。其主屏幕通过提供类似仪表盘的体验来显示新的电子邮件、短信、未接来电、日历约会等，让人们对重要信息保持时刻更新。它还包括一个增强的触摸屏界面、更方便手指操作及最新版本的 IE Mobile 浏览器。

8.5　移动智能终端安全

随着移动智能终端的广泛应用及功能的不断扩展，其使用过程中的安全问题被越来越多的用户所关注。近年来，恶意吸费、窃听、窃录、位置信息泄露等安全事件频发，使用户对移动智能终端的安全性产生顾虑，进而影响到移动智能终端和移动互联网应用的发展。

8.5.1　移动智能终端面临的安全威胁

移动智能终端与人们关系密切，在生活和工作中使用频率非常高，并且有别于传统 PC 台的是，大部分移动智能终端是实时在线、用户随身携带使用的，因此涉及用户大量的隐私数据。另外，智能手机的许多功能和服务是涉及用户资费的，与用户的经济利益直接相关。许多不法分子已经将视线由传统的 PC 平台转移到了移动智能终端上。

一方面，受经济利益的驱使，不法分子大量制造并传播恶意扣费软件，给用户造成了极大的经济损失；另一方面，出于不可告人的目的，不法分子诱骗用户安装手机木马或间谍软件，在用户不知情的情况下收集用户的隐私数据，包括联系人、短信、通话录音甚至背景声音录音和地理位置信息等，严重侵犯了用户的个人隐私，甚至有可能从中窃取商业机密或政府情报。可见，目前移动智能终端领域的安全问题日益严重，用户的隐私和财产安全、企业商业机密和政府情报等受到了严重的威胁。

移动商务终端面临的安全威胁是动态的、可变的，恶意行为的类型根据攻击者下达的具体指令的不同而改变，因此用户层面临着多个层次的安全威胁。

（1）隐私窃取

根据攻击者的指令，木马可以搜集用户的短信内容、联系人、通话记录、手机 IMEI 码、当前位置坐标等数据上传到指定的服务器上。有些木马接收到指令后，甚至可以进行通话录音和背景声音录音，从而达到通话监听和背景声音监听的目的。

（2）吸费扣费

很多远程控制木马具有话费吸取的功能，攻击者在指令中给出增值业务号码，控制手机发送短信进行定制。与一般话费吸取软件不同的是，增值业务号码是可以根据攻击者指令更换的。

（3）恶意推广

远程控制木马能够接收攻击者的指令，连接到指定的下载服务器，下载恶意推广的软件、广告图片等，还能自动启动浏览特定的恶意推广网站。

（4）系统破坏

绝大多数系统破坏类恶意软件都会非法获取系统的最高权限，即 Root 权限。获取最高权限后，恶意软件可以强行结束安全防护软件的进程，将自身程序移动到系统程序目录以伪装成系统应用，使自己无法被卸载，破坏了用户的手机系统。

此外，还有许多其他种类的恶意软件。比如仿冒正规软件的诱骗欺诈类程序，制作者不以牟利为目的的资源消耗类程序等，也严重影响了用户的正常使用和手机系统的安全。随着设计和编写技术的不断提高，许多恶意软件的恶意行为趋于多样化，同时具有多种恶意行为特征，给用户造成了多种威胁。

8.5.2　移动智能终端的安全要求及标准

移动智能终端的安全要求包含三个层面五个部分的内容，具体目标如下。

（1）硬件安全目标

移动智能终端硬件安全目标是在芯片级保证移动通信终端内部闪存和基带的安全。确保芯片内系统程序、终端参数、安全数据、用户数据不被篡改或非法获取。

（2）操作系统安全目标

操作系统安全是达到操作系统对系统资源调用的监控、保护、提醒，确保涉及安全的系统行为总是在受控的状态下，不会出现用户在不知情情况下某种行为的执行，或者用户不可控的行为的执行。另外，操作系统还应保证自身的升级是受控的。

（3）外围接口安全目标

外围接口包括无线外围接口、有线外围接口。外围接口的安全目标是确保用户对外围接口的连接及数据传输的可知和可控。

（4）应用层安全目标

应用层安全目标是要保证移动智能终端对要安装在其上的应用软件可进行来源的识别，对已经安装其上的应用软件可以进行敏感行为的控制。另外还要确保预置在移动智能终端中的应用软件无损害用户利益和危害网络安全的行为，例如，恶意吸费、未经授权的修改、删除、向外传送用户数据等行为。

（5）用户数据安全目标

用户数据（user data），是指移动智能终端上存储的用户个人信息，包括由用户在本地生成的数据、为用户在本地生成的数据、在用户许可后由外部进入用户数据区的数据等。

用户数据保护安全目标是要保证用户数据的安全存储，确保用户数据不被非法访问、不被非法获取、不被非法篡改，同时能够通过备份保证用户数据的可靠恢复。移动智能终端安全能力框架图如图 8-5 所示。

移动智能终端安全能力框架图主要包括 5 个部分，最底层是移动智能终端硬件安全能力，之上为操作系统安全能力，顶层为应用层安全要求，外围接口安全能力涉及操作系统层面和硬件安全层面，用户数据保护安全能力涉及硬件、操作系统、应用软件三个层面。

应用层安全要求		
操作系统安全能力	外围接口安全能力	用户数据保护安全能力
硬件安全能力		

图 8-5　移动智能终端安全能力框架图

8.5.3　移动智能终端的安全防护

借鉴传统 PC 平台的安全防护思路，结合移动智能终端的特点，目前面向智能手机的安全防护技术手段主要可以分为以下种类：病毒木马查杀、骚扰拦截、网络防火墙、软件管理、系统优化、隐私保护、手机防盗等。

（1）病毒木马查杀

同 PC 平台类似，手机上的病毒木马扫描也是基于病毒库和特征值匹配技术的。也有些厂商推出了联网"云查杀"来确认可疑软件。如网秦手机卫士就采用了"云+端"的双引擎查杀方式。

（2）骚扰拦截

允许用户将垃圾短信和骚扰电话加入到黑名单中，短信接收或电话呼入时，若号码与黑名单中的号码匹配，则进行拦截。如金山手机卫士，能够拦截广告、诈骗、扣费短信、响一声电话等，防止恶意骚扰。

（3）网络防火墙

同 PC 上的防火墙意义不同，智能手机上的防火墙大多仅仅具有流量统计和限制应用程序进行网络连接的功能，当每月累积流量超出用户设置的限额时，提示用户停止网络连接以节省资费，如 QQ 手机管家的上网管理。

（4）软件管理

严格意义上说这并不是一种安防手段，只是安防软件为用户提供的一个更方便安装卸载应用程序的工具。如 QQ 手机管家，不仅能管理已安装程序和安装包，还具有一站式下载安全绿色的装机必备等软件的功能。

（5）系统优化

查看系统的运行状态，包括内存、CPU 使用率等信息，优化用户的系统速度，清理缓存和垃圾文件，关闭后台运行的进程，如 360 优化大师。

（6）隐私保护

将涉及隐私的短信、联系人、通话记录等内容加密存储到手机特定的位置，防止隐私数据泄露。如金山手机卫士提供的私密空间，能加密保护个人信息，防止他人偷看，保护隐私安全。

（7）手机防盗

一旦用户的手机丢失，可以定位手机的位置，若 SIM 卡被更换，则会发送短信到指定的手机号码。如 360 手机卫士，检测到更换 SIM 卡后自动锁机，远程控制保护隐私。

本章案例

通过智能手机报告路面坑洞的应用程序

美国 Esri 公司首席信息官 David Hexem 在培训如何利用 Redlands 311 应用程序报告涂鸦、路面坑洞、违规停车、非法倾倒垃圾等问题。雷德兰兹市民现在可以通过智能手机报告路面坑洞、涂鸦和非法倾倒垃圾等问题。在 Esri 的合作伙伴和市政智能手机应用程序提供商 Citysourced 公司的帮助下，雷德兰兹市将使市民能够利用手机发送城市维护建议。Redlands 311 是一款免费的应用程序，可以下载到 Androids、Blackberries、iPhones 以及 Windows 7 手机上使用。该应用程序可使用户直接向相关部门反映问题、说明详细情况以及告知地理位置。

雷德兰兹市首席信息官 David Hexem 表示："这是一款智能手机应用程序，市民可以用它来直接与政府互动，报告路面坑洞、涂鸦、需要修剪的树木、非法倾倒垃圾和其他影响生活质量的问题。"当用户通过应用程序报告问题时，手机摄像头会自动打开，用户可以利用摄像头对现场进行拍照，如路面不平等情况。用户还可以添加详细信息及注释。报告一旦提交，将直接送达该市的生活质量部门（Quality of Life Department），并会告知他们出现这一问题的准确地理位置。

雷德兰兹市市长 Pete Aguilar 在下载应用程序后称其简单易用，并期望该程序不仅能增进市民与政府之间的交流，而且还能使城市管理者更好地应对生活质量方面的问题。Aguilar 说："我认为这一程序将对我们有很大帮助。该系统不仅能响应市民的需求，而且还能与工作指令单相连，因此它能更好地为我们服务。"他期望该应用程序能利用 GIS 技术向市政部门准确报告出现问题的位置。这有助于工作人员更快地解决相关问题。

Aguilar 称："我们不希望看到的是，系统只是收集到诸如'某处有涂鸦'等大量不明确的信息。我们希望收集到真正有用的信息。由于该应用程序可以与我们的内部系统相连，因此它能真正协助我们生成一个更高效的工作指令单处理流程。"其他加州城市，包括旧金山市、格林戴尔（Glendale）市和洛杉矶第 13 区，也正在使用 Citysourced 研发的应用程序。Hexem 表示，由于雷德兰兹是较早部署该应用程序的城市，因此在费用方面享有一定的优惠条件，他同时称，这一程序带来的工作效率将为该市节省大笔资金。该市政府工作人员在一份应用程序报告中称："与 Esri 建立了长期的合作伙伴关系，将雷德兰兹市打造成为一个 GIS 技术示范城市。该市作为早期实施者的财政支出为 3 100 美元，这一项目为该市节约 7 500 美元。自 3 年前签署第一份本地企业经营许可协议（Enterprise License Agreement）以来，通过与 Esri 之间的合作伙伴关系，该市共节约资金约 245 000 美元。"最后 Hexem 表示，该应用程序会自动处理用户报告，无需工作人员键入数据，因此也可以节省财政资金。

该应用程序可以在智能手机下载资源中通过搜索"Redlands 311"来下载。

（资料来源：Esri 资源中心，2011-06-16，作者 baolt）

问题讨论：

1. Esri 公司开发智能手机应用程序服务于社会公益的动机是什么？

2. 你认为智能手机的应用前景如何？

本 章 小 结

本章分为 5 个小节，首先介绍了移动终端及移动智能终端的概念，并且对比了主流终端如移动终端智能手机、笔记本计算机和平板计算机三类智能终端的特点。介绍了移动智能终端的诞生及发展历程，尤其是对移动终端发展道路上的代表企业做了详细介绍，对比分析了手机中功能机到智能机的发展轨迹。针对移动智能终端构成的技术要素，分别从移动芯片技术、系统软件技术、人机交互技术和应用开发技术 4 个角度进行阐述。结合目前移动终端面临的安全威胁，提出了移动终端安全标准及防护措施。最后，对目前移动操作系统三分格局的局面进行了详细划分，分别对 iOS、Android、Windows Phone、黑莓等系统进行了介绍。

思 考 题

1. 简述移动终端的概念。
2. 移动智能终端的"智能"体现在哪些方面？
3. 移动智能终端核心技术有哪些？
4. 简述主流移动终端操作系统（Android、iOS、Windows Phone）各自的优势和劣势。
5. 简述移动智能终端存在的安全隐患及防护措施。

第9章 移动营销

学习目标

- 了解移动互联时代营销媒介的概念、特点、发展现状及营销理论的发展变化
- 熟悉移动营销产生的背景及应用现状
- 掌握移动营销的应用模式及策略

案例导入

2015年初，在东方卫视开年大戏《何以笙箫默》中，电视机旁的观众不仅能看到明星的精彩演出，还可以掏出手机，在天猫上买到明星身上的华丽服饰，实现"边看边买"。而优酷也宣布和阿里巴巴合作推出了一个产品叫"边看边买"，在视频内容中直观地呈现出购物通道，用户观看视频时候把出现的商品放到购物车里，等到整个视频内容看完以后，网站会提醒已将××件商品放入购物车。优酷总裁魏明表示，全网ID（用户数据）的融合将带动视频电商的新模式，他认为，如果一个平台上既有影像视频观众的数据，又有消费行为和消费数据，整合这两类数据的价值将是难以估量的。

"边看边买"的模式也被业内人士称为F2O，即Focus to Online，依托时下剧集热点，借助视频的影响力，电商迅速推出剧中同款，能够有效地满足剧集大热而带来的瞬间激增消费需求，短时间制造话题，成功打造爆款。以优酷土豆为例，优酷土豆每个月覆盖了5亿用户，5亿用户当中每一天所有用户加起来看的视频时间超过一万年，如果能够把商品信息很好地结合在视频内容中，能产生的收入和购买流量将相当巨大，形成崭新的商业模式。

讨论：你认为"边看边买"是一种新的商业模式吗？为什么？

如今，世界正变得移动化。几乎人人都有手机或其他移动设备。这些移动设备让人们在任何地方都能相互联络、获取信息、完成交易。除了接打电话，人们越来越多地使用手机及其他移动设备收发短信、上网、下载应用程序、浏览信息、接受广告及消费，这些行为都为用户本身和营销行业带来了巨大的价值。移动设备正在成为移动社会的基石，对很多人来说，移动设备已经成为他们交流和消费的主要工具。营销活动必须跟上世界"移动化"的步伐。"如果你希望随时随地与客户保持联系，则必须通过他们随身携带的移动设备与他们通信"。移动营销行业是一个很新的行业，因为网速快到多数人愿意用手持设备工作、娱乐和生活。消费者在适应全新的移动互联生活，营销者也在摸索移动营销的窍门。

9.1　移动营销概述

9.1.1　移动营销的含义

移动营销（mobilemarketing）指面向移动终端（手机或平板计算机）用户，在移动终端上直接向分众目标受众定向和精确地传递个性化即时信息，通过与消费者的信息互动达到市场营销目标的行为。移动营销早期称作手机互动营销或无线营销。移动营销是在强大的云端服务支持下，利用移动终端获取云端营销内容，实现把个性化即时信息精确有效地传递给消费者个人，达到"一对一"的互动营销目的。移动营销是互联网营销的一部分，它融合了现代网络经济中的"网络营销"（Online Marketing）和"数据库营销"（Database Marketing）理论，是经典市场营销的派生，为各种营销方法中最具潜力的部分。

移动营销是基于定量的市场调研，深入研究目标消费者，全面制定营销战略，运用和整合多种营销手段，来实现企业产品在市场上的营销目标。

根据美国移动营销协会给出的定义，移动营销就是"组织通过移动设备或网络，以互动的、贴近的方式与消费者沟通，吸引消费者参与的一系列实践活动。"

9.1.2　移动营销的要素

回顾移动营销的定义，可以从中提取 5 个关键要素。

（1）组织。移动营销应用于各行各业。组织可以是各种商业实体，可以是品牌代理机构、营销组织、非营利组织、企事业单位（或者个人）等，它们都有某些产品或服务推向市场。

（2）实践。实践包括各种层面的市场行为、机构流程、行业合作、标准制定、广告和媒体投放、反馈管理、促销、关系管理、客户服务、客户忠诚度管理及社交媒体管理等。换句话说，此处所说的实践是为了吸引消费者所进行的一切活动，而所有的营销实践都适用于移动营销。

（3）参与度。营销是你和消费者双向互动的过程，通过双向对话，双方开始建立认知、进行交易、相互支持、相互培养。移动营销是吸引消费者参与的最佳营销方式之一，它是通过移动设备这种对消费者来说十分私人化的设备完成的。

（4）贴近性。移动营销具有高度的贴近性，通过移动设备与消费者互动能为你带来各种信息（如用户的位置、使用时间、使用行为等）。通过这些信息，你能够掌握消费者目前处于什么样的情境中，并据此调整你的营销策略，营造一种贴近消费者目前所处情境的消费体验。举个例子来说，如果身处北京的某个消费者正在用手机搜索比萨的信息，你就要向他展示他附近的比萨店，而不是远在上海的比萨店。

（5）移动设备和网络。它是指支持任何无线网络的设备，不管这个设备的规格如何、使用的是什么网络。尽管有些移动设备具有局限性，但还是有一些营销活动能兼容于各种移动设备。

9.1.3　移动营销的基本形式

可以通过以下三种基本形式把移动营销整合进你的营销战略，即直接移动营销；传统营销和数字媒体营销移动化；产品和服务移动化。认真了解这三种基本形式，从而决定哪种移动营销方式适合你。

（1）直接移动营销

移动营销的一大特点就是为你提供了一个和消费者直接互动的机会，它不同于投递传单或者电视营销，移动设备对于每个个体来说都是十分私人化的东西。直接移动营销包括将信息直接发送给消费者，或者直接从消费者那里收取信息，这两种方式都没有中间人。

① 营销者发起交流。营销者发起交流是指营销者主动发出信息吸引消费者。例如，给消费者发短信、打电话、在应用程序上推送提醒。这种方式有时也被称为推式营销（push marketing）。

② 消费者发起交流。消费者发起交流是指消费者主动与营销方联系。例如，用移动设备访问营销方的网站、给营销方打电话、下载应用程序等。这种方式有时也被称为拉式营销（pull marketing）。

移动营销是一种极为有效的直接营销方式。营销者发起的交流一般能获得 8%～14%的响应率（大多数直接营销渠道的响应率不到 1%）。不管是何种方式的直接移动营销，在给消费者发短信、打电话或者发起交流前，必须获得消费者的明确许可。为了获得许可，你必须将直接移动营销与其他营销方式相结合。

（2）传统营销和数字媒体营销移动化

所谓传统营销和数字媒体营销移动化，就是指利用移动方式助力传统营销和新媒体营销（电视、广播、印刷媒介、户外媒介、互联网、电子邮件及语音等），将移动营销策略和其他营销策略整合在一起，邀请你的受众拿出手机或者其他移动设备响应移动营销。例如，你可以在电视上呼吁观众发送短信投票，或者邀请他们在网上填写电话号码等信息以参加相关活动。

（3）产品和服务移动化

越来越多的公司开始通过移动设备和网络向消费者提供产品和服务。例如，银行推出的移动网站和客户端，方便客户登录银行账户查看收支状况、转账及寻找最近的 ATM 机等。还有像 CNN、ESPN 等传媒公司则把移动媒体当作他们传播内容的新媒介。

很多公司正在整合短信等移动服务，把它们当作提高用户体验的一种手段。例如，孩之宝游戏公司在游戏"线索（Clue）"新版中加入了短信，玩家在玩游戏时可以通过短信接收影响游戏走向的线索。

9.2　传统移动营销

9.2.1　短信营销

（1）营销准备开展短信营销需要做的准备工作可能比你想象的要多。开始短信营销前，你需要准备好以下事项。

一份营销计划，指导你应该向消费者发送哪些短信内容。

一个短信程序平台，管理你和手机用户之间的短信互动。

一个公共短码，即一个简短的电话号码，用来发送营销短信。

一份运营商批准你进行短信营销的"证明"。

一个推广短信项目的营销活动。只有在消费者同意接受营销信息后，你才能向他们发送推广短信，而要让消费者知晓你的短信项目，就必须通过各种营销渠道向他们推广。

（2）短信流程

每一个短信营销项目都有一个具体的短信流程，要获得运营商批准，最大限度利用程序服务商提供给你的平台，你就必须了解短信流程。短信流程涉及以下4个方面。

用户发送短信（MO），就是消费者（手机用户）主动发送的信息。

程序接受短信（AT），就是移动营销程序接受并处理的短信。

程序发送短信（AO），就是移动营销程序主动发送给消费者（手机用户）的短信。

用户接收短信（MT），就是消费者（手机用户）收到的短信。

如图 9-1 展示了短信如何在营销者和手机用户之间的流动。短信可以从消费者（用户发送信息）通过移动运营商网络流向应用程序平台（程序接受信息），然后回流向消费者（程序发送信息相应用户发送信息）。

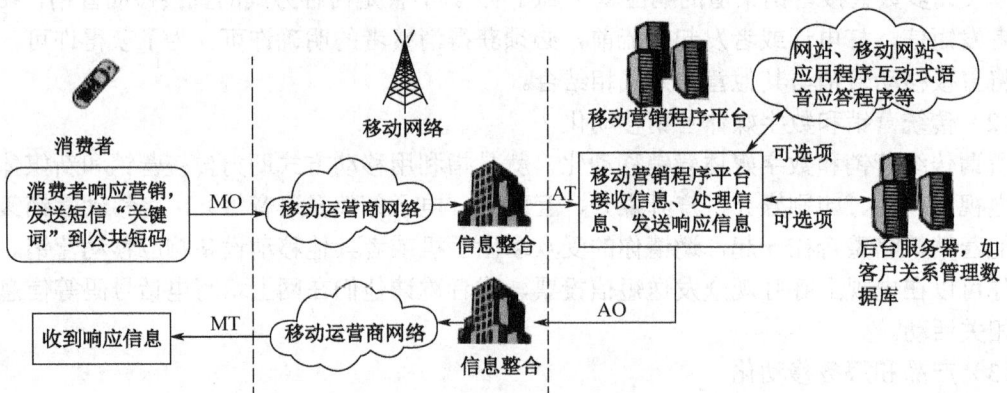

图 9-1　短信在营销者和手机用户之间的流动图

（3）绘制用户流程图

制定短信营销计划最重要的工作之一就是绘制用户流程图，尽量全面的描绘用户如何参与你的营销活动，用户流程图之所以重要，原因有三个方面：首先，提前做好计划比事后补救更能省钱省时间。其次，一份详细的用户流程图能够阐明用户和你互动过程中不清晰的地方。最后，用户流程图还能帮你简化营销团队内部交流以及合作伙伴、供应商之间的交流。

规划短信流程的最佳办法就是借助用户流程图，如图 9-2 所示。

用户流程图是描绘用户流程的图表，能够详细展示手机用户和你的移动营销项目之间可能发生的各种互动。

用户流程图一般使用 Microsoft Word、Excel、PowerPoint、Visio 等文件处理软件绘制。有些人采用标准流程图格式，也有人采用手机图形来形象化表示。如图 9-2 展示的是

一个采用标准流程绘制的用户流程图，如图 9-3 展示的是采用手机图形绘制的用户流程图。具体采用哪种流程图，取决于那种流程图的绘制格式能够更完美地展现出你和用户之间的所有互动。

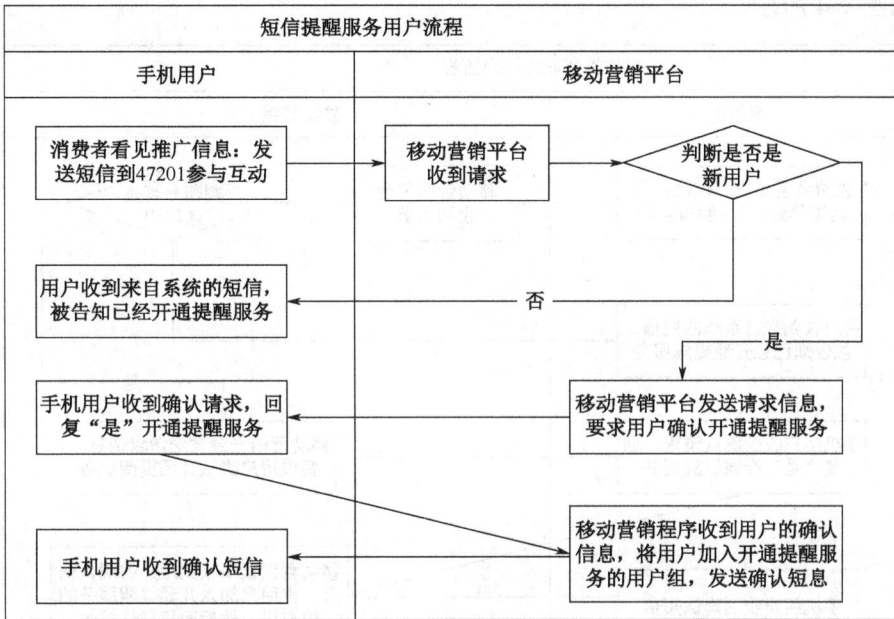

图 9-2　短信用户流程图

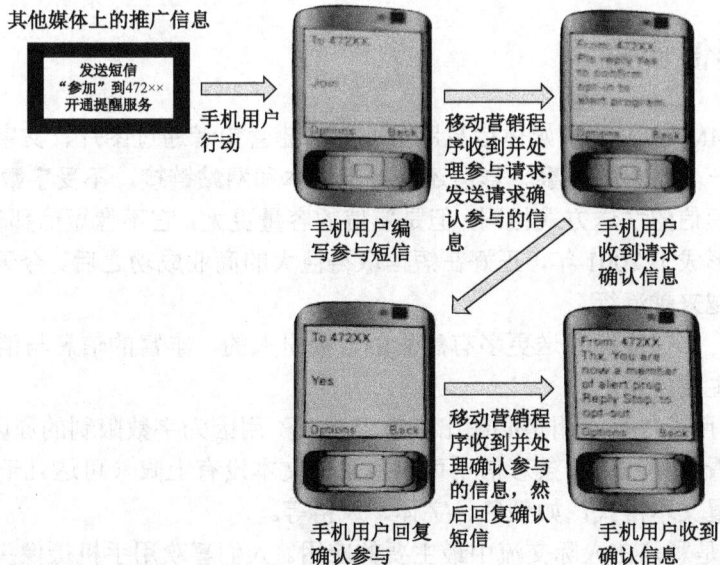

图 9-3　用手机图形绘制的用户流程图

　　一般情况下，你的应用程序服务商或渠道整合者会提供设计好的用户流程图，有些事通用的，有些则比较特殊。比起从零开始，不如向你的服务商索要一些案例，然后在此基

245

础上做出修改。

要为移动营销项目绘制一张流程图，可以从应用程序服务商提供的用户流程图入手，预想好用户和你互动式的各种情景和可能，把这些预想写下来，然后按照以下步骤绘制成图，如图9-4所示。

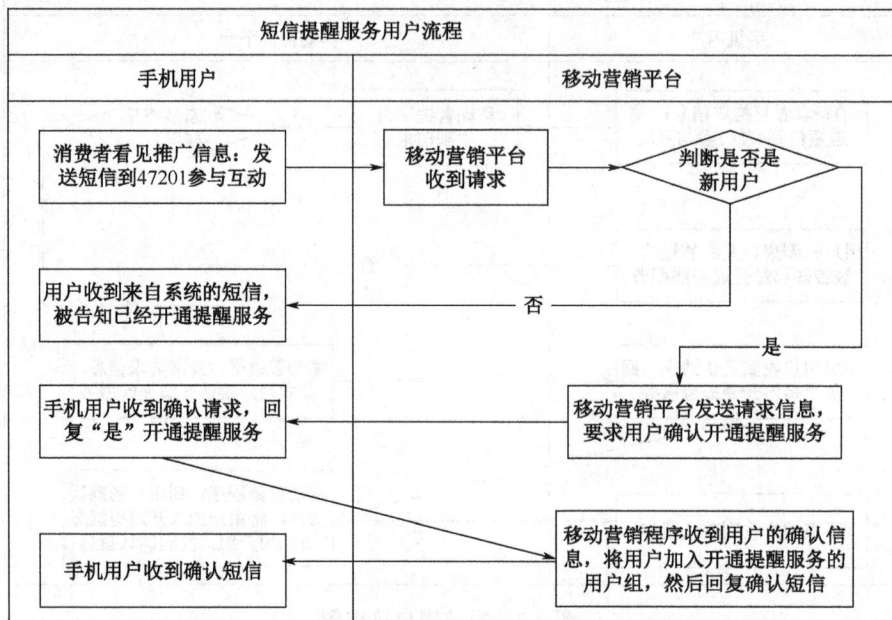

图 9-4　移动营销项目流程图

9.2.2　彩信营销

（1）彩信（MMS，又称多媒体信息服务）能够让营销者通过图片、文字、声音、视频向手机用户讲述一个精彩的故事。彩信还支持长文本和网站链接，不受字数限制。

虽然彩信和短信的发送方式相同，但是彩信的容量更大，它不像短信那样有字数限制。彩信的技术标准形成于2001年，正好在短信取得巨大的商业成功之后。今天，彩信功能在世界各地都变得越来越流行。

与短信相比，彩信能够发送更多有意思的、吸引人的、丰富的信息与消费者互动。以下是彩信支持的主要内容。

① 文本。使用彩信是不用担心超出字数限制（不用因为字数限制的原因使用缩略语，也不用担心客户看不懂）。一条彩信中可以包含的文本没有上限（可达几千个字符）。另外，你还可以设置文本格式，如颜色、字体、风格等。

② 图片。这是彩信在人际交流中最主要的应用。人们喜欢用手机摄像头拍照，并立即将照片发送给朋友或家人。移动营销者可以在彩信中加入图片发送给客户。一图胜千言，使用图片能帮助你更好地传递信息。在与客户的交流过程中，图片有很多用途。你可以在信息中加入公司的标志图，增加品牌的认知度。你还可以发送新产品的图片，吸引消费者前往商店购买。

③ 音频。彩信中还可以加入音频，作为背景音乐，或者单独播放。

④ 动画。彩信和幻灯片在技术上很相似，很适合加入动画（如翻页动画）。

⑤ 视频。所有支持彩信功能的手机基本上都可以接收视频。你需要使用 Final Cut Pro，iMove 或者 QuickTime Pro 等程序将你的视频转换为 H.263 或 MPEG-4 格式，才能保证你的彩信视频能兼容于大部分手机。彩信能容纳很多内容，但文件大小并不是无限制的。彩信视频不宜超过每秒 15 帧，时间长度不宜超过 30 秒，只有这样才能保证大部分的手机支持该视频，且画质足够清晰，观看体验不会太差。

在美国，短信是到达率最高的移动传播方式，彩信的到达率也不低，在每天发送短信的 2.3 亿美国人中，约有 85% 的人能够收发彩信。大部分消费者不必开通移动互联网就能用手机收发彩信，彩信一般被无线运营商视为短信服务的一部分。要想知道客户能否接收彩信，只需了解他的手机能否拍照。能拍照的手机多半支持彩信。

（2）彩信营销项目的准备。创建彩信营销项目很简单，但通常会比创建短信营销项目复杂一点，要顺利开展彩信营销，需要准备好以下事项：

① 编辑好的内容；

② 用来生成彩信的彩信程序（软件）；

③ 与彩信营销服务商合作，让其帮助你管理项目，向客户推广（不应该完全自主进行）。

（3）不要把彩信简单当成一种发送信息的渠道，彩信能够帮你讲一个完整的故事。下面介绍一下如何快速地创建一个彩信的移动营销项目。

① 彩信故事板。故事板是彩信的地图，包括开端、发展和结尾，和所有故事一样。你要用故事板向帮助你编辑彩信的人或公司解释你想表达什么、如何表达。为了保证彩信的传播效果，在制作故事板时还要考虑以下内容：一是故事意图。你要考虑好故事意图是为了娱乐、告知还是呼吁某种行为（如鼓励消费者购买某种产品）。二是如何在 30 秒内讲好故事。彩信的大小是有限的，你总共只有约 30 秒的时间讲故事。三是加入行为召唤。你的彩信应该告诉客户你希望他怎样行动（如来看乐队演出、来看看店里的打折活动）。这种行为召唤应该是简单、有力、便于记忆的，能够给客户留下最终印象。

② 收集和编辑彩信内容。在制作彩信前，你应该收集或制作好故事需要的图片、文字、动画和视频。你好可以选择你希望组合的图片，使用 Corel 的 Paint Shop Pro（www.corel.com）、Adobe Photoshop、Adobe illustrator（www.adobe.com）等软件将它们制作成 GIF 动图，用在彩信中。

③ 发送彩信。集齐彩信内容后，可以把文件交给程序服务商，或使用自助程序自制彩信。制作和发送彩信有两种方式：一是使用自助程序自制彩信发送给客户。二是雇用一家程序服务商帮你执行项目。

如果你自己想试试，就应该了解一些自助工具，如 Mogreet（www.mogreet.com）。使用自助工具可以上传媒体文件，程序会将它们组合成一条彩信。只要有媒体文件和故事大纲就可以使用这些工具。对于发送给少量用户的简单彩信来说，自助工具是一个很好的选择。不过，目前制作彩信很复杂，自助平台也不太成熟，所以我们还是建议雇用专业的服务商制作彩信。

对于那些想要制作个性化、大量发送彩信或者需要创意的公司来说，则最好与彩信程序服务商建立合作关系。彩信程序服务商能够提供以下服务。一是取得运营商的批准。二是取得一个公共短码的使用权，当你需要发送大量彩信时，帮你租一个专属公共短码。三是编辑、修改彩信，以使它适用于不同运营商网络和设备。四是将彩信发送给特定目标客户群体。五是追踪活动进展，建立客户数据库。

④ 彩信营销项目的执行。虽然彩信营销是一种比较新鲜的营销方式，应该多一些创意，但是有些彩信营销项目是经过测试的。在开始彩信营销时尝试一些典型项目能够避免浪费时间、资源和金钱。下面展示三种彩信营销项目，很多公司利用这些项目取得过巨大成功，应该看到这些项目的潜能，汲取其优点，在将来的彩信营销项目中加以利用。

a. 彩信贺卡。贺卡适合通过彩信发送，因为彩信中可以包含动态内容，唤起接收者的情感，更重要的是，彩信可以直接发送给个人。彩信贺卡是一种私人化的有趣的送达客人的方式。发送贺卡是消费者联络的情感绝佳方式，这种方式既体贴周到又不显得唐突。贺卡的主要内容应该是经营关系而不是营销；贺卡内容要个性化，但不要过于复杂；注意发送时间。

b. 照片墙活动。在照片墙活动中，消费者可以使用手机拍摄照片，将照片发送到某个公共短码，随即照片就会出现在电子屏幕上。照片墙的用途很广，因为照片墙能够让观众兴奋起来，吸引观众参与。照片墙的应用有以下几个方面：体育赛事展示、演唱会现场和酒吧现场照片；电视节目展示观众照片，提高观众的参与度；公民新闻和博客展示。

c. 彩信优惠券。想象一下，如果优惠券里包含产品的动态展示和试用视频，那么这种优惠券将有多么强大。越来越多的公司都在给忠实客户发送手机优惠券，而通过彩信发送手机优惠券将让你的优惠券立刻升级。优惠券中一定要包含兑换说明，在制作优惠券前还要考虑清楚如何记录优惠券的兑换情况。彩信优惠券的兑换方式有以下几种：向商店收银员出示优惠券；在优惠券中加入促销代码；要求客户采取彩信中展示的行为；要求用户响应彩信。大部分彩信营销者每月会发送 1～4 次优惠信息，并且市场变更优惠内容可以保证信息对客户来说新鲜有趣。

与其他营销方式相比，彩信营销成本不算高，也很新颖，因此应该多想几种方案进行测试、对比。这样你就能轻松看出哪个方案更好，将它用于营销活动。

9.2.3 移动电子邮件营销

在移动电子邮件发展的早期，为了确保手机用户能够阅读，发信人必须发送只包含文字的电子邮件，而不能像发送到计算机端的电子邮件一样使用好看的超文本标记语言（HTML）。这一状况很快得到了转变，今天的手机和手机应用程序已经能够显示复杂的超文本标记语言，并且标准化程度明显提高，能够保证电子邮件在大部分移动设备上的显示效果基本相同。

进行移动电子邮件营销不仅要让电子邮件显得好看，还要确保电子邮件的内容兼容于各种平台，如计算机端的电子邮件程序、基于网页的电子邮件程序，甚至是社交网站。你还要利用各种移动传播渠道收集邮箱地址，同时确保你的电子邮件在移动设备上是可操作的，让客户不使用计算机也可以完成购买。见表 9-1。

电子邮件很适合用来一次性向大量人群发送高度个性化的、有针对性的、私密的、与兴趣相关的信息。你可以在邮件中添加附件、网页和其他内容，也可以调整邮件的配色、图片和文本格式，从而提升品牌形象。你可以一次性发送大量邮件，这意味着你的信息可以高效的送达很多人，收件人也会注意你的信息，因为邮件会一直保留在他们的收件箱中，

直到他们打开并删除为止。

表 9-1　移动电子邮件营销与其他媒体营销的比较

传播方式 功能对比	移动电子邮件	短信（包括彩信）	社交媒体	建议信息聚合（RSS）
传输功能	可批量发送到私人信箱，实现点对点个性化传播	可批量发送到私人信箱，实现点对点个性化传播	公开的大众传播，也可人工发送信息到私人信箱	公开的大众传播，实现个性化传播有困难，因为大多数订阅者都是匿名的
传输成功率	成熟的电子邮件营销程序传输成功超过97%，使用过滤器或邮箱地址变更的情况可能导致成功率下降	理论上传输成功率可达100%，运营商为传输把关，过滤的情况很少，人们更换手机号码的频率也不如更换邮箱地址高	大量信息是发布而非传输的，任何人都可以浏览，人们能够轻易取消关注或无视信息	大量信息是发布而非传输的，任何有 RSS 阅读器的人都可以浏览，人们能够轻易取消订阅或无视信息
受众	几乎每个人都使用电子邮件，阅读邮件时可以在手机和计算机之间轻松切换	30 岁以上人群使用率在快速提高，对于 25 岁以下人群来说很普遍，市场上 95%的手机可以收发短信	过去只在年轻人中流行，如今已迅速普及，但很少有人把社交媒体当做首要沟通工具	只有不到 15%的人知道自己在使用 RSS 功能，其实，这项技术广泛应用于很多我们熟悉的功能，如将一篇博客文章转发到另一个网站，以及将别人的内容转发到你的博客或社交媒体等
收集联络信息	必须经过用户同意，不一定要有明确的选择加入环节，但推荐进行	必须经过用户同意，并有明确的选择加入环节	不用获取个人联系方式，添加关注代表授权同意	不用获取个人联系方式，添加订阅代表授权同意
内容格式	文本和图形设计几乎没有限制，可以添加各种链接和图片	文字限制在 160 个字符以内，图形设计仅限于图像，添加链接同样受到字数限制	某些网站（如 Twitter）限制字数，图形设计、附件和下载权限	文本和图形设计受限，除非读者点到转发源阅读；附件盒下载受限
成本	推荐聘请电子邮件服务商，可以统一计费也可以单独计费，平均每封只要几分钱	需要聘请电子邮件服务商，平均每条短信成本约 0.1 美元，量越大成本越低	直接访问社交网站是免费的，需要聘请电子邮件服务商管理多个账号和受众，成本很低	需要聘请电子邮件服务商或掌握编程技巧，大部分服务是免费的，或者成本很低

（1）选择电子邮件营销服务商

当你遇到设计标准、垃圾邮件过滤、防火墙、垃圾文件夹、消费者不信任等问题时，可以向专业电子邮件营销服务商咨询。电子邮件营销服务商提供以下商业电子邮件服务：提高电子邮件的传输成功率；数据库和地址簿管理；电子邮件模板设计；电子邮件内容创意；跟踪记录；建议和咨询等。

与个人相比，电子邮件营销服务商能更好地处理电子邮件。如果你不想自己进行电子邮件营销，可以外包给电子邮件营销服务商，外包程度不同收费也不同

（2）通过移动设备收集邮箱地址

拥有一份高质量的邮箱地址簿就等于拥有了与用户和潜在用户进行直接沟通的渠道，而移动设备是收集邮箱地址的好渠道。要创建一份高质量的邮箱地址簿不容易，因为你要

确认地址簿上的每个人都愿意收到你的邮件。向消费者发送他们不想要的邮件会激起他们对你的负面态度。

在通过移动设备收集邮箱地址前，一定要确保你没有违反法律和行业标准。以下各种利用移动设备收集邮箱地址的方法都值得一试。

一是利用短信收集邮箱地址。两种方式：邀请消费者用短信将邮箱地址发送到你的手机；邀请消费者用短信将邮箱地址发送到你的公共短码。

二是通过移动网站手机邮箱地址。你可以要求消费者在注册你的移动网站时填写表格，提供邮箱地址。

三是通过移动电子邮件收集邮箱地址。很多手机都支持电子邮件，你可以通过广告邀请消费者发送任何电子邮件到某个地址，然后自动回复该邮件向消费者确认订阅。你一定要在广告中说明会对收集到的邮箱地址发送营销邮件，让消费者对营销邮件的内容和频率有心理准备。

四是通过手机程序收集邮箱地址。有些电子邮件营销服务商能够提供一种手机程序，自动帮你收集邮箱地址，这种手机程序还可以直接将你面前的人添加到你的邮箱数据库。你可以在以下场合使用手机程序收集邮箱地址：网络活动；展览会；在门店内；在办公室等。

（3）执行移动电子邮件营销项目

移动设备的普及为电子邮件营销带来了全新的挑战和机遇。主要挑战包括以下几点：大部分人会用移动设备和计算机访问同一个邮箱。因此，你在设计手机电子邮件时也要考虑计算机端的浏览情况，反之亦然；手机屏幕通常很小。你的电子邮件设计必须方便手机用户浏览内容、点击链接；受众既要能够使用手机，又要能够使用计算机对你的邮件进行操作。

（4）选择移动电子邮件设计方案

设计移动电子邮件时，应注意以下问题：①分别创建电子邮件，即为手机用户和计算机用户分别创建适合他们的电子邮件；②创建适合计算机的电子邮件，意味着电子邮件的各种性能只有对计算机用户才是完成的；③ 创建兼容于计算机和手机的电子邮件，可将二者兼容的功能发挥到极致。

移动电子邮件的设计方案包括以下几个步骤。

① 创建适合手机的电子邮件。设计手机电子邮件时最重要的问题是关键内容的位置，要确保电子邮件在计算机屏幕和手机屏幕上显示时关键内容都很明显。大部分移动设备在打开电子邮件时显示的都是邮件的左上角，因此，最重要的内容应该被放置在左上角。以下几种适合放置在左上角的内容有品牌、主标题、行为召唤、强烈的视觉元素、引导信息等。

② 添加导航链接。导航链接就是 HTML 链接，能够让消费者跳转到电子邮件的不同部分。如果你的电子邮件中包含多个标题或内容主题、受众必须滚动屏幕才能阅读，那么你就可以在电子邮件中添加导航链接，从而突出受众无法直接看到的内容；让受众只需点击链接、无须滚动屏幕就可以获得信息。

③ 编辑邮件内容。编辑邮件内容的第一步就是在邮件的标头处放置受众熟悉的、激励性的信息。邮件的标头一般包含以下内容：发件人；发件地址；主题；电子邮件程序添加

的信息和代码等。移动电子邮件程序会显示邮件的标头信息，以方便用户对邮件进行分类、排序、界定和是否打开等。

④ 在移动电子邮件中加入行为召唤。要使电子邮件营销获得良好的效果，最好让收件人不管是使用计算机还是手机都能立刻针对邮件采取行动。例如，如果邮件的主要内容是让消费者通过打印机打印优惠券，然后前往商店进行兑换，那么计算机用户可以很轻易地完成打印，而手机用户则必须等回家后重新登录邮箱，打开邮件打印优惠券，然后前往商店。要想兼顾两种用户，你的邮件必须告诉他们既可以打印优惠券，也可以直接向收银员出示手机上的邮件。

以下内容将告诉你哪种目标适合手机电子邮件，以及如何确保手机用户能与你的邮件顺利互动。

- 打开和阅读邮件。
- 连接到移动网站。
- 使用手机优惠券。
- 回复邮件。
- 呼叫电话号码。
- 保存邮件。
- 收集反馈。
- 方便社交媒体分享。

手机用户经常会利用工作的时间间隙或很短的时间查看新邮件，你应该在邮件中加入行为召唤，防止受众因为繁忙而删除邮件。为了让受众等到有时间或能够使用计算机时再采取行动，你可以试试以下行为召唤（可以把行为召唤放在邮件主体、导读或主题中）。

- 保存邮件——邮件中包含 5 折优惠券。
- 邮件中包含三种新产品和活动现场照片。
- 是否使用手机？如果是可查看纯文本摘要。
- 访问网站可查看邮件文档。

9.2.4　移动社交媒体营销

移动社交媒体营销的关键就是鼓励客户在社交媒体上发布你的产品和服务的内容与评论，参与你的营销活动。在理想情况下，客户会通过移动设备与你在社交媒体上互动，甚至自发围绕你的产品或服务建立移动社区。

移动设备让人们能够随时随地地参与社交媒体营销活动。移动社区更是具备巨大的潜力，因为各种移动技术都可以应用到移动社区中去。

（1）认识社交网络和移动社区

移动社交媒体指的是通过移动设备发布或分享的社交媒体，如通过手机发表的对《华尔街日报》（The Wall Street Journal）文章的评论。

移动社交网络指的则是围绕共同兴趣被吸引到一起、通过移动设备展开互动的一群人。纯粹的移动社交网络几乎是不存在的。大部分社交网络都起源于传统互联网，可以通过多种方式访问。当你进行手机注册、登陆 Facebook 账户时，你就是移动社交网络的一部分，此时发布或分享的内容就是移动社交媒体。很多社交网络的移动终端访问量都越来越高。

以下是一些常见的、大型的社交网络。

① Facebook：Facebook 是一个拥有超过 5 亿用户的社区。

② Foursquare：Foursquare 是一个基于位置的游戏社交网络。

③ Gowalla：Gowalla 和 Foursquare 很像，用户也要造访实现地点，与朋友互动。

④ Twitter：Twitter 是一个实时网络，用户可以用不超过 160 个字符来分享自己的意见和想法（一般通过短信、移动互联网或移动 APP）。

⑤ Google Latitude：用户可以共享他们的位置、在地图上看到附近的朋友并联系他们。

⑥ Yelp：Yelp 是一个本地搜索和评论社区，用户可以评论任何实体——餐厅、酒吧、健康和医疗服务等。

⑦ Loopt：Loopt 是一个社区，可以帮助用户发现附近的人，以及他们在干什么，要去哪里等。

⑧ Brightkite：Brightkite 是一个移动社区，帮助用户了解朋友的近况。

⑨ MocoSpace（www.mocospace.com）：MocoSpace 是一个面向青少年的社区，移动端的访问量巨大。

为了与移动端用户进行有意义的互动，你应该考虑你的客户主要是用哪些社交网络（上面的罗列只是其中的一部分），然后将你的战略应用到那些网络中去。下面是了解客户在使用哪些社交网络、识别移动端客户的方法。一是询问已有客户他们使用哪些社交网络，在他们使用得最多的两三个社交网络上开展营销。如果你通过手机短信完成这项调查，那么你的营销目标也就是手机用户；你也可以通过移动网站或移动 APP 完成调查。二是提供社交分享链接。社交分享链接可以让用户通过社交网络与他人分享内容，你可以在网站、电子邮件、移动网站中加入分享链接，同时监测客户如何分享你的内容。你可以通过 www.sharethis.com 等服务商制作分享链接，他们还可以帮你监测客户使用哪种社交网络分享内容。

不要将你的视野局限于移动社交网络已有的应用。如果你能想到一个将你的服务与社交网络整合起来的好办法，可以看看能不能通过社交网络的 AAP 完成，如果不能，你可以联系社交网络公司合作开发一个程序。

（2）创建移动社区

Facebook 和 Twitter 这样的社交网络十分庞大，依靠这种社交网络足够到达大部分客户和潜在客户，他们将提供内置工具方便用户使用手机分享内容。然后，你也可以通过这些大型社交网络将人们吸引到你自己的移动社区。自建移动社区的好处包括以下几点：可以基于位置、设备等共同点在社区内创建不同的分组；可以更好地监管内容、屏蔽违规用户；可以通过密码保护或加入批准来控制访问；避免依赖第三方。毕竟社交网站是一种新鲜的媒介，他可能改变、关闭或与其他公司合并；提供某些仅限客户的服务；提供某些仅限客户的激励措施，如音频、视频下载。

你的社区不一定是永久性的。你也可以围绕某个活动创建社区，在限定时间内为了某个目的将人们集中起来。

创建自己的移动社区和 APP 不是一项简单的工作。首先，你需要选择一个平台创建社交网络。下面的步骤将引导你制定一个移动社区计划。

第 1 步，考虑客户在你的移动社区中可以做什么。例如，查找其他客户的位置、在社区分享自己的位置、为使用同款手机的用户创建群组。

第 2 步，考虑客户使用哪些移动设备。如果你正在对客户进行短信营销，那么你可以从程序服务商那里拿到客户的移动设备数据。否则，你就要通过调查收集数据。

第 3 步，考虑大多数客户的手机功能。多利用手机的内置功能，少用客户使用起来很困难的功能。加入你的大多数客户使用智能手机，你的社区就可以利用智能手机的功能，如 GPS、拍照、视频拍摄甚至是动作感应等。假如你的客户不使用智能手机，那么你的社区就应该建立在短信、移动互联网、拍照等功能上。

第 4 步，选择创建社交网络的平台。有些社交网络平台只针对移动互联网用户，如 MocoSpace 和 Peperonity（www.peperonity.com）等。还有一些社交网络平台主要针对计算机用户，不一定具有移动功能。

第 5 步，考虑如何对社区或 APP 进行监测。人们最终都希望投资能获得回报，就算这种回报只是顾客满意度的提升而不是销量的提升。你的社区要能够监测到新用户、回头用户、上传和下载量以及用户参与度等指标。

（3）与移动社交媒体用户互动

只有当你邀请人们与你互动并给他们足够的理由，他们才会参与你的社交媒体活动。在这方面，移动社区比基于传统互联网的社区更有优势，因为移动设备为用户提供了各种参与互动的好方法。

① 鼓励用户通过移动渠道加入社区。人们通常倾向于即时分享而不是等到事情发生几小时、几天、几周后再分享。如果你鼓励人们使用移动设备及时发布评论，那么你可能会获得更多互动。例如，你的广告鼓励球赛观众在社交网络上发布他们观赛的照片，从而赢取奖金的机会，那么你的广告可能立即获得转发，哪怕过后会被消费者遗忘。以下建议可以帮助你吸引移动端用户与你在社交媒体上互动：在所有的社交媒体中加入行为召唤，邀请受众加入你的移动社区，例如，邀请受众发送"加入"12345 加入社区；在移动网站上推广移动社区；确保你的移动社区适合移动搜索；邀请意见领袖加入你的社区；把 Facebook 和 Twitter 作为客服渠道，告诉受众遇到任何问题都可以通过这些渠道向你求助；通过电视、广播、户外媒体做广告，邀请受众使用移动设备访问你的移动社区。

② 移动社交媒体分享。如果移动用户无法通过手机进行分享，那么你鼓励他们分享你的内容也无济于事。大部分主流社交网络都有移动 APP。但是，如果你的客户使用的是小众社交网络，或者你自己创建了一个社交网络，那么你可能需要自主开发移动 APP，或者对你的平台做一些调整，添加移动分享功能。社交媒体 APP 有时被称为移动社交软件，很多独立开发商都在针对热定手机机型和小众社交网络开发 APP。有时他们还会开发整合大大小小不同社交网络的 APP。

③ 社交媒体内容监测与响应。消费者喜欢被倾听，今天，他们的声音以文字、图片、视频的形式散布在社交网络上。倾听消费者发出的声音很重要，这样你才能响应他们，进行有意义的互动。倾听的一部分是监测消费者对你的评价，另一部分是提供各种对话和互动的可能。你可以在网络上搜索人们对你的公开评论，也可以利用社交媒体监测服务自动完成这项工作。社交媒体监测成本很高，如果你的预算不够，可以使用功能少一些的免费工具。社交媒体监测能够帮你了解客户观点，从而完善社交媒体战略。

9.2.5 移动语音营销

通过手机到达受众的方式五花八门，因此人们很容易忘记手机可以用来与受众进行语音交流。移动电话毕竟还是电话，事实上，语音营销和其他营销方式一样有效，更何况语音通话是所有手机都具备的功能。几乎人人都知道如何打电话，因此你不用担心客户知不知道如何响应你的语音营销。

语音营销可以通过人工完成，也可以是自动的，还可以二者兼具。你可以邀请受众给你打电话，也可以给受众打电话。理论上说，语音营销可以用一种人们熟悉的方法到达所有人。

（1）选择移动语音营销方案

你可以雇用真人应答客户的电话，但不用真人也可以提供语音应答。如机票预订、本地餐厅推荐等服务。

① 人工应答。人工应答就是雇用真人或代理应答电话。尽管我们试图让一切都自动化，但有时人的工作还是得由人来做。有些工作太重要或者太复杂，不适合交给机器，有些工作也不被允许由机器完成。一般来说，需要人工应答的电话服务包括道路救援服务；参加抽奖活动；获取产品样品；完成通过移动网站用 APP 发起的交易。

即便对于你来说人工服务不是必须的，但在人工服务对客户来说更方便的情况下，你还是可以选择开展人工服务。例如，你可以在移动网站中添加一个点击呼叫电话中心的链接，这样客户可以通过电话人工服务来完成预订。

② 互动式语音应答。自动语音应答在业内被称为互动式语音应答（IVR）。互动式语音应答并不只是播放录音提示"客户服务请按 1"这么简单。今天的互动式语音应答能够提供非常丰富的互动式使用体验。

互动式语音应答有很多功能，开展互动式语音应答服务的一般做法是参考别的公司用它做什么，然后把基本思路应用到自己的公司。互动式语音应答的用途包括基于位置辅助营销；基于位置搜索；说明；号码查询；提供等待选项；参与式营销；内容传播；信息请求；自动预订等。

③ 寻找语音服务商。如果你要进行人工语音服务，可以在网上查找外包公司。这些公司通常被称为电话中心服务商。互动式语音应答服务商有以下三种：一是承包代理商：他们能够代理你管理整个项目；二是在线程序：你可以登录在线程序自助管理项目；三是软件：你可以将软件安装在公司计算机上，在公司网络中管理互动式语音应答系统（大型公司最好采用这种方案）。

领先的互动式语音应答服务商有 Aommerce Tel、SmartReply、Angel.com 和 Nuance（www.nuance.com），在网络上搜索一下能找到更多。

（2）筹备互动式语音应答项目

进行互动式语音应答项目需要做一些准备工作。你需要计划好项目、写好脚本、录好音频、为打进电话的用户提供选项。以下是筹备互动式语音应答项目的步骤。

① 项目计划

在开始语音项目前，你需要想清楚以下问题：

a. 项目的目标是什么？是进行客户服务、拓展市场还是增加收入？不要将不同的目标

放在一起，除非你确定主要目标一定能达成；

b．谁来提供语音？你可以选择人工语音、录制好的语音或者计算机基于文字生成的语音。一定要确保客户对你提供的语音不反感；

c．怎样安排时间？寻找服务商、筹备项目都需要时间，你还要考虑项目持续的时间，以及如何随着时间的推移对语音项目进行完善。

d．如何测定语音效果？项目检测效果能够方便你对项目作出调整。

② 互动脚本

语音脚本就是语音提示的文字版，它帮助你决定说什么、如何说。即便是内容相同的脚本也可以带来不一样的效果。编写语音脚本时要写下你希望客户听到的内容，以及语音提示如何引导客户，下面是一个简单的语音脚本样例。

客户：拨打（免费）电话进入互动式语音应答系统。

互动式语音应答系统："您好，欢迎致电我们的移动营销项目。参加抽奖，请按 1，并按提示留下您的邮箱。给我们留言，请按 2，然后按提示操作。"

客户：按 1，留下邮箱地址。

互动式语音应答系统："谢谢，您已参加抽奖。稍后我们将通过短信和电子邮箱向您发送后续信息。"

这个脚本很简单，但大致意思很清楚，你要准确地写下互动式语音应答系统要说的话及客户会如何反应。

策划好一个脚本，关键在于以下几点：保持简单明了；把行为放在选项提示的后面，如设置"要收取短信，请按 1"，而不是"按 1 收取短信"；尽量使用专业配音。使用专业配音的成本不是很高，却能改善用户的使用体验。

③ 录制语音提示

准备好语音脚本后，下一步就是录制语音提示，除了录制脚本的每一部分外，还要录制需要用到的错误信息、帮助信息、致谢信息。录制语音提示有下面几种方式。

a．在线录制。互动式语音应答服务商可能有在线工具，这种工具可以把音频直接录制到系统中去。

b．程序录制。你可以使用计算机上安装的录音程序录音，如 GoldWave、Mixcraft StepVoice Recorder。

c．专业服务。如果你不想使用自己或员工的声音，也可以聘请一个专业配音演员或服务商帮你录制音频文件。

④ 设置应答

如果互动式语音应答服务商能帮你完成设置，你可以跳过这一部分。但如果你要自行使用服务商的软件，你需要遵循以下步骤完成设置。每个软件都不同，但基本原则是相同的。

第 1 步，为项目命名，如"2 月抽奖"，为便于进行项目监制，设置开始和结束日期。

第 2 步，绑定一个电话号码。消费者通过拨打这个号码参与你的项目。你可以把这个号码放在短信中发送给消费者，邀请消费者回拨，也可以放在移动网站中，设置一个回拨链接。

第 3 步，设置项目参数。需要设置的参数包括一个用户在一定时间段内可以参加活动的次数，如果电话没有接通是否可以语音留言等。

第 4 步，编辑互动式语音应答菜单，描绘出菜单选项，并上传每一个选项的音频文件。软件会引导你完成上传，确保用户不会在错误的时间听到错误的音频信息。

第 5 步，"设置用户"完成选择后触发的行为。例如，当用户按 1 时，可能会触发某个行为，不同服务商提供的触发行为不同，最常见的包括以下几项。

a. 触发短信或彩信：向用户发送某条短信或彩信。

b. 触发语音邮件：将捕获到的语音邮件发送到某个电子邮箱，或者发布到某个 FTP 站供稍后下载。

c. 转接电话：将电话转接到另一个号码。

d. 播放音频：播放菜单中的另一个音频文件。

e. 触发网络服务：将用户的电话号码和活动数据发送给第三方服务商，如短信服务商、移动网站服务商，这样第三方服务商可以接通电话、采取某种行动，如发送一条短信。

（3）执行语音营销项目

移动语音营销的一大优势就在于它比传统固定电话具备更多的功能。下面介绍如何利用手机的先进功能开展最为常见的语音营销。

① 直接拨号。最简单最常见的语音行为召唤就是邀请用户拿出手机拨打（免费）电话，用户来电后，你可以让他等待与人工服务通话，也可以将他转接给互动式语音应答系统。

每部手机都具备拨号功能，用户很容易理解。要开展直接拨号活动很简单，只要把你的电话号码放在广告中，邀请人们拨打就可以了。

② 点击拨号。就像点击超链接会跳转到一个网页一样，对于大部分手机来说，点击移动网站或 APP 中格式正确的电话号码就会自动拨号。这种功能被称为点击拨号。事实上，供点击的链接不一定要以电话号码的形式出现，它可以是链接到电话号码的图形或者文字，如"现在收听"等。

点击拨号功能也可以用在移动搜索的结果中。你要确保每种本地搜索的结果中都有你的电话号码。如果不确定，可以搜索一下你的公司查看结果。

③ 短信转语音。当（潜在）用户向你发送短信时，你可以回一个电话给他。例如，用户可能看到一条"发送短信'关注'到 678**"的行为召唤，当他这样做时，他就会接到一通自动拨打的电话，听到语音选项提示。常见的短信转语音项目包括以下几项：娱乐服务；零售；赞助语音服务；体育赛事精彩回放；社交媒体项目。

短信不是一种安全的信息系统，如果你要传输敏感信息（如信用卡信息和其他敏感数据）可以通过互动式语音应答系统完成。

④ 实时聊天。实时聊天也是一种流行的语音服务。用户可以在移动网站或 APP 中输入电话号码，提交后会接到来自互动式语音应答系统的电话。

⑤ 语音广播。你可以使用提前录好的音频信息进行语音广播，这种服务也被称为语音信息推送。系统会自动拨打很多电话进行广播。

用户接通电话后，会立即听到一段提前录好的、自动播放的信息。用户听完信息后，可以选择与机器互动或者转接到人工。如果用户没有接通电话，系统就会把不具备互动功能的语音信息发送到用户的语音信箱。这种电话常被用于航班提醒、打折提醒和积分项目提醒等服务。

9.3 微营销

所谓微营销，是指以互联网为主要沟通平台，配合传统网络媒体和大众媒体，通过有策略、可管理、持续性的线上线下沟通，建立和转化、强化顾客关系，实现客户价值的一系列过程。

常见的微营销工具包括微信、微博、二维码、微视频等，利用庞大的用户数量，微营销逐渐占据到营销领域的前列，同时也为不少商家、企业带来了海量销售额。微店作为诞生于微信、植根于手机客户端的新型商业模式，无疑能够利用微营销工具来获得流量，进而产生销量。

9.3.1 微博营销

截至 2014 年 12 月，我国微博用户规模为 2.49 亿，其中，手机微博用户数为 1.89 亿。微博的低门槛、移动化、即时性、轻障碍等多方面特性促使其在较短时间内集聚了大量用户，组织出一个庞大的传播网络，随着微博营销市场逐步进入成熟期，整个市场呈现出集中化趋势。

微博平台面向的是草根群体，用户有更多的机会参与到产品的开发和内容的应用之中，因此，微博迅速成为极具实效性和影响力的营销工具，同时这也为微博营销发展提供了多重优势，从而可以提升企业营销的影响力。应用到微店平台，微博营销低门槛、低成本、高传播率的优势将更加凸显，个人店主可以利用微博工具来宣传店铺品牌，以获得销量，下面从微博营销的价值和微博营销技巧两方面来进行阐述。

（1）微博营销的价值

提高企业的知名度；宣传经营理念；推广新产品和服务；管理客户关系；开展促销活动；争取新客户，收集竞争信息；监测负面信息等。

（2）微博营销的技巧

① 精准定位客户。要把微博打造成一个客户定位精准的互动平台，首先就得去寻找这些需要自己产品和服务的客户和潜在客户群。

② 将目标用户转化为粉丝。要想将微店的目标用户转化为自己的粉丝，有 3 种方式：一是创造优质内容，二是主动关注目标用户并吸引注意力，三是转发和评论用户的微博。

③ 实施微博互动策略。微信为大家提供了一个围绕某个话题进行交流和讨论的场所，群内的成员也往往都是对这一话题比较感兴趣的人，如果我们能常常发一些用户关注的内容，经常和群内的用户进行交流讨论，帮助用户解决问题，甚至成为群内的名人，那么群内的用户也会慢慢转变成我们的粉丝，以下是互动策略的 5 个要点。

a. 通过一些测试题、有趣的小游戏来聚集粉丝进行互动，这种方法相对来说较为稳妥。

b. 发布一些有争议、搞笑、有震撼力的图片，或发布事件描述、视频等，通过其他用户的转播评论来与之进行互动。这种方法需要较多的人力和时间，如果能得到广泛传播，其效果也是很好的。

c. 重视原创微博的水平，在素材选择上恰当，在表达方式上轻松，在商业元素上更软化的微博帖子很容易引起粉丝们的关注，进而引导转发或评论等互动。

d. 企业在每天发完几条微博后，需要不断地监测粉丝的回复及粉丝主动发布针对你的企业的帖子，这种行为实际上实在提高互动率。

e. 积极耐心地与粉丝进行互动，有的简单问题可以直接回答，有些专业问题则要跟相关专业部门进行沟通，在发现具有潜在危机的苗头时，要与相关部门进行及时汇报，并按预案制定相应的对策。

9.3.2　微信营销

随着微信的不断改进，越来越多的个人和企业看到了微信营销的潜力。从诞生于微信团购的微店网，到后来微信公众平台推出的微信小店，再到微信支付与微店平台的结合，微信正被越来越多的微电商所接受，并迸发出越来越强大的力量，下面从微信营销的优势和技巧两方面进行阐述。

（1）微信营销的优势

在移动互联网快速发展的情况下，微信营销凭借其庞大的客户群体，以及营销成本低、定位精准、方式多元化、人性化和信息到达率高的优势，在经济高速发展背景下火爆盛行。

① 发展空间大。据可靠资料显示，微信推出后近一年多时间，其用户数量就超过了 6 亿，发展空间堪称恐怖，毫无疑问，微信已经成了当下最火热的互联网聊天工具，而且结合腾讯 QQ 的发展轨迹来看，我们有理由相信微信的用户量并不仅仅会停留在 6 亿这个数量，其发展空间仍然很广阔。

② 运营成本低。传统的营销推广成本高，而微信软件本身的使用是免费的，使用各种功能都不会收费，仅使用微信产生的上网流量由网络运营商收取较低的流量费，也就是说，微信从注册、开通到使用几乎是免费的。所以，通过微信开展的微信微营销活动的成本自然也非常低。

③ 精准的推送。微信公众账号让粉丝的分类更加多样化，并可以通过后台的用户分组和地域控制，实现精准的消息推送。也就是说，可以把不同的粉丝放在不同的分类下，在发送信息的时候，可以针对用户的特点实现精准推送。

④ 更加多元化。与较为单一的传统营销方式相比，微信的营销方式则更加多元化，微信不仅支持文字，还支持语音及混合文本编辑，普通的公众账号可以群发文字、图片、语音 3 个类别的内容。

⑤ 服务人性化。微信微营销是亲民而不是扰民，用户可以对其许可方式选择接受或不接受，微信公众账号的内容推送既可以主动推送，也可以把接受信息的权利交给用户，让用户自己选择其感兴趣的内容，比如回复某个关键词就可以看到相关的内容，使得营销的过程更加人性化。

⑥ 精准到达率。在微博上发布的信息你不知道你的粉丝是否真正看到了你的消息、了解你要表达的内容。但微信不同，由于每一条信息都是以推送通知的形式发送，其所发布的每一条信息都会送达订阅用户手中，到达率可以达到 100%，传播到达率高于微博。

（2）微信营销的技巧

目前，很多微信用户利用微信进行营销推广，并且获得了成功。较为著名的有杭州"的哥"蒋烨利用微信约车日、月收入过万，"糯米酒先生"开通微博公共账号月赚 5 万，"90后"微信水果店高额创收等。这些成功的微信营销案例，为微店店主们提供了范例。其中

有几种技巧可以借鉴。

① 客户定位。不同行业、不同产品有着不一样的经营方法，微信营销借助微信这个移动互联网的战略平台展开，但是它并不是适用于所有的行业和所有的产品。

② 内容定位。微信内容的定位应该结合店铺自身的特点，同时也要立足用户的角度来考虑，而不是一味地推送店铺的内容。微信不是为店铺服务的，而是为用户服务的，用户只有从微信当中获得想要的东西，才会更加忠实于你，才会和微店主成为朋友，接下来的销售才能水到渠成。

③ 增加互动。长期的相似的内容推送，会引起用户的审美疲劳，从而降低其活跃度，新奇有趣的活动可以保持用户的活跃度并增加互动。所以，除了日常的推送外，商家还需要策划一系列的微信活动。

9.3.3　APP 营销

APP 营销是移动营销程序的简称（也称为手机客户端），它可以在移动设备上使用，满足人们咨询、购物、社交、娱乐、搜索等需求，为企业提供完善、便捷、多样、高效的移动营销。

顾名思义，APP 营销活动就是指通过定制手机软件 SNS 及社区等平台上运行的应用程序来开展的营销活动的总称。由于移动互联网的迅速发展，目前 APP 营销已经逐步向移动化发展，智能手机的异军突起和迅速普及，让手机变成了 APP 营销的主流平台。

（1）不同的 APP 营销模式

APP 营销的主要模式包括广告营销模式、APP 植入广告模式、用户营销模式和购物网站模式，微店店主可以从这 4 种营销模式中，学习营销的技巧。

① 广告营销模式。如今，品牌商业化炒作使电视、电影中掺杂着越来越多的生硬的广告信息，让消费者对品牌产生了厌烦感。要想消除这种反感，必须使用 APP 设计的实用功能，让广告更有趣味性和诱惑性。

② APP 植入广告模式。在众多的功能性应用和游戏应用中，植入广告是最基本的营销模式，广告主要通过植入动态广告栏链接进行广告植入，当用户点击广告栏的时候就会进入指定的界面或链接，从而可以了解广告主详情或参与活动。

③ 购物网站模式。购物网站移植模式是指商家开发自己产品的 APP，然后将其投放到各大应用商店及网站上，供用户免费下载。该模式基于互联网上的购物网站，通过将购物网站移植到手机上，使用户可以随时随地地浏览网站以获取所需商品信息、促销信息，并进行下单。

④ 用户营销模式。用户营销模式的 APP 类型是网站移植类和品牌应用类，企业通过把符合自己定位的 APP 发布到应用商店内，供智能手机用户下载。

（2）APP 营销技巧

目前，APP 已经贯穿到人们生活的各个方面，围绕 APP 进行营销的商家也日益增多，APP 营销已成为不少企业营销布局的重要组成部分。在抢占移动互联网市场、争夺 APP 营销战场时，企业应该把握哪些技巧呢？

① 满足用户需求。企业在进行 APP 营销的过程中，只有深入挖掘用户需求，准确把握用户所想、所求，引发用户心理互动，才能最大限度地引导其参加其中，成功地向用户

进行营销。

② 精准定位人群。APP 微营销定位要根据大数据分析并挖掘消费者的内在需求和兴趣点，并充分结合能抓住目标人群人性的某些元素。例如，使用智能手机、乐于下载、喜欢创意的人大多数是年轻人，因此，APP 微营销市场目标定位的重点是要服务好年轻群体。

③ 整合营销手段。顺应 APP 营销的多元化发展趋势，整合其他营销手段及多方技术，带给消费者突破性的体验，是企业 APP 营销的有效手段。

④ 打造品牌形象。在这个基于消费者情感、信任基础上的营销时代，利用品牌 APP 传递品牌理念，深化品牌宣传，树立品牌形象，是企业营销者的明智之举。

9.3.4　O2O 微营销

O2O（Online To Offline），其中的 2 取自其英文谐音 Two（to），即在线离线或是线上到线下，指将线下的商务机会与互联网结合，让互联网成为线下交易的前台。

（1）O2O 购物流程

O2O 营销的平台是手机客户端，通过手机客户端一方面连接着众多商家企业，另一方面承载着数量庞大的在线消费者，打通两者之间的壁垒是 O2O 营销的重点。那么，在微店的推广营销中，店主们能从 O2O 营销中获得哪些启示呢？下面我们结合 O2O 模式的消费购物流程来进行介绍。

① 引入粉丝群。线上平台作为线下消费决策的入口，可以汇聚大量有消费需求的消费者，或者引发消费者的线下消费需求。常见的 O2O 平台引流入口包括：消费点评类网站，如大众点评；电子地图，如百度地图、高德地图；社交类网站或应用，如微信、人人网等。

② 转化为顾客。线上平台向消费者提供商铺的详细信息、优惠（如团购、优惠券）、便利服务，方便消费者搜索、对比商铺，并从中帮助消费者选择线下商户、完成消费决策。微店的转化就是将粉丝转化为顾客。

③ 达成消费。消费者利用线上获得的信息到线下商户接受服务、完成消费。微店的消费模式更加全面，微店是一个聚集了商场与超市的手机购物应用终端，用户可以在这里挑选商品，与商家、朋友进行互动；店主们可以通过后台操作端查看经营信息、顾客反馈等进行统计、升级。

④ 反馈消费体验。消费者将自己的消费体验反馈到线上平台，有助于其他消费者做出消费决策。

⑤ 建立沟通渠道。线上平台为消费者和本地商户建立沟通渠道，帮助本地商户维护与消费者的关系，使消费者重复消费，成为商家的回头客。

（2）O2O 营销技巧

掌握 O2O 营销实战技巧是每一位商人必须学会的，尤其是在微商崛起的今天，店主们更应该学习 O2O 营销的实战策略。

① 巧用二维码。二维码最大的价值在于其平台化的特点，最大的商机在于其典型的 O2O 微营销模式，特别是二维码作为一个线上的入口，与手机支付相结合，通过手机就能完成支付过程，让 O2O 成为了一条完整的产业链。二维码实际上就是 O2O 中连接线下商家与线上信息的中间平台，随着主流的社交应用，如微信、微博等都附带了二维码扫描的功能，二维码也逐渐成为了线下商家的重要营销工具，线上的互联网厂商和二维码厂商通

过帮助企业销售来获取交易佣金。

② 接力移动支付。移动支付是使用移动设备通过无线方式完成支付行为的一种新型的支付方式，手机是时下移动支付所使用的移动终端中最为流行、最为智能的支付方式，它将终端设备、移动互联网、应用供应商及金融机构相融合，为用户提供货币支付、缴费等金融业务。

③ 整合线上微信，线下 APP。通过整合线上微信和线下 APP，O2O 微营销才能实现其营销的完美衔接，从而天长地久地维持客户关系。

9.3.5　二维码营销

二维码营销是指以二维码为纽带，融合移动互联网、自动识别技术，精准投放优惠券，通过对二维码图片的传播，引导消费者扫描二维码，来推广相关的产品咨询、商家推广活动，刺激消费者进行购买行为的新型营销方式。

（1）营销渠道

二维码营销具有信息量大、容错能力强、成本低、可加密、尺寸可变等优点，微店店主如果想要利用二维码进行店铺营销推广，可以通过以下渠道来展开。

① 微信渠道。微信二维码是腾讯开发出的配合微信使用的一种添加好友的信访室，是含有特定内容格式的，只能被微信软件正确解读的二维码。

② 网站网页渠道。用手机扫描载体上的二维码，通过解码软件迅速识别码内网址，让手机搜索网址变得易如反掌。

③ 线下广告渠道。企业可以在一些户外广告或者线下宣传礼品的包装袋上加印二维码，从而使用户在看到广告的时候，即可顺便扫描二维码。

④ 微博渠道。在发布微博的同时，利用微博的强大用户数，可以将自己的应用地址生成二维码。当用户看到相关微博的时候，使用二维码识别软件如快拍二维码等，通过扫描二维码即可下载相关内容。

⑤ 邮件渠道。营销人员可以将二维码营销与邮件营销进行完美结合，在邮件里生成二维码，收件人用手机一扫，即可访问广告页面，让广告效果成倍提高。

⑥ 企业名片。名片是一个企业的形象，随着网络的兴起，名片上又加上了企业网站和QQ 号等信息。如今，智能手机和二维码已经成为了名片的得力助手，名片上加上二维码，扫一扫即可很轻松地看到企业的宣传或营销活动。

（2）二维码营销技巧

二维码不仅可以为品牌进行线上线下互动营销，同时还为检测线上媒体投放效果开辟了新的道路。因此，对于想要进行微营销的商家企业来说，掌握二维码的营销策略对于企业发展来说至关重要。

① 解析二维码的内容。二维码与 URL 的推广方式一样，即告诉消费者里面有什么。在不知道二维码里面有什么的情况下，企业很难取得优良的二维码扫描率。

② 关注二维码扫描率。对于企业来说，要做好二维码营销，就必须选好二维码投放平台，以提高二维码的扫描率。而且，一个好的投放平台的营销效果会比企业随便扫描多个平台的效果要好得多。

③ 增强用户的体验度。如果企业要应用二维码，就应该利用二维码来引发与消费者的

互动，增强用户的体验度，并且强化消费者购买这个产品的欲望。企业可以利用各种二维码互动活动，满足用户的消费体验，从而达到提高产品成交转化率的最终目的。

④ 利用数据精准营销。成效高的二维码营销懂得借助智能手机设备与手机通信的个性化及数据化特征，为精准营销提供广阔空间。在移动互联网时代，借助智能手机，二维码可以精确地跟踪每一位用户的记录，为企业选择最优媒体、最优广告位、最优投放时段提供精确参考。

9.3.6 微电影营销

微电影，顾名思义就是微型电影，主要指那些专门在各种新媒体平台上播放的短时间电影，它的时长一般在 4 分钟到 40 分钟之间。由于微电影的制作周期非常短，成本也不高，这样的天然优势使它发展成为各大企业与商家竞争的微营销平台。

微电影不同于网络视频短片，它更偏向商业化，更偏向于影视专业制作。微电影一定是一个故事，不一定是商业故事，但主要是品牌故事，而且它的背后一定是商业驱动，一定是专业化的制作，一定能够起到商业电影一样的视觉与情感享受。微时长、微周期、微投资是微电影的 3 个本质性特征。

微电影的微营销完成内部的内容构建后，接下来的一步就是推广微电影，并获得点击率，使其深入人心，实现品牌宣传的最大化。

（1）边拍边播模式。微电影要想收到好的传播效果，在制作上可借鉴美剧边拍边播的模式，让观众看到预告片后先产生兴趣和期待，同时微电影的系列短片拍摄要根据市场反响决定继续按原剧本拍摄还是根据观众反馈的意见及时调整拍摄内容，如果反响太差就要果断叫停，重新挑选好的剧本。

（2）投放渠道多样化。从目前走红的微电影来看，微电影营销的投放渠道已经不仅仅局限于视频网站，更多的是利用微博、人人网等社交网络来传播。在二次传播过程中，要想办法刺激网友的转发、分享欲望，比如设置奖项、根据转发量发放相关产品或企业的优惠券、代金券，以扩大人际传播的范围。

（3）引入市场机制。公司在制作团队拿到客户的项目之后，客户和明星都会在微博向粉丝发布任务，请粉丝撰写品牌故事，而影视制作公司则扮演了资源整合的角色。经过严格的审核、评选，网站会综合网友评价和专业人士的意见，选出优秀的微剧本，从编剧到最后的放映，全部过程都有大众参与，实现了品牌在消费者之间的口碑传播。

（4）企业赞助。就当下的微电影市场发展来看，吸引品牌广告主参与到微电影的拍摄中来，强大的专业团队加上雄厚的资金保证，无疑奠定了其相对于传统广告的优势地位。

（5）打造平台。内容战略转向媒体战略，致力于平台建设，通过整合资源，也能获得相应的经济回报。新浪的微视频战略从微视频大赛、微视频频道、新浪出品/联合出品三个方面，利用自身得天独厚的双平台（门户平台和微博社会化平台），强势推动了视频的社会化发展。

9.3.7 微视频营销

微视频营销是指个体通过 PC、手机、摄像头、DV、DC、MP4 等多种视频终端摄录短

片，并上传互联网播放共享，从而达到一定宣传目的的营销手段，其中微视频营销时间有限制，短则 30 秒，长则 20 分钟，内容广泛、形态多样。

微视频营销是以企业、品牌产品信息为核心，由企业与视频网站合作拍摄的节奏紧凑、轻松幽默的网络视频短剧，为非传统的一种营销模式，它在吸引用户观看视频的同时，自然接受了产品或品牌信息，并有可能收藏、转载，主动进行二次传播。

（1）微视频的应用

目前，可以用来进行微店推广的微视频工具主要有两个，即微信与微视。微信新增了"小视频"功能，点击朋友圈中的"相机"按钮，就会跳出相应界面，点击"小视频"按钮，即可拍摄视频。而微视是专业的手机应用，它是腾讯旗下的短视频分享社区。作为一款基于通讯录的跨终端跨平台的视频通话软件，其用户可通过 QQ、腾讯微博、微信及腾讯邮箱登账号登录，可以将拍摄的短视频同步分享到微信好友、朋友圈、QQ 空间、腾讯微博。

（2）微视频营销的特点

随着微博的广泛普及及微小说、微漫画等应用的兴起，微视频也开始受到关注，成为企业微营销的一大平台。微视频凭借以下特征，逐步发展成为企业低成本营销的一大利器。

① 互动性。视频媒介可以进行单项、双向甚至多项的互动交流，从而为企业带来用户的反馈信息。此外用户的回复与分享也为企业微视频营销品牌起到了造势作用。例如，有较高争议率的节目的点击率往往都呈直线飙升，有效提升了品牌的知名度。

② 娱乐性。微视频强调受众的主体地位，并视其为媒体内容选择的内在动力，促使微视频高举娱乐大旗，其提供展示的也多是轻松有趣的关于音乐、明星、旅游、动物等分享类的视频。

③ 快餐性。微视频的"短、快、精和随时随地随意性"正好迎合了时代的营销发展需求。在瞬息万变的社会中，高频率、快节奏使得广大用户往往不再寻求精英文化，而是希望在时间上简短，意义上精炼，微视频营销正是在这种快餐文化的诉求中得以发展壮大。

④ 大众性。网络微视频节目制作者分散，水平参差不齐，很多视频节目上传仅仅代表个人行为，并不与发布网站的舆论形象挂钩，因而不具有权威性，这使得微视频营销显得更加大众化。

9.4 移动营销——移动互联网时代新选择

对广大的企业而言，营销可称得上一个永远不变的话题了。不管是什么样的企业，或大或小，也无论是在哪个时代，是传统的纸媒时代，还是之后的互联网时代，都离不开营销。而随着智能移动端的不断普及以及无线网络的不断成熟，带来了全新的移动互联网时代，移动营销自然也就开始进入企业的视线中，成为企业营销的新宠。

移动互联网时代的一大特征就是厂商信息能被轻易查询，用户的查询行为也可被追踪，从而可使厂商针对消费需求进行有效干预，并最终促使消费达成，而这也是移动营销给我们描述的未来。移动营销话题的兴起，源于移动电话向移动数字终端的转变。当移动信息变成了一种新的媒体形态，营销界就会很自然地开始挖掘手机媒体的营销价值。

随时随地地双向信息沟通的重点在于双向，"厂商信息能被轻易查询，用户的查询行为也可被追踪"，也就意味着广告界那个著名的论断"我知道我的广告费有一半是浪费的，但我不知道是哪一半"在移动营销领域并不成立。因此移动营销是最容易衡量的营销形式。

本章案例

立体营销

浙江《今日早报》作为城市二线纸媒，前两年一直做宣传浙商、浙企到企业活动的全案营销策划，而今在移动互联网新媒体的冲击下不断在寻求经营突围与模式准确定位的良方。

2014年5月，浙江广厦在其30周年庆时，将公司生日活动的整体策划和全媒体传播任务交给了该公司，经过双方几轮磋商，公司决定以象征企业拼搏和奋进精神的"登山"活动作为庆典主题，通过登山送一套价值200多万元的房子和80多万元奖品的方式，引起社会关注，吸引用户参与。在传播渠道架构上，将《今日早报》等纸媒作为新闻源和启动器，结合电视、户外和门户等进行立体传播；将当今拥有亿级用户的移动互联网作为新闻事件传播的主阵地，通过微信这个强社交圈与微博这个广社交网络，快速并有效地予以传播。同时，通过后台数据的实时分析，了解活动效果、用户组成，决定每个阶段传播策略。这个创意，突破了广厦的想象空间，也赢得了客户的充分认可和高度评价。

长达41天的营销活动，取得了"微网页点击数1 500万人次，报名数133万人"和"1亿次总曝光率"的惊人效果。这个数据，无论是在纸媒时代，还是PC互联网时代，都是不可想象的。然而，精心的跨界营销策略和极富创意的移动媒体传播思路，让一切成为可能。据相关微信后台统计，微网页人均停留时间为4分33秒，最高时同时在线人数达到9万多人。此营销案例因此被新媒体界称为2014年上半年最为成功的移动互联网营销案例。

一、融合传播，从零信任到百分百

在确定将"中国杭州国际登山节"作为广厦三十周年庆的主要活动后，4月中旬，《今日早报》委托第三方机构制作了一款具有报名和登山游戏双重功能的微网页，用户只要在首页输入姓名和手机号，网页就会自动生成个人游戏页面，如果转发好友，就会获得助力，助力越多，参与登山的概率也就越大，获得助力人数最多的前400名将参与登山活动。当然，好友如有兴趣，也会主动报名并转发朋友圈。此外，用户如有兴趣，也可以先玩玩登山游戏，提前浏览登山线路，享受登山乐趣。公司还在网页上明确告知用户，另外800名参与登山者将通过摇号方式产生，所有实地参与登山活动的人，将有幸得到一套价值200多万元的198平方米大宅。

4月27日晚，该微网页首先在媒体朋友圈和微信大号上推送。借助国内10多个微信大号的影响力和传播力，广厦登山送房活动在朋友圈不胫而走，成为一些人热议的话题。但由于微信朋友圈信息真假难辨，很多人虽关注了此活动信息，但真正注册报名的不多，原因就是生怕上当受骗，泄露了个人信息。

鉴于此，28日当天，公司在《今日早报》与《青年时报》上同时刊登两个整版的广告，分别以"这次真送了！"和"你不送我送！"为话题，制造悬念，引发公众注意。同时，在微信圈正式转发此微网页，以报名登山可能赢得一套198平方米的房子为主题，让手机用户关注与转发。由于有传统纸媒广告作信任背书，又有价值200多万元房子的巨大吸引力，当

天纸媒广告发布后，微信圈掀起了一阵转发和注册报名的狂潮，微信网络一度堵塞，引起了腾讯官方的注意。当天晚上 8 点，第一波微信传播的数据也达到了一个惊人的数量：38.4 万人次。

第二天，公司继续在《今日早报》和《青年时报》上刊登两个整版广告，以"登山送房，有攀登的心，就有荣耀的家——广厦 30 周年感恩回馈"为题，将广厦三十年攀登不止的决心和创业精神传达给了公众，并巧妙地将天都城某楼盘以赠送的形式结合在广告中，也将该楼盘信息及时传达给了公众。同时，公司也在《浙江日报》和《杭州日报》上刊登新闻，告知广厦的登山送房活动。基于传统纸媒的强大公信力和权威性，公众对微信圈"登山送房"活动的怀疑度逐渐减小，越来越多的移动端用户参与到了转发和报名活动中。那些微信圈没有登山报名网页的读者也可以通过报纸版面上的二维码参与网络报名。

二、立体营销，凸显千万级影响力

为让登山送房活动更具影响力，除传统纸媒外，公司还选择 PC 端媒体腾讯大浙和新浪浙江等门户网站发布新闻，同时设置明显的报名入口，从而形成纸媒、PC 和移动端三位一体的立体化报名平台，无论是谁，他只要对登山送房感兴趣，他就会点击阅读甚至注册报名。

随着时间的推移，点击人数和报名人数水涨船高，到 5 月 3 日，参与点击人数达到 300 万左右，参与报名数达到 30 多万。参与报名的也从浙江一省扩展到华东、华中甚至华北与东北。来自东北的世界冠军孙英杰在登山仪式上对 2 000 多名观众说，她就是在微信圈看到活动消息后参与报名的。

5 月 4 日，公司将新浪微博作为信息传播平台，以"传递登山精神、传播西湖美景，广厦登山送房"为话题，将登山信息通过广厦官方微博平台予以发布。微博的快传播和广传播效应立即在此活动上得到显现，两天时间，转发量超过 10 万条，阅读量达到 35.6 万条，热度超过了上月"文章周一见"的话题，成为今年微博最热门的话题。到 5 月 20 日，新浪微博的推广更是达到了 132 万的点击率和 16 万多的转发量，创下纪录。广厦企业品牌由此得到了很好地正传播。

至 5 月 4 日，登山报名活动时间已经持续一周，针对网络上出现的部分疑问，公司以广厦登山节组委会的名义，在次日的《浙江日报》、《钱江晚报》、《今日早报》、《青年时报》发布官方申明，阐明此次登山送房的真实性和广厦企业在三十周年庆时锐意进取、勇攀高峰的时代精神和回报社会的责任与决心。官方申明的发布，让所有关于登山送房的疑问和关注，全部转嫁到对广厦的实力和所赠房子性价比的关注上，从而进一步加推了微信圈的传播与参与。

此后，公司还在电视、电台、公交、户外刊播广厦登山送房信息，在腾讯·大浙网开设 mini 页新闻和链接，在大浙网增设报名入口。至此，一个覆盖纸媒、门户、移动端、电视和户外的立体传播体系全部构建完成，在这个体系中，纸媒、电视和户外作为传统媒体，起了整个传播信用背书的作用，而移动端和微信圈、微博作为社交媒体，则起了信息迅速传播与集聚的作用。这些媒体，有机互动，相互引流，使得整个活动达到了 1 500 万人点击，133 万人报名的惊人效果。

（本文转自 http://www.mediacircle.cn/?p=9869 作者：胡疆、徐根辉）

本 章 小 结

　　本章主要介绍了在移动互联时代，营销借助的社会化媒介的基本概念和媒介的发展变化情况及特征。叙述了消费者行为的变化情况及营销理论的创新发展。着重阐述了移动营销的含义、特征、其产生的背景条件，移动营销与传统市场营销的对比、与网络营销的对比等。分析了移动营销的应用模式，并结合 AISAS 消费者行为模型对移动营销策略做了新的探索。

　　本章内容包括移动互联时代营销相关理论的发展变化，移动营销的应用模式及移动营销策略等。学习此部分内容时结合移动互联网业务的发展趋势，并联系传统行业营销模式的变化展开，树立企业营销战略格局，将移动营销当作企业职能战略的一个重要组成部分，并结合传统营销、网络营销活动等，有条件者可借助移动商务实验室围绕企业真实项目完成相关移动营销的策划和设计，以提升移动营销的应用能力。

思 考 题

1. 试举例分析移动互联时代营销媒介新的变化。
2. 试通过在网络上查找资料总结移动互联时代消费者行为的特征。
3. 说明移动营销产生的背景条件。
4. 移动营销的应用模式都有哪些？哪种是你能充分掌握并最快应用的，试举例说明。
5. 分析移动营销策略与传统的营销策略有哪些不同？
6. 关于微信营销和微商运营，谈谈你对其发展趋势的分析和看法。

第 10 章 移动商务管理

学习目标

- 了解企业在移动商务环境下遇到的基本管理问题
- 熟悉移动信息化管理系统的功能和特点
- 重点掌握移动 OA、移动 ERP、移动 CRM、移动 SCM 的管理思想、系统的功能和特点
- 熟悉各个移动商务管理信息系统在具体应用时的侧重点及实施中应该注意的问题

案例导入

玄讯移动 CRM 是国内领先的移动 CRM 领导品牌,深耕企业移动应用领域已 15 年,资历深厚。主要以 SaaS 服务模式为主,通过新兴的移动互联技术,"以销售人员为中心",让 CRM 系统从过去销售人员厌恶与客户漠不关心的冷工具,变为可以为销售人员带来业绩,让销售人员易用、爱用的生活与情感的载体之一。

基于这样的理念,玄讯移动 CRM 作为一款新一代轻量级的移动 CRM,以商机为基础,以销售人员为中心,完美融合销售过程管理,旨在帮助销售人员在打单过程中,突破办公场所限制,随时随地管理客户,获得全方位协作支持,推进商机转化,赢取订单。玄讯移动 CRM 的核心价值就在于创新销售人员的业务管理模式,扩展客户资源、提高销售成功率、增加客户黏性以及提升客户满意度和忠诚度,为企业实现商业创新提供支持。

经过多年的深化开拓,玄讯移动 CRM 先后推出了专业性行业版和普适性通用版,广泛应用于快消、医药和通信 IT 等众多行业。截至目前,已经有 30 万销售人员正在使用玄讯,并通过玄讯移动 CRM 不断的革新营销管理,提升业绩。据了解,玄讯已树立起娃哈哈、恒大冰泉、立白集团、扬翔饲料、中顺洁柔、红牛及屈臣氏等大批标杆客户,拥有专业的行业咨询经验和众多实施成功案例。现已成为国内传统企业转型升级,实现与移动信息化接轨的首选合作伙伴。

玄讯移动 CRM 之移动营销管理子系统工作界面,如图 10-1 所示。

随着信息技术和网络技术日新月异的发展,我们现在面对的是一个信息爆炸、科技网络产品层出不穷、人们追求个性化和多元化的年代。在这样的背景下,传统的企业经营模式已无法适应消费者的需求,企业为了在激烈的市场竞争中赢得一席之地,花费大量的人力、物力实施 IT 系统,整合社会上的各种相关资源,以期取得竞争优势。如何整合资源,

这是每个企业所面临的最大问题。

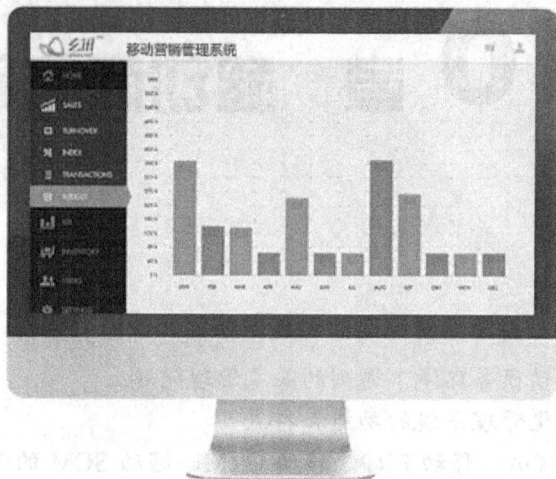

图 10-1　玄讯移动 CRM 之移动营销管理子系统工作界面

10.1　移动商务管理概述

10.1.1　移动商务环境下企业管理的变革

1. 移动互联时代企业管理者的理念挑战

移动互联时代，管理者所面临的企业内外部环境发生巨大改变，许多事物展现出不确定性，市场前景难以预测，员工管理和组织模式极具多样性，风险的预防和控制难度都有所增加，不能准确地对诸多因素进行定性分析。企业管理者需要对企业战略决策做出正确的选择和调整，这无疑比以往更加困难。企业管理者如果还局限于传统管理思维，必然无法适应新的时代发展要求。企业管理者需要迅速跟上时代发展的脚步，对信息化管理和网络市场发展做出较为科学的判断。

2. 移动互联时代企业组织管理模式的挑战

当前，科技发展日新月异，技术的变革往往都会对人们的生产生活带来巨大影响，同样也挑战着企业的组织管理模式。新互联网管理技术的推广和使用，必然会打破传统的组织管理模式，改变以往的以企业领导者为核心的自上而下的组织结构，转变成以客户为核心的自下而上的组织模式。传统企业组织管理往往都是要求员工怎样更好地为企业服务，而移动互联时代要考虑企业如何建立一个值得员工为其贡献、员工能否拥有更多的自主性和自由空间的组织。所以，传统企业不得不跳出传统组织管理经验的影响范围，建立新的移动互联时代下的企业组织管理模式。

3. 面对无边界信息流和无边界管理的挑战

移动互联时代，企业所关注的不仅仅是员工的生产效率和创造的价值，而且要关注如何通过移动互联网的新渠道获取更多的社会资源，从而创造更多的利润。移动互联时代，

268

需要员工和客户之间联系越来越紧密，需要更全面地了解客户的需求，要对庞大的信息、资源进行整合，还需要对员工进行有效的沟通和交流。因此企业所面临的信息和资源没有边界，需要不断开拓和调整。同时，企业管理的空间和时间也发生了改变，公司外部员工可以通过移动终端设备在不同的地域进行业务处理，执行公司决策。企业内部管理不再局限于一个固定的模式，可以通过类似微博、微信移动管理平台进行办公，这都对企业管理带来了挑战。

10.1.2　企业移动化管理相关概念

2014 年被誉为移动互联网元年，移动信息化技术发展迅速。企业的管理模式、思维和工具也正在变革和升级，传统的企业应用难以满足新时代下企业经营管理的需求，企业管理软件供应方也在寻求自身业务与移动互联网的深度融合实现转型和创新发展。

随着移动互联网持续向传统行业渗透，"互联网+"商业模式的不断发展。越来越多的企业希望通过移动应用重新整合、协作和知识三大企业运营管理要素，构建移动化、整合化、实时化和交互化的工作管理模式，突破时空限制，实现随时随地的沟通协作，以提升运营效率和管理水平。企业的运营管理发生深刻变革，移动化管理成为必然趋势。在这种形势下，企业移动化管理软件开发者与服务商也开始向专业化移动平台化发展，根据企业内部的需求提供移动信息化软件产品和服务，帮助企业真正做到高效、快速、及时地解决自身业务及管理问题。

企业移动化管理（Enterprise Mobility Management，EMM）是一套实现企业员工安全的使用手机、平板等移动终端进行移动化工作的技术平台与管理方法，亦指通过移动信息化管理手段。针对企业移动信息化建设过程中涉及的企业移动设备、应用、信息等内容提供信息化管理的解决方案与服务。狭义的企业移动化管理包含移动设备管理、移动内容管理、移动应用管理等。目前移动办公形式可以分为 BYOD、CYOD 和 COPE 三种。

（1）BYOD（Bring Your Own Device）：指携带自己的设备办公，这些设备包括个人计算机、手机、平板计算机等，目前更多的情况指智能手机或平板计算机这样的移动智能终端设备。

（2）CYOD（Choose Your Own Device）：指公司为员工提供不同种类的设备，员工可以根据自己的使用习惯来选择设备，但是设备只能用于办公使用。

（3）COPE（Corporate-Owned，Personally-Enabled）：公司为员工设备买单，使员工可以在个人生活或工作中使用，但是设备的所有权归公司。

EMM 服务提供的是针对企业移动办公的全方位管理，移动设备管理、移动应用管理与移动内容管理是 EMM 服务的三大核心，如图 10-2 所示。

（1）移动设备管理（Mobile Device Management，MDM）。保护、监控和管理个人及企业移动设备。MDM 功能包括提供移动设备生命周期管理，从设备注册、激活、使用和淘汰各个环节进行全面管理。具体能实现用户及设备管理、配置管理、安全管理及资产管理等功能。

（2）移动应用管理（Mobile Application Management，MAM）。针对员工移动设备应用的安全保护、分发、访问、配置、更新、删除等策略和流程。通过企业应用商店控制和推送应用，能集中监控应用的使用情况，对应用设置相应策略以满足企业的规范。

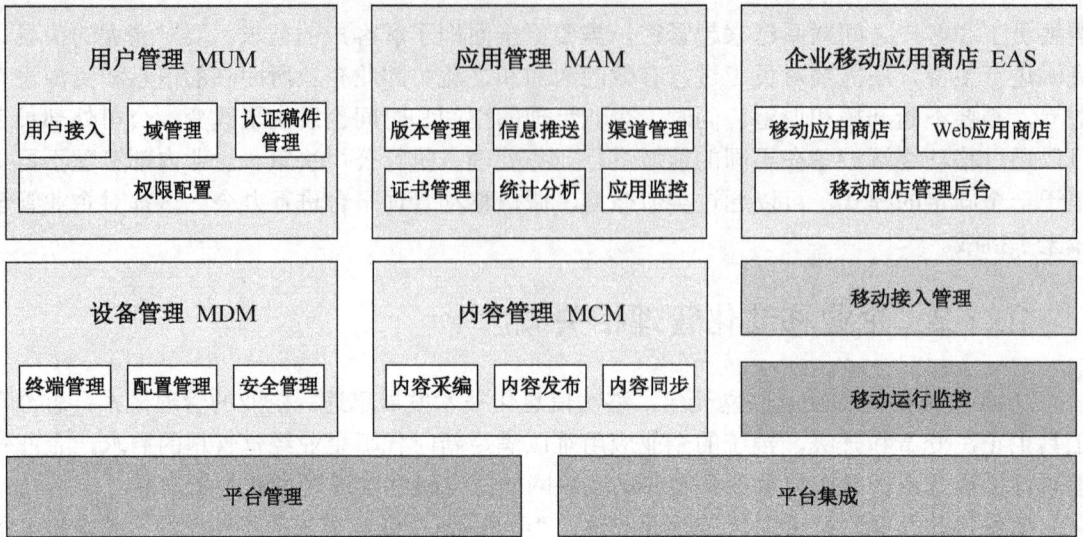

图 10-2　企业移动化管理平台

（3）移动内容管理（Mobile Content Management，MCM）。提供对企业文档进行分发、权限设定和安全策略相关的管理。

但是从目前 EMM 服务提供商的业务来看，其服务的边界越来越模糊。移动设备管理会涉及终端部署业务；移动应用管理会涉及移动应用开发业务；移动内容管理会涉及企业云定制服务。由此判断，未来企业移动化管理将由单一 EMM 服务逐层外延，最终涵盖产业链多个业务模块，打造一站式企业移动信息化解决方案，而这种移动化管理模式下必然离不开企业管理信息系统的支持，我们称之为企业移动化管理信息系统。

10.1.3　企业移动化管理信息系统的功能分析

（1）移动的绩效考评系统。传统的以门卡、卡钟为记录媒介的考勤考核方式存在着记录不便于整合处理，不能与企业信息管理系统有效结合，误报、替报及不能对在办公地以外人员进行考核等问题，实施移动绩效考评系统能有效解决这一问题。

（2）移动的信息发布和接收系统。通过移动信息发布和接收系统，企业能发布各种通知信息，及时通知所有在系统中注册过的员工，员工也可借助该系统将信息反馈给公司。

（3）移动的工作流管理系统。工作流管理系统要与每一个工作流执行者通过移动终端能与联网的计算机进行信息交互，如任务的发布和反馈等。

（4）移动的生产管理系统。通过手机实时了解生产情况。销售人员或顾客可通过手机跟踪产品生产过程，输入产品代码，ERP 系统将生产情况反馈给手机。

（5）移动的销售和采购管理系统。销售人员在与客户洽谈时，要知道企业的当前产品库存、产品销售趋势等情况。通过发送短信到企业信息查询中心查询企业的信息库是较好的解决方法。

（6）移动的物流管理系统。物流地理信息系统可应用于汽车导航等方面，司机们可用掌上计算机从无线互联网上了解地理消息。基于卫星定位系统的 GIS，可进行车辆管理、追踪及搜寻，还可通过卫星定位和掌上计算机与控制中心接通，帮助司机搜寻最近最可行

路径。

（7）移动的客户关系管理系统。客户关系管理（CRM）系统是当前企业越来越关心的一个企业信息系统。企业有新产品推出时，可向对这类产品感兴趣的潜在客户发出短信，请他们上有关网站或商店了解详情。

10.1.4　企业移动化管理信息系统的特点

（1）有效降低通信成本。业务人员和出差在外人员通过移动终端访问企业信息系统进行信息查询，可有效降低企业信息查询成本，提高工作效率和所查询到资料的正确率。

（2）无限制的办公模式。对于企业的销售代表和现场工程师为了完成工作，需要立即链接公司的信息资源库。通过移动商务终端，这些员工可以及时得到自己所需要的信息，实现移动办公。

（3）快速营销反应体系。移动商务对于销售力量的帮助作用显而易见，可帮助销售代表在任何时候、任何地点即时办公。

（4）实时全面反馈信息掌控企业生产运营过程。移动商务的应用可为企业捕捉实时全面的反馈信息，有效地掌控生产运营过程，快速提供市场所需要的产品。

（5）方便、快捷的物流。物流供应是企业核心所在，移动商务使信息随货物移动成为可能。

（6）快速服务提高客户价值。通过实施移动商务，售后服务工程师随身携带移动终端，只要连接总部数据库，就可更新任务。

10.1.5　企业移动化管理信息系统的构建模式

（1）功能扩展模式。在现有的企业信息系统基础上增加与移动设备相连的接口，使移动设备可接受信息，并从移动设备发送信息给现有的企业信息系统。

（2）全新系统模式。根据移动通信技术及服务特点，根据企业实际情况和需求开发全新移动信息系统。通常运用于销售系统、物流管理系统、设备和仪器管理系统。

10.1.6　企业移动化管理信息系统存在的问题

（1）隐私问题。移动商务牵涉到网络连接，因此网络中所存在的隐私问题同样也存在于移动商务中。此外，移动商务两个特殊功能还带来新的问题，位置感应和对移动电话号码的认定。

（2）安全问题。移动商务工具显著增值、多样性、技术的不成熟性、缺乏有经验的技术人员及目前控制点不明确性，都使得移动商务的安全问题变得复杂。

（3）可靠性问题。作为移动商务基础的无线基础设施还不可靠，3G/4G 技术实施和发展还存在不确定性。另外，诸如天气、摩天大楼、大树和太阳斑点都可形成常见干扰源。在我国，虽然大城市有一流运营服务系统，但多数的乡村地区尚没有被无线电波全覆盖。

10.2 移动 OA

10.2.1 移动 OA 的发展

目前，大部分企业加入了信息化改革，在一定深度和广度上利用计算机技术、数据库技术及网络技术管理企业生产经营中的各种信息。实施企业办公自动化的主要目的是为了提高企业的决策效能。通过对财务、人事、生产及销售的信息化管理全面提高企业的办公效率。办公自动化的发展经历了三个发展阶段，OA 的发展伴随着整个计算机业的发展。我们根据计算机从单机作业到局域网再到互联网的思路来分析，其可以分为以下几个阶段。

第一阶段：以政府公文流转为切入点，逐步实现"办公无纸化""办公自动化"。

OA 产品起步于 20 世纪 80 年代，最早的应用以政府公文流转为切入点，开始利用计算机实现各类业务的"电子化"。1985 年我国召开了第一次办公自动化（OA）规划会议，开始推动各个领域的办公自动化建设。早期的 OA 办公自动化实际上从单机版的办公应用软件开始，此时期的 OA 系统主要以数据为中心，目的仅仅是为了替代传统的纸质手工作业，提高个人办公效率，提高人们对于历史信息的保管和查询，为办公电子化、信息化开了个头。例如基于 WPS、MSOFFICE、Lotus1-2-3 等软件，OA 又被称为"无纸化办公"。随着计算机局域网技术的发展和成熟，使用的人群也越来越多，单机版系统越来越不能满足人们对于信息共享的需求。人们将 OA 系统以具体工作流程为中心实现了局域网级各部门的相互访问和事务管理。在本阶段，OA 产品主要关注个体的工作行为，以 E-mail、个人 Office 办公软件为核心，主要提供文档电子化等服务。这类 OA 产品其核心是以公文流转为切入点，逐步可实现公文流转、流程审批、文档管理、制度管理、会议管理、车辆管理、新闻发布等众多实用的功能，可称之为"办公自动化"。这对于 OA 来说，是一个开创历史的时期。为以后的 OA 飞速发展应用提供了可能。

第二阶段：以"内部工作流协同"为切入点，实现企业"人、事、物、系统"等资源的全协同。

随着信息技术不断发展，建立在其之上的应用的范围也越来越广泛。计算机网络走向了互联网，OA 系统互联网化成为必然。此阶段，OA 系统开始以协同办公为其主要功能。协同管理思想核心是知识管理，实现方式是工作流及知识管理相结合的信息系统。它逐步摆脱了对计算机地点和时间的限制，初步实现了移动办公。进入 2000 年以后，OA 系统办公自动化的成熟度逐步提升，单纯的办公自动化已经越来越难以适应企业日益复杂的业务流程，提升经营规范性并进一步降低运营成本已成为客户 OA 系统应用的关键驱动要素之一。OA 系统功能的关注点亦逐步转向于内部工作流的深度协同，强调"人、事、物、系统"等资源之间的协同。在实践中，基于客户对协同 OA 需求差异和厂商自身核心技术点的不同，出现了包括以"工作流"为基础的协同 OA、以"知识管理"为基础的协同 OA、以"帮助风险管控"为基础的协同 OA、以"智慧协同"为基础的协同 OA、以"全员协同"为基础的协同 OA 等多种产品理念。基于此，国内 OA 市场逐步开始呈现差异化、细分化、区域化，市场进入快速发展阶段。

第三阶段：以移动 OA 应用为切入点，逐步与 ERP、CRM 等系统实现数据互联互通，OA 产品呈现平台化发展趋势。

2010 年以来，移动互联网的快速发展，尤其是 3G/4G 网络基础设施的不断完善和智能手机的日益普及为 OA 市场注入了一股新的活力。OA 市场逐步进入以移动化应用为特点，综合运用云计算技术（涵盖公用云和私有云技术）、互联网平台开发技术、商业智能技术、物联网技术等多种新一代信息技术的发展阶段。

相对于技术的快速进步，移动 OA 的出现和发展一定程度上代表着客户对于 OA 应用需求进入了一个新阶段。基于 OA 系统对于经营效率规范性和运营成本降低的良好应用成果，客户对于全面利用更为先进的信息化技术具有更为迫切的应用需求，OA 系统在企业业务核心系统中扮演着更为重要的角色。与其他 ERP、CRM 等核心业务系统数据的互联互通越来越普遍，OA 产品愈发呈现平台化发展趋势。基于平台化 OA 产品，企业可逐步实现更多应用功能。这种办公模式有更大的移动性和自由度，工作处理效率也相对较高，为企业信息化发展注入了更多的灵活性。

10.2.2 移动 OA 系统的特点

移动办公指办公人员可以在任何时间、任何地点处理工作业务，如图 10-3 所示。这种全新的办公模式可以让办公人员摆脱时间和空间的限制，还可利用手机移动信息化软件建立与计算机互通的企业应用软件。随时随地和公司内外部进行沟通，提高工作效率，尤其针对突发事件的处理和部署起着重要的意义。

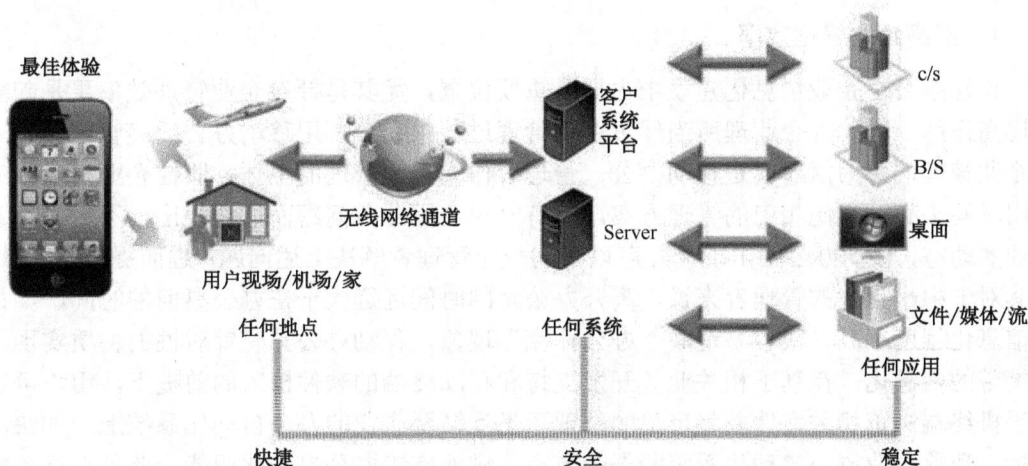

图 10-3 移动 OA 系统的 3A 服务

移动办公软件可以根据具体应用方式分为借助运营商提供的移动化服务且无须装载的办公软件和需在掌上终端安装移动信息化客户端软件才能使用的办公软件，如图 10-4 所示。前者可以实现与计算机相同的办公功能，如某公司推出了一款手机办公业务，可实现企业通讯录、日程管理、手机硬盘等常规办公功能。后者则有非常强大的实现功能，但其办公载体需结合智能手机，通过手机连接企业内部计算机，不仅能完成身份验证、公文报批、办公文件处理、工作汇报和企业邮件等功能，较高级的还能和企业中 ERP 系统、CRM 系统等联动，此类方式主要面对政府和中大型企业。企业用户不用担心实施与运营及后台系统接入等情况，可以让企业在发展业务的过程中实现信息化，可以说是一项较为完善的信息化建设方案。

图 10-4　移动 OA 系统功能

10.2.3　移动 OA 在企业信息化发展中的优势

1. 提高企业管理效率

移动办公在企业信息化建设中占据着重要位置，尤其是针对企业管理效率更是起着一个提高作用。因此，企业理所当然可以在管理过程中充分利用移动办公提高管理效率。当前企业管理的有力武器就是移动办公，管理者作为企业管理的主体，监控企业内部应充分利用时间来有效实施相应的管理方案，但有时也会因业务问题而需要外出，不能时刻掌握企业的动态，移动办公的出现恰好可以帮助企业管理者解决上述问题，进而提高管理效率。尤其对于中小企业的管理者来说，离开办公室的时间远远大于在办公桌前的时间，如果企业信息化程度不高，很容易造成"办公休克"现象，移动办公具有针对性的特质实现了随身携带的信息化。在基于相关业务开发支持和移动终端的软件植入的前提下，用户可以通过手机终端浏览相关文件并将自己的处理意见反馈至企业的办公自动化系统上，加快流程审批，消除企业办公自动化系统断裂的节点，进而完善办公自动化职能。此外，移动办公还可协调好员工与企业管理政策之间的矛盾，员工可以通过移动办公平台根据自己的喜好选择办公时间和办公场所，使员工可以快速且高效的进入工作状态，提高员工工作积极性，员工工作效率的保证从另一角度分析也等于提高企业管理效率。

2. 移动 OA 市场潜力大，有利于推动企业信息化

2014 年，OA 产品市场规模预计将达到 68.7 亿元，较 2013 年增长 16.4%。预计 2015 年整体市场规模将达到 78.8 亿元，同比增长 14.8%。而 2016 年，OA 产品市场规模将达到 89.4 亿元。目前，移动电子邮件是手机办公方面比较成功的软件，使用用户已经超过 1 000 万左右，但全球拥有的移动电子邮箱就有 2 亿左右，具有十分大的应用潜力。各种移动办公应用在我国的发展逐渐呈上升趋势，例如零售行业，国内已经针对其出现了相应的应用

终端，人们可以通过手机平台实现零售管理和数据采集，进一步提高销售效率。移动办公在政府机关中也有较大的应用潜力，如北京出现了"城管通"，指移动执法系统，是一种基于无线通信网作为信息交换手段的城管移动执法产品，如它可提供无线现场巡视、现场定位和现场业务处理功能，支持城管业务案件查询、公文查询及公共信息查询等，还能将移动终端数据与后台数据库数据同步等。此软件的应用标志着城管等行政部门也开始走向信息化建设。办公系统的移动化，推动了各行各业信息化建设的进程。

10.2.4　移动 OA 产品和服务市场发展特点

随着基于移动化方式的应用得到进一步深入，OA 系统将不只是传统的桌面端系统简单移动化功能的实现，而是有可能融合了云计算、大数据和移动互联网等多种信息化技术的综合应用，从产品内涵来看，OA 的发展将进入一个全新的阶段。并且随着移动信息化的大力发展和企业相关应用需求的凸显，未来将使得整个 OA 市场产生一场新的变化，OA 厂商将在产品的设计理念以及智能化、移动化和行业化发展方向上做出自己的选择。

1．产品的行业化特点进一步加强，中小型企业将会成为移动 OA 新的市场

早期阶段由于客户需求的限制，禁锢于日常办公管理的满足，不同厂商 OA 的基础核心功能如考勤管理、流程审批、信息推送、工作协同等方面就功能实现而言差异性并不明显。但随着 OA 应用的深度发展，尤其是与企业业务流程的切入度在不断提升，不同行业之间的流程差异化使得传统 OA 产品的发展路线很难再满足这一需求，越来越多针对行业性应用特点开发的 OA 产品应运而生。例如，目前 OA 厂商针对房地产行业、商品批发零售行业、物流运输行业、教育培训行业等均推出相对应的产品，而随着过去一些信息化建设发展较弱的行业客户在不断提升，OA 产品的行业特性需求未来将更为凸显。

现阶段，大型企业客户、高端客户市场已开启了应用升级的新时代，而中小型企业客户市场正成为各厂商竞争新的角力场。结合 OA 系统产品自身的特点，企业客户还很难实现类似 APP 下载模式的前期考察体验方式，需要企业客户和厂商的直接交流才能理清需求和满足之间的差距，OA 厂商需加强主动式营销模式。

2．OA 产品应用已逐步从"标准套件"升华为"平台产品"

伴随着企业客户在 OA 应用深度和广度方面的持续提升，企业已经不能仅仅满足于 OA 系统当前所具备的协同价值概念范围，诉求以 OA 为依托，融合打通其他内部信息化管理系统，并且实现数据的共享。

客户不再将 OA 产品作为简单的实现办公功能的企业信息化标准化套件，更期望将 OA 产品作为一个平台级产品，并在平台上实现更多企业信息化功能。OA 产品应用已从一个"标准套件"升华为"平台产品"，未来越来越多的功能应用如 CRM、HR 等都将基于 OA 平台进行开发，而客户在选择合作伙伴厂商时，会优先参考"产品功能能够符合企业的管理需求、品牌影响力及售后服务有保障"等全生命周期服务要素。

总之，移动办公在企业信息化发展中起着重要的推进作用，在当前快节奏的商业社会中，企业的成败很大程度上取决于信息是否能够得到及时处理，逐渐演变成时间和效率的竞争。移动办公作为一种全新的信息化手段，除了可以提高办公效率和降低成本之外，还

可促进企业利用移动办公扩展到其他领域，实现更多的经济价值。

10.3 移动 ERP

10.3.1 移动 ERP 概述

20 世纪 80 年代以来，企业为了提高运作效率，优化管理流程，降低经营成本，从而增强业务拓展能力，提高综合竞争力，纷纷选择实施企业资源规划系统（ERP）。在 PC 时代，ERP 降低了身价，使企业管理信息化能够成为大多数企业的有效工具；在互联网时代，ERP 实现了基于互联网的推动企业全球化经营的电子商务。

ERP 的发展阶段如下。

（1）初期 MRP（Material Requirements Planning）阶段。20 世纪 60 年代左右，随着美国生产与库存控制协会的成立以及 Joseph Orlicky 等的首套 MRP 软件的相继出现，代表了具有先进思想的现代企业资源管理系统开始发展。通过企业的资源管理系统来对企业库存的物料和生产的产品进行信息化管理。企业收到客户订单后，通过产品的物料清单计算所需要的原材料，从而实现库存高效利用的目的。

（2）闭环 MRP 阶段。发展到 70 年代的时候，出现了闭环的 MRP 系统。与原来的 MRP 系统相比增加诸如采购、车间生产、能力需要方面的计划进去，在这些计划统筹实施当中，会根据物料供应商、生产车间和采购部门的及时反应，对不同的计划环节作出相应的修改，让整个生产环节不同部门达到协调一致。由于这一阶段的 MRP 系统是由制订计划、执行计划、不同部门评估、部门反馈和再次制订计划等环节组成的一个封闭的过程，因此该时期被称为闭环 MRP 阶段。

（3）MRP Ⅱ（Manufacture Resource Planning）阶段。20 世纪 80 年代 MRPII 在 MRP 管理系统的基础上，引进了对企业生产能力、产品生产部门和企业产品工时的管理，并加入了对企业资金方面的管理功能，实现了由计算机对企业生产和销售的动态管理功能。

（4）ERP（Enterprise Resource Planning）阶段。ERP 系统在 90 年代之后出现。与前一阶段的制造资源管理系统相比，ERP 有了新的发展，在管理范围上把客户、产品供应商和企业等吸引了进来，将整个产品从原料到销售的整个供应链衔接起来，进行集中高效管理。这些环节涉及供应商、采购、销售、账款以及售后等。

（5）M-ERP（MobileERP）阶段。近年来随着 3G/4G 网络以及无线宽带的提速，再加上各种移动终端如手机、PDA、iPad 等的出现，传统的依赖固定网络和计算机的 ERP 逐渐被一种新型的 M-ERP 取代。作为一种新型的 ERP，M-ERP 具有不受场地和时间的限制，任何时候只要拥有一个移动终端，就可以进行企业事务的管理。在当今激烈的市场竞争面前，快速的响应能力很大程度上决定了企业的市场表现和成败。

同时，由于移动终端随身携带具有很好的便利性，而且 M-ERP 具有传统 ERP 无法取代的优势就是成本低廉。M-ERP 虽然发展历史不长，但发展速度很快，国内外一些知名企业相继推出了自己的 M-ERP 解决方案。尽管这些方案还不算成熟，但它们在很大程度上为 M-ERP 产品发展指明了一个方向。

随着信息技术的发展以及经济的进步，企业所面临市场的环境越来越多变，对于实时

管理的需求也越来越多，企业迫切需要一个新的平台使管理延伸到公司的每个员工及每个管理环节，从而发挥更大的效能。因此，业内专家分析认为，企业管理信息化又将迎来一次从互联网平台向移动平台的大迁移，手机将继 PC 成为 ERP 另一个主要的执行终端，手机将有望成为企业又一重要的商务管理工具。

据统计，目前全球每天有 130 万新用户加入移动世界，市场研究公司 Strategy Analytics 的分析师预测到 2017 年，全球移动用户基数将增加到 89 亿，而其中的 80%的用户都将来自于发展中国家等新兴市场。快速增长的移动用户为移动管理应用带来巨大的潜在客户群体，同时也为同质化的企业管理市场带来新的突破口。如果管理软件厂商能够利用移动管理相对于传统管理的差异化优势，引导企业管理向更快捷更高效的方向发展，就会在白热化状态的市场竞争中抢得先机占领市场。

移动管理平台相对以往的应用平台具有更加强大的优势。它把企业管理从计算机桌面延伸到了世界上任何一个有移动信号的角落，为企业带来工作模式、程序以及思路上的变革，同时也为移动通信、商务服务和管理软件三者的结合发展开创了新思路和新途径。面向企业级用户的企业移动信息化管理平台，M-ERP 是架构传统企业应用和无线应用的统一平台，通过这个平台，可以整合企业应用资源，提炼无线应用价值，将具有移动价值的应用呈现给客户，为企业客户提供更多的应用终端选择，从而体现"随身商务"的客户应用价值。针对现代企业对移动管理的特殊需求，基于 M-ERP 平台开发了一系列的应用服务，包括移动办公、移动管理、手机邮件、企业手机门户、移动数据采集、移动报账中心和手机市场调查等，客户可以按需选择各项单元级应用，并且可以灵活拓展。可以说，M-ERP 具备了"高便捷、易应用、重体验、低成本、快交付"的新一代软件服务的特点。移动两大业务支柱之一，移动管理（M-Biz）是企业管理的后端应用，包括企业对企业（B to B）、企业对员工（B to E）之间的管理，而 M-ERP 企业移动信息化管理平台正是移动管理业务线的核心产品。作为传统企业管理的补充和延伸，进入移动管理行业也有着较高的门槛，不仅需要具备移动商务本身的开发技术，更重要的是需要了解企业级市场，了解企业管理信息化的需求，并且要能为企业专属定制或二次开发。

随着手机的更加普及和 3G/4G 时代的到来，移动管理将成为企业管理发展的未来趋势，越来越多的用户将会通过 M-ERP 体验到移动管理实时、高效、安全的服务。

10.3.2　移动 ERP 系统主要功能

ERP 即企业资源计划，是一种能够将物质资源、资金资源和信息资源集成一体化管理的企业信息管理系统。ERP 管理信息系统是在企业系统化的管理思想上，借助应用信息技术实现企业经营管理目标的企业资源管理信息系统。随着企业计算机以及科学技术的发展，ERP 系统已经成为目前企业资源信息化/智能化管理的主流软件，该系统具有明显的优势：能准确地把握市场动向，实现经营管理信息的动态共享，较多地考虑人的因素，有严格的用户权限管理等。

与传统 ERP 系统相比 M-ERP 更具完整性。将整个产供销均纳入其管理体系结构之内，企业可以及时准确地掌握市场及库存动向，并可根据目前的库存情况及时下达采购订单来补充库存。同时，商家可以实时查看某种货品本月或本周的销售情况，对商品进行畅销和滞销分析，以及对当日或当月的收支情况进行分析，对亏损产品及时采取下架处理。

1. 货品采购功能设计

货品采购模块在 M-ERP 系统中是外部商品与原料的入口，负责制定采购计划、查询和查看货品资料、采购商品的验货和入库管理以及对采购回来的质量不合格商品进行退货处理等功能。货品采购模块具体的职能如下。

（1）货品资料的管理。主要是对一些商品的进货商和进货价、仓库库存、规格色号、所属类别等进行管理。

（2）采购计划管理。负责根据当前产品的销量和库存量提前制订相应的采购计划。同时，如果客户有大批量的进货需求，提前通知商家的话，商家此时也需要将其纳入采购计划当中。

（3）智能采购管理。当系统当前业务不是很繁忙时，可以采用智能采购选项自动生成采购计划，无须人工干预。智能采购是根据 M-ERP 系统提前设置的警戒库存和当前订单中的订购量来进行采购量的计算。当仓库和货品数量比较多时，该过程比较耗时。

（4）采购开单管理。根据采购计划生成相应的采购单，也可以直接生成采购单而不经由采购计划这一环节。采购单一般需要管理人员的审核后才能生效。

（5）采购验货管理。负责对采购回来的货品进行比对，并查看是否有残次品。

（6）采购入库。对采购回来的合格产品进行入库处理，并进行货款结算。

（7）采购退货。对采购回来的不合格货品进行相应的退货处理，同时还需要物流信息和退款清算。

采购模块主要对企业在生产和运营过程中所需的各种原料和产品进行相应的采购，主要涉及企业物流的进入和资金流出。一个好的采购系统，一方面要保证企业物料供应稳定和可靠，另一方面又要与不同供应商保持长期的合作关系。采购部门要根据企业的生产和经营情况来制订相应的采购计划，保持企业供应的不间断，间接提高企业的经营效益。同时，采购人员还负责将采购商品送交仓库人员接收。

2. 库存管理功能设计

库存系统为销售、生产和采购系统中的一个枢纽，用来管理企业采购回来的物品，是企业销售与采购之间的一个缓冲部门。库存管理模块主要负责对采购货品的入库、销售订单货品的出库、客户订单退货的入库以及不同库存货品的调拨等。仓库的管理人员可以定期对仓库货品进行盘点、批量调价、货品的出入库管理、库存调拨等，还可以对仓库中货品的摆放位置进行优化，可以把畅销物品摆在靠近门口的位置，把滞销的货品放在仓库靠后的位置，这样就可以大大缩短拣货时间。

库存管理部分的功能模块如下。

（1）库存成本管理。主要对总库存量的查看和各分仓库货品的查看；对货品批量调价，尤其是企业搞促销活动时，显得尤为方便；货品在销售过程中，实际库存量有可能和 M-ERP 系统上显示的库存量不同，这就需要对货品进行盘点。

（2）货位管理。包括：对仓库中实际货位存放的货品与 M-ERP 系统中该货位所记录货品是否一致的货位盘点功能；对一些畅销货品和促销货品位置优先摆放，对滞销货品则可以放到仓库离门口较远一些的距离；对一些长期滞销并且销量为 0 的货品进行货位释放；空闲货位的查找等功能。

（3）出入库管理。主要包括：对一些半成品的组装与拆卸的管理；同一个地区中，不

同仓库货品的调拨管理；货品的出入库管理等功能。

3．销售管理功能设计

企业采购完成之后，就进入 M-ERP 供应链中的销售流程。销售部门业绩的好坏，决定了一个企业的生死存亡。销售模块主要负责对产品进行销售，处理客户提交的订单，根据采购成本制定货品的销售价。客户下单完成并且确认付款之后，由销售部通知库存部负责对产品发货。销售部门有以下职能。

（1）订单建立。负责采购订单的创建工作，主要针对客户电话下单。

（2）订单审核。对从网络、电话和手工建立的订单进行审核，核对库存是否有货，客户是否选择物流方式以及物流是否可以到达用户的收货地址等。

（3）财务确认。对订单的付款状态进行确认。

（4）现款销售。主要针对一些到店铺直接采购的客户设立的环节，便于系统进行日后的销量和利润统计。

（5）订单拆分。对一些客户订单如果某些货品数量不足，经过客户允许可以把这种订单拆分成两个部分进行处理，优先配送可以发货的订单。

（6）订单合并。对一些发货人和收货人相同的订单，可以将其合并成一个订单来进行发货处理。

在销售过程中，销售部人员可以随时跟踪产品的具体物流配送情况。一方面，销售部门可以与采购部门和库存部门进行不断沟通，确保产品供应的畅通；另一方面，销售部门可以定期对销售情况进行统计，将统计结果送到企业高层管理人员手中，由他们对企业下一步经营作出调整。

表 10-1 为主流的移动 ERP 软件厂商产品一览表。

表 10-1　主流的移动 ERP 软件厂商产品一览表

供 应 商	解 决 方 案	主要应用功能领域
ORACLE	Siebel Mreless & One World Xe	（1）Siebel Mobile Web Client （2）Siebel Handheld，Including：　Account Management，Contact Management，Activity Tracking，Synchronization （3）Customer Management （4）Purchasing Management
Sybase	Mobile Solutions	（1）Management and Security （2）Database Solutions （3）Mobile Consumer （4）Mobile Enterprise
SAP	SAPx Apps for Mobile Business	（1）SAP Mobile Service （2）SAP Mobile Sales （3）SAP Mobile Time and Travel （4）SAP Mobile Asset Managemen
金蝶	K/3 移动 ERP	（1）针对各种类型的企事业单位进行的设计，提供物流、制造、财务、战略、人力资源管理、OA、CRM 等领域的移动商务功能 （2）提供移动 ERP、iFly 移动商务和 BOSS 移动商务通信平台三种产品与服务
用友	UFMobile	提供移动供应链、移动财务、移动办公、移动客服等功能

续表

供 应 商	解 决 方 案	主要应用功能领域
浪潮	（1）企业级移动商务同步平台（EMC-Syncml） （2）企业级移动商务短信平台（EMC-SMS）	（1）EMC-Syncml 通过同步技术实现企业内部和各模块间的互联互通，实现对企业各类业务流程的紧密结合和支持 （2）EMC-SMS 来帮助企业实现 ERP 中，CRM、SCM 等模块的数据采集、查询与数据分析

10.3.3　移动 ERP 发展趋势

尽管移动 ERP 已经成为企业应用软件发展的必然趋势，移动设备也成为业务流程中不可或缺的一部分，但安全、多平台部署及不成熟的商业模式等问题，使许多有志于 ERP 转型的企业迟迟不敢行动。在新技术环境下，移动 ERP 更应关注用户体验；甄别不同用户群体的特定需求，充分挖掘移动 ERP 的价值；同时保护企业资产安全也是重要的考量因素。

1．关注用户体验

可用性是 ERP 决策者在部署移动应用时一项关键的考量因素。不同的屏幕尺寸、触碰体验、操作系统、配置以及呈现技术会导致信息以非最佳方式五花八门地显示出来，差强人意的用户体验——例如移动设备屏幕上冗长的菜单，会让系统可用性大为降低。

同时，工作方式和使用场景也对移动设备提出了不同的需求。平板计算机拥有较大的触摸屏，分辨率较高，与智能手机相比，更适合与某些 ERP 功能互动；此外还能提供业务分析数据或图像等丰富的可视选项。而智能手机在屏幕空间和输入方面用户体验有所损失，但在访问网络时，它们能够保持永久在线，具有超强的便携性和适应性。通过点复选框方式授权采购订单、批准费用及其他流程，智能手机为用户简便地完成任务提供了绝佳方式。

2．识别应用分层

提高用户体验需要事先认清用户需求。选择设备时，无论是笔记本计算机、平板计算机、智能手机还是专业移动设备，都需要首先考虑企业用户情况的多样性，以及他们在移动工作中的角色和所处的场景（见图 10-5），将企业使用移动应用的员工分为三类。

（1）临时用户。手机是他们日常工作中笔记本计算机的补充品，如销售人员和顾问。

（2）专业用户。移动解决方案是他们执行日常工作必不可少的工具，如现场服务人员。他们可借助移动应用采集业务关键数据、管理工单或与供应链和库存集成。

（3）事务用户。他们在差旅途中需要访问特定的业务应用程序，并逐渐倾向于使用移动

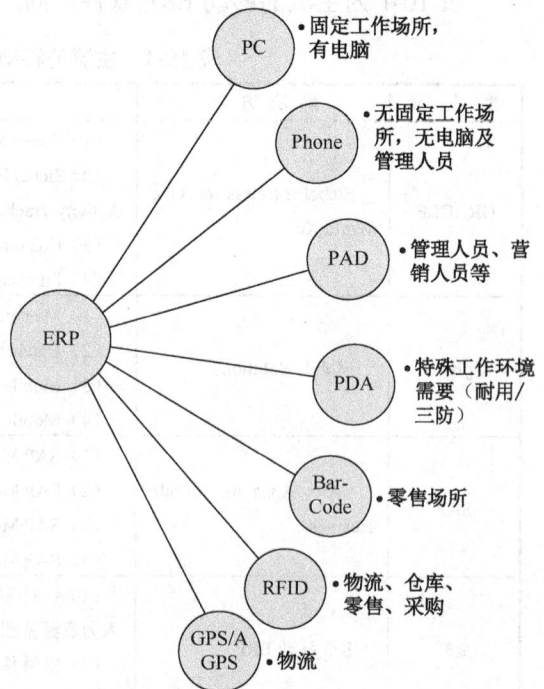

图 10-5　移动 ERP 用户的多场景示意图

设备或平板计算机开展工作，如人事或财务。

明确不同用户群体的需求特点有利于为员工提供有针对性的移动 ERP 需求解决方案，使其不受工作方式和使用场景的限制，充分挖掘移动 ERP 带来的好处。

3. 保护企业资产安全

安全问题是阻碍大部分企业进行移动应用部署的重要因素。企业必须针对企业规范、安全、用户身份管理、网络验证和数据加密等进行全盘考量，提高整体防御能力，这在用户访问有授权级别的信息时尤为关键。随着 BYOD 办公方案的兴起，企业在移动解决方案上面临着一系列新挑战。BYOD 有利于缩短工作时间和减少设备成本，提升员工自由度及生产力，但是允许员工自己带什么样的设备？采用什么样的平台？怎样制定公司隐私保护政策和保护公司数据？如何避免信息暴露？这些随之而来的问题不仅对移动 ERP 和其他移动方案提出考量，也要求实施 BYOD 的企业在操作系统和移动设备选择上做出明确的决策。

为了抓住移动契机，建议企业有序规划，选择支持多个生态系统（Android、iOS、Windows Phone）的方案供应商，并将移动应用融入各项规划中。

10.4　移动 CRM

10.4.1　移动商务对 CRM 的影响

3G/4G 网络的普及，使人们摆脱了台式计算机的束缚和笔记本计算机的不便性，人们开始利用移动终端处理信息，其速度和效率明显增强，它能够保证人们随时随地了解网络社会发生的一切，无论何种形式的信息交流都能在最短的时间内完成和完善，这深刻改变着人们的生活、工作方式和消费习惯。在这种信息传播方式的影响下，企业生存的内外环境也随之发生了深刻的变革。

客户关系管理是指企业为提高核心竞争力，利用相应的信息技术及互联网技术来协调企业与顾客间在营销、销售和服务上的交互，从而提升其管理方式，向客户提供创新式的、个性化的客户交互和服务的过程。如今许多传统企业管理的模式和体系都已不能很好地适应移动互联网环境，企业内部信息与外部信息不对称的情况下使得企业的生存和发展阻力越来越大。而移动电子商务环境下企业的客户数量已远远超过传统商务模式下的规模，客户不再以地理位置为界限，也不再以某一地区的日出日落为作息时间，可以在任何时间任何地点访问企业，移动互联网使得消费场景多样化，消费者和商家之间能够进行更加高效与便捷的沟通和交流。这对于千方百计寻找客户资源，拓展客户群的企业来说是一个千载难逢的发展机遇。因此为了提升企业竞争力，迅速占领移动互联网市场，企业必须对自身的客户关系管理做出必要的改革和调整，以此适应移动互联网给电子商务发展带来的深刻革命。移动商务对客户关系管理的影响主要体现在三个方面。

（1）拓宽了与客户的沟通渠道。这是两方面的拓宽过程，一方面企业可以通过短信、E-mail 等形式将产品向更多的潜在客户进行宣传，让更多的客户了解到产品的最新情况；另一方面企业根据移动平台为客户提供极富个性化的交易体验。

（2）及时反馈了客户信息。过去企业往往通过暗访调查形式，用书面报告的形式搜集客户意见，这种调查形式既慢，涉及范围又狭小。现在客户购买产品后或接受服务后就会拥有一张电子意见卡，他们可以随时通过移动平台将意见传输到企业服务器中，这样企业就能及时、准确地获取和搜集到相关信息。

（3）提升了客户服务水平。移动客户管理系统给予移动专业人员高速无线端口来回顾客户信息并及时响应客户、潜在客户和合作伙伴的需求。无论在现场或在会议中都能获得最新的信息，使其提高客户服务的响应和解决效率。

10.4.2 移动 CRM 发展历程

移动 CRM（客户关系管理）是一种利用现代移动终端技术、移动通信技术、计算机技术等现代科技实现在移动中也能完成通常要在办公室里才能完成的客户关系管理任务。它具有传统 CRM 系统无法比拟的优越性，体现在使业务软件摆脱时间和场所局限，随时随地与公司业务平台进行沟通，有效提高管理效率，推动企业效益增长。

移动客户关系管理系统在移动技术、计算机技术和移动终端技术的发展下已经经历了三代。

以短信为基础的第一代移动客户关系管理技术存在着许多严重的缺陷，其中最严重的问题是实时性较差，查询请求不会立即得到回答。此外，由于短信信息长度的限制也使得一些查询无法得到一个完整的答案。这些令用户无法忍受的严重问题也导致了一些早期使用基于短信的移动客户关系管理系统的部门纷纷要求升级和改造现有的系统。

第二代移动客户关系管理系统采用基于 WAP 技术的方式，手机主要通过浏览器的方式来访问 WAP 网页，以实现信息的查询，部分地解决了第一代移动访问技术的问题。第二代的移动访问技术的缺陷主要表现在 WAP 网页访问的交互能力极差，因此极大地限制了移动客户关系管理系统的灵活性和方便性。此外，由于 WAP 使用的加密认证的 WTLS 协议建立的安全通道必须在 WAP 网关上终止，形成安全隐患，所以 WAP 网页访问的安全问题对于安全性要求极为严格的商务系统来说也是一个严重的问题。这些问题也使得第二代技术难以满足用户的要求。

新一代的移动客户关系管理系统，也就是第三代移动客户关系管理系统融合了 3G/4G 移动技术、智能移动终端、VPN、数据库同步、身份认证及 Webservice 等多种移动通信、信息处理和计算机网络的最新的前沿技术，以专网和无线通信技术为依托，使得系统的安全性和交互能力有了极大的提高，为客户关系管理人员提供了一种安全、快速的现代化移动执法机制。移动 CRM 系统利用移动设备使用方便、节省时间、保密性强、携带便捷的优势，在移动平台上对外勤人员业务工作进行管理，有效地解决外勤管理中工作地点不固定、数据反馈不及时、人员难以监管等难题。

移动 CRM 带给企业的应用前景是极其乐观的。对企业管理层来讲，管理者可以随时随地访问关键信息，可以对订单、发货、审批等进行持续关注，通过移动平台，形成统一的、完整的管理。而针对普通的销售人员，打破了过去发邮件、打电话的瓶颈，加强了和客户打交道的机会，可随时掌控客户信息、财务信息、订货信息等，甚至能获得更多潜在客户。

10.4.3 移动 CRM 功能分析

客户关系管理的功能可以归纳为三个方面：市场营销中的客户关系管理、销售过程

中的客户关系管理、客户服务过程中的客户关系管理（以下简称为市场营销、销售、客户服务）。

（1）市场营销方面。客户关系管理系统在市场营销过程中，可有效帮助市场人员分析现有的目标客户群体，如主要客户群体集中在哪个行业、哪个职业、哪个年龄层次、哪个地域等，从而帮助市场人员进行精确的市场投放。客户关系管理也有效分析每一次市场活动的投入产出比，根据与市场活动相关联的回款记录及举行市场活动的报销单据做计算，就可以统计出所有市场活动的效果报表。

（2）销售方面。销售是客户关系管理系统中的主要组成部分，主要包括潜在客户、客户、联系人、业务机会、订单、回款单、报表统计图等模块。业务员通过记录沟通内容、建立日程安排、查询预约提醒及快速浏览客户数据有效缩短了工作时间，而大额业务提醒、销售漏斗分析、业绩指标统计、业务阶段划分等功能又可以有效帮助管理人员提高整个公司的成单率、缩短销售周期，从而实现最大效益的业务增长。

（3）客户服务方面。客户服务主要是用于快速及时地获得问题客户的信息及客户历史问题记录等，这样可以有针对性并且高效地为客户解决问题，提高客户满意度，提升企业形象。主要功能包括客户反馈、解决方案、满意度调查等功能。应用客户反馈中的自动升级功能，可让管理者第一时间得到超期未解决的客户请求，解决方案功能使全公司所有员工都可以立刻提交给客户最为满意的答案，而满意度调查功能又可以使最高层的管理者随时获知本公司客户服务的真实水平。有些客户关系管理软件还会集成呼叫中心系统，这样可以缩短客户服务人员的响应时间，对提高客户服务水平也起到了很好的作用。

移动 CRM 继承了传统 CRM 系统的绝大多数功能，又表现出一些新的特点。

（1）直接访问信息资源数据库，对客户和销售机会展开从终端到终端的实时管理。例如，客户信息、产品价格、货源（货品、供货商）、订单的实时查询和物流跟踪等在手机、平板计算机上随时操作；销售人员在客户现场或是外出途中在手机、平板计算机上实现订单，销售报表，客户资料实时录入；销售数据、销售人员资料、各地经销代理信息、上下游供货问题、行业和产业最新资讯等各种数据实时传递。

（2）现场的数据分析和实时的资源调度。利用现有销售的各方面数据信息，进行快速高效的销售分析，合并来自 CRM 系统与其他客户信息数据库（比如财务和帮助台应用）中的数据，结果可同步到所有相关人员，推进下一步工作开展；手机、平板计算机实时监控各地销售情况和库存，随时根据市场的客观情况进行货物和配套资源的调度，达成销售配置最优化。

（3）基于移动端和 PC 端双向的数据同步。如用户可在离线状态下编辑修改信息，然后再接入网络后进行更新及订单的自动处理。

（4）可在手机、平板计算机上制订销售计划、上报领导并通知下属职员，快速高效地完成计划沟通和指令下达。

10.4.4　企业应用移动 CRM 获得的优势

移动 CRM 是以"一对一营销"为理论基础，将移动应用整合到企业的 CRM 战略中，并将 CRM 的管理功能移植到移动设备上，让企业的销售、营销、服务人员随时为客户创造价值，旨在提高客户满意度和企业竞争力的新型管理机制。

（1）移动 CRM 提高企业对客户的响应、反馈速度和应变能力。移动 CRM 最大的优势就在于能够使客户得到即时的服务。企业一定要在客户产生购买欲望或服务请求最迫切的第一时间，能够迅速找到一名最合适的员工来准确处理、负责业务。

（2）移动 CRM 提高企业销售收入。根据世界最知名的商业技术调查公司的抽样统计，通过 CRM 采用主动式客户服务的企业，其销售收入增加了 15%～20%，我们更加有理由相信应用移动 CRM 更能增加企业的销售收入，因为移动 CRM 为销售人员提供实时无连接的访问能力，使销售人员对客户重要信息的访问不再受地域和时间的限制，以便更有效地管理客户关系和销售流程，便于他们目标明确、采用最合适的方法对最具价值的客户和最具成长性的客户不断创收。

（3）移动 CRM 改善企业服务、提高客户满意度。客户对服务满意度的评价受主观因素的影响很大，客户评价服务质量不仅看其技术质量，也看其功能质量（例如，服务人员是否对客户表示关心与服务的及时程度等），因此企业不仅要改善自身的服务能力和质量，还需要在一些附加工作，如客户关怀上大做文章。

（4）移动 CRM 帮助企业优化业务流程，建立协同工作机制。在移动 CRM 系统中，一方面对资源分门别类存放，另一方面可以对资源进行调配和重组。它就像魔方一样，可以根据需要千变万化地围绕某个方面去整合资源，以满足新的经济环境以及市场和客户主导的、快节奏的、灵活多变的、多线程的市场现状。

（5）移动 CRM 提高企业工作效率，降低成本。移动 CRM 强大的管理功能，使得企业海量的客户信息、业务记录、进程、销售预期、反馈信息等关键信息，在统一的业务平台上都得到了规范的管理，并在此基础上与现有的业务流程相适应，能够提供多项统计数据，显著减少错误信息可能导致的不完整和不准确的数据收集。另外还可以利用它以极低的成本进行大规模的电子促销。

10.4.5　企业实施移动 CRM 的建议

目前，企业在应用移动 CRM 系统方面存在两难境地。一方面，为了提高销售业绩、提升客户服务、营销管理水平和提升企业形象，企业存在实施移动 CRM 的动力；另一方面，实施移动 CRM 系统过程中会遇到成本过高、流程改造困难、实施周期较长、厂商能力不足、人为因素干扰等多方面的阻力。为此，从以下两个方面对实施移动 CRM 提出建议。

（1）取得企业决策者的最大信任和支持，以获取实施动力。由于移动 CRM 的实施必然将涉及企业组织结构的改造和业务流程的优化，因此需要这样的领导来为其设定明确的目标，并且推动工作的进行。

（2）实施过程中要分步实施，逐渐将移动 CRM 与现有系统整合。很多希望实行移动 CRM 的旅游企业已经在企业的信息化建设上投入了很多的资金，面对昂贵的移动 CRM 整体解决方案，可能会犹豫。但事实上，只要和原有以建设运行的系统或管理手段妥善的整合，不仅可以节约资源，也可以收到好的成效。

10.5　移动 SCM

无线通信技术和互联网技术的飞速发展与渐趋融合，使移动商务得到蓬勃发展。利用

移动商务，人们能突破时空限制，随时随地获取关键信息。在面向个人应用的同时，移动商务也逐渐向企业应用领域中渗透。在供应链管理过程中，多数企业的视角尚停留在自我空间，导致供应链企业之间不能完全信任以及企业间关系相对不稳定，使供应链不能完全发挥其功能。究其原因，主要是因为信息的不及时、不全面造成的企业隔阂。如今，移动供应链管理（Mobile Supply Chain Management）逐渐成为有效解决这一问题的新型管理模式。移动供应链就是伴随着移动商务技术发展起来的新兴供应链管理模式，它能运用于企业信息化中并为企业发展注入活力。

10.5.1　移动 SCM 的内涵和主要特征

移动供应链管理是移动商务和供应链管理的有机结合，是基于供应链管理平台，利用移动通信技术、各种移动设备、计算机技术和互联网技术，对围绕某种共同产品或服务的相关企业的特定关键信息资源进行随时随地的管理，从而帮助实现整个渠道商业流程优化的一种新的供应链管理模式。应用移动供应链管理改变企业的运营方式，将成为供应链管理新的发展趋势。其具有以下特征。

（1）移动供应链管理是移动商务活动在供应链管理中的扩展，因此，移动供应链管理必须满足"移动"的本质，即能够直接对物流信息资源进行随时随地的利用，同时间接影响到资金流、商流等信息资源的组织，从而能够实现对供应链活动的 3A（Anytime、Anywhere、Anything）管理。

（2）移动供应链管理不是取代供应链管理平台，而是供应链管理平台某些功能的实现方式，是部分和整体的关系。供应链管理平台是移动供应链管理存在的基础，没有供应链管理平台，移动供应链管理就无从附着。移动供应链管理实际上是供应链管理平台上某些具体功能在移动商务领域的延伸。

（3）移动供应链管理要有针对性，但不需要达到全面性。在功能上，移动供应链管理不需要复制供应链管理平台的全部管理功能，但必须突出某些针对性的功能；在信息处理上，移动供应链管理要能够实现随时随地收发、存储、处理供应链上某些环节的关键信息；在信息共享上，移动供应链管理的发展方向是能够实现跨企业的信息交互。

（4）移动供应链管理的最终目的和价值体现在帮助企业实现整个渠道商业流程优化。渠道是供应链的核心，渠道能力决定供应链的成败。移动供应链的作用是要帮助企业实现渠道能力的优化，提升整个供应链管理的效率。

10.5.2　移动 SCM 的功能

在移动供应链管理模式中，用户通过手持无线设备（如手机、PDA 等）、车辆上安装的无线扫描设备等，在采购、制造、配货、销售到逆向物流的全过程中，都能随时随地收发数据、处理业务、查询各种信息、访问网络系统，最终帮助企业降低成本、加快供应链的反应速度，从而增强竞争优势。移动供应链管理集合了移动技术、IT 技术和网络技术，取代过去的有线信息系统，可以让客户在任何时间、任何地点获得他们所需要的信息和服务。

按照应用分类，移动供应链管理可以分为移动物流管理、移动供销管理、移动生产制造管理和移动库存管理等。如在移动供应链应用最具潜力的供销管理中的应用。通过移动供应链管理，二级供应商或二级经销商能够与核心企业进行实时的信息互动，加强核心企业对渠道的控制能力，缩短数量繁多而又分散极广的二级供销企业与核心企业、一级供销商的距离，使他们之间的联系更为紧密。另外，移动供应链管理还能够实现移动的订单管理。在库存管理中，通过利用移动设备或无线设备，对原材料和库存的管理能力大大提高。企业能够更好地追踪、分析、整合整个供应链上的库存，或更好地管理货物在供应链上从一个节点到另一个节点的转移。

移动供应链管理的主要功能如下。

（1）信息发布服务以短信或其他数据形式主动向通信终端发布信息，用户可随时了解供应链上有关各方的数据变化，及时采取措施以维护供应链高效运营。

（2）短信查询服务。在移动供应链平台的支持下，移动信息平台可以通过短信形式与移动终端的用户实现准时信息交互，甚至可以使用 PDA 直接收发邮件。由于现在手机短信收发的实时性、低成本及手机应用的普及，手机将成为移动供应链系统主要的客户端移动设备。

（3）语音通话服务。当事务比较复杂，无法用简单的短信进行表达时，专用移动通信终端可以为客户提供语音通话服务。目前已有语音 VPN 和短号码服务等基础语音服务和增值服务。随着互联网和无线移动网络的技术越来越成熟、服务范围越来越广、通信费用大幅下降，此项功能给用户带来极大的方便，推动移动供应链的发展。

（4）移动数据采集和传输服务。利用信息通信终端、增值服务平台和客户端软件，如 2G 通信技术 GSM（数字蜂窝移动通信）、SMS（收发短消息）和传真业务，还有 3G/4G 通信技术的基于宽带技术的 CDMA、GPRS 通信网络，为企业生产和管理提供相关信息的采集、生产管理信息的下达和查询等功能。信业平台和专用终端可支持采集和传送客户签名、工作场景等多维信息。

（5）移动定位服务。过去货运过程一般是不透明的，只要货物已经发出，在途发生什么情况、其结果如何，只有等货物到达目的地才能知道。移动供应链可以通过集成的 GPS、GIS 和移动 LBS 接收器，为客户提供定位、轨迹跟踪服务。客户可以准确掌握货物在途情况，并针对发生的情况及时采取应急措施。发、收货双方都能及时了解和录制货物的情况，在事故发生时可以及时明确事故责任，避免不必要的纠纷。

（6）其他功能。移动供应链可实现的功能还有调度服务、大客户个性化管理服务、集群电话服务和统计功能服务等，并可与客户 ERP 结合推广实施。

10.5.3　移动 SCM 的应用模式

移动供应链管理其应用管理模式（见图 10-6）分为 3 个层次：第一层为用户层，代表实际使用移动供应链管理的用户，包括直接使用移动终端的用户和使用供应链管理平台的企业；第二层为网路层，是移动供应链信息流动的具体通道，包括移动终端、移动通信服务商、电信网络、集成运营商和 Internet 网络；第三层是系统平台层，包括供应链管理平台和移动供应链管理平台。它们共同实现移动供应链的具体功能并管理着整个移动供应链管理系统。

在移动 SCM 系统中，其用户在移动终端提交信息，经由移动通信服务商传输给集成运营商，再由集成运营商对这些信息进行处理，并将处理好的信息通过 Internet 发布到移动供应链管理平台上。供应链节点企业需要将发布的信息提交到平台，再由平台传输到 Internet

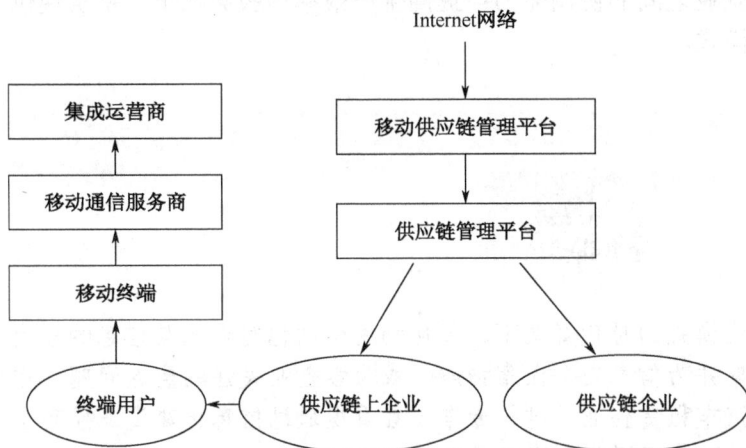

图 10-6 移动供应链应用模式

上，集成运营商接收到信息后，进行存储、转化和分离，最后再把分离的信息发送到特定的移动终端上，从而实现供应链上节点企业信息互动。

完整的移动供应链一般由固定设备（公司总部或移动供应链服务商的有线技术设施和设备等）和移动设备组成。例如，在作业现场，可以使用射频识别技术扫描标签，或手机发送标准短信向公司总部或移动供应链服务商进行存储和查询数据。这样用户可以在移动设备允许范围内各处进行作业，并能够及时获得最新信息以及各种问题的解决方案。因此，移动供应链拓宽了传统供应链的应用能力，由于信息的及时性，增强了各企业的信任度，提高了供应链整体抗风险能力，从而提高了供应链的整体竞争力。

10.5.4 移动 SCM 的应用及实现

许多行业，诸如物流配送、货物存储管理，特别是利于环保的回收物流等方面都需要及时、准确的信息。又由于其分散性强而难以管理，这为移动供应链管理提供了广阔的应用空间。移动 SCM 系统主要应用在供应链节点企业涉及的采购、生产、销售方面的调度、指挥、库存控制、运输车辆在途信息实时监测、产品数据的管理、统计、检索等内容。例如，移动供应链系统可以通过供应链管理平台、移动终端及客户端实现短信进行相关人员调度；利用专用车载分体终端接收条形码采集数据并实时传输；短信通知或短信查询。

为在不同行业实现移动供应链管理，需要选择合适的移动终端。现在较为流行的移动商务的移动终端包括手机、PDA、宽带无线上网功能的笔记本计算机等。就目前而言交互性、普及性、易操作性、功能适宜性以及经济性等 5 个条件作为移动供应链管理实施的必要条件。交互性要求移动终端不仅要能够接收信息，而且还能发出信息；普及性要求终端应该是多数企业广泛采用的，以扩大用户群，实现更为广泛的信息交互和信息增值；易操作要求近似"傻瓜型"的操作方式；功能适宜性最基本要求能够实现和公用移动通信网络的互联；经济性要求该终端价格低廉。因此，综合考虑，手机是较适合于各个行业采用的移动供应链管理的移动终端。再者移动供应链管理必须实行严格的实名验证，有效的平台验证的方法，要把网络的虚拟性尽量具体化，才能增加移动供应链管理的实时性、准确性和可靠性。此外，移动供应链的建设投资大，如供应链管理平台建设和维护、大型移动软件的开发等，因此需要政府部门和社会各界的支持。

综上所述，移动供应链管理正是借助完善的信息系统和网络，通过发挥专业人才的经验和技能来实现的，依托的主要是企业的 IT 基础，通过技术和知识密集型的服务，缩减了信息使用的成本；降低了信息录入的错误率；提高企业与客户之间的沟通效率；提升供应链上企业与客户之间；企业与企业之间的协调能力；提高生产效率和服务水平，是实现供应链高效运作的一种较为理想模式。

本章案例

在移动互联网深入改变商业模式的时代背景下，如何利用移动化对资源与信息的强大配置能力，提高业务的发展效率并为信息安全保驾护航，成为各企业关注的重点问题。作为中国最大的全国性大型连锁汽车租赁企业，神州专车一直重视通过信息化建设来提高企业的竞争力，并结合中国客户的消费习惯，为客户提供完善的服务。

特别是在"专车"这一商业模式兴起之后，迅速组建了"专车"业务，并通过在国内实现广泛覆盖的移动互联网，将用户与专车司机连接起来，为用户提供"随叫随到"的专车应用体验。然而，在专车业务走向移动化的过程中，神州专车也面临着 APP 管理、终端安全管理、业务成本管理这三座"大山"。

首当其冲的是 APP 管理，现在神州专车已经形成了"专车+司机+终端+神州专车 APP（司机端）"的业务模式，以一体化的方式为顾客提供服务，其中神州专车 APP 是业务流程中的一个关键点。然而，随着专车司机数量的迅速增加，要想在短时间内对大量的 APP 进行更新、维护几乎是不可能完成的任务，神州专车迫切需要应用自动化批量安装、更新的移动化落地方式，来保证业务效率。

在终端安全管理方面，神州专车上的手机是由企业统一采购、配发的企业资产。神州专车需要确保这些终端设备中的机密数据不被外泄，同时保证这些移动终端仅供司机工作使用，不能用于个人用途，也不能擅自改变系统设置。因此，神州专车需要在移动终端中实现安全桌面的功能，将手机打造成一台仅供工作使用的专用移动终端。

最后，神州专车上部署的终端设备，除了供司机使用之外，还要向乘客提供 WiFi 热点服务，这是一个体现其差异化竞争优势的重要手段。对于这些终端的流量使用情况，神州专车必须要做到一目了然，以形成完整的流量信息报表，为成本管理提供数据支撑。

国信灵通 MDM 助神州专车移开移动化"路障"

在了解到移动化过程中存在的棘手问题之后，神州专车决定引入移动化管理平台，以提高移动化管理水平，增强专车业务发展的规范性。在对行业主流的移动化解决方案进行评估之后，国信灵通 MDM 平台最终凭借强大的移动化管理能力与完善的服务措施，获得了神州专车的青睐。

在实施过程中，国信灵通 MDM 作为神州专车移动化基础构建，提供设备、应用、资产等维度的管理服务。通过移动终端管理系统将普通的个人手机，平滑地转变为具备企业管理属性的神州专车工作终端，并达到符合专车场景、工作条件和安全要求的开机即用效果；并通过后台的平台策略配置和下发，帮助企业通过技术手段将管理要求落地，并达成设备、应用、安全、资产等多维度的移动化管理要求。

在部署之后，该解决方案实现了如下几个实施效果

应用静默安装、更新、卸载：国信灵通 MDM 实现了对应用的完整管理，在没有人为参

与的情况下，保证每台终端都自动安装 APP，并能够让 APP 平滑、自动地更新到最新版本。

安全桌面：国信灵通为神州专车在手机上建立一个专有的企业桌面，安全桌面中只会显示被允许使用的应用。生效后，用户无法私自退出安全桌面，以最大限度确保应用的合规性，保证工作终端不会被应用于个人用途。

应用安装状态查询：该解决方案会提供应用的已安装/未安装用户列表。神州专车可以针对特定的应用，筛选出应用未安装成功的用户名单，并采取相应的管理措施，这样就可以有效地对专车应用进行管理。

流量设备报表：解决方案提供了终端设备的流量信息报表，神州专车管理人员在后台可主动发起流量查询，系统获取到终端流量数据后，以报表的方式进行呈现。企业管理人员可根据报表数据对流量进行管理，以控制流量成本。

神州专车移动化业务驶向"快车道"

市场研究报告显示，专车业务的潜力"无限"，在未来几年的国内市场容量可达几百亿元，这使其赢得资本的疯狂追捧，部分专车企业的估值甚至达到了百亿元的级别。而通过部署移动化管理平台，神州专车形成了设备、应用、安全、资产等多维度的移动化管理，这为其业务增长提供了至关重要的移动化能力，帮助其从容面对专车市场的激烈竞争。

对于移动化平台的管理效果，神州专车某管理者表示"在移动化管理平台的打造过程中，国信灵通凭借其丰富的移动化实施经验，以及领先的移动化解决方案让我们受益良多。在移动化管理平台的试运行过程中，我们不仅确保了我们专车 APP 的业务覆盖率与更新率，还确保了公司数据资产的安全性与移动终端的'专一性'，这让我们在业务发展过程中更加游刃有余。"

（资料来源：IT168 信息化频道 http://cio.it168.com/）

本 章 小 结

本章主要讲述了移动商务管理中企业遇到的变革，企业应该根据自身情况合理地选用移动化管理信息系统，诸如移动 OA、移动 ERP、移动 CRM、移动 SCM。初学者要认真领会以上几大移动化管理信息系统各自的发展概况、功能、特点及企业在实施时应该注意的问题，特别注意的是要领会移动 OA、移动 ERP、移动 CRM、移动 SCM 所蕴含的管理思想和用到的信息技术对于企业经营效率的提升及成本控制的影响。

思 考 题

1. 在移动商务环境下企业会遇到哪些变革？
2. 什么是 EMM，包含哪几大部分？
3. 目前移动办公形式有几种？分别是什么？
4. 移动 OA 的发展经历了哪几个阶段？未来的市场趋势如何？
5. 移动 ERM 的发展经历了哪几个阶段？其主要功能有哪些？
6. 移动 CRM 的功能有哪些？企业在实施该系统时应该注意什么问题？
7. 移动 SCM 相比于传统的 SCM，其特点表现在哪些方面？企业应该如何实施移动 SCM？

第 **11** 章 移动商务服务

学习目标

- 了解移动商务服务的内涵、分类和特征
- 了解移动商务服务的发展趋势
- 掌握移动信息服务的内涵和模式
- 掌握移动娱乐服务，理解移动娱乐业务的种类和解决方案
- 掌握移动金融服务，理解移动金融产业链和移动银行
- 掌握移动定位服务，理解移动定位业务的种类和解决方案
- 掌握移动社区服务，理解移动 SNS 的经营模式

案例导入

移动社区微信平台

1. 背景

微信由腾讯公司于 2011 年 1 月 21 日推出，是一款支持 iPhone、Android、Symbian、BlackBerry、Windows Phone 和 Series 六大智能系统平台的即时通信软件。随着微信用户的激增和微信功能的完善，微信逐渐成为互联网时代继微博之后的第二个"杀手级"应用。同时，需求市场的扩容推动了微信的商业化进程。

微信起步时仅通过 QQ 账号体系来导入关系链，之后才增添通过导入手机通讯录来获取用户。在微信社交圈的日渐完善下，开始形成用户从传统移动社交平台到微信的迁移，微信逐渐成为移动社交的主流。在微信正式推出的初期，累计用户 500 余万，到 2011 年年底，微信用户已超过 5 000 万。2012 年 3 月，微信用户破亿，迈入"亿级应用"行列。2012 年 4 月，微信推出国际版 WeChat。截至 2013 年 8 月 15 日，国际注册用户突破 1 亿人。2013 年第三季度，微信中国版及海外版合并月活跃账户数达到 2.719 亿人，同比增长 124.3%，增势迅猛。截至 2014 年 3 月，微信账户数量超过 5 亿，活跃账户超过两亿，已然成为移动互联网时代的第一大应用。

2. 功能

功能性是用户选择即时通信软件的重要参考，微信功能的不断完善和多元保证其能够满足用户市场的主流需求。微信面对智能手机用户，通过客户端提供了文字、照片、视频共享、位置共享、互联网购物、理财和游戏等服务，并有共享流媒体内容的 Feed 和基于位

置的社交插件"摇一摇""漂流瓶"。在微信发展的几年间，实现了数十次版本的优化和升级。

2011 年 5 月，微信语音对讲功能的加入使得用户数量进一步增长。2011 年 8 月，微信添加了"查看附近的人"的陌生人交友功能，用户数达到 1 500 万。2012 年 4 月，腾讯公司开始做出将微信推向国际市场的尝试，将其 4.0 英文版更名为 WeChat，之后推出多种语言支持。微信及 WeChat 的合并月活跃账户于 2013 年年底达到 3.55 亿，成为全球下载量和用户量最多的通信软件，影响力遍及中国大陆、中国香港、中国台湾、东南亚、海外华人聚集地和少数欧美地区。

2013 年 8 月 9 日，微信增加表情商店、游戏、收藏、微信支付等功能；改进二维码扫描，支持条码和街景扫描；支持订阅号和服务号管理。

3. 微信的商业化进程的推进

微信被誉为替腾讯赢得了"移动互联网的第一张船票"，其商业化进程广受业界的关注。对于整个移动互联网行业来说，微信的商业化是流量变现的积极探索。微信 5.0 推出之后，它的商业化进程开始加速，O2O 行业成为战略发展目标。微信的商业化价值主要体现在四个方面：用户，庞大的用户群体是微信商业化的价值基础，为商业活动的展开提供了市场；行业，微信立足于移动互联网的社交领域，移动互联网作为经济的激增点，抬升了微信的商业化价值；公司，腾讯强大的技术能力和资源背景推动了微信商业化的深化发展；产品，作为移动互联网时代的"杀手级"应用，微信自身蕴含了极大的商业潜力。

微信商业化盈利模式主要包含微信游戏和增值服务两个方面。腾讯有着运营 PC 端游戏的成功经验，从 2011 年 7 月开始，腾讯正式涉足移动端游戏领域。据易观国际数据显示，2012 年第一季度手机网络游戏市场规模 4.4 亿元，其中腾讯占据了 19% 的市场份额，手机游戏应用成为腾讯游戏重点发展的产业之一。2013 年上半年，腾讯将手机游戏应用作为插件，植入微信并开始获得可观收益。其次，微信增值服务涵盖通信板块的收费表情、语音贺卡和基于社交增值的企业品牌营销。

移动商务不仅提供电子购物环境，还提供一种全新的销售和信息发布渠道。从信息流向的角度，移动商务提供的业务可分为以下三个方面。

（1）"推（Push）"业务：主要用于公共信息发布。应用领域包括时事新闻、天气预报、股票行情、彩票中奖公布、交通路况信息、招聘信息和广告等。

（2）"拉（Pull）"业务：主要用于信息的个人定制接收。应用领域包括服务账单、电话号码、旅游信息、航班信息、影院节目安排、列车时刻表、行业产品信息等。

（3）"交互式（Interactive）"业务：包括电子购物、博彩、游戏、证券交易、在线竞拍等。

11.1　移动信息服务

移动信息服务是移动电子商务应用的主要方式之一。是当前最即时、快捷、便利的。具有个性化优势的移动信息服务，已经悄然走进了我们的生活。移动信息服务已经成为促进电信业务收入稳步增长的主要力量，成为增值电信业务市场上竞争最为激烈、对收入贡献最为显著的一项业务。

11.1.1　移动信息服务的内涵

1．移动信息服务的概念

（1）移动信息服务是信息服务的组成部分。

信息服务是发生在信息用户与服务职员、信息资源、信息服务系统之间的可以满足用户需求的一种或一系列行为。现代移动信息服务是新兴的信息服务，是信息服务的组成部分。

（2）移动信息服务是面向移动环境下的用户的信息服务。

从用户角度看，其所处的环境可以分为固定环境和移动环境。移动是相对于固定而言，区别在于人或物在实体空间位置上的变化状态。固定环境是指人或物处在相对稳定的空间环境，固定信息环境是指固定环境中人们主要用于从事信息活动的空间环境，如教室、会议室、礼堂、办公室、书房、网吧、图书馆、电影院等。移动环境则是指人或物处在不断变化的空间环境，如户外运动中、交通过程中、旅途中等，移动信息环境是指移动环境中人们可以兼而（因为移动环境中，除了记者等专业信息工作者之外，大部分人的第一行为不会是信息行为）从事信息活动的空间环境。移动信息服务是面向移动环境下的用户开展的信息服务，与固定信息服务共同组成信息服务。

（3）移动信息服务是基于现代移动信息技术的信息服务。

根据移动信息技术的演变，可以将移动信息服务分成如下发展阶段。

① 传统移动信息服务，如无线广播电台、流动售报、图书馆流动服务等，都是基于传统无线电、机械技术或人工操作而实现的。

② 移动通信服务，狭义上指移动终端通过移动通信网络进行通信，广义上指手持移动终端通过各种无线网络进行通信。

③ 移动通信增值服务，是基于移动通信网络实现的短信息、彩信、互动式语音应答（IVR）、彩铃等移动数据服务。

④ 移动互联网服务，移动通信与互联网的结合产生了移动互联网。相应地，以移动通信网络作为接入网就是狭义上的移动互联网，以各种无线网络作为接入网就是广义上的移动互联网。

综上所述，面向移动环境下的用户，通过移动/无线信息网络与手持移动信息终端向用户提供的信息服务，就是移动信息服务。

2．移动信息服务的特点

希奥（Siau, K.）等人将移动信息服务的特点归纳为泛在性、个性化、灵活性和广泛传播。张（Liyi Zhang）等人从移动贸易的角度分析移动信息服务，认为移动信息服务具有便携性、能到达性、易接近性、可定位性和身份可识别性等特点。与固定信息服务相比，移动信息服务的根本特征在于其突破了时空的局限，可以随时随地开展服务。正如一位无线信息技术专家所言，互联网对人们的最大贡献是它用线把全世界连在了一起，而无线互联网的最大贡献就在于它能够把束缚人们坐在固定位置上网的网线"剪断"。移动信息服务实现了前所未有的"移动性"服务，用户也可以在移动状态下随时随地利用信息服务。

移动信息服务的缺点也很明显。与固定信息服务相比，移动信息服务受到环境、屏幕

和输入条件等的限制，环境多变不稳定，移动终端屏幕显示局限大；处理能力不强；操作不够方便；用户使用体验差，这些都是移动信息服务的缺点。尽管有这些缺点，但移动信息服务更受益于跨越各种环境的移动性、可定位性、个性化等特征。

11.1.2　移动信息服务的模式

信息服务模式有两种诞生机制，即以信息服务各要素为基础的衍生机制和以发展条件等外围因素为基础的催生机制。

（1）移动信息服务的基本模式是指对移动信息服务的组成要素及其关系的描述。移动信息服务的组成要素彼此间的关系程度和作用方式不尽相同，这些要素及其相互关系就成了区别不同模式的主要依据。基于组成要素的移动信息服务模式包括主体模式、技术模式、内容模式、服务策略、面向用户的服务模式等。

① 从移动信息服务的主体来看，既有独立的移动信息服务机构，例如，电信运营商、互联网服务商、移动互联网服务商、移动终端提供商、传统出版机构/广播电视机构、数字（手机）出版技术供应商、图书馆等各类信息服务机构，还有政府、各类企事业单位（其所属的信息部门开展移动信息服务）。

② 移动信息服务的技术模式可以分为基于不同通信网络的服务模式，例如，基于以WLAN 为主的无线通信服务模式和基于以 3G/4G 为主的移动通信服务模式；基于不同移动终端的服务模式，如基于手机、阅读器、平板计算机、PDA 等的服务模式和基于不同操作系统、短信息、多媒体信息、浏览器、客户端软件等的服务模式。

③ 移动信息服务已经渗透到各个行业，以及用户生活的方方面面，其内容模式包括：通信（接入互联网、IM、视频通话、邮件等）、移动社交（社区、博客、微博等）、信息服务（新闻、搜索、广告、地图、位置服务、移动教育、出版、图书馆等）、娱乐（手机游戏、音乐、视频等）、移动电子商务（银行、支付、炒股、购物、交易、手机广告、企业 WAP 站点等）、移动政务（办公、管理等）等。

④ 从移动信息服务策略来看，移动信息服务模式包括：单向传递服务模式与用户参与服务模式、主动服务模式与被动服务模式、平移服务模式（直接接入互联网、采用传统信息服务内容）与加工服务模式（导航、检索、参考咨询、学科信息门户、专题服务等）、独立服务模式与协同服务模式（与其他信息服务系统合作提供服务）、个性化服务模式等。

⑤ 面向用户的服务模式，是指根据用户的不同特征（年龄、性别、学历、职业/身份等人口统计特征、信息需求与信息行为特征、经济消费能力等），对用户进行细分，设计相应的移动信息服务模式，以提供针对性的服务。比如面向大学生、年轻上班族、农村居民和商务人士等用户的移动信息服务模式。

（2）移动信息服务的外部主要影响因素是移动环境和移动信息技术，基于外部因素影响关系的移动信息服务模式主要有即时服务模式、基于位置的服务模式、个性化服务模式等。

① 即时服务模式是指根据用户在移动环境下的即时性信息需求依托移动信息服务系统为用户提供所需的信息内容与信息服务，如新闻、金融行情、比赛实况、即时交流与处理等，是移动服务特色非常显著的信息内容服务模式。

② 基于位置的服务模式是移动信息服务者根据用户在移动环境下所处的地理位置依托移动信息服务系统为用户提供所需的地理信息、与地理位置相关的其他信息服务，如与位置结合的手机新闻服务、天气、社区、聊天交友、微博、商务等，也是具有显著移动服务特色的信息内容服务模式。

③ 个性化服务模式是指移动信息服务者根据手机等移动终端的隐私性、身份可识别性，利用移动信息服务系统建立用户的信息需求模型，面向用户的个性化需求提供有针对性的信息服务，如个性化门户、个性化检索、个性化收藏服务、个性化订阅服务等。

11.1.3 案例：可口可乐的"数据空港"

1. 背景

可口可乐是世界家喻户晓的饮料品牌之一，自 1979 年返回中国市场至今，已在中国投资达 20 亿美元，目前中国已是可口可乐全球第三大市场，年销售额愈百亿美元。截至 2009 年 10 月，可口可乐在中国已建有 39 家瓶装厂，连续 5 年在中国的业务以两位数速度增长。尽管取得如此辉煌的业绩，但是可口可乐公司的心情已经与 20 年前刚刚返回中国市场时大不相同，那时中国饮料市场尚未开发，外国饮料公司基本上感受不到中国饮料企业的压力，可口可乐可以说是一家独大，十几年前中国出现的几家"可乐"型饮料，最后都无声无息地消失了。近年来，随着中国民族饮料品牌的蓬勃发展，以可口可乐为代表的外国饮料企业逐渐感受到中国饮料企业强烈的竞争威胁。作为快速消费品行业典型代表的饮料企业，因其行业特点，在销售数据和库存管理方面往往会出现以下问题：销售数据可能滞后或失真，影响营销决策；资金挤占和坏账损失，导致财务危机；库存数据不易准确及时，导致库存成本增加、流转效率低下；跨区域窜货，打乱企业整体市场布局。面对竞争日趋激烈的中国饮料市场，行业老大可口可乐公司也意识到这些普遍性的问题对公司盈利状况产生的不良影响，开始思考改变管理模式、优化管理流程来提高管理效率和控制成本的重要意义。

2. 解决方案

在借鉴了多家有代表意义的快速消费品企业的数据管理经验后，可口可乐公司的管理人员将目光聚焦到了高效并且普及率高的短信服务业务上——应用移动通信技术服务来进行销售数据和库存管理，成为可口可乐公司的新目标。

实现功能如下。

（1）销售和库存管理

销售人员编辑固定格式的短信，将当日销售金额、售出商品明细等信息上行发送至总部。

通过上行发送规定格式短信，销售人员向总部物流中心汇报库存物品的入库、出库、盘点情况并提报补货请求。

（2）工作通知

总部发送下行短信下达各种通知，商品价格调整通知、促销信息和发薪通知等。

（3）信息发布

实现总部重大事件的信息发布提醒和企业各层级人员之间的信息沟通。

（4）短信自动归档管理

对上下行短信进行归档，并保存到历史数据表，供数据统计部门进行汇总处理。

（5）人文关怀

在重大节日、员工生日时，总部行政部门发送短信，送上节日祝福和生日祝贺，为员工送上关怀，增强员工凝聚力。

3．方案效果

应用数据空港移动商务方案，其方案结构图如图 11-1 所示，可口可乐公司的各级管理者通过手机掌握各销售网点、销售地区各时段的销售、库存情况，做出及时准确的销售分析，实现 24 小时的信息数据有效传达，真正做到对市场的快速响应，提高企业的管理水平和竞争实力，全面实现移动办公。

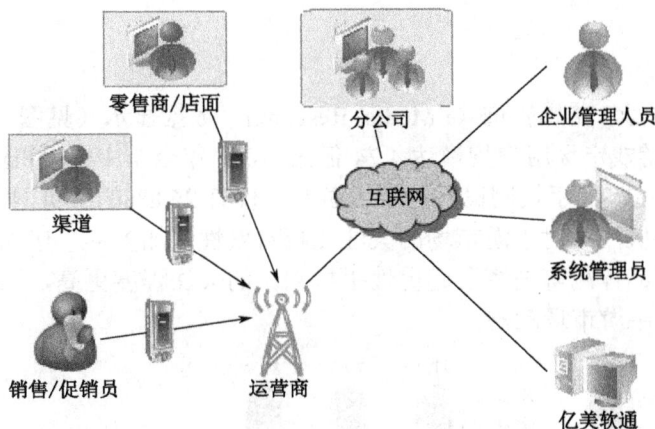

图 11-1　数据空港解决方案结构图

不断提高销售额、降低流转成本和提高运营效率是快速消费品企业的利润来源，亿美软通移动销售管理解决方案利用无线移动技术提供了企业管理层和终端销售人员间的信息管理平台，提高了销售执行力，加强了沟通，规范了终端销售人员的工作流程，帮助企业将管理延伸到每一个营业网点，真正实现了移动化办公。

11.2　移动娱乐

随着移动网络的不断发展，移动带宽对大数据量传输的支持不断加强，从而使移动网络成为一个全新的传媒与娱乐渠道，为移动娱乐业的发展提供了一个全新的应用平台。目前，互动性游戏和实时娱乐服务正在逐渐走进人们的生活。人们可以通过移动网络终端用一种方便、快捷、安全的方式来获取定制型的交互式新闻报道和娱乐信息服务、音乐与娱乐的升级和传递服务、娱乐活动购票服务以及在线游戏服务等具有特性的移动服务。

11.2.1　移动娱乐的概念

移动娱乐简言之就是传统娱乐方式在以手机和其他个人数字助理（PDA）等移动通信终端上的应用。随着 4G 时代的来临，宽带传输、手持终端、移动视频等新技术产生的能量会进一步扩展，娱乐创新的表现形式越来越丰富多彩。以移动游戏为代表的移动娱乐业务能够为运营商、服务提供商和内容提供商带来附加业务收入，它将是运营商可提供的又一项有特色的移动增值业务。目前,移动娱乐服务已经涉及短信、拍照、录像、内置游戏、音乐等终端移动娱乐,以及图铃下载、电子视频、网上聊天、新闻资讯、定位导航、商务办公等增值服务。移动娱乐有机会成为移动产业最大的收入来源,同时也是鼓励移动用户消耗剩余预付费通话时间的最佳手段。

据著名的市场研究公司 Junipe Research 最新发表的研究报告称,在 3G 更广泛的应用和为移动内容制作的丰富媒体市场的共同推动下,2010 年全球移动娱乐市场的收入达到 475 亿美元。其中,移动游戏、音乐和电视的收入达 340 亿美元。

11.2.2　移动娱乐代表业务的种类

1．移动游戏

在手机游戏方面,艾媒咨询(iiMedia Research)数据显示(见图 11-2),截至 2014 年年底,中国手机游戏市场用户规模达 4.74 亿人,2014 年全年中国手机游戏市场达到 281.2 亿元。2014 年,73.2%的手机网民玩过手机游戏,仅有 26.8%的手机网民没有玩手机游戏。分析认为,男性手机网民对手游市场的关注点相对女性更加多样,诸如行业动态、企业资讯、产品更新、产品评测等内容引起男性手机网民的关注程度更高,因此男性手机网民相比于女性更加关注手游市场动态。

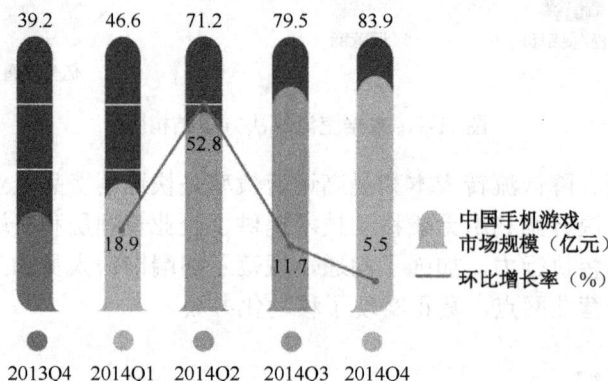

图 11-2　2014 年中国手机游戏市场规模发展状况

2．移动音乐

在无线音乐方面,艾媒咨询(iiMedia Research)数据显示,2013 年第三季度中国手机音乐第三方客户端用户规模达 2.91 亿人,环比增长 7.0%,到 2013 年年底,中国手机音乐第三方客户端用户规模超过 3 亿。艾媒咨询点评称,无线音乐市场竞争继续加剧,促使运营商和音乐客户端开发商不断探索新的业务增长方式,保证了无线音乐市场持续发展。

3．移动视频

在手机视频方面,艾媒咨询(iiMedia Research)数据显示,2013 年第三季度中国手机视频市场规模达 2.91 亿元,环比增长 10.6%。艾媒咨询点评称,2013 年中国手机视频市场开始了规模性商业化,手机视频流量、装机量和营收均呈现加速增长态势。流量与网速依然是制约用户在线观看手机视频的重要因素,随着 WiFi 覆盖热点的增多以及运营商在流量方面的

优惠，将为用户使用在线手机视频提供一定的条件，手机视频未来将呈现较快发展态势。

4．移动博彩

由于博彩是一种对时间性要求较高的娱乐活动，如赛马。因此，它将是移动娱乐业务中一项非常有趣的应用。德国首家在线 Lotto（一种对号码的牌类游戏）公司 fluxx.com 就计划通过移动终端提供服务。预计未来两三年内，移动博彩将成为极富乐趣并多样化的应用。

11.2.3　移动娱乐业务解决方案

诺基亚提出了面向移动运营商的诺基亚移动娱乐业务解决方案，该方案成为移动娱乐业务（主要是游戏）得以发展的强劲推动力。

诺基亚移动娱乐业务将互联网、移动电话技术和流行的娱乐项目融合在一起，是一种实用性很强的可管理工具；对交互式娱乐的开发商和发行商而言，诺基亚移动娱乐业务又是一个高级的开发平台。

采用移动娱乐业务的 WAP 手机用户无论身在何方，都可以在 WAP 手机上享受原来只有在互联网上才能实现的全球联网的交互式娱乐活动。比如用 WAP 手机参加网络游戏就很简单，用户先选择游戏类型，决定是邀请另一位在线玩家一起玩还是与机器对打，之后每个玩家就可以在游戏中轮流操作，屏幕实时更新。

（1）业务功能

诺基亚移动娱乐业务提供应用和内容开发商能够理解的内置功能，用以创建新应用，包括支持多人游戏。访问存储在数据库和 Web 服务器中的内容，具有注册、认证、会议管理、积分管理、竞赛等功能，支持多种语言。

诺基亚移动娱乐业务还具备能够保证业务全天有效运行的性能，如系统监视控制台、在线系统状态信息、可升级结构、用于分析说明的数据采集功能等。

（2）业务构成

诺基亚移动娱乐业务的主要组成部分及其作用为：业务平台，包含可升级业务所必需的服务器软件和硬件；全天候业务主机，承担连续地运营和管理业务平台的任务；加速工具，用以维持正在进行的娱乐活动；娱乐内容，持续引进和提供知名发行商发布的新游戏和内容；开发程序，通过开发工具、信息和技术支持担当游戏应用开发商和内容发行商的助手。

移动运营商可以通过诺基亚移动娱乐业务解决方案提供广泛而动态的娱乐内容，并保证任意持有符合 WAP1.1 协议手机的用户都可以访问诺基亚移动娱乐业务。移动运营商可以把诺基亚移动娱乐业务作为一项可管理工具来应用。提供该业务的运营商必须配置具有数据呼叫特征的数字移动网络、远程访问服务器和符合 WAP 1.1 协议的网关。

11.2.4　移动娱乐业务发展预测

移动游戏将成为下一代移动业务的增长点。研究表明，移动游戏将促进用户接受下一代移动设备，而这些设备使用的增长也将为非移动的游戏市场带来积极的影响。概念设计对于网络游戏来说很重要。移动游戏对于内容提供行业的任何公司而言，都是不可低估的巨大商机。但由于用户使用移动娱乐业务的时间是不确定的，因此采取用户订阅的方式并不理想。

应该采取其他方式对此业务进行收费。目前，用户可以通过运营商现有的计费系统付费，而将来有可能通过智能卡来支付。GPRS 技术能够提供 9.6～115 kbps 的速率，并保持一直在线状态；而 UMTS 技术使传输速率可达到 2 Mbps，这将极大地丰富运营商为无线设备所提供的内容，并为无线 Internet 游戏提供强有力的支持，移动游戏质量会不断地提高。

11.3 移动金融服务

11.3.1 移动金融概述

当手机把照相、电视、录音、游戏等各种功能集于一身，成为人们日常生活中必不可少的组成部分时，银行也把触角伸向它，将其成为发展业务的新载体，手机银行从此开启了真正的无卡金融时代。

人们可以足不出户，甚至不用计算机，仅通过手机来完成支付各种银行代收的水电煤气费、买理财产品、完成股票交易、订机票、购物等事项，大大提高了生活效率和质量。作为一种新的银行服务渠道，手机银行真正实现了银行如影随形地跟着我们，随时随地为我们服务，这种更加方便快捷的服务方式，也迅速受到大众的青睐和追捧。

在国内，手机银行业务发展只有六七年，但办理手机银行业务的用户已初具规模。据《2012 中国手机银行安全性调研报告》，在超过 4 万名手机用户的调查中，只有 5% 还未开通手机银行。据中国互联网协会 2013 年 7 月发布的《中国互联网发展报告（2013）》数据显示，2012 年我国手机银行资金处理规模已达到 8 000 亿元。预计 2015 年手机银行资金处理规模将突破 9 万亿元。

移动金融就是金融机构借助移动通信技术提供有关金融服务的总称。它将金融服务与移动通信相结合，具有成本低廉、随身便捷的特点，能够使人们不受时间和地点的限制享受优质的金融服务。相对传统的网点服务和日渐成熟的网上服务，移动金融属于更加领先的服务平台，代表了金融服务的发展方向。

11.3.2 移动金融产业链

由于采用手机作为交易终端，涉及移动通信及与手机终端适配的问题，所以移动金融产业链除银行及第三方支付外，电信运营商及手机终端和系统制造商都被纳入其中，产业链更为复杂，如图 11-3 所示。

对于资金账户管理来说，由于银行是金融机构，而电信运营商及第三方支付目前均未获得相关牌照，因此针对整体金融服务来说，银行必然是主导者。而只就移动支付这一细分领域来说，电信运营商及第三方支付企业由于也涉及资金账户管理功能，因此也具备较强的竞争力。

但通过分析可以得知，银行的优势更为明显。首先银行拥有金融服务牌照，无论从提供金融服务的全面性还是安全性来说，相对电信运营商及第三方支付企业都更为突出；其次，运营商的优势在小额支付，购买商品的种类受到限制，而大额的账户管理则须由银行来管理，对购买商品的种类限制较小，因此能带给用户更大的效用。手机支付产业链主要

角色优势对比见表 11-1。

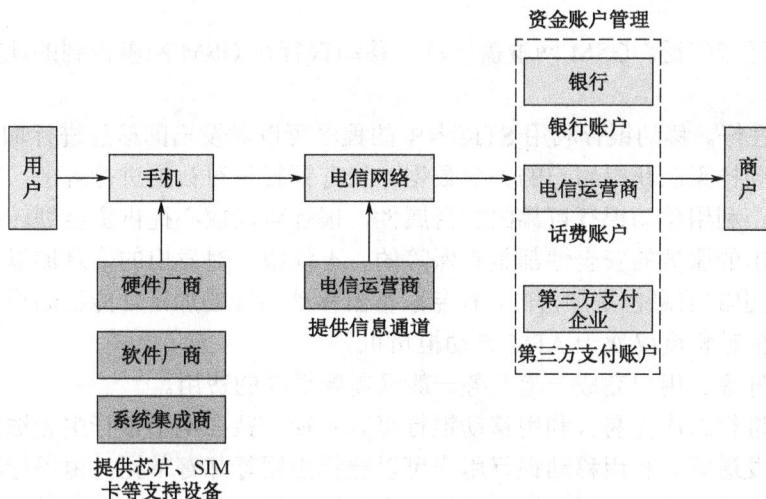

图 11-3　移动金融产业链

表 11-1　手机支付产业链主要角色优势对比

手机支付产业链各方	优　　势
银行	拥有金融服务牌照，金融体系完善，拥有足够的在账户管理和支付等金融领域的经验，安全性佳，具备天然的用户信任优势
电信运营商	庞大的手机用户基础；通过与定制终端的衔接，可直接将移动应用提供给用户，具备抢占终端优势
第三方支付企业	在网上支持运营中积累的商户及用户资源；拥有互联网企业的创新本质，创新的积极性强

11.3.3　移动银行

　　移动银行就是以手机、PDA 等移动终端作为银行业务平台中的客户端来完成某些银行业务。移动银行是典型的移动商务应用，它的开通大大加强了移动通信公司及银行的竞争实力。

　　移动银行通过移动网络将客户的手机或 PDA 连接至银行，客户可以利用手机或 PDA接口直接完成各种金融理财业务。移动银行的主要功能包括账务查询（通过手机查询用户在银行的存折、信用卡账户余额等）、自助缴费（直接在手机上查询及缴纳手机话费和其他费用）、银行转账（通过手机进行信用卡、存折之间的资金转账）等。另外，移动银行还可以通过短信平台向客户提供股市行情、外汇牌价等金融信息。

　　这种结合了电子货币和移动通信的服务丰富了银行服务内涵，使人们不仅可以在固定场所享受银行服务，更可以在旅游或出差中高效、便利地处理各种金融理财业务。通过移动银行服务，消费者能够在任何时间、任何地点，通过手机以安全的方式访问银行，而无须亲自来往银行办理业务。

　　从应用角度来看，移动银行的优势主要体现在以下几个方面。

　　（1）功能便利。目前，国内中行、建行和招行的移动银行服务已趋于成熟。各家银行所提供的服务都涵盖了丰富的功能，用户通过手机，不但可以查询账户记录和汇率等金融信息，还可以完成各种转账、委托买卖证券、个人实盘外汇买卖等个人理财业务及享受代缴费等功能。

（2）使用区域广泛。GSM 网覆盖广泛，移动银行在 GSM 网覆盖到的地方都可以提供服务。

（3）安全性好。移动银行利用 STK 卡中的程序可以对发出的信息进行加密，即使从空中拦截信息，同样无法获得用户的关键数据。只有银行可对数据进行解密，即使电信运营商也无法解密。利用移动银行可靠的加密属性，银行可以放心提供资金划转的银行业务。目前，银行推出的服务的安全性都是有保障的，不仅银行对发出的信息加以保密，而且由手机 STK 卡发出的信息也是加密的。有专家指出移动银行的加密功能已高于现有的电话银行，因此其可信赖程度仅次于 ATM 自动柜员机。

（4）收费低廉。用户完成一笔业务一般只需要很少的费用。

（5）可以进行二次交易。利用移动银行可以实现一些在电话银行中无法实现的功能，如简易单据的发送等。利用移动银行用户可以选择由银行邮寄单据、由银行利用短信发送简易单据或用户确认后不发送单据。即使用户关机，再次开机后同样可以收到银行发送的请求，在任何时间都能对消费进行确认，从而实现二次交易，而这种方式才是真正方便的代收代付服务方式。业务比例在银行业务中越来越大，移动银行的这种服务将更为重要。

11.3.4　移动证券

1．移动证券的兴起

随着互联网和无线通信技术的发展，人们已不再满足于在固定地点与互联网连接的方式，而是希望随时随地、机动灵活地获得和处理需要的信息，于是移动电子商务应运而生。与此同时，证券业务的迅速发展为移动电子商务在证券上的应用提供了广阔的发展空间和市场。

中国证券业经过 20 余年的发展，经历了从最初的规模效益到目前的服务效益等各个阶段。各证券公司在市场规模、资金实力和客户资源等方面已经取得了一定的成绩。随着中国加入 WTO 以后，金融证券领域的开放，市场竞争更加激烈。证券交易手续费的进一步下降，也给券商带来了降低交易成本的压力。然而随着 IT 技术、特别是互联网技术的出现和发展从根本上改变目前中国证券公司的运营模式，并在中国证券业取得了广泛的应用。并且电话委托、网上炒股、手机炒股非现场交易方式也得到了众多股民的认可。

2000 年以后，移动证券增值服务迅猛发展，通过手机获取证券服务的方式不断创新，先后出现了基于 GSM 移动通信网的 SIM 卡、STK/UTK 卡和 OTA 手机短信炒股信息服务，基于 CDMA 移动通信网的手机短信炒股信息服务，基于 GPRS 移动通信网的手机移动证券应用服务，以及移动证券语音杂志业务（IVR）。随着无线移动技术的发展，以实现证券交易的网络化、无线化为目的，为客户提供更加方便、迅捷、个性化的证券服务将成为证券公司的新的发展方向。

2．移动证券的概念

移动证券是要将掌上股市产品发展成集行情、资讯、交易和转账支付于一身的个人证券服务。

相关的资料和文献中，还要有以下几种定义。

（1）移动证券是基于通信网的数据传输功能来实现用手机进行信息查询和交易的新一代无线应用炒股系统，而一个普通的手机就成为了综合性的处理终端。只要手机在网络覆盖的范围内就能够进行查询行情和股票交易。

（2）移动证券即指手机证券，它是移动通信公司联合证券公司开发的一项业务。使用者可以利用手机客户端的软件来完成行情的查询和股票的交易，也是移动通信公司通过无线网络平台为移动客户提供的全新模式的证券应用服务。

（3）移动证券是指利用手机的数据业务功能，在手机上接收证券行情、查看证券资讯、进行证券交易，是证券交易形式的一次新的突破。投资者可以用手机客户端软件或手机登录 WAP 网站进行证券交易，同时也可以获取实时的行情信息，如 K 线、分时走势、报价及专业咨询。

（4）移动证券是移动通信公司基于自身优势推出的一项全新业务，它通过无线网络平台为移动通信公司的用户提供全新模式的证券应用服务，内容包括实时行情、在线交易及专业的股市信息，方便用户随时随地把握证券市场脉搏。

通过对上面这些定义的总结，本书给出移动证券的定义如下。

移动证券即指移动电子商务在证券领域的应用，是证券行业以移动通信网络为媒介为客户提供的一种全新的进行信息发布和证券交易的移动通信网络服务。整个移动证券交易的参与者有证券市场、投资者、券商、证券交易所和登记结算公司五方。投资者可通过移动通信终端获取证券行情、查看证券资讯和进行证券交易，其具有操作简单、获取便利、突破地域限制等优点。

3．移动证券的特点

（1）操作简单。通过手机获取行情、交易和资讯等系列证券应用服务，操作和在证券营业部一致，简单易用。省去了传统证券交易模式中繁杂的手续，也避免了传统证券交易中的不安全因素。用户不需要开户、换卡，只需要下载相关的软件来安装终端即可开通。

（2）适用范围广。移动证券业务可以支持多种手机操作系统，使广泛的用户可以使用移动证券功能。以往的大多数移动增值业务要求用户使用智能手机，下载相关的手机软件才可以开通使用，而移动证券的手机软件则相对来说具有良好的兼容性。

（3）获取便利。用户无须开户和换卡，已经预装的通信终端可以直接使用，未预装的通信终端短信申请可以直接下载，订购后即可开通。

（4）多款手机支持。基于 K-java、Symbian、Windows Mobile、Palm 和较新的 Android 等平台的手机终端都支持移动证券业务。

（5）多券商支持。支持多家券商交易，可以选择指定的券商，进行在线证券交易。

（6）实时性强。移动证券业务由于其网络性，可以时刻保持资讯的实时性，并支持 K 线、分时走势、报价等实时行情显示，速度和计算机炒股一样快。用户可以用手机实时关注自己股票的情况。信息交换速度已能赶上个人 PC。用户在手机网页上可以看到实时行情图，同时网页提供图表分析功能（走势图、日/周/月等 K 线图），操作简便，并提供自选股等个性化管理功能，让用户能方便地看到股市的实时行情。

（7）资讯丰富。提供即时、丰富的综合资讯和品牌资讯，包括专业的宏观资讯和个股资讯信息。移动证券业务由于其网络性，在其相关的网站和操作界面上可以承载大量的证券信息，包括股市行情、专家分析等。为用户提供及时的个股点评、大盘分析等财经资讯，以及汇集专家策略、要闻分析、热点透视、潜力股推荐、投资组合等资讯。

（8）突破地域限制。移动证券在移动通信公司信号覆盖到的地方都能使用。

（9）服务完善。专门的移动客服和营业厅业务支持，为用户提供完善服务。有数据显示，中国90%的股民无法经常到证券营业厅查看情况并进行交易，而电话委托交易费用较高，并且电话委托和网上交易终端的固定性决定了不能随时随地进行交易，而手机炒股克服了以上的不足，受到了广大股民的青睐。

（10）在线交易。通过手机进行各类证券品种的交易、查询、转账等各项业务。具体操作包括买入、卖出、撤单、查询、银证转账、修改密码、传真服务、人工服务等。

移动证券与早期的手机炒股相比，克服了屏幕狭小、网络宽带小、传输速度慢、安全性低、资讯费用高等一系列问题。具有安全性更高、速度更快、与交易所同步的实时动态、高速行情、费用低廉等优点。

11.3.5　移动保险

随着社会经济的发展和技术的进步，人们不再满足于传统的局限在有限空间里的信息存取方式，而希望将活动的地点延伸到广阔的地理区域。移动金融以其灵活、简单、方便的特点正受到越来越多人的关注。作为金融领域的一个大的分支——保险行业也纷纷将移动通信技术运用于业务实践中，使保险服务更加贴心、更加优质。移动金融的快速发展和移动技术的不断进步，为保险服务升级创造了条件，同时为保险公司的竞争开辟了新的领域。

1．移动保险的概念

移动保险是指保险公司以移动通信技术为基础，通过移动终端设备来进行各项保险经营管理活动的经济行为。具体来说，移动保险指保险公司以手机、平板计算机等设备作为终端，应用无线网络的一系列移动应用产品和解决方案，为客户提供有关保险产品信息并实现移动投保、理赔等围绕保险交易进行的全部商业活动。

移动保险是在电子商务环境中，保险业界创新的产物。利用移动通信技术，保险公司不仅可以通过移动通信终端直接、快捷地接触成千上万的新客户，而且随时可以为老客户提供更加详尽周到的服务，精简业务环节，降低运营成本，提高保险公司的效益与效率。对于客户来说，不仅可以不受时间和空间的限制，并且可以有选择性地接受符合自身个性化需求的相关服务。

2．移动保险的要素

了解移动保险的定义之后，把握移动保险的构成要素和特点可以帮助我们更加深刻地理解它的内涵。移动保险的要素由保险人、投保人等保险要素和"移动"要素共同体现。

（1）保险要素

保险要素指构成保险关系的主要因素，主要指保险人、投保人、被保险人、保险标的及可保风险。

① 保险人。保险人又称承保人，是指与投保人订立保险合同，并承担赔偿或给付保险金责任的保险公司，其中包括国有股份有限公司和国有独资公司两种形式。

② 投保人。投保人是指与保险人订立保险合同，并按照保险合同负有支付保险费义务的人。成为投保人需要具备的条件有：具有相应的民事能力和行为能力；对保险标的具有保险利益。投保人可以是自然人也可以是法人。

③ 被保险人。被保险人是指其财产或人身受保险合同保障，享有保险金请求权的人。在财产保险中，投保人可以与被保险人是同一人。如果投保人与被保险人不是同一人，则财产保险的被保险人必须是保险财产的所有人，或者是财产的经营管理人，或者是与财产有直接利害关系的人，否则不能成为财产保险的被保险人。

④ 保险标的。保险标的是被保险人的财产及其有关利益，或者是人的寿命和身体，它是保险利益的载体。保险标的具有重要的意义：保险标的的种类决定保险业务的类型；保险公司依据保险标的的所有权判断投保人是否对其具有可保利益；根据保险标的的实际价值或者存在状况确定保险金额；根据保险标的的危险程度厘定保险费率；根据保险标的的损失程度计算赔付数额；根据保险标的的所在确定诉讼管辖范围等。

⑤ 可保风险。可保风险是指符合承保人承保条件的特定风险。尽管保险是人们处理风险的一种方式，它能为人们在遭受损失时提供经济补偿，但并不是所有破坏物质财富或威胁人身安全的风险保险人都承保。

（2）"移动"要素

移动保险是一种通过移动通信网络进行数据传输并利用移动终端开展各项保险经营管理活动的新型保险业务模式，其参与主体可以在任何时间、任何地点实时获取和采集有关信息。移动保险业务活动以应用移动通信技术和使用移动终端进行信息交互为特性。由于移动通信的实时性，移动保险用户可以在第一时间准确地与对象进行沟通，与信息数据中心进行交互，摆脱固定设备和网络环境的束缚，最大限度地驰骋于移动保险服务的广阔空间。

在保险业大发展的时代，保险公司为拓展业务，希望通过移动保险使人们能够更加方便地接收产品信息、了解保险知识、办理保险业务。移动保险作为新时期保险业务与新技术结合的产物，主要有移动性、精准性、时效性、安全性和电子化的特点。

① 移动性。移动通信网络不像有线网络那样受个人计算机地点、网线等条件限制，它让用户能够通过随身携带的上网设备随时随地上网。通过智能手机、PDA、笔记本计算机等产品，结合无线通信，无论人们身处何地，都可以办理保险业务，接收保险产品相关信息。

② 精准性。移动通信技术使得客户与保险机构的互动更加直接，与传统保险营销"一对多"的传播方式不同的是，移动保险营销可以随时随地根据消费者的个性化需要提供"一对一"的个性化信息服务。客户也可以主动选择和实现自己的投保意愿，无须消极接受保险中介人的硬性推销，并可以在多家保险公司及多种产品中实现多样化的比较和选择。准确地捕捉到用户的兴趣，并根据用户兴趣为其定制相应的保险服务，对保险业的发展意义重大。

③ 时效性。移动通信技术使得保险公司可以随时准确、迅速、简捷地为客户提供所需的资料，客户也可以方便、快捷地访问保险公司的客户服务系统，获得诸如公司背景、

保险产品及费率等详细情况,实现实时互动。而且,当保险公司有新产品推出时,保险公司可以通过短信方式向有相关产品需求的客户发布消息。此外,公司可以向客户发送相关保险动态、防灾防损资讯等信息;投保人也可以自行查询信息,了解新的保险产品。移动保险有效克服了报纸和印刷宣传册时效性差的缺陷。3G/4G 移动通信技术得到广泛应用之后,可真正实现高带宽和低费用,无须花费时间等待连线,移动保险的时效性将更加突出。

④ 安全性。一般认为,相对于目前较为广泛应用的有线网络,无线通信网络的安全性会高很多。这主要是由于 SIM 智慧卡以及各种加密技术的应用。

⑤ 电子化。客户与保险公司之间的沟通与联系通过网络进行,尽可能在经济交易中采用电子单据、电子传递、电子货币交割,实现无纸化交易。避免了传统保险活动中书写任务繁重且不易保存、传递速度慢等弊端,实现了快速、准确、双向式的数据信息交流。

随着无线传输环境的普及,移动保险服务的便利性将越来越深入人心,通过移动装置进行保险消费的行为也将会越来越普遍。

11.4 移动定位服务

11.4.1 移动定位与移动定位服务

移动定位技术是利用各种网络,通过对接收到的无线电波的一些参数进行测量,根据特定的算法对某一移动终端或个人在某一时间所处的地理位置进行精确测定,以便为移动终端用户提供相关的位置信息服务,或进行实时的监测和跟踪。

目前各种移动定位解决方案可归纳为四类:第一类为传统 GPS;第二类将传统 GPS 与无线通信网络结合,称为无线网络协助 GPS 定位技术;第三类依靠无线通信网络本身的资源进行定位,无须 GPS,如利用 Cell-ID、增强型 Cell-ID 或定位算法如 E-OTD 等;第四类将第二类与第三类混合使用,称为混合型定位技术,代表类型为美国高通公司的 GPSOne 技术。

在欧洲,目前主要应用的技术还是 Cell-ID,如果仅仅停留于日常信息服务,其精度也就足够了,但如果要向企业用户提供更高精度的定位服务,则有待改进。从欧洲和日韩的发展情况来看,向 GPS 过渡是大势所趋。传统 GPS 技术虽然精确度高,但耗电量大、成本高,因此许多运营商选择了 GPSOne,它的优点包括精度高、定位灵敏度高、终端成本低等,而缺陷在于需要特殊的终端来支持。随着 3G 网络的发展和业务的丰富,GPSOne 技术备受运营商青睐,除了在美国被 Verizon 和 Sprint 全面采用,在日韩也成为 NTTDoCoMo、KDDI、SK 电信的主流定位技术,甚至在反应相对迟钝的欧洲,3UK、T-Mobile 等也开始应用 GPSOne 来增强 LBS 的精度。

移动定位服务(LBS,Location Based Service)是指以手机为终端,通过移动运营商的移动网络,结合其他技术如 GPS 等,获取移动终端用户的位置信息(经纬度坐标数据),并在电子地图平台的支持下为用户提供相应服务的一种移动增值业务,例如找到手机用户的当前地理位置,然后寻找手机用户当前位置处 1 千米范围内的宾馆、影院、图书馆、加油站等的名称和地址。所以说 LBS 就是要借助互联网或无线网络,在固定用户或移动用户

之间，完成定位和服务两大功能。

其主要业务特点如下。

（1）要求覆盖率高。一方面要求覆盖的范围足够大。另一方面要求覆盖的范围包括室内。用户大部分时间是在室内使用该功能，从高层建筑和地下设施必须保证覆盖到每个角落。根据覆盖率的范围，可以分为三种覆盖率的定位服务：在整个本地网、覆盖部分本地网和提供漫游网络服务类型。除了考虑覆盖率外，网络结构和动态变化的环境因素也可能使一个电信运营商无法保证在本地网络或漫游网络中的服务。

（2）定位精度。手机定位应该根据用户服务需求的不同提供不同的精度服务，并可以提供给用户选择精度的权利。美国 FCC 推出的定位精度在 50 米以内的概率为 67%，定位精度在 150 米以内的概率为 95%。定位精度一方面与采用的定位技术有关，另外还要取决于提供业务的外部环境，包括无线电传播环境、基站的密度和地理位置以及定位所用设备等。

移动位置服务被认为是继短信之后的"杀手级"业务之一，有着巨大的市场规模和良好的盈利前景。我国的定位业务已经正式开展，但移动定位业务目前所占市场份额仍然非常有限，而且增长速度缓慢，远远低于其他移动增值业务，如 WAP、空中下载等的增长速度。但 3G 已经开始商用，这对 LBS 市场无疑是一个好消息。随着产业链的完善，移动位置和位置服务市场有望日益壮大。

11.4.2 移动定位系统工作流程

在移动定位系统中，决定位置信息主要使用以下两种模式。

- 移动台（MS）管理位置信息。移动台和后端网络进行最少的互动以完成测量、计算和使用定位的位置信息。
- 网络端管理位置信息。网络后端负责驱动、决定和回报定位的位置信息。

根据获取位置的不同模式，移动定位系统的工作流程也有所不同。

1. MS 自行管理定位信息

当利用 MS 管理位置信息时，MS（经网络认证的移动装置使用者）在刚进入网络和认证之时，将会向专属的定位服务提供者（Location Server，LS）或是导航服务提供者（Navigation Server）进行类似登记注册的动作，每一个基站（BS）都会广播自己的地理位置和邻近 BS 的位置给使用者，MS 可使用 BS 的信息自行测量和计算定位的位置，MS 不需回报位置给通信网络，MS 可将自己的位置传送给自身的应用程序。这种模式与 GPS 的使用模式有些类似。

2. 网络端管理定位信息

当使用网络端管理位置信息时，将会有两种不同的工作情况，一种是 MS 驱动，也就是 MS 主动发出位置请求；另一种是网络端驱动，就是定位请求可以来自任何一个定位请求者 LR（Location Requester），LR 是一个实体入口或是一个功能模块，LR 可能位于通信网络的外部（例如，一个外部的应用实体请求查询使用者的位置），也可能在 MS 的内部，主要功能为产生对于 MS 位置信息的请求。请求位置信息可以有两种模式，可以是周期性的或是一次性的。网络接受请求后，经过定位控制器 LC（Location Controller）、定位代理

LA（Location Agent）和 MS 协同合作的量测和运算，得出定位位置信息，再经由 LC 传回给 LS，LS 再回报给 MS 或 LR。

11.4.3　LBS 系统构成

LBS 是近两年来非常吸引人们关注的一个课题。它是数据库技术和地理信息系统（GIS，Geographic Information System）、移动定位技术、Internet 技术、无线通信技术等相关领域交叉融合的结果。LBS 具有十分光明的商业应用前景，许多国家和公司都将它视为推动经济发展的下一个增长点。位置服务是跨行业的系统集成应用，涉及多个学科的专业知识。一个 LBS 系统，需要计算机、通信、地理信息、市场分析和策划等各个行业的专业人员的通力合作才有可能取得成功。

一般来说，一个 LBS 系统主要由以下几部分构成。

（1）定位操作平台。通过各种定位技术来获取移动台的位置信息。

（2）定位服务（LCS）中间件。向 SP（Service Provider）提供定位服务接口，SP 通过 LCS 中间件访问运营商的定位资源，以及完成对 LBS 业务的计费、管理等功能。

（3）GIS 系统。提供各种基于 LBS 应用的地理信息服务，包括地图服务、路径搜索、目录查询等。

（4）SP。是指移动互联网服务内容应用服务的直接提供者，负责根据用户的要求开发和提供适合手机用户使用的服务。SP 通过运营商提供的增值接口为用户提供服务，然后由运营商在用户的手机费和宽带费中扣除相关服务费，最后运营商和 SP 再按照比例分成。手机终端上的 SP 服务包括纯文本短信（SMS）它是最简单的 SP 业务。还包括用户可以获得各种个性化多媒体内容的彩信。除此以外游戏、彩铃、交友社区、广告等都是增值业务。

（5）CP。CP（Content Provider）是指内容提供商，指依法或依约定拥有版权和/或邻接权以及与版权作品有关的其他权利，以及依法或依约定有权代表版权人和/或邻接权人进行许可授权、收取版权使用费用的公司实体或机构。目前行业里说的 CP 主要是指提供内容的机构，比如制作彩铃的、唱片公司、气象局等能直接提供内容的单位。如果把 SP 比喻为厨师的话，那 CP 就是提供做菜原料的。在 LBS 系统中，CP 专指提供电子地图数据、POI（兴趣点）信息的内容提供商。

（6）终端。需要与网络交互完成定位操作（获取终端经纬度），通过 WAP/Java/BREW/SMS 等方式与 SP 交互得到最终服务。

对于移动网络运营商来说，为了更好地开展 LBS 服务，首先需要建设定位操作平台。对于 GIS 系统，可以由 SP/CP 自己实现，但目前我国在基于 LBS 方式下的 GIS 系统的发展才刚刚起步，因此由 SP/CP 自己实现 GIS 难度比较大。而且由 SP/CP 各自建立 GIS 对资源也是一种浪费，因此由运营商统一建设包括 LCS 中间件以及 GIS 系统，将对 LBS 应用的推广起到很大的推动作用。

11.4.4　移动定位的应用

1. 紧急救助

最早 LBS 源于北美，20 世纪 90 年代美国的一项统计表明，约 40% 的 911 紧急呼叫来

自移动电话。在实际情况中，绝大多数 911 呼叫者往往由于对当地环境的不熟悉而无法告知急救中心其确切位置，从而耽误了急救时间，造成不必要的损失。

目前利用手机拨打"110""119"和"120"等求助、报警电话日趋增多，移动通信在社会治安、紧急救援等突发事件中的地位已越来越重要。传统有线电话拨打报警电话时，接警系统可根据用户的主叫号码，获得用户的准确位置，快速、准确地出警。然而，由于现有移动通信网不能提供呼叫者的位置，求助时手机用户无法明确告知准确位置，以致延误时机。据统计，交通事故中 70%的人员死亡发生在事故后两小时内。而且，由于拨打紧急电话人口音太重，或本身对周边地形、地名不熟悉，说不清所在位置，以致延误时间。

利用 LBS 实现人身安全和紧急救助是基于 LBS 技术的一种最新应用，它能够满足紧急救助对于位置敏感性和时间紧迫性的要求。基于 LBS 的移动个人终端的持有者一旦发生紧急事件，最多只需要按几个按钮，警务中心和急救中心在几秒钟内便可获得报警人的确切位置，比传统方式可以提供更加及时的救助。虽然现在对基于 LBS 的扩展应用业务的研究和各种个人监护系统研究逐年增加，但在实际中使用 LBS 系统进行移动定位、个人监护、移动救援还处在有待提高的阶段，而且仍以传统的报警系统和救援系统模式为主，即使已使用的也是小范围的。而对于广泛的需求，缺乏灵活的和安全的移动监护系统，尤其是缺乏针对病人和社会弱势群体的比较专业的基于移动终端设备手机的移动 LBS 个人监护系统。因此在我国 LBS 个人紧急救助的应用前景十分广阔，比如可应用在人身受到攻击危险时的报警、病人的监护与救助、独生子女位置的监护与救助以及生活中碰到各种困难时的求助需求等。

我国在利用手机定位处理突发事件上也有成功案例。2006 年，我国舟山籍渔船在返港途中遇上大风浪，船进水后沉没，船上 7 位渔民在船沉之前登上了救生筏，东海救助局根据移动公司手机信号定位，终于找到了在海面上随风浪漂移的救生筏，并将 7 位遇险渔民安全接回。在杭州，用手机拨打 110，警方就能及时锁定报警人所处位置，并能在第一时间内赶到报警人身边。

2. 导航服务

当美国联邦通信委员会（FCC）在 2001 年强制要求实施"911"紧急呼叫的增强功能，移动通信行业就开始将导航服务引入大众市场。目前，美国绝大多数的手机都集成了 GPS 功能，几大主要移动通信运营商也都计划在年内推出至少一项基于 GPS 的导航应用。地图与导航应用不再仅仅是在移动屏幕上查看地图，目前的高端服务还包括路线规划导航、三维地图、交通路况图以及将地标和名胜插入基于位置的广告、社交网络和手机游戏等业务中。

目前常见的手机导航分为两种：一是手机内置或外置 GPS 配件，通过卫星导航；二是基于移动通信网络的基站定位。传统的 GPS 卫星定位虽然精确度很高但灵敏度较低，在有阻挡的时候性能较差或无法工作，需要用户自行更新地图，对于有导航需求但并不常用，也不希望额外添置专业导航仪的大多数人来说，专业 GPS 定位装置和车载导航系统并不是理想选择。而移动通信网络的基站定位则用手机实现，不需要额外购买终端，而且灵敏度较好，即使在高阻挡环境中也能可靠定位，地图实时从服务器下载，可以保证地图的自动更新。

定位导航信息装置所采用的技术包括：智能交通系统技术（ITS）、全球卫星定位技术（GPS）、移动通信技术（GSM、GPRS、CDMA 等）、地理信息系统技术（GIS）、嵌入式技术、互联网（IE）与数据处理技术等，由于这些关键技术大都为发展迅速的高新技术，所以定位导航系统的发展也始终处在飞速发展之中。

3．跟踪服务

通过将车辆的位置和电子地图进行匹配，可以实时了解当前车辆的行进方向、速度和前方道路的情况。用户可以进行经过多个途经点的路线计划或预先设定行车路线，当行驶的车辆偏离该路线时给予提示。用户还可以查询预定线路的交通状态信息，这对于经常往返于某条固定线路的用户是非常有用的。因为事先了解交通堵塞情况，能够帮助他们及时到达目的地。对于出租车、公共汽车、高等级公路客运、危险品运输、长距离货运、物流配送等运输车辆，管理部门可实时对车辆进行跟踪和监控。监控中心可通过多种方式监视车辆的运行轨迹，通过对车辆的监控可以加强对车辆的集中管理和调度，提高交通运输效率，有效改善城市交通状况。当车辆遭遇抢劫或被盗时，可利用车载报警系统向监控中心发出紧急报警，监控中心接警后通过卫星定位跟踪，锁定车辆的具体位置并出警，发出遥控锁车指令，使车辆强行熄火减速直至停驶。

4．信息与广告服务

随着移动运营商对数据服务业务重视，他们已经逐渐开始意识到，移动广告业务将带来巨额回报，就如同传统的语音业务，如今的广告服务已经足以在盈利方面独当一面。另外，运营商开始将广告服务视为支援全新内容服务的重要手段之一。真正的移动网络的到来将是一场"巨大的革命"，因为它可以提供新一代定位广告服务。定位广告服务是一项可以为用户提供具体地点和位置的服务，例如它可以引导饥饿的游人前往附近的饭馆等。随着无线通信技术的发展，蓝牙技术、无线 Internet、WiFi、GPRS 技术日趋成熟，在无线通信环境下，结合移动定位技术、多媒体技术，可提供基于位置的移动商务服务。位置管理模块负责定位用户具体的位置；移动商务服务器上存放着一个关于用户信息的数据库，它可以使用蓝牙地址（具有唯一性）在数据库中进行匹配，找出相应的移动账户，并且查看与用户当前位置相关的并且尚未发送过的广告信息，然后将信息发送给用户。基于位置的定向广告推送，为用户提供随时随身的服务。

11.5　移动社区服务

移动社区是一个在移动互联网上构建的类似互联网社区的手机用户群，用户可以在这个群内享受到像传统互联网社区一样的业务，是移动商务的一项主要应用。

11.5.1　移动 SNS 的发展

1．全球应用现状

作为移动互联网的重要应用之一，移动社区业务已在移动互联网中颇受瞩目，发展势头迅猛。到 2012 年，全球已有 8 亿用户通过手机访问社区网站和应用。移动社区正处在良性的发展轨道上快速发展着。首先，移动社区业务的活跃用户数一直保持着很高的增长率；其次，各种类型的应用服务数量保持高速增长；最后，参与到价值链中的公司和个人不断

增加。

2012 年，Allot 发布了 2011 年上半年《全球移动宽带流量报告》，在社交领域，Facebook 和 Twitter 在社交网络应用中仍排前列，分别增长 166%和 297%。与此同时，文件分享应用占全球移动宽带 29%的市场份额。Facebook 有 2.5 亿移动用户，这些用户的活跃度是非移动用户的 2 倍。Facebook 移动流量年复合增长率达 607%。Twitter 上半年增速达 297%，年复合增长率达 1 400%。Twitter 用户每天发布超过 2 亿条微博。

Opera 数据显示，Facebook 是全球最受欢迎的社交网络，截至 2012 年 10 月，在 1.94 亿 Opera Mini 用户当中，有 50.6%至少每月通过手机登录 Facebook。在用户总数方面，印度尼西亚和印度名列前茅，紧随其后的有尼日利亚、墨西哥、越南、南非、巴西、孟加拉国、俄罗斯和土耳其，亚洲是 Facebook 用户最多的地区。全球主要 SNS 社区发展见表 11-2。

表 11-2　全球主要 SNS 社区发展概况

日本 Mixi.jp	Mixi.jp 是日本最大的社交网站。2008 年 7 月，Mixi.jp 用户数突破 1 500 万，市值达 9 亿美元，其 67%的页面浏览量均来自移动设备
日本 Gree	日本第二大 SNS 网站，截至 2008 年 10 月底，Gree 的注册用户达 716 万，Gree 有 98%的页面浏览量来自移动设备，是一家几乎完全基于移动互联网的社交网络
韩国 Cyworld.com	Cyworld.com 是目前韩国最大的社交网站，超过 1/4 的韩国人口（4 800 万）均在 Cyworld.com 注册，在会员量达到 500 万时被 SKT 收购，成为 SKT 重要的移动社区业务
美国 Facebook.com	全世界第四大网站，全美最大的社交网站，拥有 3.5 亿注册用户。现有超过 2.4 万个应用，世界各地有超过 40 万开发者在为其开发应用程序，每天都有 140 个左右的应用上线
美国 MySpace.com	目前全球第二大的社交网站，现已拥有超过 2 亿名注册用户，并且正在以每天新增 23 万注册用户的速度继续增长
德国 Xing.com	Xing.com 为德国最大社交网站，2006 年 11 月会员达兰克福证券交易所成功上市，市值达 1.5 亿欧元

截至 2011 年 12 月底，中国社交网站用户数量为 2.44 亿。在使用率方面，社交网站用户占全国网民比例为 47.6%。对中国运营商来说，移动 SNS 已成为运营商必须重点发展的业务。

中国移动 SNS 尚处于发展初期，传统的 SNS 网站如开心网等都已经开通了移动版本，目前正在进一步完善中。中国最大的移动 SNS 网站天下网，其平台上的用户已经超过了 3 000 万，活跃用户近 1 000 万。互联网社区在中国的迅速成长让运营商看到了进军移动互联网的一个重要突破口。

2．用户特点和需求

目前中国的移动互联网用户以 16～25 岁的年轻人为主，手机上网尤其是移动 SNS 的用户以学生和白领人群为主。因此，针对该用户群，中国移动 SNS 领域的核心应用需求主要包括交友、娱乐、资讯、搜索、个人展现和购物 6 个方面。除 SNS 的群组、话题、聊天、论坛、博客、wiki 等基本社交功能外，还包括了一些热门的产品。

（1）移动 IM。在以腾讯和中国移动为首的强势带动下，2011 年第三季度，中国市场的移动 IM 总活跃用户数达到 3.06 亿，腾讯手机 QQ、中国移动手机飞信、微软手机 MSN 位居行业前 3 名，并占据了移动 IM 总体活跃用户市场份额的 92.9%。

（2）移动微博。2006 年问世的 Twitter 以席卷全球之势取得了令人称奇的成功，而在中国以新浪微博和腾讯微博较有代表性，其中新浪微博以其名人效应推广方法，作为后起之秀在短期之内攀上了中国最大微博用户数的王者之位，在一段时间内注册用户数已突破 2 亿。借助手机终端这一平台，即时的资讯将成为移动微博的一大亮点，而超过 3 亿用户的移动微博市场规模，也一定会备受移动运营商的青睐。

（3）移动位置服务。这是移动 SNS 区别于互联网 SNS 的主要特征业务，它可以用于开发许多不同的应用，如好友位置、交通查询、地图导航、位置群组等。在日本，移动位置服务已经成为三大运营商最倚重的增值收入服务来源之一。

（4）移动电子商务。目前，SNS 运营商也正在积极寻求与电子商务厂商的合作，随着 Facebook 平台的开放，中国的淘宝平台、腾讯平台、SOHU 白社会、新浪朋友和雅虎口碑的平台也竞相开放，其目的都是在 SNS 与电子商务之间拓展一条盈利大道，进入移动购物的新时代。其中，Facebook 在 2011 财年中，除广告外的支付及其他服务费营收就已经达到了 5.57 亿美元，由此可见其市场需求是非常旺盛的。

11.5.2 移动 SNS 的经营模式

移动 SNS 是运营商打入互联网应用领域、进军移动互联网的一个切入点和敲门砖。移动 SNS 带给用户特殊的价值，有助于提高用户的忠诚度。移动 SNS 整合的用户和用户社会关系数据，将可能成为运营商的另一利益增长点。移动 SNS 有助于运营商孵化真正以用户为中心的业务，增强业务的市场竞争力。电信运营商发展移动 SNS 具有比互联网 SNS 网站更大的优势，主要体现如下。

（1）网络资源优势

中国知名的 SNS 网站开心网，其服务器和带宽成本占总成本约 70%，人员成本 20%，行政成本约 10%，在这种情况下开心网已实现盈利。而电信运营商手握庞大的网络资源，与互联网 SNS 相比，具有更为明显的成本优势。

（2）用户资源优势

电信运营商具有庞大的用户资源，而其中大部分为实名制用户，用户能够在此平台上放心地建立更真实的社交关系。这样一来，既解除了用户的疑虑，也能更好地发展业务。如何将此优势转化为运营商实在的利润，则需要探索移动 SNS 的经营模式。

目前，全球的运营商开展移动 SNS 的模式主要有两种：一种是提供通道的分散经营模式，运营商主要靠收取流量费盈利；另一种是运营商为主导的门户式整合经营模式，在这种模式下运营商则通过收入分成、广告等进行盈利。

虽然目前中国主要的 SNS 服务提供商，如 51.com、人人网、开心网等，都是采用通道方式与运营商合作，但是对于运营商来说这无疑是沦为管道的典型表现，因此需要避免长期按此模式发展。而由运营商主导的门户整合经营模式，正是目前探索发展的方向。运营商利用自己的平台，通过整合各类内容、服务、应用软件等社会资源为用户提供移动 SNS 业务，如欧洲的 Orange、T-Mobile、美国的 Verizon 及 AT&T 都采取了这种模式。目前，这种模式提供的业务主要是游戏组件和娱乐应用。为方便用户登录自己的移动 SNS，许多运营商开辟了专门的移动 SNS 门户，这个门户可以抵达多个移动 SNS 站点，同时提供了一个聚合用户和服务提供商的平台。在这种模式下运营商同 SNS 服务提供商之间通过收入分成的方式进行合作，相对于第一种通道角色来说，运营商有更多的盈利点。

此外，运营商需要在流量分成的基础上，通过细分用户群和创新激励机制等方式，进

一步地探索更加多样化的盈利模式。这些模式包括精准定向广告、会员费与线下活动收费、虚拟商品等。

11.5.3　移动 SNS 的发展趋势

1. 服务差异化和业务融合化趋势明显

未来，随着移动社区发展的不断升温以及 3G 网络的普及，未来移动社区将呈现出服务的差异化和业务的融合化趋势。服务的差异化是移动社区未来发展的趋势之一。服务的差异化体现在两方面，一方面，在激烈的市场竞争环境中，移动社区必须在提供丰富社区服务内容的前提下推出差异化的特色服务，以达到吸引用户的效果。另一方面，未来移动社区业务将提供更多有别于传统互联网的差异性服务。相比互联网上的 SNS，移动社区增加了真实性和地域性两种属性。这两种属性可以帮助移动社区比传统社区更全面和深入地调查研究用户的需求，继而提供给用户更符合其需求的服务。

未来，将会有越来越多充分体现这两种属性的移动社区应用出现，以更好地发挥移动社区较传统互联网社区所不具备的独有优势。业务的融合化是移动社区未来发展的另一个趋势。由于移动社区具有真实性和地域性这两种独特属性，不断发展将移动社区和其他增值业务相结合的融合业务，以更好地发挥移动社区的独有优势，为用户创造更大价值成为了必然的发展趋势。"位置交友"是一种移动社区和移动导航业务相融合的移动社区新模式，目前业界普遍看好。通过 GPS、WiFi 等方式定位，移动社区的用户可以自动更新自己的最新位置，及时方便地搜索到周边的朋友，从而与好友进行更紧密、有趣的互动。

根据咨询公司 ABI Research 的预测，到 2013 年基于位置的移动社区服务可以达到 33 亿美元的市场规模，用户数达到 8 000 万。其中欧洲和北美的用户均超过 2 500 万。不过基于位置的移动社区服务也面临很多问题，包括如何保护用户隐私不被侵犯、如何盈利。此外，目前提供这类业务的 SNS 服务提供商规模较小，仍处于吸引用户形成规模的阶段，未来主流 SNS 业务提供商进入这个领域对于该业务的发展至关重要。

2. 社区聚合和统一客户端将有力推动移动社区的发展

尽早实现客户端统一和社区聚合，满足市场需要是未来更好地推动移动社区业务发展的关键因素。

统一的手机客户端可以帮助用户更方便地访问各类移动社区。目前，WAP 浏览方式缺乏统一的界面风格，使用不同的社区需要切换 WAP 网站。而通过统一的客户端，可以方便用户访问多个移动社区，为用户提供更好的业务体验。

社区聚合可以加速移动社区形成规模效应。目前，在移动网络上出现了很多具有类似功能的移动社区，这些移动社区是由 SP 提供的，每个社区都没有形成足够的用户规模和内容规模。如果将众多移动社区聚合起来，并通过统一的手机客户端访问，各个社区的用户就能够实现随时随地的互相沟通。

移动社区业务的发展前景和收入增长趋势仍值得期待。相信随着业务的不断丰富以及移动社区特性的逐渐发挥，移动社区在全球的发展会进入高速增长期，成为未来数据业务中最重要的业务之一。

本章案例

移动金融：全球性的盛宴

钥匙、钱包和手机，这是从前我们出门必备的"三小件"，现在它们正在走向"三合一"。而最具整合者品相的，无疑是承载功能最强大的手机。

把银行搬到手机上，然后装进口袋四处走。

移动互联网时代，这不是猜想。拿出你的手机，无论你人在何处，只要手机有信号并能够连接网络，银行就在你掌心。朱彼特研究公司（Jupiter Research）的分析师指出，银行界相信手机将成为继网络之后的下一个服务平台，手机正在逐渐成为人们未来的"电子钱包"。

移动技术与金融业务的结合，带来全新的移动金融服务概念。

移动金融的诞生是个体经济地位提升、商业消费文化盛行以及信息技术发达的产物。目前金融业务的网络化、虚拟化使消费者手中的货币变成了由账号和密码组成的一串数字，移动金融业务的出现让消费者仿佛随身携带着银行，随时可以进行款项的收付及查询，并可进行证券和外汇的交易，不丢失任何一个投资机会。

"到 2013 年近 50 亿人将会使用移动金融服务。中东、中国、西欧及北美等全球移动支付最发达地区移动交易总额将占全球的 70%以上。移动金融服务有可能拥有史上最多的用户数量，将超越移动电视或其他移动内容服务的用户量，"Mark Beecue 研究所的高级分析师表示"几乎所有超过 18 岁的人群都会成为潜在的用户。"该研究机构将移动金融服务定义为三种形式：移动银行、移动国内个人支付和移动国际个人支付。"银行将成为金融市场的主要推动者，"Mark Beccue 指出"全球每家银行都在考虑如何更好地走进移动金融服务这一领域，这是一个具有巨大潜力的高增长领域。它可以更好地增加客户对银行的'黏度'，降低成本，提升银行自动化水平，最重要的是能够方便没有开通银行账户的顾客进行金融交易。"并且移动银行服务将在很大程度上抵抗经济衰退，因为它们是帮助消费者"管钱"，而不是帮助他们"花钱"。移动银行服务将成为在线零售服务的竞争对手。而随着无线通信技术的发展，移动银行服务还将超越在线零售服务。

如今，美国排名前 10 位的银行都拥有了自己的移动银行服务体系。不过，不同的银行采用的方式有所不同。在网络银行服务方面走在最前列的美洲银行，其移动银行服务是使用网络浏览器将原本以网络为基础的系统转化成手机可以浏览的网站；有的银行则要求客户下载特殊的软件到手机上，即应用程序下载；而像美联银行和花旗银行则是由文字信息提供移动银行服务。

移动银行的这三种模式各有优缺点，文字信息是大家经常使用的一种手机功能，人们只需要进行简单操作就可以完成，如查询、缴手机费之类的业务，也是银行发展客户的一种便捷有效的方法，但是安全级别一般比较低。网络浏览器的优势在于银行的开发量很小，仅需在网上银行的基础上开发 WML（用于编制 WAP 浏览器识别的网络语言）的版本即可，可以实现实时交易，浏览速度也很高；其局限性则是客户只能处理文字，可交互性差，界面简单。应用程序下载是指用户可以通过下载应用软件到手机上运行，从而实现各种功能，运营商也可以通过无线方式为用户下载、升级或回收软件，其优势在于实时在线、交互式对话、图形化界面、操作方便、安全性高，但是不足之处是需要对不同型号的手机做部分

针对性的开发。

　　许多银行为吸引顾客会结合多种模式，或者提供其他的一些附属功能。例如，美洲银行开通的移动银行业务除了主要基于浏览器系统，顾客仍然可以通过定制的方式接收预警文字信息。Huntington 国家银行产品经理 Brandon McGee 表示，将这三种方式有机结合才是最好的解决方法。

　　虽然在发达的工业化国家，移动银行服务有可能占据大部分的市场，但在不发达地区，国内和国际移动个人支付则显得尤其重要，它使商业服务延伸到农村地区。《纽约时报》网站报道说：许多发展中国家的农村地区很少拥有或根本不存在银行分支机构和 ATM 服务，而移动个人支付具有将金融市场推向农村的潜力。在肯尼亚发生的事情就很有示范意义。

　　在肯尼亚，正规银行部门仅可以为该国 3 600 万人中的 19% 提供金融服务，8% 的肯尼亚人则只能通过储蓄合作社和小额信贷机构获得金融服务。面对这一现实，英国沃达丰公司于 2007 年 4 月起开始在肯尼亚推广手机金融服务，目前发展势头良好。该公司移动国际支付部的负责人 Nick Hughes 称，公司已开展了 17.5 万项此类业务，目前每天的业务量增长约在 2 500 项。此外，拥有 15 万多用户的肯尼亚最大的小额信贷机构贾米波拉信托（Jamii Bora）也开始尝试通过移动 POS 机、磁条卡以及指纹鉴定技术来处理偏远地区的业务。贾米波拉信托的信贷系统允许乡村用户在本地的加油站或商店里通过信贷员或经销人借贷、还贷或从事其他电子商务。贾米波拉信托已安装了约 200 台 POS 机，并在全国大力推广此项业务。贾米波拉信托的创建人和管理者 Ngrid Munro 女士说："这项技术已经创造了很多令人兴奋的业绩，凭借它，我们才能企及那些贫困地区并保持金融活力。许多机构现在的做法是提高利率，而我们拒绝抛下贫困地区。"

　　一直以来，非洲的移动金融服务都得到了部分银行业的支持，这些机构致力于为具备一定收入的城市居民这一客户群提供更多服务和便利，这为占据非洲大陆总人口 75%～95% 的"非银行"客户市场留下了提供金融服务的巨大商机，而移动运营商正拥有这种基础架构和分布网络来有效地涵盖这部分客户。

　　这些业务在非洲的推行，有助于帮助穷人使用银行，将对发展中国家的经济发展带来广泛和深远的影响。相应地，发展中国家的移动用户不断增加，将会推动移动支付市场的发展。

　　移动通信是一项"颠覆性的技术"，它改变了金融界的面貌。先进的信息技术能够极大地降低金融行业的运营成本并能有效地防范金融风险。新型金融业务的产生是跨行业合作的产物，对于产业链上各方来说，不论是电信运营商还是银行等都应该清楚地看到单个团体不可能形成消费者支付手段的革命。因此，银行业与电信业的合作与发展正在进一步拓展和深化，已逐渐由单一的电信向银行提供技术、网络支持发展为联手开发新产品、实现客户共享等全方位的合作。

　　（资料来源：余健仪. 移动金融——全球性的盛宴[J]计算机与电信，2009（4）．）

　　问题：

　　1. 移动金融服务有哪些特点？

　　2. 移动金融服务有什么优势和劣势？

　　3. 为什么说移动金融服务具有广阔的前景？

本章小结

　　移动信息服务的特点归纳为泛在性、个性化、灵活性和广泛传播。移动信息服务具有便携性、能到达性、易接近性、可定位性和身份可识别性等特点。以移动游戏为代表的移动娱乐业务能够为运营商、服务提供商和内容提供商带来附加业务收入，它将是运营商可提供的又一项有特色的移动增值业务。移动金融不同于网络金融，它是对网络金融进行整合与发展、扩展与延伸，是网络金融发展的高级形式，代表了金融服务的发展方向。移动金融具有移动性、可识别性、精准性、定位性和广泛性的特点。其应用类型主要有移动支付、移动银行、移动证券和移动保险。随着无线通信技术的发展，蓝牙技术、无线 Internet、WiFi、GPRS 技术日趋成熟，在无线通信环境下，结合移动定位技术、多媒体技术，可提供基于位置的移动商务服务。移动 SNS 是运营商打入互联网应用领域，进军移动互联网的一个切入点。移动 SNS 带给用户特殊的价值，有助于提高用户的忠诚度。移动 SNS 有助于运营商孵化真正以用户为中心的业务，增强业务的市场竞争力。

思　考　题

1. 移动信息服务包括哪些主要业务？
2. 移动娱乐有哪些社会价值？
3. 移动金融有哪些应用领域？
4. 移动定位行业前景如何？
5. 试分析移动社区服务的意义。

第**12**章 移动行业应用

学习目标

- 熟悉移动制造的发展前景
- 掌握移动农业的基本内涵
- 掌握移动物流的内涵和特点
- 了解移动政务的作用与应用
- 理解移动医疗的意义与技术

案例导入

移动4G带来"智慧农场"助力福建农业现代化

借助4G网络，物联网终端上可浏览大棚内蔬菜的实时生长情况，从而进行精细化种植。

轻点鼠标就可以查看农作物生长环境，为其量身定做灌溉和营养计划；蔬菜瓜果的生长和种植情况，外地客商都可以看到，溯源清晰，实现放心购买。中国移动福建公司4G技术正在为科技农业搭建一个信息技术"大舞台"。

智慧农庄：农作物有了4G营养师

"过去，我们全凭经验种地，靠感觉，总是会有疏漏，有时会因判断失误而亏损不少，因此，规模也一直做不大。现在好多了，有个4G管家帮我盯着，放心多了！"近日，福建飞思农庄负责人陈先生表示。

在农庄里，空气温湿度、土壤温湿度、二氧化碳、风向、风速和雨量等植物生长的关键生态数据，在中国移动4G网络、云计算、物联网等新技术的支持下，被传输到服务管理平台进行分析处理并形成参考信息，农业管理者据此对农作物及时灌溉与在线营养配比作出安排，并通过4G网络传给大棚的灌溉系统，实现养分的自动补给，确保农作物在最适宜的环境中生长。"客户都说今年的产品口味更好，因为有专业营养师进行专属配比，卖得比往年好多了！"销售部小王说。而借助4G无线监控，农产品在进行二次加工、物流、销售等环节时，都可置身于实时监控下，从而确保食品安全。此外，中国移动福建公司提供的车务通、12580电商、企业专线等产品，则满足了农庄鲜蔬运输车辆管理、电商销售等切身需求。

如今，在移动4G技术的帮助下，飞思农业公司通过农场智能化管理，实现对现场人员的科学管理和农作物生产的实时监控，进一步提升农产品安全水平，将放心农产品摆上餐桌，赢得消费者"安全、健康"的口碑。

智慧果园：蔬果园有了电子管家

在福建南平，作为省级农民创业示范基地，翠松现代农业园区正在移动 4G 的助力下，走出一条科技之路。

近日，福建福州的订货商黄先生通过翠松现代农业园区的订货平台，在线购买了番茄、茄子、黄瓜和辣椒等各种蔬菜。"这里的蔬菜引进了农科院农产品溯源管理系统，实现了'从农田到餐桌'的一条龙食品安全管控，在福州也可以同步观察、获悉蔬菜瓜果生长及种植情况，蔬菜上架后，还可以通过身份标识，查询食品的溯源情况，这样的产品我们买得放心。"黄先生说。翠松现代农业园区引进的农科院农产品溯源管理系统，是一个具有安全保障、标准规范的完整体系。通过生产信息采集、企业和政府的安全信息管理、溯源条形码打印等前期数据服务和支撑系统等功能，最终投入市场，客户可以通过超市专业终端或者手机短信完成相关信息的查询和反馈。

如今，在翠松现代农业园区内，管理者通过极速的 4G 网络，可以用手机随时随地浏览大棚内蔬菜的实时生长情况，可实现视频分发、视频录像和存储、客户端拍照。更神奇的是，过去，一旦蔬果发生病变，请省城的专家到实地"看病"，得等好几个小时，来来回回需要耗费一整天的时间，现在好了，系统借助了高带宽的 4G 移动视频技术，为基地管理者、农业专家、田间作业者与销售拓展人员搭建"零延时"无缝对接沟通平台，第一时间即可完成农情诊断，蔬果"看病"再也不用等啦！

在设施农业、现代农业风生水起的当下，以移动 4G 为特征的信息化技术正在发挥着突出的作用，4G 之花已绽放在田间地头、青山绿水中。

（晓原）

讨论：你的家乡有移动农业的应用吗？

12.1 移动制造

随着移动通信网络、无线接入网、移动卫星网络、数字集群网的宽带化，移动终端的小型化、智能化以及移动数据业务及应用的日趋多样化，企业通信、办公及商务的模式已经被深刻影响。移动的基因正在植入行业用户商务及办公流程中，使移动商务成为企业信息化中发展最快，也是最具市场前景的领域之一。移动商务的概念正日趋清晰，应用也日渐普及，并在竞争中快速前行。移动商务正为行业用户带来新的营销模式，利用各种移动终端作为数据采集的载体，并利用其随身移动性，让企业的管理实现"及时性"成为可能。

我国移动通信终端的用户总数超过 6 亿，并以每年 2 000 万的新增用户数增长，传统的软件如 OA、ERP、CRM、SCM 等一旦与移动终端相结合，将企业 IT 系统以无线方式承载，增加诸多的移动产品和应用，将会创造出一个用户覆盖更多、应用范围和应用环境更广的巨大市场。市场的巨大潜力使得越来越多的 ERP 厂商开始进入移动商务领域，开发基于无线网络和移动商务平台实现 ERP 的移动化产品（ERP Mobility），支持用户企业的员工、合作伙伴以及客户在任何地点、任何时间都能获取他们所需要的数据，并实现企业级移动业务管理。从而更好地推动我国移动制造业企业的应用。

12.1.1　移动制造的内涵

机械制造指从事各种动力机械、起重运输机械、农业机械、冶金矿山机械、化工机械、纺织机械、机床、工具、仪器、仪表及其他机械设备等生产的工业部门。机械制造业为整个国民经济提供技术装备，其发展水平是国家工业化程度的主要标志之一。

机械制造及其自动化是一门研究机械制造理论、制造技术、自动化制造系统和先进制造模式的学科。该学科融合了各个相关学科的最新发展，使制造技术、制造系统和制造模式呈现出全新的面貌。机械制造及其自动化目标很明确，就是将机械设备与自动化通过计算机的方式结合起来，形成一系列先进的制造技术，包括 CAD（计算机辅助设计）、CAM（计算机辅助制造）、FMC（柔性制造系统）等，最终形成大规模计算机集成制造系统（CIMS），使传统的机械加工得到质的飞跃。具体在工业中的应用包括数控机床、加工中心等。

利用机械设备、仪表和电子计算机等技术手段自动完成产品的部分或全部机械加工的生产过程。机械制造自动化的范围较广，包括产品设计自动化、加工过程自动化、物料存储和输送自动化、产品检验自动化、装配自动化以及生产管理自动化等。机械制造属于离散生产过程，与石油化工等连续生产过程相比，实现自动化的难度较大，因此进展较慢。20 世纪 60 年代以来，检测技术、电子技术尤其是电子计算机的发展，促进了机械技术与电子技术的结合，出现了数控机床、加工中心和工业机器人等，使机械制造自动化产生新的变革，并取得了迅速发展。70 年代出现了适应多品种中小批量生产的柔性制造系统。80 年代又开始把各自独立发展起来的计算机辅助设计和辅助制造、工业机器人、管理信息系统等技术综合为一体，研制出计算机集成制造系统。

① 自动生产线。1943 年美国福特汽车公司与克罗斯公司共同研制出一条自动生产线。在生产线上的金属材料或半成品自动按顺序地移动，并连续不断地被加工。它可以节省劳动力、缩短生产周期、提高生产率并取得了迅速发展。20 世纪 50 年代中期，这种单一品种、大批量生产的自动生产线的发展达到了高峰。70 年代以来除了用自动机床和组合机床构成自动生产线外，铸造、锻压、焊接、热处理、电镀、喷漆和装配等过程也开始实现自动化。

加工中心数控机床的出现，不仅解决了采用常规方法难以解决的复杂零件加工问题，而且为单一品种中小批量生产加工自动化开辟了新途径。以计算机数控机床为基础，配以刀具库或多轴箱库，即构成了加工中心，它可根据加工程序自动更换刀具或多轴箱。工件在一次装夹之后，可以完成 4 个面甚至 5 个面以上的各种加工工序。加工中心的应用大大减少了设备台数和占地面积，减少了工件周转时间和装夹次数，有利于工艺管理，同时也提高了生产率和加工精度。

② 柔性制造系统。在数控机床、加工中心的基础上，再配以柔性的工件自动装卸、自动传送和自动存取装置，并利用计算机进行管理和监督，组成可自动连续加工多种零件的柔性制造系统。应用柔性制造系统可以减少制品的库存量和进一步提高设备利用率。

（3）计算机集成制造系统。20 世纪 50 年代以来，在生产的工艺准备与制造、经营管理、设计过程中各自独立发展起来的计算机应用技术，为形成计算机集成制造系统奠定了基础。70 年代后期，成组技术、柔性制造系统、自动化仓库、计算机辅助设计与计算机辅助制造技术、工业机器人相结合，形成了高度自动化的计算机集成制造系统，从而进一步提高生产率和产品质量，缩短新产品的研制周期，减少产品的库存量。因此，有人称采用此种系统的工厂为自动化工厂。

12.1.2 移动制造的需求

移动制造产生的理由如下。

（1）移动化。随时随地都可以按需访问工厂数据。今天制造业的员工面对的生产环境比以往任何时候都更为复杂，责任更重大。因此，他们非常需要无论是在办公室，还是在家中，或是在路上都能实时查看设备或生产的现状，能及时解决突发性问题。

（2）管理。提高决策和管理的有效性。利用现有的智能手机和平板计算机，制造业工人可以依据获得的最新工厂数据和关键绩效指标（KPI）来做出更为及时有效的决策，而知识型工人或工厂管理者还可以通过更多的点对点（Ad-Hoc）或按需（On-Demand）模式可视性化实时进行生产决策与操作。

（3）质量。保证品质与精度。为了赢取先机，产品必须以创纪录的速度被制造出来，同样，价格也必须有竞争力，因此很多企业选择将业务外包给供应商，供应商可能位于世界的任何一个地方，这种变化给质量监控带来了极大的难度。如果制造设备可以接入移动终端，则质量检测的速度和精度将可显著改善，质量监控流程将可标准化。质量数据的自动化采集将帮助制造商实现"六西格玛"的质量管理，从根本上保证了客户能够得到正确的产品、制造使用正确的生产方式、整个生产过程都在严格的监管之下。

（4）数据安全。安全地利用资源。远程访问最大的好处是，可以轻松获得开放的工厂数据系统，同样，这也存在一个显著的风险，即数据的安全性。当员工从工厂区域之外访问企业数据系统时，可能面临着数据泄露的风险。因此，制造业必须有一套有效的移动解决方案来充分保护企业数据的安全性。

（5）生产。增加设备正常运行时间。操作人员与技术人员通过移动平台能实时查看人机界面（HMI）和可视的 SCADA 系统，从而更好地监管关键生产设备的运行健康状况。操作人员不再需要专门走到机器前，通过在线操作来输入设备管理的关键数据，技术人员也不再需要被绑定在监控室内查看机器运行状态。他们都可以通过移动平台随时随地地接收系统和设备信息，并及时做出决策及付诸行动。生产效率和人员的安全水平都得到了极大的提高，设备的潜在问题也可以更及时地发现，并得到快速处理。而企业的管理人员通过移动平台也可更及时地发现生产的瓶颈和计划的偏差，从而在产量受到影响前采取有效措施。

因此，我们有理由相信，在完善的移动解决方案的支持下，通过相关工作人员坚持不懈的严格执行，企业不仅可以实现可靠、安全、盈利的发展，同时，其生产工艺也将得到快速、持续的改进。

（6）企业职工需求。制造型企业内部是一个庞大而复杂的管理系统，从研发、采购、生产、仓管、物流、销售到售后，各个环节工作人员都有大量的移动办公需求。这些要求如下：

① 采购人员整日奔波于各材料和部件供应商之间，无法随时随地登录 SCM 系统，录入供应商评估和供货信息，或进行供应商订单信息和物料缺货信息查询。

② 生产管理人员无法通过手机,随时随地全面掌握生产信息,例如当日生产产品数量、欠产数量、机器临时故障和物料缺货情况等。

③ 销售人员身处客户现场或销售卖场,无法第一时间将客户新订单、投诉信息、卖场销售数量等信息录入系统。

④ 仓库管理人员难以及时掌握产品进出库数量及搬运损坏等突发事件。

⑤ 售后人员身处客户现场,无法第一时间录入服务信息和工作信息等。

⑥ 领导出差在外,无法随时随地全方位掌握企业运营状况,完成公文审批等日常事务。

(7) 市场环境。制造业是我国国民经济的支柱性产业,在国际分工中占有举足轻重的地位。近年来,顺应信息化发展潮流,制造业内进行了大规模信息系统建设,OA(办公自动化系统)、ERP(企业资源计划)、CRM(客户关系管理系统)、SCM(供应链管理系统)、SM(维修管理系统)等系统开始服务于生产制造中的各个环节。然而,由于这些系统主要以 PC 为终端,工作人员仅限于在办公室内进行使用,这与如今高效移动化的办公趋势相悖,因此这种传统的办公模式弊端日益凸显,制造型企业移动办公需求成为大势所趋。

自 2009 年国内 3G 商用以来,基于无线网络的移动信息化建设在国内开始蓬勃发展。针对制造型企业的移动办公应用需求,运营商和信息化厂商先后推出了多样化的移动应用产品和解决方案。

12.1.3　移动制造的作用

1. 移动互联对制造企业的影响

制造业产品生产的方式,在过去的 100 多年间发生了根本的变化。如图 12-1 所示为制造模式的变革趋势,图中横轴是产品的种类、纵轴是产品的批量。1850 年至 1913 年期间,是手工制造的时代,这个时期产品的品种多,但批量小;到了 1913 年左右,受福特流水式生产的影响,产品的品种越来越少、批量越来越大;到了 1955 年出现了一个拐点,因产品需求的个性化,这个时候产品品种开始增多、批量开始减少,生产的单位产量减少;到了 1980 年之后,制造业逐渐进入大批量定制产品的时代,既要保证有一定的批量,同时要满足个性化;2000 年开始,随着全球化的发展,各个区域市场、每个客户都有独特的需求,所以未来将走向个性化制造。

在移动互联时代,制造业面临着多方面的转型。

(1) 数字化。用数字化技术对产品进行准确的描述,使之在整个从设计、制造到服务的价值链上可以更好地使用产品信息。

(2) 个性化。客户需求日益个性化,企业需要在满足客户个性化需求与合理的生产规模之间进行平衡。

(3) 全球化。技术发展缩小了经济和地理的距离,开辟了新的市场。使得企业可以在任何地方设计、制造、服务,这对未来的新兴系统提出了更高的要求。

(4) 产品智能化。产品中包含了越来越多的软件,硬件与软件的集成系统支持复杂的人机交互、诊断,采集服务数据,并创造附加价值。使之使用更加便捷。

(5) 服务化。产品的不断进化,使之与各种服务捆绑在一起,能够为客户体验的整个生命周期带来新的价值，服务正在成为企业新的盈利点。

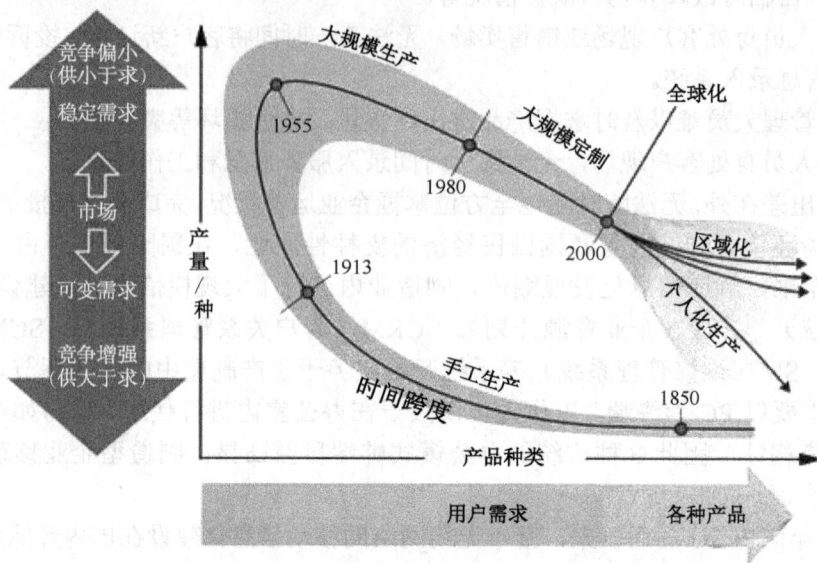

图 12-1　制造业产品生产模式的变迁

（6）互联性。泛在的物联网络支持移动应用并嵌入了传感器，使每个产品都可以被寻址，支持智能地监控、控制和交流。

（7）合规性。有关环境、健康、安全和贸易的政府及非政府组织制定的法规，以及行业标准越来越严格。

工业 4.0（Industrie 4.0）现在已经是炙手可热，第一次工业革命的标志是整齐动力机械设备应用与生产；第二次工业革命的标志是电机发明和电能使用，大规模流水线生产；第三次工业革命的标志是应用 IT 技术实现自动化生产；第四次工业革命的标志是实现智能制造。德国不仅提出了一个工业 4.0 的概念，还提出了智能服务。工业 4.0 一期项目起始时间为 2012 年 1 月，项目由 BMBF、BMWi 发起，在 ICT（信息和通信技术）的支持下，通过对技术过程和业务过程的共同改进，将德国的制造技术提升到一个新的时代。智能服务一期项目起始时间为 2014 年 3 月，由 BMWi 发起，旨在利用可靠的云基础设施和建立新型服务平台，为德国构建一个全新的、全球领先的、基于网络的服务经济。

2．移动互联对制造业的深刻影响

（1）云计算。今天云计算已经从概念走向现实，从是否应用走向如何应用，推进 IT 外包是一个必然的趋势。笔者认为未来 BI 也会云化，企业可以通过云的方式获得一些相应的分析服务。

（2）电子商务。电子商务如火如荼，不论是工业品还是消费品，制造企业、物流企业甚至服务企业均需建立电子商务应用对策，并在加入第三方平台或是建立自身平台之间做出选择，甚至要考虑多种类型，既要自建平台又要加入第三方。

（3）社交网络。传统的 OA 将会演化成将 OA、门户、即时通信、视频会议等功能集成的综合性社交化交流平台。包括基于社交网络来进行人力资源管理、人才招聘、营销等。

（4）移动应用。3G/4G 时代移动应用爆发，未来会有很多的人不需要台式计算机进行

工作，在现场工作时，基于移动设备进行数据采集，可以用移动设备访问企业的轻量化产品数据（CAD、PDM 移动客户端），还有移动 BI，甚至很多制造企业开始为客户提供移动的 APP。

（5）物联网。物联网将人、数据和机器连接起来。比如消费者的物联将智能感知与移动应用结合，工业产品的物联将远程故障诊断和控制结合，工业设备的物联实现设备状态信息的采集和远程操控。

现在大数据特别热门，那么究竟哪些类型的企业更需要大数据？首先，大数据的形态特征有语音、文本、数值、图像、视频等；结构特征分为结构化、半结构化、非结构化；拥有特征分私有、共有、公开。这些特征使得制造企业产生了多种类型的数据，使大数据具有 4V（Volume、Variety、Velocity、Value）的特性。制造业的大数据，比其他的行业例如银行业、金融业更加复杂，因为其数据类型很多，非结构化的数据很多。例如，我们一旦把生产现场的数据实时采集起来，将是非常大的数据。大数据的起源归因于互联网与电子商务，但是大数据最大的应用场合是传统行业。因为几乎所有传统行业都在互联网化，同时传统行业仍然占据 GDP 的绝大部分份额。有分析表明，最需要大数据的制造企业分为三类。第一类是对大量消费者提供产品或服务的企业：利用大数据精准分析不同消费者的偏好，例如家电企业，汽车企业。第二类是小而美的中长尾企业：利用大数据精准定位客户群。第三类是面临互联网压力之下必须转型的传统企业，利用互联网和大数据作为自我进化的工具。

制造企业应对大数据的挑战需要注意以下几个方面：

- 制造企业需要制定应对大数据挑战的策略；
- 企业需要在获取和管理大数据的基础上，进而利用大数据分析支撑决策；
- 对细节信息的管理导致数据量的暴增；
- 难点在于大多数制造企业并未掌握与自身有关的大数据；
- 大数据时代需要防止"数据霸权"。

3．移动互联时代制造企业的智能化决策

有软件公司认为，BA 与 BI 的概念是有区别的，相较 BI 来说，BA 更注重预测。总的来说，业务分析的目的是立足现实、回顾过去、总结现在和展望未来。首先会告诉管理者企业已经发生了什么事情，结果如何？其次会告诉管理者产生这些结果的具体原因是什么，该采用何种策略来解决？再次会告诉管理者企业在可预见的将来会发生些什么？还会实时地告诉管理者，企业现在正在发生什么事情，完成的进度情况如何，跟企业既定的战略目标是否一致，是否需要及时调整策略将发生偏差的事情调整回正确的轨道上来？

有业务就有业务分析，在企业中业务分析涉及销售分析、财务分析、服务和联系中心分析、供应链分析、市场营销分析、HR/劳动力分析等多个方面。实现业务分析的基本流程可分为 4 个步骤：设计与建模—数据整合—多维数据分析与挖掘服务平台—展现、分析与报表。

目前，业务分析技术出现了新的趋势，包括：移动 BI、云 BI、与制造/研发的特定业务结合、基于内存计算、In Context BI、与大数据处理技术（如 Hadoop）的集成与融合等。

企业在实施 BI 时往往会面临以下几个问题：

- 信息化基础薄弱，信息系统建设进度滞后造成主干信息系统缺失，在实施商业智能时由于缺乏有效的数据来源和运营数据积累，而使商业智能系统的应用效果大打折扣。
- 数据质量低，真实性、可靠性差，造成业务分析结果失真。
- 使用者需求不明确。商业智能应用需要反复的沟通、验证与改进，才能真正符合使用者的要求，发挥实效。

企业可以采取以下措施，保证数据真实性。

- 树立全面的数据质量意识，使每一个操作使用信息系统的用户意识到数据是系统的生命，规范操作，保障数据真实准确就是对自己工作的负责和对企业发展的支持。
- 颁布并严格执行数据管理规定，在制度上规范数据的管理。
- 通过技术手段保障数据质量，引入主数据管理平台，集中管理主数据，加强系统对错误业务数据的检查校验功能，把错误数据堵在源头。

企业绩效管理（Enterprise Performance Management）主要针对一致的、可识别的 KPI（关键绩效指标），对业务绩效进行衡量和分析，以支持业务绩效的分析与管理，以业务流程改进为核心，指导用户完善决策过程，使战略执行更加有效。企业绩效管理和 BI 是相辅相成的关系，BI 是企业绩效管理的分析平台。如图 12-2 理清了 BI 与 EPM 的关系，BI 有很多的功能，在此基础上实现企业绩效管理，要连接到战略和计划到执行、监控财务和运营的结果与目标的差异并提供分析，同时驱动企业范围的绩效改善，采集分析的最终目的是改进绩效。

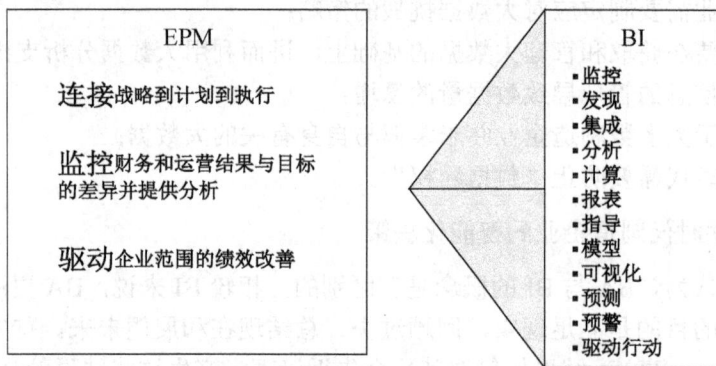

图 12-2　BI 与 EPM 的关系

12.2　移动农业

　　我国是一个农业大国，农业作为国家经济的基础产业，在我国起着举足轻重的作用。农业作为一个特殊的产业，其生产存在季节性强、地域性强、生产者分散且素质较低、产品的标准化程度低等问题。农业要走出困境，摆脱其固有问题，建立信息通畅、高效的农产品流通新模式刻不容缓。为了适应经济全球化发展趋势，我国在农业发展方面已经向信息化全面推进。当前，我国移动农业已经在全国范围内蓬勃发展，随着移动终端设备的普及与农业发展的现实需要，移动农业电子商务（Mobile Agriculture）便应运而生。尤其是随着 4G 时代的到来，拥有更快的网速、更丰富的服务，而移动农业必然成为 4G 时代重要

的移动互联网行业应用。当前社会网络的普及和移动终端的广泛使用使得移动信息化应用成为了农业生产经营活动中必不可少的一部分。移动农业不仅是时代发展的要求，还是当前我国农村经济发展的客观需要。而移动农业作为移动商务在农业领域最有代表性的一项应用，应当引起我们足够的重视。

12.2.1 移动农业的内涵

移动农业是通过手机、PDA（个人数字助理）等移动通信设备与互联网有机结合进行的农业经济活动，它是无线通信技术和电子商务技术的有机统一体。移动农业作为一种新型的移动商务应用方式，除了具备传统"有线电子商务"的优点外，还拥有其自身独特的优势，比如，移动交易不受时间和地点的限制，能够真正实现随时随地的交易，而且移动终端的身份固定，能够向用户提供个性化移动交易服务，并可以提供与位置相关的交易服务。另外，以手机为代表的移动终端在农村的广泛普及也为移动农业的发展提供了现实可能性。在农业领域应用移动互联网可以帮助供需双方建立及时有效的沟通，从而调节生产与市场之间的矛盾；有助于使分散的农户有效地组织起来，从而增强农户的市场竞争力；有助于消除城乡之间的信息壁垒，从而化解城乡二元结构中的许多矛盾。

农业生产具有数量众多、构成复杂、基数庞大、地域性、季节性和综合性强的特点。农业行业包括种养殖业、农产品加工流通运销业、涉农工商业、农民工等众多行业，是涉及面最广的行业。与农业相关的政府和机构涉及面广、主体众多、构成复杂。

党的十六大提出：建设现代农业、发展农村经济、增加农民收入是全面建设社会主义新农村的重大任务。"三农"问题是党和政府最关心的一件大事。中国移动积极响应政府号召，发展农村信息产业，努力开辟广大农村市场，充分利用移动网络资源，开展农信通业务，提供农业信息服务，促进农业现代化建设。

近些年来，我国农业生产和经营过程中出现的诸多问题随着大众传媒的报道而逐渐被民众关注，成为了和民众生活息息相关的话题。比如农业供应过程中的供不应求或者供过于求的状况都对农民和普通民众的生活有着很大的影响。而最近两年在城市中产生的个别农产品价格过高问题就让很多农产品消费者备有压力；与此同时，一时期内如果农民因为种植农产品过剩不符合市场需求就会导致农产品积压成疾甚至会导致赔光家底。像这样极端的两极状况都表明我国农业信息化建设中存在不少问题以及随之带来的对农民自身和众多消费者的不利影响。为解决农业信息化发展问题，建设信息化新农村，中共十八大报告明确指出，我国要加大统筹城乡发展力度，对于农村而言，最基本的要做到加强农村基础设施建设，形成统一规划，各方面协同发展的格局，从而为农业信息化建设打好基础。

移动农业，就是要带领农民紧跟社会信息化的脚步，使得农民在创造价值的同时也能共享信息化社会的发展成果。此外，对于一些条件着实艰苦的农村地区，国家应不断加大扶贫力度，使当地农民在受惠的同时懂得利用新技术创造更多的价值。我国为建设农村信息化做出了多方努力，诸如"十二五"规划中农业信息化规划编制、"金农工程"一期和农业部门户网站群建设、"信息化与现代农业博览会"建设工作等，都在为农业信息化做足功课。

商务部数据显示，2014 年我国网民数量达 6.68 亿，农村网民为 1.78 亿，农村网购用户达 7 714 万，同比增长 40.6%，农村网购规模超过 1 800 亿，同比增长了 60% 以上。从网

购人数和网购销售方面体现了农村电子商务发展很快。

我国农村电子商务发展覆盖面越来越广。从人员上看，农村网购用户已经占农村网民比例的 40%，未来还有较大发展空间。从区域上看，从东部地区农村逐渐向中西部地区农村扩展。2014 年移动网购消费增幅最大的 100 个县里，有 75 个县是在中西部地区。从产品上看，过去以工业品下乡为主，到现在正在向农产品进城拓展和发展。数据显示，在 2015 年的前 9 个月里，生鲜农产品网络零售额已经达到 380 亿元，超过 2014 年全年总数的 1.5 倍。

社会各界积极投入农村电子商务建设，不仅阿里、京东、苏宁等电商到农村去，建设农村电子商务运营网络；传统商贸企业、邮政、供销，还有"万村千乡"的一些企业，也在由线下向线上融合发展。

数据显示，到 2015 年 8 月，中国邮政已经上线了 10 万个服务点。地方政府也十分积极，应该说许多地方都把电子商务作为农村经济发展的新亮点，也把它作为转型升级的新引擎。

农村电子商务发展总体态势非常良好，但也存在一些问题。比如市场主体发育不健全、基础设施滞后、人才匮乏等。商务部将协调各方面出台一些政策和措施，促使社会各方面进行有效整合，推动我国农村电子商务发展。

12.2.2 移动农业的发展历程

1. 农业信息化的发展机遇和观念突破

根据国家权威部门的统计，截至 2013 年 12 月，城市电话用户数为 1.85 亿（含城市家庭 1.05 亿）、农村电话用户数为 0.82 亿（含农村家庭 0.66 亿）；城市宽带用户数为 1.42 亿、农村宽带用户数为 0.47 亿。移动电话用户数的统计数据是不区分城乡的。仅就固网粗略的统计数字就可以大致看出，相对于农村人口，农村的信息消费还是偏低的，农村的信息化基础设施还很薄弱。

随着 2013 年年底中国政府发放了 LTE 牌照，中国已全面进入数据通信的 4G 时代。"移动通信"与"互联网"两大行业融合为"移动互联网"行业。由于 3G、4G 网络和智能终端的"双轮"快速驱动，使得移动互联网流量获得了爆炸式增长（平均年复合增长率达 70% 以上）。

据国际权威机构预测，到 2020 年，移动设备的数量将从目前的 50 亿左右发展到 500 亿（包括物联网终端）。即"物终端数"比"人终端数"等于 10：1。根据有关标准组织的研究，该比例的极限需求至少将是 50：1 以上。这还只是生活需求，不包括生产需求。

移动互联网时代农业信息化跨越式发展，其关键是移动通信技术的发展。众所周知，农村地区地广人稀，如果铺有线线路的话，需要较高的协调进场和建设成本，如修铁路。而建设移动通信网，则可以以点盖面，如发展航空产业（基站类似于机场），非常经济。

农业现代化的核心内涵之一，是信息化带来的成本降低。这里的成本，既包括生产成本也包括营销成本。党的十八届三中全会决定确立保护农民土地承包经营权，是保证在维护农民基本权益的基础上推进农业现代化、市场化的重要战略举措。

我们依据跨越式发展的思维，通过发展移动互联网，可以在暂时难以改变土地自然属性的条件下，迅速实现农产品的"精准营销+长尾生产"。即越过工业化的规模农业经济，直接进入信息化社会的长尾农业经济。

解决食品安全问题，有人试图用市场化、信息化的手段，如开发"城市家庭特供定制农产品"（一般是按周送到家），即开发可提高整体附加值的长尾农业经济。其依托的基础，就是移动互联网、物联网和现代物流。而现代物流的本质，依然是信息化。

毋庸置疑，农业信息化的基础条件首先是农村信息基础设施。但是，农村信息基础设施绝不仅仅是（甚至主要不是）资金问题，更需要的是观念突破。

2. 移动农业的发展环境优化

政府的政策扶持也是一种比资金投入更有效的手段。

农业信息基础设施建设的政策突破点：对于农村信息基础设施建设给予一定的政府补贴是有必要的，但政府补贴不可能长期化。应当形成造血机制，进入良性循环。故本书不探讨单纯加大资金投入的政府财政支持政策，仅就可能的、支持农村信息基础设施建设的政策突破点分析如下。

（1）普遍服务基金问题。所谓的普遍服务基金，就是对农村、偏远地区或低收入人群提供经济上亏损的服务支持。国际上，该类基金首先创造并应用于通信领域。例如，若干年前传统的一封国内平信，邮票的平均价格是 8 分，如果利用普遍服务基金，即使成本是 1 元，也可以寄到边境地区。目前，发达国家有完善的普遍服务基金运作机制，包括从企业利税中减扣、中介机构审计等机制。但我国现在还不存在此类基金。如果按企业自愿原则自行投入农村基础设施的建设，则按照效益原则和资本市场规则，其结果必定加大市场机构的失衡。前些年的通信村村通工程就是一个例子。

（2）数字红利频谱问题。数字红利频谱是指无线电视向数字电视迁移后腾出来的优质的 700 MHz 无线频段。按照有关国际标准，发达国家均已分配给了移动通信。拥有良好低频绕射功能的 700 MHz 频段，可以使基站布点很稀散，大大降低建设成本，通常的估算是可以降低建设成本 2/3～5/6。这就不难解释，德国的 4G 网络，首先是在农村开始建设的。无论是在城乡还是在农村，我们完全可以将频谱资源比作土地，应当像关注土地资源一样关注频谱资源的闲置和充分利用问题。

（3）信息基础设施的充分共享问题。信息基础设施是需要大投入的。但是，基础设施之间难以进行充分的市场化竞争。国际上先进的做法是：用市场化的手段共享信息基础设施，包括铁搭、基站、线杆、管道、站址等。近年来，由于政府的引导，三大运营商的信息基础设施共享工作取得了长足进展，包括减少了针对电磁辐射的建站阻力，每年节省的资金数以百亿元计。同时也促进了市场的均衡，增进了社会福利。但遗憾的是，从整体而言，信息基础设施的共建共享占比不足现有设施的 30%。

（4）电信基础设施优惠政策问题。作为国家重点发展战略领域之一的基础电信行业，在国家基础设施项目中的法律地位不够明确，缺乏在国家的相关税法方面的政策扶持。例如，作为新《企业所得税法》配套政策之一的《公共基础设施项目企业所得税优惠目录》（财税〔2008〕116 号），对企业投资经营港口码头、机场、铁路、公路、城市公共交通、电力、水利七大类共 18 个项目的经营所得，给予税收优惠，但不包括基础电信行业。

12.2.3 移动农业促进农村信息化

1. 农村移动信息化

从 2008 年起，中国移动陆续推出了"务工易""农政通""农信宝"等"农信通"子产品。如今，12582"农信通"已发展成以语音热线为主，同时通过短信、互联网等服务方式，为农户提供找工作、找销路、农情信息、气象、生活百科等十余项惠农信息服务的综合性涉农信息化平台。

为了使交通不便利、地处偏远的农村地区也用得上和用得好移动通信，中国移动大力推动由"市—县"两级营销体系向"市—县—乡（镇）"三级营销体系的转变。同时，积极推广"空中选号""空中充值"等网络服务渠道，有效改善农村地区客户入网难、交费难的问题。中国移动农村渠道网点数已达 58 万个，全国自建或与当地政府合建的农村信息服务站已达 11.8 万个，发展了 9.3 万名农村信息员。同时，中国移动针对农村客户消费特点，为农民提供基于区域优惠的神州行家园卡资费产品和"惠农网"农村集团客户产品，给农村客户带来资费优惠。

据了解，中国移动自 2004 年起开展了发展农村通信、推动农村通信的"村村通电话工程"（简称村通工程），积极承担了西藏、新疆、四川等 15 个省、自治区的村通电话任务。截至 2011 年年底，中国移动村通工程累计投资约 342 亿元，累计建设基站约 4.2 万个，解决约 9.8 万个村通电话。

截至 2011 年年底，"农信通"短彩信用户已达到近 3 000 万户，短彩信日均发送量近 2 000 万条，12582 语音热线月均呼入量近 350 万次。12582 网站访问量稳居国内农业网站第一名。农村信息网已成为广大农民获取涉农信息的重要而有效的窗口，为农民发展生产、增加收入、改善生活提供了强有力的信息化支持。

此外，中国移动发挥移动通信技术特色，以信息化助力"传统农业"向"现代农业"转变，开发了温室大棚无线监控、自动化滴灌、奶源安全信息管理等多种农村信息化应用，帮助实现精准化的农业生产管理。

在新疆，中国移动积极推进"农业移动物联网"应用，目前已在部分地区推广应用了农业大棚标准化无线生产监控、农业无线自动化节水滴灌、淡水养殖无线水质监测、气象水利水文数据监测等项目。

在辽宁，中国移动同农业大棚管理企业合作开发了基于移动网络传输的温室大棚监控系统，目前已在葫芦岛等地成功应用。通过数据获取、远程监控、超限警报、历史数据查看等功能，该系统对大棚内温度、湿度、光照、二氧化碳浓度等进行监测，并自动调控到作物生长所需的最佳状态。

随着基础网络在农村的普及，中国移动在全国近半乡镇建成了乡镇信息服务站和县、乡、村三级信息服务体系，数以亿计的农民借助电波搭上了信息时代的通信快车。中国移动相关人士表示，在目前农村信息化发展背景下，中国移动将进一步扩大对偏远地区的网络覆盖，为进一步缩小和消除城乡数字鸿沟和加快城乡一体化进程，发挥其移动信息专家的作用。

进入 21 世纪，随着我国移动通信事业的高速发展，智能手机渗透率大幅提升、移动互联网用户数快速上升，2007—2012 年我国移动互联网用户数的复合增长率为 52.8%，2012

年达到 4.2 亿，2013 年智能手机用户普及率达到 55%，而在终端方面，大屏化趋势不可逆转，这将会在很大程度上为用户在设备操作上带来更加舒适的体验。随着 4G 用户渗透率的提高及平板计算机的普及，移动互联网用户数量仍有较大提升空间。根据中国行业咨询网的统计，全球移动互联网的数据流量在 2011 年达到惊人的 0.6 ZB（1 ZB=1 024 PB，1 PB=1 024 TB），到 2012 年末移动流量将继续增长一倍达到 1.2 ZB，到 2015 年则达到 6.3 ZB。也正是因为我国移动通信技术的升级和手机在我国的大力普及，为我国移动商务的发展奠定了坚实的基础，使得移动农业成为我国农业现代化过程中的重头戏。

12.3　移动物流

12.3.1　移动物流的内涵

移动物流是依靠现代信息系统技术，集货物流、资金流、信息流、商流等为一体的现代商业服务。目前国内的移动物流市场处于起步阶段，一些国际型公司如 DHL 拥有移动物流系统，国内的物流企业很少有系统级别的移动应用，一般只配备扫描枪或定位设备等单独产品，很多甚至还没有建立任何的信息化业务系统。

而近几年物流行业迅速发展，传统的运输、仓储企业和个人纷纷加入物流行业。就产生了行业内服务水平低下、物流资源不能有效互动、运输监管力差、整合能力不强、供求信息流向不对称等问题。

12.4.2　移动物流的特点

移动物流是以 Internet、GPS、GSM/3G 等技术为手段，以物流供求信息为主体的信息平台。移动物流用户可以按自己的需求搜索所有城市的最新的货源和车源信息，也可以将自己的货源信息或者车源信息发布到后台服务器上，供别人搜索联系。

移动物流实现了物流信息的移动化，使得物流从业人员突破了时间和空间限制，提升了工作质量，增强了各环节的沟通协作，拓展了工作范围，增强了工作人员的快速应对能力，解决了物流信息数据的孤岛问题。

12.3.3　移动物流的需求

1．移动信息化需求

物流行业定位业务需求：（客运出租、短途货运）定位车辆的位置和空闲状况，进行准确有效调度，避免车辆无谓空跑，节约成本；（中长途货运）监控车辆的在途情况，及时处理不利情况，保证货物按计划到达。需要通过定位系统来保障运输的畅通；保障外出车辆的安全及防盗。

2．短信业务需求

在途信息沟通：公司与司机沟通运输途中情况及到达情况，或者进行调度；天气交通信息的发布，对于本地路途中的交通情况、天气情况、路途情况进行及时提醒；将车辆检查、年审、牌照等信息及时通知所有司机；司机之间路途问题的沟通、有关货物及客户信息的沟通；运输市场竞争日益激烈，物流公司意识到客户服务的重要性，需要与客户保持长期的联系，并为客户提供货物在途的信息；对于短途运输保证第一时间将货物到达的信息通知客户，将更好赢得客户的信任。

3．集团 V 网业务需求

物流企业多是跨省经营，长途及漫游通话业务较多，集团 V 网业务在物流行业的应用已相当广泛，其组内通话优惠政策为客户节省运营成本带来了帮助。

12.3.4　移动物流的实现模式

1．物流信息的采集和传递

业务人员能够随时随地收集到大量的市场信息，通过对这些信息的加工和处理，很容易得到富有价值的、及时的商业资讯和情报，这些资料对企业制定营运管理政策、商品开发和销售具有重要的价值。

无线数据采集器通过获得基本数据信息，然后利用获得的数据结果及时通过 GPRS 网络接入互联网并导入后台中央网管模块中，进行数据分析及数据汇总，最后实现数据信息在内部网络和无线终端上的共享。具体可以分为三个环节。

第一，信息的采集和传送。建立基于无线终端的物流信息交互服务，如短信、彩信等，将物流呼叫中心建设成可以为客户提供物流信息查询的综合平台，为广大用户提供随时随地都可以通过无线终端来实现物流的超炫服务及对数据进行整理、加密并进行无线实时发送，可以为用户提供 WAP 浏览和查询服务，这些网站通常都具有物流信息的汇集、传播、检索和导航功能。

第二，数据处理。数据中心接收通过移动网和互联网传送过来的数据，生成标准数据库接口，将业务数据进行存储、分析，作为管理和决策的依据。

第三，数据查询。终端的持有者无论身在何处，都可以通过手机查询各种商务数据，对企业管理中的各种通知进行处理，实现接收、回复等功能，利用无线网络和个人事务管理实现联合办公功能。

2．下订单操作

对于物流企业，利用移动商务可很好地完成连续补货程序，它利用及时准确的销售时点信息确定已销售的商品数量，可随时随地查看零售商或批发商的库存信息，以及预先规定的库存补充程序确定发货补充数量和配送时间的计划方法。然后可及时跟零售商或批发商联系，让他们能及时下订单进货。

下订单时，客户通过无线终端登录企业无线物流平台，从挑选、订购→企业将订单信息传送给无线终端支付平台→无线终端支付平台向客户下行短信，展示订单信息→用户回复短信确认支付→无线终端支付平台通知企业客户支付成功→企业给客户发货，同时将信息发送到客户无线终端上，告知客户商品已发货注意查收。通过电子商务 WAP 网站的打造，可以通过无线终端轻松实现订购、交易、付款网文申请。

顾客下订单的流程图如图 12-3 所示。

①　　　　　　　　　　　⑥

图 12-3　顾客下订单操作流程图

3．仓储

仓储管理在物流管理中占据着核心的地位。从物流的发展史可以看出，物流的研究最初是从解决"牛鞭效应"开始的，即在多环节的流通过程中，由于每个环节对于需求的预测存在误差，因此随着流通环节增加，误差被放大，库存也就越来越偏离实际的最终需求，从而带来保管成本和市场风险的提高。随着信息技术的逐步进步，实行订单生产，将静态的库存管理转变为动态的 JIT 配送，实现降低库存数量和周期的目的。而移动电子商务正好为之提供了方便，信息网络平台的搭建是实现仓储现代化的有效手段，通过综合运用现代化科学管理方法和现代信息技术手段，合理有效地组织、指挥、调度、监督物资的入库、出库、储存、装卸、搬运、盘点、计量、保管、财务和安全保卫等各项活动，达到作业的高质量、高效率，并取得较好的经济效益。供应商可更加方便和及时准确地了解仓库信息，对其进行实时监控。用自动化作业替代了人工作业，保证了数据采集的高效、快速、准确、方便，弥补了传统方式的许多不足。

4．运输

利用移动电子商务与 GPS/GIS 车辆信息系统相连，使得整个运输车队的运行受到中央调度系统的控制。中央调度系统可以对车辆的位置及状况等实施监控。可以使车辆能尽量行驶短的路程到达目的地，从而减少成本和时间，提高了效率。另外，通过将车辆载货情况以及到达目的地的时间预先通知下游单位配送中心或仓库等，有利于下游单位合理地配置资源、安排作业，从而提高运营效率、节约物流成本以及运输安全问题也是物流业生存和发展的前提，也是物流运输从业者最为关注的问题之一。移动商务可以为运输安全提供救援服务，可以通过对用户位置的确定，给用户提供在紧急状态下的救援活动。例如在郊外无人区汽车抛锚、迷失方向、发生紧急事件需要医疗急救而事主并不清楚自己所在的位置等情况，安全救援部门能够通过移动网络对持有手机的用户进行准确的定位，然后予以援助。

5．移动办公

移动办公又称为无线办公，即无论何时何地，用户可以利用手机、PDA、笔记本计算机等移动终端设备通过多种方式与企业的办公系统进行连接，从而将公司内部局域网扩大成为一个安全的广域网，实现移动办公。

简单来说，移动办公的主要优点在于：第一，拓展了办公空间，处理公务不再受到时间和地点的限制，即使在机场候机也不例外；第二，提高了办公的效率，重要的公文不再因为负责人出差而迟迟得不到处理；第三，减少了办公成本，不用花费长途奔波的成本，工作照常进行。现在应用最多的是手机邮箱。

在瞬息万变的市场竞争中，企业为了增强核心竞争力，对市场信息的获取和处理的效率要求越来越高。在这样的发展形势下，手机便成为了实现移动办公及实现快速响应和决策的信息载体。"充分利用市场中的最新技术、工具和服务，赋予员工更强的办公能力，手机邮箱（Push-Email）为实现企业移动办公提供了解决之道。"中国移动广东分公司有关负责人如是说。

6．移动银行

移动银行简单地说是以手机、PDA 等移动终端作为银行业务平台中的客户终端，通过小额支付、二维码等技术，来完成某些银行业务。具有功能便利、使用区域广泛、安全性好、收费低廉、可以进行二次交易等优点。

移动银行服务是无线通信技术与银行业务结合的产物，它将无线通信技术的 3A（Anytime、Anywhere、Anything）优势应用到金融业务中，为客户提供在线的、实时的服务。它主要是以 GPRS 移动支付系统为技术支撑，采用当前先进的无线分组交换技术，实现了电子支付方式的无线移动和永久在线，推进了银行业务自助式和无纸化的发展趋势。它代表着银行业务的技术方向，使银行柜台延伸到社会的各个角落，使手机不仅是通信工具，还充当移动的 POS 机。使用这种服务，银行客户通过移动电话界面直接完成各种金融理财业务。另外，移动银行的发展使得银行进一步拓展了中间业务，高效率地实现支付水、电、通信、物流配送、机票送达等各种代收代付业务的无线支付，加快资金周转，突出了使用方便、保密、快捷的优越性，安全可靠地实现了移动支付、移动查询和移动商务等功能。

12.3.5 移动物流的配送

1．物流配送的作用

日本工业标准表述，配送是将货物从物流结点送交收货人。生产厂到配送中心之间的物品空间移动叫"运输"，从配送中心到顾客之间的物品空间移动叫"配送"。美国《物流管理供应链过程的一体化》中表述：实物配送这一领域涉及特制成品交给顾客的运输。实物配送过程，可以使顾客服务的时间和空间的需求成为营销的一个整体组成部分。我国出版的《现代物流学》中表述：配送是以现代送货形式实现资源最终配置的经济活动；按用户订货要求，在配送中心或其他物流结点进行货物配备并以最合理方式送交用户。配送的作用表现在。

（1）企业采用配送体制。

① 分销领域采用配送体制，可以降低物流成本，提高服务水平，从而可以扩大销售、扩大市场、增强企业竞争能力。

② 产品实行配送体制，配送需要多少，就生产多少，可以实现产品零库存，可以获得最大的节约和最大的效益。

③ 采购领域实行配送体制，就可以实现企业需要多少，供应商就配送多少，什么时候需要，供应商就什么时候送货。因此企业不需要设置原材料库存，流通企业也不需要设置流通库存，都可以做到零库存经营，大大降低经营成本。

④ 企业零库存经营，节省下来的大量储备资金，可以改善企业的财务状况，增强企业经济实力，促进企业发展。

⑤ 企业实行配送体制，导致生产体制、分销体制以及采购体制相应的革命性的变化，促进企业经营管理水平的提高。

（2）对于广大用户来说，提高了物流服务水平。配送能够按时按量、品种配套齐全地送货上门，一方面使用户免除了出差采购运输进货等劳顿之苦，简化了手续，方便了用户，节省了成本，提高了效率；另一方面保障了物资供应，保障了企业生产和流通的正常进行，满足了人们生产生活的物资需要和服务享受。

（3）配送提高了物资利用率和库存周转率。配送采用配送中心集中库存，可以利用有限仓库，使有限库存为更大范围更多客户所利用，需求更大、市场面广，物资利用率和库存周转率必然大大提高。还可以使仓储与配送环节建立和运用规模经济优势，使单位存货和管理的总成本下降。

（4）配送完善了干线运输中心的社会物流功能体系。采用配送作业方式，可以在一定范围内，将干线、支线运输与仓储等环节统一起来，使干线输送过程及功能体系得以优化和完善，形成一个大范围物流与局部范围配送相结合的、完善的物流配送体系。

（5）配送对于整个社会和生态环境来说，也起着重要的作用。配送可以节省运输车辆，缓解交通紧张状况，减少噪声及尾气排放等运输污染，为保护生态平衡、创造美好家园作出贡献。

（6）发展配送有利于提升和优化物流结构和产业结构，使运输业、仓输业获得增长的机会；同时与其相关的电信服务、代理业和客户服务等行业的发展将成为第三产业的新增长点。

2．移动物流配送模式

（1）自营物流是指企业通过对企业的生产经营提供配送服务，以满足他们的业务需求及自己物流中心的形成。电子商务公司为了更好地实现业务目标，选择的运输和储存仓库等基础硬件投资的物流建设，物流业务在整个企业的规划、组织、协调、控制模型管理。选择自营物流和配送方法可以增强由经销企业到战略高度所创造的价值，并能够更好地提高客户服务水平，但随着规模的物流企业本身也需要一定量，以满足施工的需要，发展配送中心。目前使用电子商务自建物流的企业主要有两大类：第一类是资金实力雄厚的大型电子商务企业，如亚马逊、京东；第二类是传统的大型制造企业或大型批发企业，如中粮集团，苏宁易购。

（2）电子商务企业的第三方物流模式。将外包其物流业的专业第三方物流企业完成物流服务的物流运作模式。按照供应链的理论，运用非核心业务的这种模式将自己的优势由第三方物流公司物流业务代理的承诺代理，此类型企业从原材料供应到生产，到产品销售等方面都在某一特定领域具有核心竞争力，具有专业知识与专业的协调能力，从而在整个配送系统中形成具有巨大的竞争力。而电子商务企业则可以集中资源发展核心业务。这种模式的显著特点是：第三方公司一般都具有一定专业实力；具有规模的物流设施和专业配套技能，如图 12-4 所示。

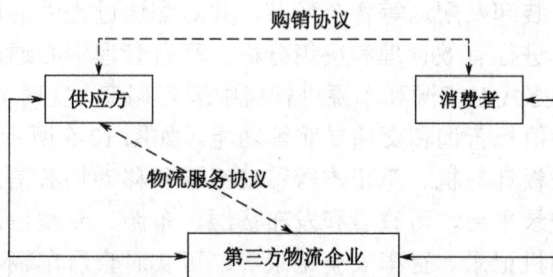

图 12-4 第三方物流配送图

（3）物流联盟。简单来说，就是指多个电子商务企业选择同一家物流企业负责各自的物流服务或者多个物流企业以结盟的方式形成共同的配送中心为电子商务业服务。这种模式的企业拥有一定的物流资源与较完善的配送系统，但是当市场业务量迅速增长的时候，企业难以满足客户的大规模需求，如果自行投资扩大规模，成本较高且风险较大，因此选择多个企业联盟可降低风险。一般来说电子商务企业的库存货物与配送区域都集中在城市的中心地带，货物由供应商到消费者的配送环节交由专业的第三方物流公司完成，因此此种模式下物流企业与电子商务企业会在一些必要的数据上实现对等共享。

物流联盟的方式可分为以下几种方式。

① 纵向联盟。即垂直一体化联盟模式，采用这种联盟方式，产品的生产过程、销售环节和售后服务环节都将贯穿于整个供应链体系中。但采用此种联盟方式也有它的弊端，主要体现在联盟企业稳定性不够高，因为联盟的整个供应链上每个企业都希望达到利润最大化，然后这种期望基本不能够实现，个别企业可能会出现亏损的情况，这将对这些企业的积极性造成负面的影响从而导致其退出联盟。

② 横向联盟。即水平一体化联盟模式，这种物流联盟模式由几个条件相当的物流企业达成合作意向。这种联盟模式的优点在于：可以减少重复的物流运作，能相应地降低各联盟企业的运行成本，可产生规模效益。但这种联盟模式也存在它的缺陷，比如这种联盟模式要想发挥其规模化效益的优势，就需要有很多并且以大量的商品存在为基础。除此之外，如何将这些产品集中处理，按不同标准处理也不是很容易就能解决的。

③ 混合模式。即处于各个位置的物流企业均能加入联盟。这种联盟模式的缺陷更加明显，水平的参差不齐导致其稳定性和可控性不高。

④ 以项目管理为目的的联盟模式。这种联盟方式合作的目的是围绕一个共同的项目，此种联盟模式没有很强的竞争力，主要是因为其合作的范围较狭窄，合作的可持续性不强。

3．移动物流配送信息平台

"移动物流配送信息平台"是以计算机技术、网络技术、物联网技术、GPS/GIS、移动通信等技术为手段，以物流配送供求信息为主体的信息展示平台。目的是打造一个基于位置定位的信息服务类平台，通过整合地区性与生活娱乐相关的商业信息（娱乐、美食、折扣等），以信息推送的方式传递给用户。融入移动 SNS 社区模式，形成用户与用户间、用户与商家间信息分享的良性互动，通过传递和信息分享、促进平台不断壮大。用户可通过移动终端（手机、iPad 等）和移动物流配送平台连接，实现货源信息和车源信息的发布、查询、物流车辆定位、跟踪监控，在途运输的实时跟踪和可视化管理。平台各个子系统实现运输、监控、仓储、装卸及配送等各个环节，并对配送过程中的运输路线选择、最优化装箱、配送路线优化等进行有效管理和决策分析。平台管理中心通过微博、微信、手机视频和音频通话、短信等方式对货源和车源进行集中运营调度，实时监控车辆、货物和路况，为用户提供信息发布、信息查询和交通导航等功能。如图 12-5 所示。

用户通过手机、平板计算机、笔记本等移动终端和移动物流信息平台连接，输入用户名和密码通过验证后登录平台，可查看和发布货源、车源、专线信息；对车辆进行管理，查看车辆档案记录、司机记录、行车安全记录等；可实时查看车辆、货物、路况信息，并可通过微信、微博等方式实时直播物流配送过程，做到物流配送实时化、透明化；对仓储所存货物进行查询，系统会及时提示所缺货物，并可进行仓储作业管理；系统阅读器扫描运输车辆的电子标签，读取信息并传送到平台中心，实时对跟踪车辆及货物的实时信息采集和跟踪；系统通过 GPS 服务确定车辆位置，将此位置数据与实时路况和配送列表结合起

来，将其传送给配备有计算地理信息与最佳路线的最优算法的服务器，服务器生成该物流配送的最佳路线列表，再将其传送给调度中心，重新将最佳路线列表转化为最佳路线信息，发送给车辆移动通信终端，实现配送路线最优。未登录的用户则只能浏览诸如车辆、货物等已发布信息，以游客身份浏览论坛信息和资料中心等；系统管理员可以在网站后台对货源、车源、专线、资料等信息进行添加、删除和修改操作，并可对会员注册信息进行确认等。如图 12-6 所示。

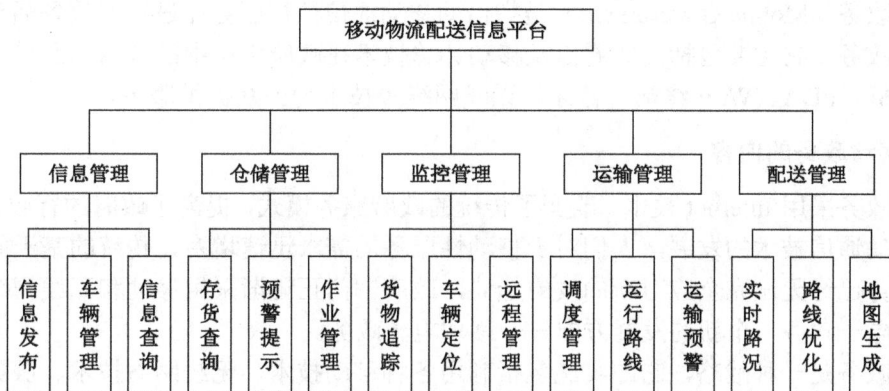

图 12-5　移动物流配送信息平台功能结构图

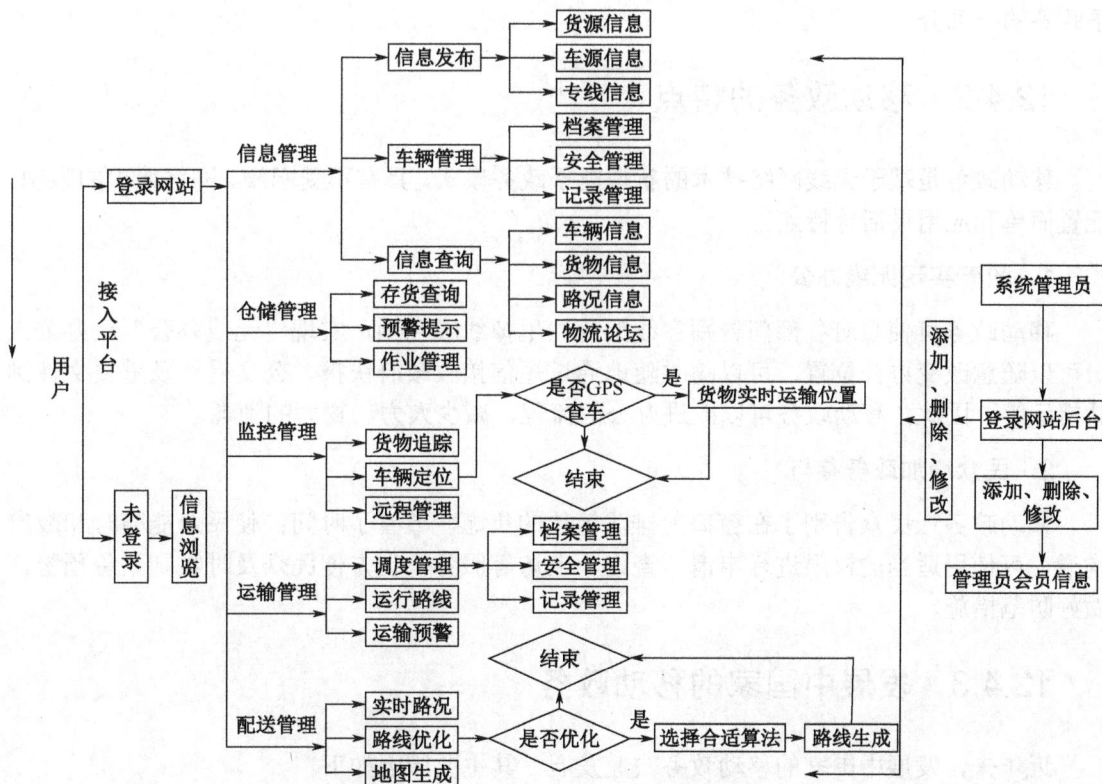

图 12-6　移动物流配送信息平台业务流程图

333

12.4　移动政务

12.4.1　移动政务的概念及内容

1．移动政务的定义

移动政务（Mobile Government）是指借助移动通信数据服务而进行的政务活动，也称移动电子政务。它主要包括无线通信及移动计算技术在政府工作中的应用，通过无线接入技术如手机、PDA、WiFi 终端、蓝牙、无线网络等技术为公众提供服务。

2．移动政务的内容

电子政务采用 Internet 技术，改变了传统的政府服务模式，提高了政府的行政效率。然而随着移动通信技术的发展，人们对于移动性服务的需求迅速增多，传统的基于固定网络的电子政务已经无法完全应对新的发展趋势，政府部门正逐渐采用移动和无线网络技术，并创造了电子政务一个新的发展方向——移动电子政务。

移动政务是一种战略，它的实施包括利用各种移动技术、无线网络技术、服务、应用程序和移动设备，为参与政务的公民、企业和政府部门提供良好的公共服务。移动政务并不是电子政务的替代，在很多情况下，移动政务与电子政务是互补的。目前，移动政务也没有像电子政务那样有较完善的构建规范，一些国家（如希腊等）甚至将移动政务作为电子政务的一部分。

12.4.2　移动政务的特点

移动政务是基于无线网络技术的新型电子政务模式，具有不受网线、网络接口的限制、配置简单和应用灵活等特点。

1．政府实现无线办公

移动政务可使政府各部门告别穿线架管，甩掉线缆包围，实现"无线办公"。办公人员可以随意改变办公位置，可以随时随地通过短信接收政府快报、公文提要及重要文件到达提示等。因此，移动政务可以改进办公的流程，减少人力、物力的消耗。

2．民众增加政务参与

移动政务让民众告别了在窗口前排队等待的焦虑，节省了时间；使民众能随时和政府沟通，可使用适当的权限进行申请、查询、上访等服务；也方便民众及时收到紧急预警，做好防范措施。

12.4.3　发展中国家的移动政务

近年来，发展中国家的移动政务快速发展，其主要原因如下。

第一，移动用户的快速增长与渗透。相对于过去，更多的人拥有移动设备可接入电子服务与电子信息。

第二，手机将民众接入互联网。在加纳，乡村民众即可通过通用无线分组业务（GPRS）提供的手机无线应用通信协议（WAP）体验互联网。

第三，移动性。民众可以随时随地获取信息。

第四，非排他性与偏远地区接入。移动手机可触及那些互联网及有线电话基础设备难以建立的地区。在发展中国家，移动技术在政府的运用已经成为其与偏远地区民众接触与联系的重要手段。在这些国家，由于远程电信设施的普遍缺乏及对手机更为广泛的接受，对偏远地区的接入已经成为移动政务的一个显著特征，移动技术更是解决了他们被社会边缘化的问题。

第五，低成本。移动手机是一项相对低成本的技术，相对于互联网技术大众可以通过自行购买而获得。

第六，便于学习。手机设备的使用相对简单，因此民众便于学习并获取信息。

第七，便于基础设施建设。由于移动技术的发展，新的手机网络可便捷地在各地建立，尤其是那些基础设施落后及经济不发达的地区。

第八，电子政务的进步。移动政务并非完全取代电子政务，而是一个有效补充。它更是在一定领域扩展了电子政务的范畴，如电子民主、电子参与、电子投票以及其他更多政府与公民交流互动的形式。

12.4.4　移动政务的优势

1. 普及政府服务，有效解决数字鸿沟

手机用户远远超过拥有计算机的人数，这一点在西部地区、农村地区尤其突出。如何消除数字鸿沟，为更多民众提供优质服务，是众多电子政务专家一直在讨论的话题。提供政府服务的各种渠道中，如办事大厅、互联网、无线网络、数字电视、信息亭、呼叫中心、传真及普通邮件等，无线通信网络的覆盖范围仅次于呼叫中心。在政府对于民众服务方面，全面普及以短信服务为代表的移动政务，是当前各种方案中投资小、见效快的最佳方案之一。

2. 实时性强，提高办事效率

相对于台式机、笔记本计算机，移动终端更便于携带，能够更好地实现随时随地处理信息。无论是普通公众，还是政府的工作人员，移动政务实时传输信息这一特性可以有效提高办事效率。这一点对于执法部门和应急服务部门尤为重要。例如，交警部门使用移动车辆监控系统，可以拍下行驶中车辆的牌照号码，实时传输给后台系统查询这一车辆的相关信息，从而决定是否采取措施。

3. 容易同其他信息系统集成

与传统语音通信进行比较，当前利用计算机进行语音、文字互相转化的技术并不成熟。有些地区的呼叫中心，采用人工录入的方式将语音转换成文字，成本较高。而短信系统很容易与 OA、ERP、CRM 等系统集成，有效实现信息的传递。

4. 有效避免热线电话占线问题

很多政府部门的热线电话，存在占线问题。采用多中继线接入，建立呼叫中心固然可以在某种程度上缓解这一问题，但是，这一方案成本较高，很难大面积推广。短

信信息系统不容易出现堵塞问题，可以有效地解决这一难题。

12.4.5 移动政务的主要应用

移动政务在基于统一的技术架构上构建起电子政务应用内外网平台，可以实现单点登录、安全访问、个性化办公流程、信息交互与共享、报表生成、表单填报审批、公文处理、邮件服务、会议组织、日程安排、个人办公、信息查询汇总、档案管理及管理监督计划统计等应用的功能，实现各级行政主管部门协同应用、互联互通、信息资源共享和网上办公等，提高移动政务办公的效率。移动政务的更多应用如图 12-7 所示。

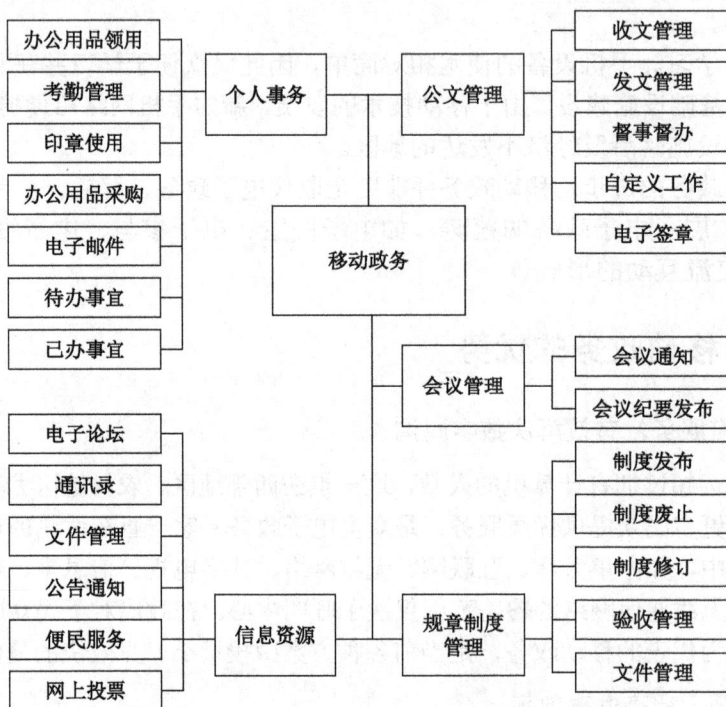

图 12-7　移动政务的诸多应用

移动政务信息系统由于其开放性和远程性，因此易受到计算机病毒和黑客攻击，造成系统被破坏，信息被窃取、篡改、删除等一系列后果，严重的还会造成系统瘫痪。另外，用户使用的终端设备的丢失和被盗，也成为可能泄露个性化信息的重要安全隐患。因此，建立移动政务的安全机制，对自身的终端设备进行加密或对其他安全措施的处理，保护移动政务隐私信息的安全，是非常有必要的。

12.5　移动医疗

12.5.1　移动医疗的概念

移动医疗指不受固定位置因素的影响、能够随时随地传递患者信息的远程医疗模式。特指借助现代通信技术实现的对于远距离对象的医疗服务。

根据国际医疗卫生会员组织（HIMSS）给出的定义，移动医疗（m-Health）就是通过使用移动通信技术，如移动电话、WiFi、卫星通信等技术来提供医疗信息和服务。移动医疗为医疗资源不发达国家和地区的医疗卫生服务提供了一种有效的解决方法，尤其是在医务人员不足的情况下，通过移动医疗可以有效解决医疗资源不发达国家和地区医疗资源不足、分配不平衡的问题。

电子医疗（e-Health）是由电子和通信支持的医疗保健，广义上是指在医疗卫生中，包括电子数据处理的卫生信息化；狭义上是指用于互联网的医疗服务。它的形式包括电子医疗记录、远程医疗、医疗保健信息化、卫生知识管理、虚拟的医疗保健团队、基于移动通信的医疗保健、基于网络的医学研究和卫生信息系统。移动医疗可以说是电子医疗的一个子集，可以视为远程医疗的一种补充形式。

移动医疗包括无线查房、移动护理、药品管理和分发、条形码病人标志带的应用、无线语音、网络呼叫、视频会议和视频监控。

可以说，病人在医院经历过的所有流程，从住院登记、发放药品、输液、配液/配药中心、标本采集及处理、急救室/手术室到出院结账，都可以用移动技术予以实现。

12.5.2　移动医疗与传统医疗的差异

1．模式差异

（1）诊断模式不相同。在传统医疗中，医生获取病人病症的渠道都是通过面对面的诊疗（望、闻、问、切）。而在移动医疗中，可以采取视频诊疗，病人和医生通过视频通话，医生可以获取病人的病症，并给病人下达医嘱。而对于一些慢性病的病人，如高血压和心脏病，患者可以佩戴无线生理信息采集设备，而患者的即时生理信息将被医生掌握，从而实时监控患者的生理状态，如果出现异常，医生可以通过短信等形式通知病人服药或复查等。

（2）护理模式不相同。在传统医疗中，护士护理病人必须定时查看病人的生理状态，而对于输液的病人，需要病人或家属在输液即将结束时呼唤护士来拔针。而在移动医疗中，患者的生理状态时刻显示在操控主机上，护士可以在计算机前看到所有病人的状态，从而对患者实施护理。

2．技术差异

传统医疗所需的技术，主要是医疗保健技术。而移动医疗则需要无线通信技术、电子信息技术和医疗保健技术相结合。其中，电子技术和无线通信技术作为基础，使医疗信息有了稳定的传输。病人的生理信息通过移动终端设备传递给医院，而医院的医疗保健信息也可以通过同样的方式传递给病人。

3．效率差异

移动医疗比传统医疗有着更高的效率。主要体现为人力资源占用少，误诊和药物误用的情况少，节省诊疗时间。使用移动医疗之后，将不需要过多的人力和设备来测量和收集病人的生理信息。很大程度上消除了在对病人护理过程中，有可能出现的护理人员交接环节的失误，以及在发药、药品有效期管理及标本采集等执行环节的失误。诊疗远程化之后，患者可以省下去医院路途的时间。

12.5.3　移动医疗的优势

1．应用范围广

移动医疗系统终端设备的多样化，导致了诊查方式的多样化。例如，皮肤病患者只需要用手机将患病部位拍下来，将照片传给医疗机构，而医疗中心就可以将诊断结果及医生建议和药方发送给用户；而慢性病患者，如心脑血管病患者，可以使用便携式脉搏心率监测器，方便医生监测患者生理情况，同时通过手机将实时数据传递给医疗机构，医院就可以实时掌握病人的情况；而感冒等患者，可以发送文字信息描述自己的症状，然后医疗中心就可以直接将药方发送到用户的手机上。

2．提高医疗资源的合理配置

当前，医疗资源分布配置具有一定的不合理性。北京等一线城市掌握着国内大多数的一流医疗设备和顶尖名医，而国内的二、三线城市仍然有很大一部分人难以享受到优质的医疗资源。网络具有受众面广、信息成本低及不受时空限制等优势，而在医生与患者之间搭建网络这个无形的沟通桥梁，可经由网络跨越时间和地域所造成的各种障碍，使得更多的患者能享受到稀缺医疗资源的权利，最终实现各地域医疗资源的合理优化配置。

3．减少医疗失误，提高工作效率

移动应用能够高度共享医院原有的信息系统，并使系统更具移动性和灵活性，从而达到简化工作流程，提高整体工作效率。移动应用的另一个显著贡献是减少医疗失误。在对病人的护理过程中，有可能出现护理人员交接环节的失误，以及在发药、药品有效期管理、标本采集等执行环节的失误。据美国权威机构的调查显示，每年有超过 1 500 万例的药品误用事故在美国医院内发生。移动医疗使医护人员及时得到和确认患者的医疗信息，确保在正确的时间，对正确的病人，进行正确的治疗，避免医疗失误的发生。

4．有助于改善医患关系

网络医疗服务对于医院以及医生都具有非常重要的宣传作用，以便实现互联网技术、医院和医生共赢互利的最终目的。在病情诊断的过程中，还可以进行医疗服务反馈板块的设置，患者通过此板块发表自己的看病心得及对医生服务的评价。通过网络查询所需留言，包括查询医生的满意程度，即可大致地了解基本情况。而医生为提高患者的满意程度，为提高自身的名誉度，必须加强专业医术水平及给予良好的服务态度。与此同时，医院也达到了良性宣传的目的。

5．打破时间与空间的限制，有效降低就医成本

网络医疗网站的大范围应用，可以提前将患者基本情况及病情资料经由手机网络及时传输给医生。经过医生的专业分析之后，患者再结合自身情况提前与医生预约具体的门诊时间。这种简单的网络医疗服务过程，使得医生能立即对患者的基本情况有了一定程度的了解与掌握，而患者也节省相应的时间和精力，并且还可以提前了解门诊时需要注意的问题。在此互联网技术基础上，既可以大大降低看病的成本，又可以增强患者与医生的沟通与互动。

12.5.4　移动医疗的应用价值

1. 使医院的管理更加科学合理

数字化管理彻底改变了原有的传统纸质信息管理方式，而移动医疗系统的应用，使信息管理在数字化管理的基础上更加科学合理。每个患者都有对应的条形码，而护士则只需刷条形码就能立刻调出患者的病例等信息。降低了管理医疗信息过程中出错的概率。

2. 为患者提供更加安全、高效、便捷的服务

移动医疗系统的应用，使患者在医院就诊的各个环节都更加安全稳定，出错率低。由于这种诊疗是没有时间和空间局限的，用户可以在任何时间、任何地方得到医疗信息，而且通过移动医疗系统得到的医疗资源都是经过甄选的优秀的医院和医生所给的，避免了传统医疗中，有些病人由于被误诊而使病情恶化的情况。

3. 使医疗信息传递得更加快捷，医疗数据更加翔实直接

无线局域网在医院可以部署在病房、诊室及手术室等需要医护人员移动工作的区域，以帮助医护人员在病人身边开展各种即时性的医疗救治工作；也可以应用于其他医院管理领域，方便医院管理部门进行动态的、实时的监控与考核。

4. 改变传统医疗护理产业模式

对患者信息的无线移动管理和患者身份的条形码化管理功能，改变了在患者床边手工记录患者信息和纸质查询诊疗信息的传统工作模式，医护人员可以随时随地获取和处理电子化病历及其相关信息，节省了大量往返于办公室及病床之间的时间。医师可以在患者床边查阅患者的各种信息及进行医嘱处理，护士可以使用条形码扫描功能，进行患者腕带及药物条形码的扫描，准确地执行医嘱，缩短了病人与医生的时间和空间的距离。

5. 创造大量的就业机会

全球移动医疗市场持续升温，移动医疗发展的强劲势头，拉动各相关产业向前发展。移动运营商、医疗设备制造商、终端厂商、系统集成商和软件方案商等都是移动医疗产业中的重要环节，越来越多的企业投身移动医疗市场，行业的发展为社会提供了大量的就业岗位。

12.5.5　移动医疗的技术与条件

1. 移动医疗的技术

移动医疗的技术实施包括以下环节。

（1）采集器将用户生理信息通过手机传输给业务管理平台。

（2）业务管理平台作为中枢，将用户与医疗专家联系起来。

（3）业务管理平台和保健中心可以通过 IP 承载网与移动网络运营商的其他相关增值服务系统相连，如图 12-8 所示。

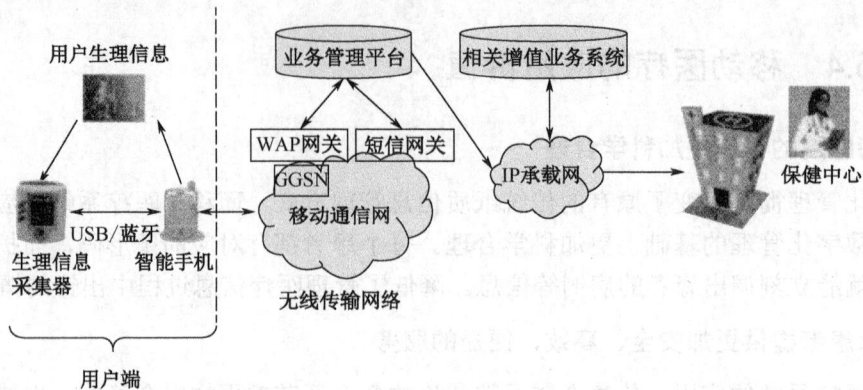

图 12-8　移动医疗的技术

从结构上看，可以分为以下 3 部分。

（1）生理信息的采集。通过生理信息采集器，采集用户的生理信息，包括体温、血压、血氧、心跳及心电等。主要运用传感器技术，测量用户的生理数据。生理信息采集器，可以通过不同用户的需要，匹配不同的功能。而生理信息采集器与用户的手机之间可以进行数据交换，通过蓝牙或 USB 数据线来完成。

（2）信息的传递。手机在获得了用户的生理信息之后，将用户的生理信息通过移动通信网传递给业务管理平台。另外，业务管理平台和保健中心可以通过 IP 承载网与移动网络运营商的其他相关增值业务系统相连，将用户与医疗机构联系起来。这里运用了无线通信技术和信息管理技术。

（3）用户信息的管理。业务管理平台收集并管理用户信息，对用户建立档案，将用户信息发送给医疗机构，也将医院的健康建议等信息作为增值服务发送给用户。

2. 实施移动医疗的条件

（1）通信服务平台。移动医疗离不开高速可靠的通信服务平台。移动医疗应用场景丰富，适用范围也覆盖了室内室外甚至高移动的各种场景，而医疗应用对稳定可靠方面的性能要求非常高，这对网络 QoS（服务质量）能力提出了相当大的挑战。以体征监控并反馈类的应用为例，无论用户走到哪里，用户体征的上行数据需要随时随地传送出去，才能达到实时体征监控的目的。这就要求无线网络覆盖达到相当好的程度，并满足相应的带宽需求。另外，如果是报警类的医疗应用，因为关系到用户的生命安全，在优先级和稳定性上的要求也会比其他的服务更高，需要用冗余及差错恢复等技术保证传输的质量。

（2）信息服务和产品平台。业务管理平台是整个系统的"中枢"，其功能主要包括：信息存储/转发、认证鉴权、用户管理、话单生成、设备管理、网络管理和网络安全，并可提供门户网络界面供医疗专家根据客户提供的生理信息做出保健建议，然后医疗专家可以通过业务平台把健康信息回馈给用户。用户也可以通过门户网络界面上网查询，随时了解自己的健康状况并得到医疗专家的保健信息。

医疗设备和技术服务提供商近年来投入大量力量进行医疗保健信息产品和技术的开发与应用，如 HIS/CPP/CIS/PACS 和远程医疗方面形成的大批医疗服务信息产品，以及相关技术服务的平台。

移动医疗是远程通信技术、信息学技术和医疗保健技术的结合。它们构成了移动

医疗的三大支撑技术。

（1）通信技术。移动医疗系统采用的通信技术有无线局域网、电子设计自动化（EDA）、中间件、条形码和射频等技术，将在台式（固定的）医师、护士工作站上采集、录入、查询临床信息，延伸至患者的床旁（通过无线技术与医院的 HIS 相连）。

医师应掌上计算机（PDA）或移动医疗车，通过患者佩戴条形码的腕带，可随时随地查询患者的医疗信息，下达和修改医嘱等，减少了很多环节，提高工作效率。护士可在患者床边或随时随地查询患者基本信息、检查报告、生命体征、医嘱等信息，录入患者生命体征、护理评估和医嘱执行等信息。同时，该系统通过对患者标志腕带、检验标本及药品进行条形码化管理，能够有效避免人工核对所产生的差错和事故，确保医疗安全，为患者提供安全可靠、快捷方便的医疗服务。

（2）信息学技术。用户生理信息采集器采集用户的生理信息，通过手机将用户的生理信息通过移动通信网传递给业务管理平台，业务平台的设备管理模块可以根据终端管理系统提供的用户终端的能力及当前网络状况等信息，对保健中心发给用户的信息进行转换适配，确保用户终端的正确呈现。在紧急情况下，保健中心可通过定位业务系统的 GLSC（General Location Service Centre，粗定位业务中心），发起对用户的定位过程，获取用户精确或粗略位置信息，并将位置信息和位置相关信息（例如，用户所在位置的周边地图、交通路况、导航等信息）传递给救护人员，使他们能及时实施救助。

（3）医疗保健技术。移动医疗由于实时采集传输数据的特点，使高血压、心脏病等慢性病患者的生理状态时刻得到医生监护。医生可以针对患者的生理状况给患者提供建议，制定出最佳的服药及复查时间表，并通过移动业务平台给患者发送通知，保障了患者时刻处在监护的状态下。

本章案例

发展中国家的移动政务

移动技术是现代信息技术革命后的第二浪潮，移动性与无线性是其两大独特优势。其中移动性最受赞扬，尤其是像掌上计算机、笔记本计算机、移动电话和平板计算机等移动设备都能将用户免费接入台式计算机。无线性是指在计算设备与数据来源间不存在的物理连接。近年来，移动设备的使用已逐渐成为一种趋势，主要是由于其设备的低成本、不发达国家与发展中国家基础设施的必然选择、生活方式的转变及设备功能的改进等原因。根据市场研究机构 eMarketer 的数据，无线网络用户人数已在 2007 年年底超过了有线用户，占所有网络用户的 56.8%。

尤其是在非洲，手机用户占绝对主导，其固定电话用户则被视为例外（渗透率为世界最低，仅为每 100 人中 3 台）。由于有限的固定线路数量从而产生有线宽频接入的障碍，也造成非洲宽频市场中无线宽频的主导地位。价格的下降及许可证的增加可能在未来几年使 3G 得以广泛使用，以改变目前的局面。

广泛的无线覆盖也是造成在农村及偏远地区手机远高于有线设备渗透率的主要原因，尤其是在远程通信基建并不完善的发展中国家。此外，移动政务格外适用于那些网络使用率低但手机渗透率却急速增长的发展中国家的城市和地区。因此，在发展中国家，由于电子政务面临诸多障碍，绝大多数人口生活在农村且基础设施还未完善，移动政务恰是政府向农村社区提供服务的绝佳选择。

发展中国家的政府可通过以下三个阶段来实施移动政务。首先，应发展在危急时刻能向公众传递信息的相关应用，如地震、火灾、洪水及灾难暴发，这种类型的服务是政府对公众单方向性的；其次，发展那些能加强政府与公民互动的应用，这能鼓励公民参与、增强社会民主并对政府问责；最后，发展高互动性的移动政务应用，如税金、账单的支付，到移动认证卡。此时，公民手机的功能不仅只是打电话，还是认证卡、支付钱包、驾照和医保卡。通过移动电话可开发大量潜在公共服务供给及沟通业务，如医疗、农业、教育、就业、交通法令、税金和司法体系等相关服务。移动支付已在一些东非国家试行，这也为更为广泛的公共服务交易（如交通费与学费支付等）提供了更多的机遇与可能。然而，整合系统与后台运行非常复杂。

问题：为什么移动政务在发展中国家能得到快速发展？

本 章 小 结

本章主要学习了移动互联网在五个行业中的应用，实际上有更多的行业都已应用了移动互联网思维。本章首先阐述了移动制造，移动制造的内涵、移动制造的产生是企业和市场需求、移动制造的经济社会作用、移动制造的运作过程及移动云技术在制造中的应用。要理解移动制造的内涵，要掌握移动制造的作用，要了解德国工业4.0战略，掌握其主要内涵。掌握移动制造的实施，熟悉中国制造十大重点领域。要熟悉移动制造的发展条件。然后介绍了移动农业的内涵和发展历程，我国由于移动农业的发展环境优化、政策明朗及帮助移动农业促进农业生产转型升级，而移动农业大发展又促进了农村信息化建设。接着阐述了移动物流，包括移动物流的产生和特点。进而介绍了移动政务，包括移动政务的概念及内容、移动政务的特点，介绍了发展中国家的移动政务，分析了移动政务的优势和移动政务的主要应用。最后阐述移动医疗，包括移动医疗的概念、移动医疗与传统医疗的差异、移动医疗的优势和应用价值及移动医疗的技术与条件。

思 考 题

1. 简述移动制造的产生与应用。
2. 试述移动农业的内涵与作用。
3. 试述移动物流的内涵与特点。
4. 试述移动政务的概念及内容。
5. 分析移动医疗的优势与实现条件。

参 考 文 献

[1] 李中梅，张向先，郭顺利. 移动商务环境下 O2O 用户在线评论有用性影响因素研究[J]. 情报科学，2017.

[2] 李红卫. 移动电子商务时代的末端物流协同配送模式分析[J]. 物流工程与管理，2017.

[3] 栾淑梅. 利用"移动互联网+"重构农产品电子商务销售渠道[J]. 中国集体经济，2017.

[4] 张慧芹. 基于智能手机的移动电子商务营销模式探讨[J]. 现代营销（下旬刊），2017.

[5] 田爱国. "移动互联网+"背景下 O2O 电子商务发展现状及趋势分析[J]. 商业经济研究，2017.

[6] 何小强. 4G 时代移动电子商务产业链优化路径探略[J]. 商业经济研究，2017.

[7] 罗艳彩. 互联网时代移动商务模式研究——以微信电商为例[J]. 电子商务，2017.

[8] 李玉红. 浅议我国移动电子商务发展问题及解决对策[J]. 经济师，2017.

[9] 张晞. 网络视域下现代企业的移动电子商务应用研究[J]. 改革与战略，2017.

[10] 高晶，钟若南，武虹. 旅游移动电子商务个性化服务设计[J]. 商业研究，2017.

[11] 张月朦，董晨. 大数据时代,谁来保护我们的隐私[N]. 新华日报，2013.

[12] 中国互联网络信息中心. CNNIC 发布第 33 次《中国互联网络发展状况统计报告》[EB/OL]. http://news.xinhuanet.com/tech/2014-01/16/c_126015636.htm，2014.

[13] Stephen P. Jones. Reasonable Expectations of Privacy: Searches，Seizures，and the Concept of Fourth Amendment Standing.[M].U.S.A，1997：940.

[14] 洪海林. 个人信息的民法保护研究[M]. 北京：法律出版社. 2010.

[15] 齐爱民. 拯救信息社会中的人格：个人信息保护法总论[M]. 北京：北京大学出版社，2009.

[16] 尹晗. 网络个人信息民法保护[D]. 重庆：西南政法大学，2011.

[17] 周汉华. 中华人民共和国个人信息保护法及立法研究报告[M]. 北京：法律出版社，2006.

[18] 王泽鉴. 对未出生者之保护[M]. 民法学说与判例研究（4）. 北京：中国政法大学出版社. 2003.

[19] 张新宝，郭明龙. 论侵权死亡的精神损害赔偿研究[J]. 法学杂志，2009.

[20] 洪海林. 个人信息的民法保护研究[M]. 北京：法律出版社，2010.

[21] 郭明龙. 个人信息权利的侵权法保护[M]. 北京：中国法制出版社，2012.

[22] 张传福，等. 移动互联网技术与业务[M]. 北京：电子工业出版社，2012.

[23] 张润彤. 移动商务概论[M]. 北京：北京大学出版社，2008.

[24] 张润彤. 移动商务基础[M]. 北京：首都经济贸易大学出版社，2008.

[25] 匡文波. 手机媒体概论[M]. 北京：中国人民大学出版社，2012.

[26] Bernd Eyler. 吕廷杰，等译. 移动多媒体商务[M]. 北京：中国广播电视出版社，2007.

[27] 吕廷杰. 移动电子商务[M]. 北京：电子工业出版社，2011.

[28] 陈静. 移动办公与管理[M]. 北京：对外经济贸易大学出版社，2012.

[29] 秦成德. 移动支付[M]. 北京：经济管理出版社，2012.

[30] 秦成德. 网络金融[M]. 北京：电子工业出版社，2012.

[31] 秦成德. 移动电子商务[M]. 北京：人民邮电出版社，2009.

[32] 牛禄青. 互联网金融需要适度监管[J]. 新经济导刊，2013（10）.

[33] 闫燕，侯振兴，袁勤俭．移动商务环境下虚拟产品服务质量评价体系研究[J]．现代情报，2016．

[34] 刘丽娟．阿里改写金融[J]．中国外汇，2013（6）．

[35] 黄健青．"众筹"——新型网络融资模式的概念、特点及启示[J]．国际金融，2013（9）．

[36] 谢平．互联网金融模式研究[J]．金融研究，2012（12）．

[37] 肖本华．美国众筹融资模式的发展及其对我国的启示[J]．南方金融，2013（1）．

[38] 吕廷杰．我国移动电子商务发展趋势分析与展望[J]．北京：北京邮电大学学报（社会科学版），2006（4）：2-8．

[39] Belleflamme P., Lambert T. and Schwienbacher A.. Crowdfunding:Tapping the Right Crowd[C]. SSRN eLibrary. SSRN. Doi:10.2139/ssrn.1836873, 2012.

[40] Britton Whitbeck. The JOBS Act of 2012_ the Struggle Between CapitalFormation and Investor Protections [C]. SSRN eLibrary. SSRN. doi:10.2139/ssrn.2149744, 2012.

[41] Burtch G., Ghose A. and Wattal S.. An Empirical Examination of the Antecedents and Consequences of Investment Patterns in Crowd-Funded Markets[C]. SSRN Electronic Journal. SSRN. doi:10.2139/ssrn. 1928168, 2011.

[42] Ethan Mollick. The Dynamics of Crowdfunding_ Determinants of Success and Failure[C]. SSRN Electronic Journal. SSRN. doi:10.2139/ssrn.2088298, 2012.

[43] Chen jing, Qin Chengde, etal. Study on Application Environment of Mobile Business in Chinese Enterprises [C]．武汉：第七届武汉电子商务国际会议，2008．

[44] 秦成德．网络游戏中的法律问题研究[C]．中国信息经济年会论文集，2008．

[45] 秦立崴，秦成德．移动商务的法律问题研究[C]．中国信息经济年会论文集，2008．

[46] 秦成德，陈静．电子商务的法律新问题研究[C]．第七届全国电子商务研讨会，2008．

[47] 秦成德．网络游戏中的法律问题[J]．西安邮电学院学报，2009（2）．

[48] 秦成德．跨国电子支付的研究．国际贸易实务研究：实践与决策．北京：对外经贸大学出版社，2009（7）．

[49] 秦成德．电子货币的法律问题．电子商务教育、理论与应用新进展．合肥：合肥工业大学出版社，2009．

[50] 秦成德．移动金融的法律问题[C]．北京：第三届中国电子金融年会会刊，2009．

[51] 蒋水林．北京联通小规模试点"手机一卡通"[N]．人民邮电，2011．

[52] 戴宏．移动支付系统安全风险评估[D]．北京：北京交通大学，2010．

[53] 范伟．移动商务安全性研究[D]．北京：北京邮电大学，2010．

[54] 吴余龙，等．智慧城市[M]．北京：电子工业出版社，2011．

[55] 林敏．移动互联网发展对运营商的挑战及机遇[J]．移动通信，2011（1）：32-35．

[56] 李安民．从电信运营商角度审视移动互联网的本质、趋势和对策[J]．电信科学，2011（1）：7-10．

[57] 张云勇．面向移动互联网的分布式智能开放运营架构[J]．移动通信，2011（5）：16-20．

[58] 王崇鲁．电信运营商要用经营媒体的思维经营手机电视业务[J]．移动通信，2011（1）：58-61．

[59] 张长学，张伟，董智明．移动推送技术面面观[J]．移动通信，2011（5）：21-27．